新・英語の構文150

150 Structures for Production and Understanding

澤井康佑 著　SAWAI KOHSUKE

はしがき

この『新・英語の構文150』を出版するにあたり，筆者は，変化する時代の要請に応えるべく，構文の選定・配列，Exercisesの問題と解答・解説に至るまで，すべてを新たに書き下ろしました。掲載する構文を選ぶ際は，何よりもまず，入試問題の徹底的な分析を下敷きにし，皆さんにとって本当に必要な情報を厳選することを心掛けました。読解問題を詳しく分析したのはもちろんですが，本書では今まで以上にアウトプット能力を養うことを重視し，英作文について特に念入りに分析しました。具体的には，過去15年間に大学入試で出題されたほぼすべての問題に目を通し，どのような構文が要求されているのかを調査し，その結果を本書の構文選定に反映させています。

英語学習において，「構文」はきわめて重要な位置を占めるものでありながら，「単語」「熟語」「文法」などとは異なり，それが何なのかはっきりしないまま付き合っていることが多いのではないでしょうか。これでは理想的な学習とは言えません。せっかく構文を学んでいるのなら，次の2点が自覚できていなければならないはずです。

(1) 構文とは何か。

(2) なぜ構文を学ぶ必要があるのか。

この2つがハッキリとわかっていれば，メリハリのついた学習，主体性のある学習となり，当然の結果として英語力が向上します。皆さんに，このような理想的な学習を進めて頂きたく，本書では上の(1)と(2)を明確にして，それに沿った内容の本に仕上げました。それぞれについての詳細は，p. 3から始まる「構文とは何か，なぜ構文を学ぶべきなのか」で詳しく説明します。

本書を仕上げることによって，皆さんの英語力の死角となっている部分が大きく埋まり，明らかな学力向上がもたらされることを固くお約束します。どうぞ大きな期待とともに本書とお付き合いください。

2023年8月
澤井康佑

構文とは何か，なぜ構文を学ぶ必要があるのか。

ここでは，「はしがき」で示した次の2つについて考えていきます。

(1) 構文とは何か。
(2) なぜ構文を学ぶ必要があるのか。

自分が学んでいる対象をはっきりとつかんでいて，それを学ぶ意義が明確にわかっていれば，筋の通った学習ができるからです。

(1) 構文とは何か。

まず「**(1) 構文とは何か**」についてですが，本書における構文とは，何よりも次の2つの条件を満たすものです。

① 2つ以上の単語を関連づけてとらえる表現である。
② 単純な暗記では対応できない表現である。

①については多くの説明を要さないでしょう。「構文」とは，〈It is ~ that ...〉のように，2つ以上の単語が有機的に構成する表現です。

②を詳しく言えば，その表現の背後に何らかのルールがあり，理解するのに説明や理屈が必要なものだと言えます。そして自ら用いる際にも，そのルールを意識しながら，正しく単語を組み立てていかなければならないものです。

この②の点において，「構文」は，単なる「熟語」や「決まり文句」と呼ばれているものと異なります。たとえばtake part in ...という表現は，①の条件は満たしますが，②の条件は満たしません。「take part in ... = …に参加する」というように記憶しさえすれば，使いこなす際に特に大きな問題が生じないからです。つまり「熟語集」で暗記してしまえばそれでよい表現であり，「構文」とはいえないことになります。

ところが，〈It is ~ that ...〉という表現の場合は事情が異なります。この表現を用いる際には「itは仮に置かれている『形式主語』であり，後ろにあるthat節が本来の主語，つまり『真主語』である」という点を理解していなければなりません。また，真主語のthatが省略されることもあり，こうなると一気に読解・リスニングが困難になります。この点にも大きな注意が必要になります（☞本書p. 16）。したがってこの表現は，〈It is ~ that ...〉「…は~だ」という「構文」として，詳しく学ぶ必要があるのです。

⑵ なぜ構文を学ぶ必要があるのか。

次に「**⑵ なぜ構文を学ぶ必要があるのか。**」という問題について考えてみましょう。たとえば，このような入試問題があります。

問　次の日本文を〔　　〕内の語で始まる英語の文に訳しなさい。 バスを乗り間違えるなんて，あなたは不注意でしたね。〔It〕　(高知大)

すでにある程度の構文の知識のある人であれば，「あ，あれだ！」とピンとくると思いますが，「～するなんて（人）は…だ」という内容は，〈It is ... of＋人＋to *do*〉という構文（形式主語構文）によって表すことができます（☞本書 p. 18）。この問題では，「It で始めよ」という指定があることからも，この構文の必要性が明らかですが，逆に，この〈It is ... of＋人＋to *do*〉という構文を知らなかったらどうでしょうか。正解に至ることは難しいでしょう（正解は，It was careless of you to get on the wrong bus. となります）。この例からもわかるように，**構文は，英文を解釈するだけでなく，英文を生み出す（＝発信する）際にもきわめて重要になる**ものです。それだけでなく，いったん〈It is ... of＋人＋to *do*〉という「型」を覚えてしまえば，用いる単語を入れ替えるだけでさまざまな内容の英文を生み出すことができます。たとえば，「宿題を手伝ってくれるなんて，君は親切だ。」と言いたい場合は，It is kind of you to help me with my homework. とすればよいでしょう。

このように，「構文」は英語学習において非常に重要な位置を占めるものですが，それを学ぶことができる教材が豊富に存在するかと言えば，必ずしもそうとは限らないのが実情です。

構文が，「**① 2 つ以上の単語を関連づけてとらえる表現である**」以上，「熟語」と重なり合う部分が多いことは事実です。また，構文も「単語」によって構成されている以上，「単語」の知識の一環であると言うこともできます。ですが，市販されている「熟語集」も「単語集」も，構文を詳しく扱っていませんし，仮に取り上げたとしても，そのほとんどが「**② 単純な暗記では対応できない表現である**」という構文の性格を十分に考慮したものとなっていません。また，「文法書」においても，やはり「構文」に関する説明は補助的であり，１つ１つの構文に焦点を当てた学習が難しいものとなっています。熟語集，単語集，文法書がこのような作りである以上，この 3 つを完璧に仕上げたとしても，どうしても少なからぬ数の構文が未習得のままとなってしまうのです。

したがって，英語学習のどこかのタイミングで，腰を据えて構文と相対して，我が物としなくてはなりません。**ここに，構文をまとめて取り上げた「構文集」が必要になるゆえんがあります。**英語力の大きな穴を埋めるためのものとして，構文集は決定的な存在意義をもつものなのです。

「Active構文」と「Passive構文」の分類

以上から,「構文集」の必要性がおわかりいただけたと思います。ただし,構文が学べればどんな構文集でもよいかというと,そうとも言えません。先ほど,英作文の問題において,構文の知識が役に立つ例を見ましたが,一方で,構文の中にはきわめて文語的で,話し言葉ではほとんど用いられないようなものもあります。たとえば,Little did I dream that she would win first prize.「彼女が一等賞を取るなんて夢にも思わなかった。」のような,「倒置構文」(☞本書 p. 190) は,その最たるものでしょう。このような構文は,皆さんが自分で書ける必要はなく,読解問題などで出会ったときに**「意味さえわかればそれで十分」**なものです。ところが,これまでの構文集では,そうした区別が行われることはなく,すべての構文に英作文の問題が付属するなど,大きな遠回りがありました。そこで本書では,**ライティング・スピーキング(＝表現)で皆さんが実際に使えた方がよい構文を「Active 構文」,リーディング・リスニング(＝解釈)で出会った際に意味がわかれば十分な構文を「Passive 構文」として,すべての構文を 2 つに分類しました。**

Active 構文:「表現」する際に,自ら使えることが望ましい構文。単なる「熟語」や「決まり文句」とは違い,運用上のルールに注意が必要。

Passive 構文:「解釈」する際に,意味が取れれば十分な構文。とりあえず理解できればよいが,「熟語」や「決まり文句」とは違い,複雑な文法構造や注意事項をもち,和訳する際に注意が必要になる。

ではどのようにして,これら 2 つへの分類を行ったかと言うと,原則として,「入試英作文で必要になるかどうか」を基準としました。つまり,**過去15カ年に及ぶ全国の国公立大,私立大の入試英作文問題を徹底的に分析し,「英作文問題を解くうえで,頻繁に必要になるものは Active 構文,英作文ではあまり問われないが,読解問題やリスニング問題では頻繁に登場する構文は Passive 構文」として,すべての構文を 2 分しました。**ただし,英作文で頻出とは言えなくとも,きわめて日常的な表現であり,会話などで是非とも使えるようにしておきたい構文は,入試の出題数如何にかかわらず,「Active 構文」に分類しました(たとえば構文006の〈It is＋距離(＋from A) to B〉「(A から) B まで～の距離だ」などがその例に当たります)。

もちろんこうした分類は,絶対的なものではありません。学習者のレベルに応じて,Active 構文と Passive 構文の線引きもまた変化していくものだからです。ただ,「大学入試を突破する」という共通の目標をもつ皆さんは,本書における分類を信頼して何ら支障はないでしょう。無事に進学して,英語学習を次のステージに進める際に,より多くの構文を「Active」に変えていけばよいのです。

本書の構成と使い方

全150構文
全部で150の重要構文を厳選しています。

基本例文
学習構文が含まれた暗唱用の基本例文です。音声も活用して，暗唱できるようになるまで繰り返し音読しましょう。

Active マーク
「Active 構文」(→ p. 5) であることを示します。

基本例文の図解
必要に応じて基本例文の構造を図解で解説。

類例
学習構文に関連する例文を，+αとして掲載。音声も聞くことができます（ページ下を参照）。

「1歩進んで」
発展的な知識。基本例文をマスターしたら，この内容も押さえましょう。

〈！〉注意事項
要注意ポイント。

Passive マーク
「Passive 構文」(→ p. 5) であることを示します。

音声再生用 QR コード
スマートフォンやタブレットで読み取って音声を再生できます（音声の再生方法についてはページ下参照）。

第1章 It を主語とする構文　Lesson 1

001 It is ～ that ... 「…は～だ」

Ⓐ **It is certain that climate change is very serious.**
気候変動が非常に深刻であることは確かだ。

that が導く名詞節（〈that S' V'〉「～ということ」）が主語として文頭に置かれると，主部の長いバランスの悪い文になることが多い。これを避けるため，**文頭に it を置き that 節を後ろに移動させる**のがふつう。この it を**「形式主語」**といい，本来の主語である that 節を**「真主語」**という（形式主語 it 自体には意味がないので，「それは」と訳さない）。このような型の文を**「形式主語構文」**という。

That climate change is very serious is certain.
It（形式主語）　真主語

› **It is** widely known **that** Japan's population is decreasing.
日本の人口が減りつつあるということは広く知られている。

1歩進んで　この〈It is ～ that ...〉の型では，動詞に be 動詞が用いられるケースが多いが，be 動詞以外の一般動詞が用いられることもある。

› **It made** me sad **that** I couldn't go to the concert with my mother.
（母とそのコンサートに行けなかったことが私を悲しませた→）
母とそのコンサートに行けなくて私は悲しかった。

❗真主語の that は省略されることもあるので注意が必要になる。

› **It's** obvious Kevin didn't do his homework.　※obvious の後ろに that が省略されている。
ケビンが宿題をしなかったことは明らかだ。

001' It is ～ 疑問詞＋S' V' 「…は～だ」

Ⓟ **It is a mystery how Jacob suddenly became rich.**
ジェイコブがどうやって急にお金持ちになったのかは謎だ。

形式主語 it は that 節だけでなく，**〈疑問詞＋S' V'〉**（「間接疑問文」。詳しくは ☞081 を参照），**〈whether S' V'〉**（☞060）**を指す場合もある。**

› **It** doesn't **matter** to me **what** other people think.
他の人が何を考えているかは私には重要ではない。
※この matter は「重要である」という意味の動詞。

16

音声の再生方法

① **ストリーミング再生**（常にデータ通信が必要）
各 Lesson 冒頭に記載されている QR コードを読み取って音声を再生してください。

② **音声再生アプリ「ListenApp!」**（ダウンロード時のみデータ通信が必要）
右の QR コードを読み取ってアプリをダウンロードし，アプリを立ち上げて本書の音声をダウンロードしてください。

③ **mp3 ダウンロード**
パソコンで https://www.biseisha.co.jp/sound/ から mp3 ファイルをダウンロードしてご利用ください。（パスワード：8285）

本書で用いられている主な記号・用語

S / V / O / C	主節の主語／動詞／目的語／補語
S′ / V′ / O′ / C′	従属節の主語／動詞／目的語／補語
do / *doing* / *done*	動詞の原形／現在分詞形［動名詞］／過去分詞形
one's / *oneself*	所有格／再帰代名詞

Exercises

1 次の英文を和訳しなさい。

(1) **It is** amazing **that** no one was killed in such a terrible car accident.
(2) **It's** sad he can't be here.
(3) **It's** true **that** she has no work experience, but she is full of passion.
(4) **It goes** without saying **that** everyone wants to be happy.

2 (　　) 内の語を並べ替えて，日本語の意味に合う英文を完成させなさい。なお，文頭で用いられる語の1文字目も小文字にしてある（Lesson 2 以降も同じ）。

(1) 彼はその選挙で勝つだろう。
(the / that / will / is / election / it / he / likely / win).
(2) 勤勉な人は，怠惰であることを軽蔑すると言われている。
(laziness / is / that / despise / people / said / it / industrious).
(3) あなたが何歳なのかは，ほとんど問題にならない。
(little / are / how / it / you / old / matters).

3 日本語を英語に直しなさい。書くべき語数をカッコ内に示す（Lesson 2 以降も同じ）。

(1) 米国がかつて他のどの国よりも多く木綿を産出したというのは本当ですか。(4語)
________________ America once produced more cotton than any other country?
(2) その手紙がそんなに早く彼のところに届いたということはありえない。(4語)
________________ the letter has reached him so early.
(3) なぜ彼女が戻ってきたかは明らかだ。
(　　)(　　) obvious (　　) she came back.

4 次の文章を読んで，下線部を和訳しなさい。

Teens are old enough to know that serious outcomes stem from risky decisions. So **it is** a mystery **why** many teenagers take part in risky activities which might even lead to their death. For example, the risk of terrible injuries is dramatically increased in the event of a crash when one rides in a car without wearing a seatbelt.

Words & Phrases

1 (1) **amazing** 驚くべき (3) **be full of ...** …に満ちた，…でいっぱいの **2** (1) **election** 選挙 **likely** ありそうな，たぶん…だろう (2) **laziness** 怠惰であること **despise** …を軽蔑する **industrious** 勤勉な **3** (1) **cotton** 木綿 **4** **teens** 10代の若者，ティーンエイジャー（=teenager） **old enough to know that ~** ～ということがわかるのに十分な年齢だ（構文020） **outcome**（最終的な）結果 **stem from ...** …に起因する **lead to ...** …に至る **injury** けが **in the event of ...** …の場合に **crash** 衝突 **without *doing*** ～せずに（構文036）

17

1 Itを主語とする構文

1 英文和訳
短い英文の和訳問題です。まずはここで学習構文を確認しましょう。

2 整序完成
短文の整序問題です。**1**よりも少し難度が上がりますが，自ら英文を組み立てることでいっそう理解が深まり，定着が促されます。

3〈日➡英〉問題
日本語を英語に変換する問題です。Active構文に対しては「(部分) 英訳」形式，Passive構文に対しては「空所補充」形式が出題されます。

4 読解問題
短い読解問題です。英文はすべて入試問題からの引用です。力試しとして挑戦してみましょう。初回は**4**はスキップし，2周目に取り組む際に挑むのも一案です。

Words & Phrases
やや難度の高い語句に語注を付けました。Exercisesを解くヒントとしても使えます。

再生できる音声の種類

	基本例文	類例	Exercises **4**
①ストリーミング再生	○	—	○
② ListenApp!	○	○	○
③ mp3 ダウンロード	○	○	○

CONTENTS

第1章

It を主語とする構文

第2章

まとまりで処理すべき動詞・助動詞を含む表現

第3章

不定詞

第4章

動名詞

第５章

分詞

第６章

副詞節

第７章

名詞節

第8章
関係詞節

第9章
比較

第10章
否定

第11章
仮定法

第12章
強調・倒置

第13章
挿入・省略・同格

第14章
対比・列挙・例示

第15章
名詞構文・無生物主語・修飾語

構文の学習を始める前に

学習を始める前に，構文理解の前提となる基本的な文法事項を確認しておこう。

1 基本5文型

英文は，5つの文型に分けて考えることができる。第1文型から第5文型までの5つであり，これを「**基本5文型**」という。

● 第1文型（S+V）「Sが［は］Vする。」

ex. He jumped. 彼は跳ねた。
（He = S, jumped = V）

S（主語）と**V（動詞）**のみで構成される文。

● 第2文型（S+V+C）「Sが［は］Cだ。」

ex.1 She is elegant. 彼女は上品だ。
（She = S, is = V, elegant = C）

She is. だけでは文が完結しないので，is の後ろにSを説明する**C（補語）**を置く（S=Cの関係）。Vにはbe動詞が置かれるのが基本だが，以下の例のようにlook，becomeなどの動詞が用いられることもある。その場合でも，S=Cの関係がある点は同じ。

ex.2 She looked elegant in that dress. そのドレスを着て彼女は上品に見えた。
（She = S, looked = V, elegant = C）

※SとCにはShe=elegantの関係がある。

● 第3文型（S+V+O）「Sが［は］Oを［に］Vする。」

ex. I bought a hat. 私は帽子を買った。
（I = S, bought = V, a hat = O）

buy「…を買う」のような動詞には，**O（目的語）**が必要になる。

● 第4文型（S+V+O_1+O_2）「Sが［は］O_1にO_2をVする。」

ex.1 He gave her a ring. 彼は彼女に指輪をあげた。
（He = S, gave = V, her = O_1, a ring = O_2）

giveのような動詞は，「**人**」と「**物**」の2つを目的語に取り，〈give＋**人**＋**物**〉「**人**に**物**を与える」の型となりうる。「**人**」を「**間接目的語（O_1）**」といい，「**物**」を「**直接目的語（O_2）**」という。第4文型の文は，以下のように第3文型で表すこともできる。

ex.2 He gave a ring to her. 彼は彼女に指輪をあげた。
（He = S, gave = V, a ring = O）

※to herは修飾語（後述）。Vによってはtoの代わりにforやofも用いられる。

● 第5文型（S+V+O+C）「Sが［は］OをCに［（だ）と］Vする。」

ex.1 He left the door open. 彼はドアを開けたままにしておいた。
（He = S, left = V, the door = O, open = C）

He left the door. のみでは文が完結しないので，Oの後ろにCを置く（O=Cの関係）。ただし，以下のような例では，OとCには主語と述語の関係がある。

ex.2 His jokes made us laugh. 彼の冗談は皆を笑わせた。
（His jokes = S, made = V, us = O, laugh = C）

※OとCには主語と述語の関係（=We laughed.）がある。

文の内部には，S，V，C，Oの各要素に加え，**修飾語**（Mで表す。☞3）が加わりうる。第1文型を例に取ると，

He jumped high to catch the ball.　彼はボールをキャッチするために高く跳んだ。
S　V　M　M

という文中の，high と to catch the ball が修飾語である。つまり，**S，V，C，O，M（修飾語）の5つの要素が文を構成する**ことになる。

2 品詞

単語は，語の持つ文法的な機能や性質に応じて「**品詞**」に分類することができる。上のS，V，C，O，Mとの関連で単語を各品詞に分類した場合，代表的な品詞の定義と，文中でのはたらきは以下のようになる。

- 名詞：人や物の名前を表す。文中では**S，C，O，前置詞のO**（後述）としてはたらく。
- 動詞：Sの動作や状態を表す。文中では**V**としてはたらく。Oを取らない第1・第2文型で用いられる動詞を「**自動詞**」，Oを取る第3～第5文型で用いられる動詞を「**他動詞**」という。
- 形容詞：人や物の状態や性質を表す。文中では**C，名詞に対するM**としてはたらく。
- 副詞：動作・状態について，その様子や程度を表す。時・場所・頻度なども表す。文中では，**名詞以外**（動詞・形容詞・副詞・文全体）**に対するM**としてはたらく。
- 前置詞：後ろに名詞を伴い，〈前置詞＋名詞〉のセット（＝**前置詞句**）で場所・時・状況などを表す。この〈前置詞＋名詞〉は**C**または**名詞・動詞・形容詞・副詞に対するM**としてはたらく。前置詞の後ろに置く名詞を「**前置詞のO**」という。

※**冠詞**（a，an，the）は形容詞の一種だと考えることができる。文の要素にならない品詞として**間投詞**（wow，oh など）が挙げられる。また，文と文をつなぐ品詞として**接続詞**もある。

3 修飾語（M）

修飾語には大きく分けて，次の2種類がある（修飾語を下線で示す）。

形容詞的な修飾語（下線部は名詞を修飾）

ex.1 She is a kind *lady*.　彼女は親切な女性だ。　※下線部は形容詞

ex.2 I am a *fan* of the Tigers.　私はタイガースのファンだ。　※下線部は前置詞句

副詞的な修飾語（下線部は名詞以外を修飾）

ex.1 He *jumped* suddenly.　彼は突然跳ねた。　※動詞 jumped を修飾

ex.2 He is too *busy*.　彼はあまりにも忙しい。　※形容詞 busy を修飾

ex.3 He spoke very *slowly*.　彼はとてもゆっくり喋った。　※副詞 slowly を修飾

ex.4 She woke up *early* in the morning.　彼女は朝早くに起きた。

※下線部は前置詞句で，副詞 early を修飾

4 句

文中の単語は，他の単語とのまとまりでとらえるべき場合もある。2語以上の単語のまとまりで特定の品詞のようにはたらき，中に**〈S V〉の構造を持たないもの**を「**句**」という。代表的な句には「**名詞句**」「**形容詞句**」「**副詞句**」がある。

- 名詞句：名詞と同じように**S，C，O，前置詞のO**としてはたらく。
- 形容詞句：形容詞と同じように**C，名詞に対するM**としてはたらく。
- 副詞句：副詞と同じように**名詞以外に対するM**としてはたらく。

以下にそれぞれの具体例を挙げる（句を下線で示す）。

名詞句（下線部が名詞のはたらきをする）

ex.1 To play tennis is fun. テニスをすることは楽しい。 ※下線部はto不定詞句
S V C

ex.2 My job is to wash cars. 私の仕事は車を洗うことだ。 ※下線部はto不定詞句
S V C

ex.3 I enjoyed looking at the flowers. 私は花を見るのを楽しんだ。 ※下線部は動名詞句
S V O

ex.4 She scolded me for using her bag. 彼女はバッグを使ったことで私を怒った。
S V O 前置詞のO
※下線部は動名詞句

形容詞句（下線部が形容詞のはたらきをする）

ex.1 He is at work. 彼は仕事中だ。 ※下線部は前置詞句
S V C

ex.2 I have *work* to do. 私にはするべき仕事がある。 ※下線部はto不定詞句
S V O M（名詞workを修飾）

ex.3 My son is the *boy* singing on the stage. 私の息子は壇上で歌っている少年だ。
S V C M（名詞boyを修飾）
※下線部は現在分詞句

副詞句（下線部が副詞のはたらきをする）

ex.1 I *met* Meg to borrow money. 私はお金を借りるためにメグに会った。
S V O M（動詞metを修飾）
※下線部はto不定詞句

ex.2 We were *glad* to hear the news. 私たちはそのニュースを聞いて嬉しかった。
S V C M（形容詞gladを修飾）
※下線部はto不定詞句

ex.3 I visited his house *late* at night. 私は夜遅くに彼の家を訪れた。
S V O M（副詞lateを修飾）
※下線部は前置詞句

※2でふれた**前置詞句**は，Cとして，または**名詞に対するM**としてはたらく場合は**形容詞句**であり，**動詞・形容詞・副詞に対するM**としてはたらく場合は**副詞句**である。

5 節

2語以上の単語のまとまりのうち，**〈S V〉を含むもの**を「**節**」という。節を文法的な機能・性質に応じて分類すると，句と同様に「**名詞節**」「**形容詞節**」「**副詞節**」がある。それぞれの節の主なはたらきは次のようになる。

- 名詞節：**S，C，O，前置詞のO** としてはたらく。
- 形容詞節：**名詞に対するM** としてはたらく。
- 副詞節：**動詞（あるいは主節全体）に対するM** としてはたらく。

以下にそれぞれの具体例を挙げる（節を下線で示す）。

名詞節（下線部が名詞のはたらきをする）

ex.1 What he said was true.　彼の言ったことは本当だった。
S（What he said） V（was） C（true）

ex.2 My question is whether he is busy or not.
S（My question） V（is） C（whether he is busy or not）
私の疑問は彼が忙しいのか否かということだ。

ex.3 We know that he is a singer.　私たちは彼が歌手だということを知っている。
S（We） V（know） O（that he is a singer）

ex.4 They talked about where he lived.　彼らは彼がどこに住んでいるかについて話した。
S（They） V（talked） 前置詞のO（where he lived）

形容詞節（下線部が形容詞のはたらきをする）

ex.1 This is a *picture* that my father painted.　これは父が描いた絵だ。
S（This） V（is） C（a picture） M（名詞 picture を修飾）（that my father painted）

ex.2 I don't know the *reason* why he left this town.
S（I） V（don't know） O（the reason） M（名詞 reason を修飾）（why he left this town）
私は彼がこの街を去った理由を知らない。

副詞節（下線部が副詞のはたらきをする）

ex.1 When Jackson was 30, he *published* a book.
M（動詞 published を修飾）（When Jackson was 30） S（he） V（published） O（a book）
ジャクソンは30歳の時に本を出版した。

ex.2 I *went* home early because I was sick.　病気だったので，私は早く帰宅した。
S（I） V（went） M（home） M（early） M（動詞 reason を修飾）（because I was sick）

※ be glad that S′ V′「S′が～して嬉しい」などのように，形容詞に対するMとしてはたらく副詞節もある（☞本書 p. 108参照）。

Lesson 1

001 It is ～ that ... 「…は～だ」

It is certain that climate change is very serious.
気候変動が非常に深刻であることは確かだ。

thatが導く名詞節（〈that S′ V′〉「～ということ」）が主語として文頭に置かれると，主部の長いバランスの悪い文になることが多い。これを避けるため，**文頭にitを置きthat節を後ろに移動させる**のがふつう。このitを**「形式主語」**といい，本来の主語であるthat節を**「真主語」**という（形式主語it自体には意味がないので，「それは」と訳さない）。このような型の文を**「形式主語構文」**という。

That climate change is very serious is certain .
It（形式主語）　真主語

» **It is** widely known **that** Japan's population is decreasing.
日本の人口が減りつつあるということは広く知られている。

1歩進んで この〈It is ～ that ...〉の型では，動詞にbe動詞が用いられるケースが多いが，be動詞以外の一般動詞が用いられることもある。

» **It made** me sad **that** I couldn't go to the concert with my mother.
（母とそのコンサートに行けなかったことが私を悲しませた→）
母とそのコンサートに行けなくて私は悲しかった。

❗真主語のthatは省略されることもあるので注意が必要になる。

» **It's** obvious Kevin didn't do his homework. ※obviousの後ろにthatが省略されている。
ケビンが宿題をしなかったことは明らかだ。

001′ It is ～ 疑問詞＋S′ V′ 「…は～だ」

It is a mystery how Jacob suddenly became rich.
ジェイコブがどうやって急にお金持ちになったのかは謎だ。

形式主語itはthat節だけでなく，**〈疑問詞＋S′ V′〉**（「**間接疑問文**」。詳しくは☞081を参照），**〈whether S′ V′〉**（☞060）**を指す場合もある**。

» **It** doesn't **matter** to me **what** other people think.
他の人が何を考えているかは私には重要ではない。
※このmatterは「重要である」という意味の動詞。

Exercises

1 次の英文を和訳しなさい。

(1) **It is** amazing **that** no one was killed in such a terrible car accident.
(2) **It's** sad he can't be here.
(3) **It's** true **that** she has no work experience, but she is full of passion.
(4) **It goes** without saying **that** everyone wants to be happy.

2 (　　) 内の語を並べ替えて，日本語の意味に合う英文を完成させなさい。なお，文頭で用いられる語の1文字目も小文字にしてある（Lesson 2以降も同じ）。

(1) 彼はその選挙で勝つだろう。
(the / that / will / is / election / it / he / likely / win).
(2) 勤勉な人は，怠惰であることを軽蔑すると言われている。
(laziness / is / that / despise / people / said / it / industrious).
(3) あなたが何歳なのかは，ほとんど問題にならない。
(little / are / how / it / you / old / matters).

3 日本語を英語に直しなさい。書くべき語数をカッコ内に示す（Lesson 2以降も同じ）。

(1) 米国がかつて他のどの国よりも多く木綿を産出したというのは本当ですか。(4 語)
____________________ America once produced more cotton than any other country?
(2) その手紙がそんなに早く彼のところに届いたということはありえない。(4 語)
____________________ the letter has reached him so early.
(3) なぜ彼女が戻ってきたかは明らかだ。
(　　)(　　) obvious (　　) she came back.

4 次の文章を読んで，下線部を和訳しなさい。

Teens are old enough to know that serious outcomes stem from risky decisions. <u>So **it is** a mystery **why** many teenagers take part in risky activities which might even lead to their death.</u> For example, the risk of terrible injuries is dramatically increased in the event of a crash when one rides in a car without wearing a seatbelt.

Words & Phrases

1 (1) **amazing** 驚くべき　(3) **be full of ...** …に満ちた，…でいっぱいの　**2** (1) **election** 選挙　**likely** ありそうな，たぶん…だろう　(2) **laziness** 怠惰であること　**despise** …を軽蔑する　**industrious** 勤勉な　**3** (1) **cotton** 木綿　**4** **teens** 10代の若者，ティーンエイジャー（＝teenager）**old enough to know that ～** ～ということがわかるのに十分な年齢だ（☞構文020）**outcome**（最終的な）結果　**stem from ...** …に起因する　**lead to ...** …に至る　**injury** けが　**in the event of ...** …の場合に　**crash** 衝突　**without *doing*** ～せずに（☞構文036）

Lesson 2

002 It is ... to *do*　「～することは…だ」

It is difficult to change one's behavior.
人の行動を変えるのは難しい。

to 不定詞句（to 不定詞形の動詞から始まるまとまり）が主語である文においても，特に句が長い場合に，**It is ... to *do*「～することは…だ」**の形式主語構文となる。

To change one's behavior（真主語） is difficult.
↑
It（形式主語）

» **It is** important **to eat** healthy food.
健康的な食品を食べることは重要だ。

001 の場合と同じく，この構文でも be 動詞の代わりに一般動詞が用いられることがある。

» **It takes** a lot of energy **to run** a marathon.
マラソンを走るには多くのエネルギーを要する。
※動名詞が主語である文がこの構文になることもあるが，これについては☞ 046 で扱う。

002′ It is ... for A to *do*　「A が～することは…だ」

It is difficult **for me to understand** this book.
私がこの本を理解するのは難しい。

002 の〈It is ... to *do*〉構文において，**to 不定詞の意味上の主語が，〈for A〉という形で加わる**ことが多い。この for A は「A が」「A には」「A にとって」などと訳す。

» **It was** easy **for him to answer** the quiz.
彼にとってそのクイズに答えるのは簡単だった。

1歩進んで　この構文で用いられる形容詞が，**性格・性質に関するものである場合は，to 不定詞の意味上の主語は〈of A〉という形で加わる**。文全体は **It is ... of A to *do*「～するなんて［とは］A は…だ」**となる。

» **It's** rude **of you to say** so.
そんなことを言うなんて君は無作法だ。

この形をとる形容詞の代表例として次のようなものが挙げられる。

□ nice「親切な」	□ kind「親切な」	□ polite「礼儀正しい」	□ rude「失礼な」
□ wise「賢明な」	□ foolish「愚かな」	□ right「正しい」	□ wrong「誤った」

Exercises

1 次の英文を和訳しなさい。

(1) **It's** surprising **for you to make** such a mistake.
(2) When we are in a crowded store, **it is** often hard **to find** someone to wait on us.
(3) Can't you understand that **it is** dangerous **to drive** so fast?
(4) **It was** heartless **of him to say** such a thing to the sick man.

2 (　　) 内の語を並べ替えて，日本語の意味に合う英文を完成させなさい。

(1) その問題を解くことは簡単かもしれない。
(easy / the / may / solve / problem / it / to / be).
(2) 完全に正直でいることは，時に難しい。
(difficult / is / be / completely / sometimes / to / it) honest.
(3) 彼女が死んだと知って私はショックを受けた。
(she / that / it / had / learn / died / me / shocked / to).

3 日本語を英語に直しなさい。

(1) あなたは旅行の前に何本か注射を打つ必要があるだろう。(7 語)
____________________ have some injections before the trip.
(2) 赤ちゃんが空腹のときに泣くのは当たり前だ。(7 語／to)
____________________ when they are hungry.
(3) そんなに早く帰るなんて君は失礼だ。(7 語／rude)
____________________ so early.

4 次の文章を読んで，下線部を和訳しなさい。

Patents are granted by the patent office of a government. A patent is only good for a limited time. In the United States a patent is good for 17 years. In Great Britain it is good for 16 years. <u>**It is** possible **for an owner to lose** a British patent if he does not make use of the invention.</u>

Words & Phrases

1 (2) crowded 混雑した　wait on ... …に対応する，…に給仕する，…の用を聞く　(4) heartless 思いやりがない　**2** (3) shock …にショックを与える　**3** (1) injection 注射　**4** patent 特許　grant …を与える　patent office 特許庁　good 有効な　limited 限られた　possible ありえる，可能性がある　owner 所有者 <own [動] …を所有している　make use of ... …を利用する

Lesson 3

003 It takes(＋人)＋時間＋to *do* 「(人が) ～するのに…の時間がかかる」

It took her three hours **to write** the letter.
彼女がその手紙を書くのに3時間かかった。

このitは形式主語であり，**to write以下の不定詞句が真主語**だと考えることができる。またこのtakeは「(人に) …の時間をかけさせる」という意味。したがって上の文の直訳は「その手紙を書くことが，彼女に3時間をかけさせた」となる。ここから工夫したものが上の訳である。

It took her three hours to write the letter.
(took：～に…の時間をかけさせる／It：形式主語 → to write the letter：真主語)

〈人〉の部分が明らかな場合や，述べる必要がない場合は省略される。

» **It took** a long time **to rebuild** the city after the war.
その戦争の後，街を再建するのに長い時間がかかった。

1歩進んで 〈時間〉を尋ねる場合は，次の型となる。

☑ How long does it take (＋人) to *do*? 「(人が) ～するのにどれくらいかかりますか。」

時間の部分をhow longに変えて文頭に出し，it takesの部分をdoes it takeとした形である。

» **How long did it take her to write** the letter?
彼女がその手紙を書くのにどれくらいかかったのですか。

004 It costs(＋人)＋金額＋to *do* 「(人が) ～するのに…の金額がかかる」

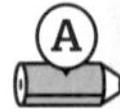

It cost him 2,500 dollars **to ski** in Canada.
彼がカナダでスキーをするのに2,500ドルかかった。

このitも形式主語で，**to ski以下を指す**と考えることができる。costは「(人に) …の金額をかけさせる」という意味。やはり，〈人〉の部分は省略されうる。

» **It will cost** a lot of money **to repair** your car. 君の車を修理するには大金がかかるだろう。

1歩進んで 〈金額〉を尋ねる場合は，次の型となる。金額はhow muchで尋ねる。

☑ How much does it cost (＋人) to *do*? 「(人が) ～するのにいくらかかりますか。」

» **How much did it cost him to ski** in Canada?
彼がカナダでスキーをするのにいくらかかったのですか。

❗ 003・004いずれの構文でも，itを形式主語と考えずに，時間・距離などを漠然と表すものだと考えることもできる。こう考えた場合，文末のto不定詞句は「～するために」という意味のもの，つまり目的を表す副詞的用法（☞021）だということになる。

Exercises

1 次の英文を和訳しなさい。

(1) Why **did it take** so long **to produce** your debut album?
(2) **How long did it take you to translate** this book?
(3) **It's going to cost me** over $100,000 **to buy** new trucks.
(4) **How much will it cost us to stay** here for a week?

2 (　　) 内の語を並べ替えて，日本語の意味に合う英文を完成させなさい。

(1) 彼女が日本語を上手に話すようになるまで3年かかった。
(Japanese / it / years / speak / well / took / three / her / to).
(2) あなたがここに着くのにどれくらいかかるでしょうか。
(you / get / how / to / take / will / here / it / long)?
(3) なぜ家を所有するのにはそんなに多くのお金がかかるのだろう。
(house / does / to / it / a / money / own / much / cost / so / why)?

3 日本語を英語に直しなさい。

(1) 君がこの計画の重要性に気づくのに数カ月かかるかもしれない。(7語／realize)
____________________ the importance of this project.
(2) 彼女がその小包を送るのに1,000円かかった。(7語)
____________________ the package.
(3) 運転免許を取得するのにいくらかかりますか。(6語)
____________________ get a driver's license?

4 次の文章を読んで，下線部を和訳しなさい。

One of the many things that I love about Japan is its efficient public transportation system. You can get almost anywhere in the country easily and cheaply on trains and buses. <u>However, when I first arrived in Japan, **it took me** a little while **to get used to planning** my journeys.</u>

Words & Phrases

1 (1) produce …を制作する　debut 初の，デビューの　(2) translate …を翻訳する　**3** (2) package 小包　**4** efficient 効率的な　public transportation system 公共交通機関　cheaply 安く　a little while 少しの時間　get used to *doing* ～することに慣れる（☞構文042′）　plan …の計画を立てる　journey 行程，移動

Lesson 4

005 it follows that ～ 「(当然／必然的に) ～ということになる」

From this evidence, it follows that she is innocent.
この証拠から，彼女は無実だということになる。

〈it follows that ～〉は，何らかの事実があり，それをふまえたうえで**「それなら，必然的に～ということになる」**という意味の表現。follow は「あとからついてくる」という意味。したがって，上の文全体の直訳は「この証拠から，彼女が無罪だということが，(論理的に) あとからついてくる」となる。ここから工夫したものが上の訳である。通常，判断の根拠となる内容がこの構文の前に存在する。

› If what he says is true, **it follows that** he was not involved in the crime.
彼の言うことが本当なら，彼は事件にかかわっていなかったことになる。

あるいは，主に from ...「…から」，then「それなら」などの形で文中に存在することもある。

› **It follows** from the fact **that** he was telling a lie.
その事実から，彼は嘘をついていたということになる。

006 It is＋距離 (＋from A) to B 「(A から) B まで～の距離だ」

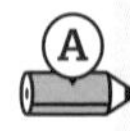

It is five kilometers from here to Yokohama Station.
ここから横浜駅までは 5 キロの距離だ。

〈It is＋距離 (＋from A) to B〉は，(A 地点から) B 地点までの距離を表す表現。この it は明確な意味を持たないが，英語の文では主語が必要になるため，文の形を整えるために置かれている (「非人称の it」という)。it にはこのように，〈距離〉あるいは〈時間〉，〈天気〉，〈寒暖〉，〈明暗〉などを表す用法がある。この it は「それ」とは訳さない。

› **It is** two hundred meters **from** my house **to** the stadium.
私の家からその球場までは200メートルだ。

〈from A〉の情報は，特に述べる必要がない場合は省略される。

› **It's** ten kilometers **to** the airport.
空港までは10キロだ。

1歩進んで 距離を尋ねる場合は，次の型となる。距離の部分を how far に変えて文頭に出し，it is を is it とした形である。

☑ How far is it (from A) to B? 「(A から) B までどれくらいの距離ですか。」

› **How far is it from** here **to** Yokohama Station?
ここから横浜駅まではどれくらいの距離ですか。

Exercises

1 次の英文を和訳しなさい。

(1) **It follows** from what she says **that** he is guilty.
(2) **Is it** more than 10 miles **from** your workplace **to** your home?
(3) **How far is it from** here **to** the post office?
(4) Physical activity can also impact one's stress levels. **It follows that** a healthy mind requires a healthy body.

2 (　　) 内の語を並べ替えて，日本語の意味に合う英文を完成させなさい。

(1) ここから駅まで10キロだ。
(from / ten / to / is / here / the / kilometers / it) station.
(2) 私たちのホテルから目的地まで長い距離があった。
(our / it / a / from / long / to / hotel / distance / was / our) destination.
(3) 昨晩は大雨だった。ということは，道路はまだ濡れているということになる。
There was heavy rainfall last night. (are / wet / roads / it / the / still / that / follows).

3 日本語を英語に直しなさい。

(1) ここから最寄りの郵便局までは大体500メートルだ。(９語)
____________________ the nearest post office.
(2) 石垣島から西表島まではどれくらいの距離ですか。(５語)
____________________ Ishigaki Island to Iriomote Island?
(3) 彼の話から彼女は昨晩，東京にいなかったことになる。
(　　)(　　)(　　) his story (　　) she was not in Tokyo last night.

4 次の文章を読んで，下線部を和訳しなさい。

The way adults treat their children shapes the way those children will, in turn, treat the next generation when they become adults. <u>**It follows that** if we are seeking to create a more gentle, humanistic world we adults need to pause and reflect on how we interact with the current generation of children.</u>

Words & Phrases

1 (1) **guilty** 罪を犯した，有罪の　(2) **workplace** 職場　(4) **physical activity** 身体の活動，運動　**impact** [動] …に影響[衝撃]を与える [名] 影響，衝撃　**require** …を必要とする　**2** (2) **destination** 目的地　**distance** 距離　(3) **rainfall** 降雨，雨降り　**4** **the way (that) 〜** 〜する方法 (☞構文087′)　**adult** 大人　**treat** …を扱う　**shape** [動] …を形作る，…を方向付ける [名] 形　**in turn** 今度は　**generation** 世代　**seek to *do*** 〜しようとする　**gentle** 優しい　**humanistic** 人間らしい　**pause** 中断する，少し立ち止まる　**reflect on ...** …をじっくり考える　**how** 〜する方法 (=the way (that)) (☞構文088′)　**interact with ...** …と交流する，…と触れ合う　**current** 現在の，今の

Lesson 5

007 It has been[is] ... since S′＋過去形 「S′が～して以来…経つ」

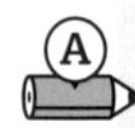

It has been three months **since** I last saw you.
あなたに最後にお会いして以来，3か月が経つ。

〈It has been[is] ... since S′＋過去形〉は，ある時点から今まで，どれくらい時間が経ったかを述べる表現。このitも漠然と時間を表すものであり，「それは」と訳さない。述語動詞はhas beenまたはisとなる。

» **It is** a long time **since** I first went to Europe.
私が初めてヨーロッパに行ってから長い時間が経つ。

sinceは前置詞でもあるので，sinceの後ろにはS′ V′だけでなく，名詞も置かれる。

» **It has been** ten years **since** his last concert. 彼の最後のコンサート以来，10年が経つ。

008 It＋be動詞 ～ before[until] ... 「…まで～かかる」

It will be several years **before** he can buy his own house.
彼が自分の家を買えるまで数年かかるだろう。

〈It＋be動詞 ～ before[until] ...〉は，ある時点までどれくらいの時間がかかるかを述べる表現。今から要する時間を述べる場合は，上の基本例文のように推量の助動詞を伴ってIt will[would] be ～という形になることが多い。

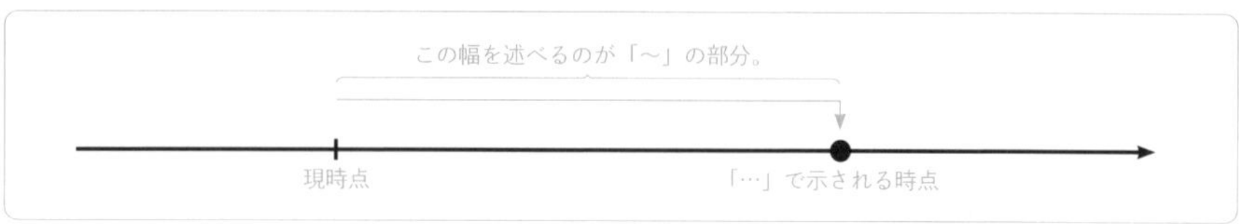

この構文は「今から～まで…かかる」という意味だけでなく，「過去のある時点まで…かかった」という過去の内容も表しうる。この場合，be動詞はwasを用いる。

» **It was** a long time **before** I understood how to play chess.
私がチェスの仕方を理解するまで長い時間がかかった。

008′ It won't be long before[until] ～ 「まもなく～だろう」

It won't be long before the next train arrives.
次の電車はまもなく到着するだろう。

〈It＋be動詞 ～ before[until] ...〉に関する成句的表現。won'tはwill notの短縮形であり，このlongはa long timeの意味なので，上の例文の直訳は「次の電車が到着する前に［到着するまで］長い時間はかからないだろう」となる。

Exercises

1 次の英文を和訳しなさい。

(1) **It has been** more than ten years **since** I left my hometown.
(2) **It is** over a century **since** slavery was made illegal.
(3) **Will it be** long **before** I can speak English fluently?
(4) **It won't be long before** the group is very popular.

2 (　　) 内の語を並べ替えて，日本語の意味に合う英文を完成させなさい。

(1) あなたがこの家を買ってから10年以上が経ちますか。
(than / bought / more / since / years / house / it / you / is / this / ten)?
(2) 私たちが最後に会ってから12年が経つ。
(12 / has / since / it / we / years / been) last met.
(3) 程なくしてその若者は危険に気づいた。
(young / became / was / danger / long / aware / the / the / not / of / before / man / it).

3 日本語を英語に直しなさい。

(1) あなたがこの技術をマスターするには10年かかる。
(　　) (　　) ten years (　　) you master this technique.
(2) 私が車を買えるまで長い時間がかかるだろう。
(　　) (　　) (　　) a long time (　　) I can buy a car.
(3) 彼の死去以来，15年が経つ。(5 語)
____________________ his death.

4 次の文章を読んで，下線部(1)，(2)を和訳しなさい。

(1)Even if engineers create automated systems that can handle every possible contingency, **it will be** years **before** the systems are fully in place. (2)In aviation, it would take decades to replace or retrofit the thousands of planes in operation.

Words & Phrases

1 (2) **century** 世紀　**slavery** 奴隷制度　**illegal** 違法の　(3) **fluently** すらすらと，流ちょうに　**2** (3) **aware** 気づいて　**4** **even if ～** たとえ～でも (☞構文065)　**automated** 自動化された　**handle** …に対処する　**contingency** 不慮の出来事，偶発事件　**in place** 準備が整って，機能して　**aviation** 航空機産業　**decade** 10年間　**replace** …を取り替える，…を交換する　**retrofit** …を改良する，…を改造する　**in operation** 稼働中で［の］

009 seem[appear] to *do* 「～するようである」

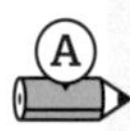

Lucas seems to love Emma. ※下図①の例
ルーカスはエマのことが大好きなようだ。

seem[appear] to は，have to と同じように，**〈動詞＋to〉** を 1 つのまとまりとしてとらえる（to の後ろには動詞の原形を置く）。「ルーカスはエマのことが大好きだったようだ」というように，*do* の内容が seem[appear] の時点よりも過去である場合，to 以下は **〈(seem) to have＋過去分詞〉** となる。

➤ Lucas **seems to have loved** Emma. ※下図②の例
ルーカスはエマのことが大好きだったようだ。

have to *do* に過去形の had to *do* が存在するように，seemed[appeared] to *do* という形もある。この場合も，過去へのズレがあれば have *done* を用いる。

➤ Lucas **seemed to love** Emma. ※下図③の例
ルーカスはエマのことが大好きなようだった。

➤ Lucas **seemed to have loved** Emma. ※下図④の例
ルーカスは（それ以前に）エマのことが大好きだったようだった。

1歩進んで 〈S seem[appear] to *do*.〉は，**〈It seems[appears] that S′ V′.〉という表現で書き換えられる**。上の 4 文を書き換えると，それぞれ次のようになる。

➤ **It seems that** Lucas **loves** Emma. （＝①）
➤ **It seems that** Lucas **loved** Emma. （＝②）
➤ **It seemed that** Lucas **loved** Emma. （＝③）
➤ **It seemed that** Lucas **had loved** Emma. （＝④）

that 節の中の動詞の形は，「現在のことなら現在形，過去のことなら過去形」が原則。ただし，これでは③と④が同じ形になってしまうので，**④は〈had＋過去分詞〉として③と区別する**。

この〈It seems[appears] that ～〉の構文において，**「A にとって」**という情報を加える場合は，通常，seems[appears] と that の間に **〈to A〉** を置く。

➤ **It seems to me that** he is honest. 私には彼が正直なように思われる。

Exercises

1 次の英文を和訳しなさい。

(1) **It seems to us that** this is the best method.
(2) She **appeared to be** very busy.
(3) **It seems that** they **had** a good time in Rome.
(4) He **seems to care for** nothing except watching movies.

2 (　　) 内の語を並べ替えて，日本語の意味に合う英文を完成させなさい。

(1) 彼女は前日にその仕事を終えていたようだった。
(day / job / she / finished / seemed / the / have / the / to) before.
(2) 彼は若いころ，とても人気のある俳優だったようだ。
(popular / been / seems / very / was / when / actor / have / he / a / to / he) young.
(3) 彼女は何も知らないようだった。
(nothing / it / that / knew / she / seemed).

3 次の英文を指示に従って書き換えて，その文を和訳しなさい。

(1) He seems to know her phone number. (it で始まる文に)
(2) Meg seems to have met Jake last night. (it で始まる文に)
(3) It appeared that he had changed his mind. (he で始まる文に)

4 次の文章を読んで，あとの問いに答えなさい。

(1)It is a strange fact that men and women button up shirts and jackets from different sides. The buttons on a man's shirt are on the right side, while on a woman's shirt or blouse, the buttons are on the left. Why is that? (2)No one **seems to know** for sure, but there are several theories.

(1) 下線部(1)が指すものを本文中から抜き出しなさい。
(2) 下線部(2)を和訳しなさい。

Words & Phrases

1 (1) **method** 方法，方式　(4) **care for ...** …のことが好きである　**4** **button up ...** …のボタンを留める　**while** …だが，一方 (☞構文138)　**for sure** 確実に，はっきりと　**theory** 学説，説

Lesson 7

010 learn to *do* 「(自ら学んで) ～する[できる]ようになる」

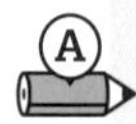

My son will learn to read and write soon.
息子はじきに読み書きができるようになるだろう。

learn to も，〈動詞＋to〉を 1 つのまとまりとしてとらえるべき表現。learn の中心の意味は「学ぶ」なので，**〈learn to *do*〉**は**「自ら学んで～する[できる]ようになる」**というニュアンスである。過去形は〈learned to *do*〉となる。

» My dog **learned to open** doors with her nose!
うちのイヌは鼻でドアを開けるようになったの！

010′ come[get] to *do* 「(自然に) ～するようになる」

How did you come to know each other?
あなた方はどのようにしてお互いを知ったのですか？

〈come to *do*〉と〈get to *do*〉は，〈learn to *do*〉の「自ら学んで～する［できる］ようになる」に対し，**「自然に～するようになる」**のニュアンスが強い。過去形はそれぞれ，〈came to *do*〉〈got to *do*〉となる。

» The prince **came to love** Cinderella.
王子はシンデレラを愛するようになった。

» You'll soon **get to like** this town.
じきに君はこの街が好きになるよ。

1歩進んで **「～されるようになった」**というように，受け身の内容を表現する場合は，to の後ろを〈be＋過去分詞〉とし，**〈come to be＋過去分詞〉**とする。

» When did paper money **come to be accepted** instead of coins?
紙のお金はいつ硬貨のかわりに受け入れられるようになったのか。

❗「～されるようになった」という受け身の意味では，〈learn to *do*〉や〈get to *do*〉はふつう用いず，〈come to *do*〉を用いて〈come to be＋過去分詞〉とする方が自然。

Exercises

1 次の英文を和訳しなさい。

(1) At first, she didn't like him. But she **came to love** him later.
(2) His name **came to be known** by everyone in Paris.
(3) In a society where instant satisfaction has **come to be valued**, people are attracted to email.
(4) When will he **learn to listen** to his wife?

2 (　　) 内の語を並べ替えて，日本語の意味に合う英文を完成させなさい。

(1) 彼女は心の健康の大切さを理解するようになった。
(mental / she / of / health / to / importance / came / understand / the).
(2) 彼は25年後に，彼女が彼を愛したことはなかったのだと悟るに至った。
After 25 years, (never / that / he / she / him / came / loved / realize / to / had).
(3) 私たちは時とともに複雑な味を好むようになる。
(to / over / learn / complex / like / we / tastes) time.

3 日本語を英語に直しなさい。

(1) その人とどうやって知り合いになったのですか。(6語)
________________________ the person?
(2) あなたはどうやって英語が話せるようになったのですか。(6語)
________________________ English?
(3) なぜコーヒーはアメリカ人に愛されるようになったのか？(7語)
________________________ by Americans?

4 次の文章を読んで，下線部を和訳しなさい。

Throughout history, if kings and emperors acquired some new weapon, sooner or later they were tempted to use it. <u>Since 1945, however, humankind **has learned to resist** this temptation.</u>

Words & Phrases

1 (1) **at first** 最初は，初めは (3) **instant** 即座の，即席の **satisfaction** 満足（感） **value** …を尊重する，…を重んじる **2** (1) **mental** 心の，精神の (2) **realize** …を悟る，…だと気づく (3) **complex** 複雑な **4** **emperor** 皇帝 **acquire** …を手に入れる，…を獲得する **sooner or later** 遅かれ早かれ **tempt** …を誘惑する > **temptation** [名] 誘惑 **humankind** 人類，人間 **resist** …に抵抗する，…に抗う

Lesson 8

011 tend to *do* 「～する傾向がある」

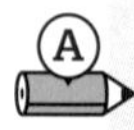

He tends to speak in a loud voice.
彼は大声で話す傾向がある。

tend to も〈動詞＋to〉のひとまとまりでとらえる。〈tend to *do*〉で**「～する傾向がある」**の意味を表すが，**「～される傾向がある」**と受け身の内容を表す場合は，〈tend to be＋過去分詞〉とする。

› English **tends to be used** widely as an international language.
英語は国際言語として広く使用される傾向がある。

「～しない傾向がある」は tend の後ろに not を置き，〈tend not to *do*〉とする。

› Many houses in Japan **tend not to last** long.
日本では多くの家が長持ちしない傾向がある。

012 manage to *do* 「どうにかして～する［できる］」

I managed to finish my report by the deadline.
私はどうにか締め切りまでにレポートを仕上げることができた。

manage は「（困難なことを）何とか成し遂げる，やってのける」という意味の他動詞なので，〈manage to *do*〉は「to 以下のことを何とか成し遂げる」という意味になる。このように文法上は to *do* が manage の目的語であるが，実際上は〈manage to *do*〉のひとまとまりで**「どうにかして～する［できる］」**ととらえればよい。

1歩進んで 「過去に 1 度限りの行為ができた」の意味では was[were] able to を用いるが，「どうにかできた」「やっとのことでできた」という場合は〈manage to *do*〉を過去形で用いればよい。

› I **managed to catch** the last train.
＝Somehow I was able to catch the last train. ※ somehow「どうにかして」
私はどうにか最終列車に乗ることができた。
※ could は「～する能力があった」という意味を含むので，このような場合には用いない。

上記のように〈manage to *do*〉にはもともと「～できる」の意味あいが含まれるが，can などの助動詞とともに用いられることもある。

› You **can manage to combine** your job and your hobby.
あなたはどうにかして仕事と趣味を両立させられるよ。

Exercises

1 次の英文を和訳しなさい。

(1) People **tend to become** less imaginative as they grow older.

(2) It is often said that music may strengthen our mental health. Particularly, listening to music **tends to reduce** pain.

(3) She promised herself that she would pay off all her debts, and **managed to make** her last payment in November.

(4) How did he **manage to catch** such a large fish?

2 (　　) 内の語を並べ替えて，日本語の意味に合う英文を完成させなさい。

(1) 人は年をとるにつれて他人の忠言を聞かなくなる傾向がある。
(to / the / not / as / get / of / tend / they / to / advice / others / listen / people) older.

(2) 私たちはどうにかしてこのビジネスで成功することができた。
(business / to / successful / in / managed / be / we / this / have).

(3) 彼女はインタビューで個人的な生活については語らない傾向がある。
(in / her / to / personal / talk / tends / about / she / life / not) interviews.

3 日本語を英語に直しなさい。

(1) 私はどうにか良い仕事に就くことができた。(7 語／get)

(2) この町は観光客に避けられる傾向がある。(8 語／avoid, tourist)

(3) なぜネコは温かい場所を好む傾向があるのだろうか。(8 語)

4 次の文章を読んで，下線部を和訳しなさい。

Over the past decade, investors and customers have come to expect the highest standards of moral and ethical behavior from companies. <u>In fact, companies that make the effort **tend to have** higher brand recognition, which helps them to pay less for advertising and increases their sales.</u>

Words & Phrases

1 (1) **imaginative** 想像力豊かな　(2) **strengthen** …を強化する，…を高める　**particularly** 特に，とりわけ　**reduce** …を減らす，…を軽減する　(3) **pay off ...** …を完済する　**debt** [det] 借金　**4** **decade** 10年間　**investor** 投資家　**come to *do*** ～するようになる (☞構文010)　**expect A from B** BにAを期待する　**standard** 水準　**moral** 道徳的な　**ethical** 倫理的な　**behavior** 行動，ふるまい　**in fact** 実際（は）　**effort** 努力　**recognition** 認知，認識　**, which ～** (前節［の中の一部］を受け) それは～ (☞構文091)　**advertising** 宣伝，広告

2 まとまりで処理すべき動詞・助動詞を含む表現

Lesson 9

013 used to *do* / would (often) *do* 「昔は～したものだ」

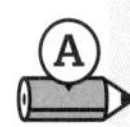

I used to swim in the river near my house.
昔はよく家の近くの川で泳いだものだ。

「昔は～したものだ」という意味をもつ表現として，助動詞相当表現の used to と助動詞 would がある。この2つは次のような違いがある。

used to：**現在と過去の違い，対比**を表現するときにしばしば用いられ，**「今はそうではない」**という意味を含む。後ろに**動作動詞と状態動詞のいずれも置くことができる。**

would：現在と過去の対比というよりも，**過去**にスポットを当てて「昔は（よく）～したものだ」ということを回想的に述べる表現。後ろに**動作動詞のみを置く**。しばしば often などの頻度・時を表す語句を伴う。

※**動作動詞**：動きのある動詞。たとえば上の基本例文中の swim や go, run など。
状態動詞：動きのない動詞。たとえば下の類例中の be［ある］や know など。

➤ There **used to be** a bookstore here.
昔はここに本屋があった。※今はもうない。

➤ I **would often play** the guitar when I was a college student.
大学時代はよくギターを弾いたものだった。
※単に当時はよく弾いたということを述べたのであり，「今は弾かない」という含みはない。

❗〈used to *do*〉と〈be used to *doing*［名詞］〉を混同しないよう注意！ 後者は「～（すること）に慣れている」という意味である（☞042）。

014 be about to *do* 「まさに[これから]～するところだ」

The train **is about to leave.**
今まさに電車が出るところだ。

be about to もこの3語をひとまとまりでとらえる。about には「…のまわりに」「…の近くに」という意味があるので，この表現は「to *do* という行為がすぐ近くにある」という意味だと考えられる。ここから**「まさに[これから]～するところだ」**という訳になる。

➤ The concert **was about to end** when we arrived at the hall.
私たちがホールに着いたとき，コンサートはまさに終わろうとしていた。

about の前に just を加えて〈be just about to *do*〉とすると「ちょうど」「まさに」の感が強まる。

➤ The shop **is just about to close**, so we should hurry.
その店は今にも閉まりそうだから，急がないと。

Exercises

1 次の英文を和訳しなさい。

(1) In this city the sky is not so blue as it **used to be**.
(2) They **used to work** from 9 a.m. to 5 p.m.
(3) We **would often go** to Hokkaido when we were students.
(4) Do you have time to discuss your work now, or **are you about to leave**?

2 (　　) 内の語を並べ替えて，日本語の意味に合う英文を完成させなさい。

(1) 私はしばしばここで花を買ったものだった。
(flowers / I / buy / often / here / would).
(2) かつてここに大きな家があった。
(a / to / house / used / here / be / there / big).
(3) その時，太陽はまさに沈むところだった。
(was / that / to / about / the / at / sun / set) time.

3 日本語を英語に直しなさい。

(1) 私はパリにいたころ，ジョンとよくテニスをしたものだった。(12語／Paris, John)
(2) 私はかつてバスケットボールチームのメンバーだった。(10語)
(3) 私はちょうどその部屋を出るところだった。(8 語／leave)

4 次の文章を読んで，(①) (②) を埋めるのに適切な共通の語を答えなさい。

Like every other writer I get letters all the time from young people who are (①) to write theses and essays (②) my books in various countries — but particularly in the United States. They all say: “Please give me a list of the articles about your work, the critics who have written about you.”

Words & Phrases

1 (4) **discuss** …について話し合う，…について議論する **4** **theses** 論文（thesis の複数形） **article** 記事 **critic** 批評家

Lesson 10

015 be said to *do* 「～すると言われている」

The man is said to possess great wealth. ※下図①の例
その男は莫大な富を持っていると言われている。

be said to は，本来は受動態の表現だが，be able to などと同じように，事実上は3語でひとまとまりの表現として処理できる。

この構文では，言われている内容が be said の時点よりも過去のことである場合（下図②と④），to 以下は **〈(be said) to have＋過去分詞〉** となる。

» The man **is said to have possessed** great wealth. ※上図②の例
その男は莫大な富を持っていたと言われている。

» The man **was said to possess** great wealth. ※上図③の例
その男は莫大な富を持っていると言われていた。

» The man **was said to have possessed** great wealth. ※上図④の例
その男は（それ以前に）莫大な富を持っていたと言われていた。

1歩進んで 〈S be said to *do*.〉は，〈It be said that S′ V′.〉（形式主語構文。☞**001**）**という表現で書き換えられる**。上の4文を書き換えると，それぞれ次のようになる。

» **It is said that** the man **possesses** great wealth.（＝①）
» **It is said that** the man **possessed** great wealth.（＝②）
» **It was said that** the man **possessed** great wealth.（＝③）
» **It was said that** the man **had possessed** great wealth.（＝④）

that 節の中の動詞の形は，「現在のことなら現在形，過去のことなら過去形」が原則。ただし，これでは③と④が同じ形になってしまうので，**④は〈had＋過去分詞〉として③と区別する**。

〈be said to *do*〉のように，〈be 動詞＋過去分詞形の動詞＋to〉をひとまとまりの表現として処理でき，また，it を用いた形式主語構文との書き換えが可能な表現として，他に次のようなものがある。

□ be thought to *do*「～すると思われている」
□ be believed to *do*「～すると信じられている」
□ be reported to *do*「～すると報道されている」

Exercises

1 次の英文を和訳しなさい。

(1) **It is said that** he **can heal** any disease.

(2) **It was believed that** he **was** sick in the hospital.

(3) More than 90% of all birds and fish **are reported to have** plastic particles in their stomach.

(4) The building **is reported to have been** badly **damaged** by the fire.

2 (　　) 内の語を並べ替えて，日本語の意味に合う英文を完成させなさい。

(1) 犠牲者は誤って多量の毒を飲んだと考えられている。
(thought / of / have / a / by / the / taken / lot / victim / to / poison / is) mistake.

(2) 世界中の多くの言語が毎年消えつつあると報告されている。
(throughout / world / the / that / is / languages / it / reported / are / many) disappearing every year.

(3) 彼女の娘は良い医者だと信じられていた。
(be / daughter / good / to / her / doctor / was / a / believed).

3 次の英文を指示に従って書き換えて，その文を和訳しなさい。

(1) They are said to value independence. (it で始まる文に)

(2) Watermelon is thought to have originated in Africa. (it で始まる文に)

(3) It was said that she had moved to Osaka in the previous year. (she で始まる文に)

4 次の文章を読んで，下線部を it で始まる同意の文に書き換えなさい。

<u>The Morpho Butterfly, which lives in South America, **is said to be** "the world's most beautiful butterfly."</u> Japan's leading motor vehicle company has been selling a limited, special edition model of car that uses a color inspired by the blue of the butterfly's wings.

Words & Phrases

1 (1) **heal** (人・傷など) を治す　**disease** 病気　(3) **particle** 粒子，小片　**stomach** 胃　(4) **damage** …に損害［損傷］を与える　**2** (1) **victim** 犠牲者，被害者　**poison** 毒，毒薬　**3** (1) **value** …を尊重する，…を重んじる　**independence** 独立，自立　(2) **watermelon** スイカ　**originate in ...** …に起源を発する　(3) **previous** 前の　**4** **Morpho Butterfly** モルフォ蝶　**leading** 主要な，先頭に立つ，最大手の　**motor vehicle** 自動車　**edition** …版　**inspire** …にインスピレーションを与える

Lesson 11

016 may[might] well *do* 「たぶん～だろう／～するのももっともだ」

Lisa may well leave her job soon.
リサはたぶん，じきに仕事を辞めるだろう。

〈may[might] well *do*〉は，mayの2つの意味，①**推量「～かもしれない」**，②**許可「～してもよい」**に対して，well**「十分に」**が修飾語として加わった表現である。よって意味も大きく2つに分かれる（wellは副詞だが，この表現においてはmay wellのひとまとまりでとらえる）。

1つ目の意味は，①**推量「～かもしれない」**にwell「十分に」が加わって可能性が高まり，**「たぶん［おそらく］～だろう」**となったもの。

➤ It **may well rain** tomorrow.
たぶん明日は雨だろう。

2つ目の意味は，**「～するのももっともだ」**である。これは，mayのもう1つの意味，②**許可「～してもよい」**にwellが加わって，「十分に～してもよい」→**「～するのももっともだ［当然だ］」**と考えることができる。

➤ He **may well be** proud of his sons.
彼が息子さんたちを誇りに思うのはもっともなことだ。

❗〈may[might] as well *do*〉☞095'と混同しないよう注意！　こちらは「～するほうがましだ，～したほうがよい」という意味である。

017 keep (on) *doing* 「～し続ける」

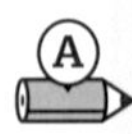

The baby **kept crying** all night.
その赤ちゃんは一晩中泣き続けた。

〈keep (on) *doing*〉は，keep quiet「静かにしている」などの〈keep C〉と同じく，keepに対するCとして*doing*が置かれたものであるが，これも「～し続ける」の意味のひとまとまりの表現として処理するとよい。

➤ I'll **keep supporting** you.（＝I'll always be supporting you.）
君を支え続けるよ。

keepと*doing*の間にonが置かれた場合は，「継続・反復」が強調される。

➤ The clock **kept on stopping** even after the battery was changed.
その時計は電池を替えたあとも繰り返し止まった。

Exercises

1 次の英文を和訳しなさい。

(1) It **may well be** true that he proposed to her.
(2) Joe **might well succeed** in his new post.
(3) You will **keep contributing** as a member of the company.
(4) Rates of obesity **keep on rising**, despite the billions of dollars spent each year on diet plans.

2 (　　　) 内の語を並べ替えて，日本語の意味に合う英文を完成させなさい。

(1) そんなに懸命に働くのだから，君はほめられて当然だ。
(well / praised / may / you / be), seeing that you work so hard.
(2) 彼はおそらく正しい。
(well / right / be / may / he).
(3) 彼女は 5 時間泳ぎ続けた。
(on / five / she / for / kept / swimming) hours.

3 日本語を英語に直しなさい。

(1) 私たちは一晩中踊り続けた。(3 語)
________________________ all night.
(2) あなたがそう考えるのももっともだ。
You (　　　) (　　　) think (　　　).
(3) 彼は2012年に金メダルを取ったあとも走り続けましたか。(5 語)
________________________ winning a gold medal in 2012?

4 次の文章を読んで，下線部を和訳しなさい。

Organizations are not quite the emotional sum of their human parts. Organizational apology impulses are not powered by pure empathy. <u>The server at the fast-food counter **may well say** "sorry for your wait," but it's simply part of the buying process.</u>

Words & Phrases

1 (1) **propose to ...** …にプロポーズする (2) **post** 職，地位 (3) **contribute** 貢献する (4) **rate** 比率，割合 **obesity** 肥満 **rise** 上がる **billion** 10億 **2** (1) **praise** …をほめる，…を賞賛する **4** **organization** 組織，機関，団体 **not quite** 完全に〜というわけではない（部分否定。☞構文105）**emotional** 感情の **sum** 総和，合計 **human** 人間の，人間的な **part** 部分，部品 **apology** 謝罪 **impulse** 衝動 **power** ［動］…に動力を供給する，…を引き起こす ［名］力，権力 **empathy** 共感，感情移入 **server** 給仕する人，店員

Lesson 12

018 助動詞＋have＋過去分詞 「過去に対する推量／後悔」

He's late. He may have missed the train.
彼は遅いな。電車に乗り遅れたのかもしれない。

推量を表す助動詞が**〈助動詞＋have＋過去分詞〉**の形で用いられると，**「過去に対する推量／後悔」**を表す。特に頻度が高いものとして，次のようなものが挙げられる。

【推量】□ must have ＋過去分詞 「～したに違いない」
□ couldn't[cannot] have ＋過去分詞
「(～した可能性はない→) ～したはずがない」 ※多くは could を用いる。
□ would have ＋過去分詞 「～しただろう」
□ may[might] have ＋過去分詞 「～したかもしれない」 ※018 基本例文参照。
【後悔】□ should[ought to] have ＋過去分詞 「～すべきだったのに（しなかった）」

» He **must have misunderstood** the instructions.
彼は説明書の指示を取り違えたに違いない。

» She **couldn't have done** such a thing.
彼女がそんなことをしたはずがない。

» I think he **would have enjoyed** the party.
私は彼がそのパーティーを楽しんだのだろうと思う。

» You **should have listened** to me more carefully.
あなたはもっと注意深く私の言うことを聞くべきだったのに（聞かなかった）。

❗上記以外にも，以下の表現がある。
【推量】□ should[ought to] have＋過去分詞「～したはずだ」
□ could have＋過去分詞「～した可能性がある，～することができただろう」
【後悔】□ need not have＋過去分詞「～する必要はなかったのに（した）」

なお，特に〈would have＋過去分詞〉〈might have＋過去分詞〉〈could have＋過去分詞〉は，しばしば仮定法過去完了の帰結節（☞116）として用いられる。

1歩進んで 〈助動詞＋have＋過去分詞〉には，現在完了の内容に対して推量を加える用法や，いわゆる「未来完了」の例もある。

» The cherry blossoms in Kyoto **may have finished** now.
京都の桜は今はもう終わっているかもしれない。
※ now があるので，現在完了の内容に対して推量を加えている例。

» He **will have finished** the work by Friday.
彼は金曜日までにはその仕事を終えているだろう。
※ by Friday があるので，未来のことに関して推量している例。この場合の〈助動詞＋have＋過去分詞〉は「未来完了」と呼ばれることが多い。

Exercises

1 次の英文を和訳しなさい。

(1) You **could not have finished** your work so soon.

(2) If you didn't hear the noise, you **must have been sleeping** at the time.

(3) You **needn't have bought** such a large house. Your wife **would have been** quite happy in a smaller house.

(4) No one knows for certain the origin of written language. It **may have been invented** to record trade.

2 (　　) 内の語を並べ替えて，日本語の意味に合う英文を完成させなさい。

(1) 切符のことははっきりしないけど，ホテルに忘れてきたのかもしれない。
I'm not sure about the tickets, but (might / them / at / hotel / left / have / we / the).

(2) この法律は完全に時代遅れのものになっている。ずっと前に廃止されるべきだったのに。
This law has become quite out of date; (time / have / long / been / should / a / it / abolished) ago.

(3) 彼女は今頃はもう仕事を終えているかもしれない。
(may / her / finished / have / she / work) by now.

3 日本語を英語に直しなさい。

(1) 私はそう言った可能性はあるが，覚えていない。(9 語／could, but)

(2) 君がそのドアを開けっぱなしにしたに違いない。(7 語)

(3) 私はそのセール期間中にそれを買っておくべきだった。(8 語／that, sale)

4 次の文章を読んで，あとの問いに答えなさい。

However, official "study abroad" is not only a recent phenomenon. In the case of Japan, it is a commonly held view that the first official overseas students were sent to China around the 6th century, a time when long-distance travel **must have been** extremely dangerous.

(1) 下線部を和訳しなさい。

(2) 下線部中の it が指すものを本文中から抜き出しなさい。

Words & Phrases

1 (2) **noise** 物音，雑音　(3) **quite** 非常に，すっかり，十分に　**be happy in ...** …に満足している　(4) **for certain** はっきりと，確かに　**record** …を記録する　**trade** 取引，商売　**2** (2) **out of date** 時代遅れの　**abolish** …を廃止する　**4** **phenomenon** 現象，事象　**commonly** 一般に　**hold** (考えなど) を抱く・もつ (活用：hold-held-held)　**view** 意見，考え　**overseas** 海外からの，海外への　**a time when ～** ～な時代 (when は関係副詞。☞構文087)　**extremely** きわめて，非常に

Lesson 13

019 too＋形容詞／副詞＋to *do* 「あまりに…なので～できない」

They were too tired to move.
彼らはあまりにも疲れていて動けなかった。

〈too＋形容詞／副詞＋to *do*〉は，**「あまりに…なので～できない」**と否定の意味を表すが，文脈によっては**「～するにはあまりにも…だ」**とも訳せる。この構文は**〈so＋形容詞［副詞］＋(that)～〉**（☞073）によって書き換えが可能である。

019 = They were **so** tired **that** they couldn't move.

また，to *do* の前には〈for A〉によって**しばしば to 不定詞の意味上の主語が示される**。

› This game is **too difficult for a child to understand.**
このゲームは難しすぎて子どもには理解できない。

1歩進んで 文の主語が，to 不定詞句内部の他動詞または前置詞の目的語と一致している場合は，**他動詞・前置詞の目的語は多くの場合，省かれる**。

› Her suitcase was **too heavy to lift**.
彼女のスーツケースはあまりにも重くて持ち上げられなかった。

上記の例では，lift の目的語となるのは主語の her suitcase だが，lift her suitcase，あるいは lift it とせずに，lift で文を終えていることに注意。

020 形容詞／副詞＋enough to *do* 「～するのに十分…だ」

Her skirt was long enough to touch the floor.
彼女のスカートは床に触れるほど長かった。

〈形容詞／副詞＋enough to *do*〉は，**「～するのに十分…だ」**の意味。**「十分…なので～する」**と訳せる例もある。019 の too とは異なり，**enough は形容詞／副詞の後ろに置かれる**ことに注意。ただし，enough が名詞を修飾する場合は，**〈enough＋名詞＋to *do*〉**の順となる。

› He never had **enough money to own** a car.
彼は車を所有するほどにお金を持ったことはなかった。

本構文も**〈so＋形容詞［副詞］＋(that)～〉**（☞073）によって書き換えが可能である。

020 = Her skirt was **so** long **that** it could touch the floor.

また，本構文でも〈for A〉によって**to 不定詞の意味上の主語が示される場合がある**。

› She spoke **clearly enough for everyone to hear** her.
彼女は誰もが（彼女の声を）聞き取れるほど十分にはっきりとしゃべった。

Exercises

1 次の英文を和訳しなさい。

(1) This cable is **too short to use**.
(2) You're never **too old to try** a new sport!
(3) In the 1800s, pinhole cameras became **small enough to be** portable.
(4) His salary was **enough to support** his family.

2 (　　) 内の語を並べ替えて，日本語の意味に合う英文を完成させなさい。

(1) 彼は親切にも駅までの道を私に教えてくれた。
(enough / station / was / show / way / the / he / to / to / the / kind / me).
(2) オリビアは彼女の子どもがついてこられるようにゆっくり歩いた。
(for / with / slowly / up / her / Olivia / child / enough / to / walked / her / keep).
(3) この話はあまりにうますぎて信じられない。
(to / good / story / true / too / this / be / is).

3 日本語を英語に直しなさい。

(1) 私はあまりにも驚いてしゃべれなかった。(6 語)
(2) その家は 5 人が住むには小さすぎる。(11語／people)
(3) 私はこの仕事を終えるのに十分な時間がない。(9 語／complete, work)

4 次の文章を読んで，下線部を和訳しなさい。

If a person wanted to open a business, the family raised the necessary money. If a person wanted to marry, the family chose the husband or wife. However, <u>if a person's illness was **too grave for the family to manage**</u>, or a new business demanded too large an investment, or the neighborhood quarrel escalated to the point of violence, the local community came to the rescue.

Words & Phrases

1 (3) **pinhole camera** ピンホールカメラ（レンズの代わりに小穴を用いて撮影をするカメラ） **portable** 持ち運びのできる，携帯用の (4) **salary** 給料，月給 **4** **raise** （資金）を集める **grave** 重大な，特に深刻な **manage** …をうまく処理する・扱う **demand** …を要求する，…を必要とする **investment** 投資，出資 **neighborhood** 近所の人々，（形容詞的に）近所の **quarrel** 口論，けんか **escalate** エスカレートする **to the point of ...** …のところまで，…なほどに **local community** 地域住民 **come to the rescue** 救助に行く

Lesson 14

021 in order to *do* / so as to *do* 「～するために」

We are working hard in order to create a better society.
より良い社会を創るために私たちは懸命に働いている。

to 不定詞には多くの用法，意味があるが，そのうちの1つに，**「～するために」「～するように」**という意味で動詞を修飾する用法がある（一般に**「副詞的用法」**と呼ばれる）。この意味ではシンプルな〈to *do*〉の形で用いられることが多いが，to の前に **in order** または **so as** を置くと，この用法であることを明示できる。

» **In order to solve** this case, further information is needed.
この事件を解決するために，さらなる情報が必要だ。

» I got up early **so as to have** time to finish my homework before going to school. 登校する前に宿題を終わらせる時間を取るために，私は早起きした。

一方，**「～しないために[ように]」**という否定の意味を表す場合は，シンプルな〈not to *do*〉の形ではなく〈in order not to *do*〉，〈so as not to *do*〉とするのが原則。

» You should be more careful **in order not to repeat** the same mistake.
同じミスを繰り返さないように，君はもっと注意深くなければならない。

» I held on to the rope **so as not to fall**.
落ちないように私はロープにしっかりつかまった。

❗「～するために」の意味では〈to *do*〉を用いるのがふつうであり，英作文で無理に〈in order to *do*〉〈so as to *do*〉を使う必要はない。ただし否定形の〈in order not to *do*〉〈so as not to *do*〉は発信の際にも使えるようにしておくと便利である。

022 cannot afford to *do* 「～する余裕がない」

We cannot afford to buy a house.
私たちは家を買う余裕がない。

〈cannot afford to *do*〉は，**「～する余裕がない」「～できる状況にない**（～するには支障がある）**」**という意味の表現。助動詞の can[could] と，その後ろの部分をまとめて **cannot afford to** のひとまとまりでとらえればよい。**この表現は通常，否定表現として用いられる**ため，**not を含めたまとまりで記憶したい**。

» We **can't afford to be** idle.
（私たちは怠けていられる状況にはない→）怠けてなんかいられない。

❗ afford は to *do* だけでなく名詞も目的語に取ることができ，〈cannot afford A〉「A を持てる余裕がない」の形でも用いられる。

» I'd like to see him, but I **cannot afford the time.**
彼に会いたいのだが，時間が確保できない。

Exercises

1 次の英文を和訳しなさい。

(1) **In order to avoid** the early morning rush hour traffic, we started traveling before dawn.
(2) She walked slowly **in order not to be noticed** by anyone.
(3) He **couldn't afford to stay** there for long.
(4) I **can't afford to lose** you!

2 （　　）内の語を並べ替えて，日本語の意味に合う英文を完成させなさい。

(1) 彼の意見を聞くために，君には彼に会ってほしい。
(want / his / meet / order / I / to / hear / you / him / to / in) opinion.
(2) より創造的であるために，あなたは独立して働くべきだ。
You (independently / creative / as / be / work / more / so / should / to).
(3) 私たちは新しいコンピューターを買う余裕がない。
(computer / afford / buy / to / a / can't / new / we).

3 日本語を英語に直しなさい。

(1) 私はより良い景色を得るためにカメラの角度を調整した。
I adjusted the camera angle so (　　)(　　) get a (　　) view.
(2) 電車に乗り遅れないように急がなければならないよ。
You must hurry in (　　)(　　) to (　　)(　　) for the train.
(3) 彼らは医療費を支払う余裕がない。(5 語)
____________________ for medical costs.

4 次の文章を読んで，あとの問いに答えなさい。

Google, Nike and Samsung have all introduced nap pods for employees **in order to boost** productivity and **protect** against the health risks of sleep deprivation. Despite these innovations, sleep still often gets less attention than exercise and diet as a factor that contributes to a healthy lifestyle.

(1) 下線部を和訳しなさい。
(2) 下線部中の in order を別の 2 語に書き換えなさい。

Words & Phrases

1 (1) **avoid** …を避ける **traffic** 交通（量） **dawn** 夜明け (2) **notice** …に気づく **2** (2) **independently** 独立して **creative** 創造的な，独創的な **3** (1) **adjust** …を調節する **angle** 角度，アングル **view** 眺め，景色 **4** **introduce** …を導入する **nap pod** ナップ・ポッド，仮眠ポッド（仮眠用の簡易ベッド） **employee** 従業員，被雇用者 **boost** …を引き上げる，…を高める **productivity** 生産性，生産力 **protect against A** A から身を守る，A を防ぐ **sleep deprivation** 睡眠不足 **innovation** イノベーション，新しい試み **diet** 食事，常食 **factor** 要素，要因 **contribute to ...** …に貢献する

Lesson 15

023 行動を促す動詞+O to *do* 「Oに〜するよう命じる／頼む／勧める etc.」

She asked me to open the window.
彼女は私に窓を開けるよう頼んだ。

「命じる」「頼む」「勧める」など，人に行為を促す動詞（あるいは，実際に促さないにしても，それを「期待する」「望む」という意味をもつ動詞）を用いて文を組み立てる場合，文の型は，**〈行動を促す動詞+O（促す相手）+to *do*（促した行為）〉**となることが多い。以下に，この型で用いられる動詞の代表例を示す。

命じる・頼む：□ tell O to *do*「Oに〜するよう言う［命じる］」
□ order O to *do*「Oに〜するよう命じる」
□ ask O to *do*「Oに〜するよう頼む」
勧める：□ encourage O to *do*「Oに〜することを奨励する／仕向ける」
□ persuade O to *do*「Oを説得して〜させる」
させる：□ get O to *do*「（説得して）Oに〜させる／してもらう」
□ cause O to *do*「Oに〜させる／Oが〜するのを引き起こす」
□ force O to *do*「Oに〜することを強いる」
□ compel O to *do*「Oに〜することを強いる」
許す：□ allow O to *do*「Oが〜することを許す／可能にする」
□ permit O to *do*「Oが〜することを許す／可能にする」
□ enable O to *do*「Oが〜することを可能にする」
望む・期待する：□ want O to *do*「Oが〜することを望む」
□ expect O to *do*「Oが〜することを予期する／期待する」

› He **encouraged me to learn** Chinese. 彼は私に中国語を学ぶよう奨励した。
› I **got my husband to repair** my bicycle. 私は夫に自転車を直してもらった。

たとえば「〜しないよう命じる」「〜しないよう説得する」などのように**否定の意味を表す場合は**，to *do* の前に not を置き，**〈行動を促す動詞+O not to *do*〉**とする。

› My father **told me not to use** his computer again.
父は私に二度と彼のコンピューターを使わないよう命じた。

1歩進んで この型の文においては，「行為を促す相手」がO, to 不定詞以下のすべてがCである。つまり第5文型である。

023：She asked me to open the window.
S V O C
※OとCに主語と述語の関係。

OCの部分には主語と述語の関係があり，I opened the window. という文が成立する。このように，OCの部分から文が成立するのが第5文型の特徴である。

Exercises

1 次の英文を和訳しなさい。

(1) I **got him to help** me when I moved the furniture.

(2) I **persuaded John to be examined** by the doctor.

(3) As a rule, no one **is allowed to work** overtime past 6:30 p.m. on Friday.

(4) According to the weather forecast, the temperature **is expected to rise** above 30 degrees this afternoon.

2 (　　) 内の語を並べ替えて，日本語の意味に合う英文を完成させなさい。

(1) 私の両親は私が東京に行くのを許さなかった。
(Tokyo / go / my / not / permit / to / me / parents / did / to).

(2) その教師たちは新しい教科書の質について意見を述べるよう求められた。
(quality / were / the / textbooks / to / comment / teachers / of / new / the / on / asked / the).

(3) どうすれば親は子どもにもっと読書をさせることができるだろうか。
(to / their / parents / more / get / children / read / can / how)?

3 日本語を英語に直しなさい。

(1) あなたは私にここにいて欲しいですか。(7 語／stay)

(2) 私たちはもっと自信をもつように言われた。(7 語／told, confident)

(3) 彼らはその戦争のために国を去ることを強いられた。(11語／leave)

4 次の文章を読んで，あとの問いに答えなさい。

Though the teacher may be feared by the students, Chinese students perform well on tests and respect their teachers. (1)In fact, 50% of Chinese parents encourage their children (　　) become teachers. In the US and UK, teachers provide the means to learn. Their role is to help students. (2)Students **are encouraged to be** curious.

(1) (　　) 内に適語を入れたうえで下線部(1)を和訳しなさい。

(2) 下線部(2)を和訳しなさい。

Words & Phrases

1 (2) examine …を調べる，…を診察する　(3) as a rule 原則として，ふつうは　overtime 時間外で，勤務時間を超過して　(4) according to ... …によれば　forecast 予報，予想　temperature 気温，温度　rise 上がる　degree (角度，温度などの) 度　**4** fear …を恐れる　perform well うまくいく　respect …を尊敬する，…を敬う　means to *do* ～するための手段 (☞構文136)　role 役目，役割　curious 好奇心の強い

Lesson
16

024 make O *do*（動詞の原形）「O に（強制的に）〜させる」

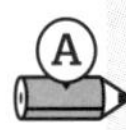

Our coach sometimes makes us practice even on Sundays.
コーチは時々日曜日にも私たちに練習させる。

023 で扱った〈force O to *do*〉や〈compel O to *do*〉と同様に，make にも**「〜させる」**という**〈強制〉**の意味がある。ただし make を用いる場合は，**O の後ろが to 不定詞ではなく「動詞の原形」となり，〈make O *do*〉とする**。この to のない「動詞の原形」は，**「原形不定詞」**と呼ばれる。以下の類例でも，to cook ではなく，原形不定詞の cook であることが確認できる。

› She **made Cinderella cook** for her daughters.
　= She **forced**[**compelled**] **Cinderella to cook** for her daughters.
　彼女はシンデレラに自分の娘たちの食事を作らせた。

make の主語が〈人〉である場合，〈make O *do*〉は原則として上記のように〈強制〉の意味になることが多いが，例外もある。

› I like to **make people laugh**.
　私は人を笑わせるのが好きだ。
　※「〜させる」という訳になっているが，強制的に笑わせるわけではない。

〈無生物〉が主語になる場合は，「（主語が原因となって）〜の状態・状況を作り出す」という意味となることが多い。訳す際は**「S によって[のおかげで]O は〜する[できる]」**のようにするとよい（無生物主語構文については，☞147）。

› The medicine **made me feel** better.
　（その薬は，私が気分が良くなる状態を作った→）その薬のおかげで私は気分が良くなった。

この型の文を受動態にした場合，〈be made to *do*〉と to が現れる。

024 = We **are** sometimes **made to practice** even on Sundays by our coach.
　私たちは時々，コーチに日曜日にも練習をさせられる。

1歩進んで この文も OC の部分には主語と述語の関係がある。us を We に変えると，OC の部分から We practice even on Sundays. という文が生まれる。したがって，この文も第 5 文型である。

024 : Our coach sometimes makes us practice even on Sundays.
S (Our coach)　V (makes)　O (us)　C (practice even on Sundays)
※ O と C に主語と述語の関係。

Exercises

1 次の英文を和訳しなさい。

(1) When I ran on the track team in high school, my coach always **made us run** up hills.

(2) Black never fails to **make you look** elegant.

(3) He **was made to sign** the agreement.

(4) The bus driver did not come, and we **were made to wait** for over half an hour to get on the bus.

2 (　　) 内の語を並べ替えて，日本語の意味に合う英文を完成させなさい。

(1) 私たちにここで一日中待たせるつもりですか。
(to / here / you / make / all / going / are / us / wait) day?

(2) 私たちはどうすればお客さんにより快適だと感じてもらえるだろうか？
(we / our / feel / comfortable / can / more / how / customers / make)?

(3) 私は1時間以上も待たされた。
(for / hour / was / an / to / I / made / wait / over).

3 日本語を英語に直しなさい。

(1) 彼は私に彼の車を運転させた。(6語)

(2) 私は彼に次に何をさせるべきですか。(7語)

(3) その話を聞いて私は泣いた。(5語／that, cry, make)

4 次の文章を読んで，下線部を和訳しなさい。

Between 1978 and 1982 all of his work was very popular, and he made a lot of money. <u>However, traveling and working so much **made him feel** lonely, and he missed his wife and daughter.</u> So, in 1983, he decided to take a break from music, and spend more time with his family.

Words & Phrases

1 (1) track team 陸上部　(2) never fail to *do* 必ず～する　elegant 優雅な，上品な　(3) agreement 契約（書）　**2** (2) comfortable 快適な，心地よく感じる　customer 客，顧客　**4** take a break 休憩する，中断する

Lesson 17

025 have O *do*（動詞の原形）「O に～させる／してもらう」

Dr. Brown had the nurse take my blood pressure.
ブラウン医師は看護師に私の血圧を測らせた。

〈have O *do*〉は，023 で扱った〈get O to *do*〉と同じく，**「～させる」**または**「～してもらう」**という意味になる。get の場合が**「説得」**や**「お願い」**などをして「～させる，～してもらう」というニュアンスである文が多いのに対し，have は相手が責任をもって行う行為（職務など）をするよう**「依頼する」**場合に用いられることが多い（ただし，この 2 語の用法は重なる部分も多く，完全な線引きはできない）。

上の文は the nurse が O で，take 以下が C であり，この OC の部分からは The nurse took my blood pressure. という文が成立する。やはり第 5 文型である。

» I **had a carpenter repair** the door.
私は大工さんにドアを直してもらった。

026 let O *do*（動詞の原形）「O が～するのを許す」

I let my son play my guitar.
私は息子に自分のギターを弾かせてやった。

〈let O *do*〉は，**「O が～するのを許す／O に～させてやる」〈許可〉**の意味で，023 で扱った〈allow O to *do*〉,〈permit O to *do*〉と類似の意味をもつ。〈let O *do*〉にはまた，**「O が～するままにしておく」〈黙認・放置〉**の意味もある。

上の文は my son が O，play 以下が C で，これも第 5 文型である。この OC の部分からは My son played my guitar. という文が成立する。

» When I was a child, my parents never **let me swim** in a river.〈許可〉
私が子どものころ，両親は決して私が川で泳ぐのを許してくれなかった。

» **Let it be**.〈黙認・放置〉　※この be は「ある」「存在する」という意味。
（それはあるがままに放っておきなさい→）それはそのままにしておきなさい。

❗〈allow O to *do*〉や〈permit O to *do*〉が，しばしば受動態〈be allowed [permitted] to *do*〉で用いられるのに対し，let は受動態ではまず使われず，代わりに上記の〈be allowed [permitted] to *do*〉が用いられる。

1歩進んで let には以下のような例（Let him know that ... .）もある。この let は〈許可〉の意味でも，〈黙認・放置〉の意味でも解釈しづらい。このような let は，**「O が～する状態を作り出す／O が～するのを可能にする」**という意味あいのものだと考えるとよい。

» **Let him know** that I am well.
（私は元気だと彼が知っている状態を作り出してください→）
私は元気だと彼に知らせて [伝えて] ください。

Exercises

1 次の英文を和訳しなさい。

(1) I would like to **let them play** freely.
(2) The teacher **had me teach** the whole class how to pronounce my name.
(3) I don't **let my children have** smartphones.
(4) Shall I **have my secretary collect** data?

2 (　　) 内の語を並べ替えて，日本語の意味に合う英文を完成させなさい。

(1) 彼は雨が彼を打つに任せていた。
(rain / him / he / the / let / on / fall).
(2) あなたのお父さんに私たちの写真を撮ってもらうのはどうだろう。
How about (our / father / picture / your / take / having)?
(3) 言葉の意味がわからなければ，私に知らせてください。
Please (me / words / know / don't / let / you / understand / if / the).

3 日本語を英語に直しなさい。

(1) 君は息子さんにナイフを使わせるべきではない。(8語／短縮形を用いること)
(2) 私をあなたの秘書にしてください。(5語)
(3) この道具を使えば簡単に平行線が引けますよ。(8語／tool, draw, parallel)

4 次の文章を読んで，下線部を和訳しなさい。

Let me tell you a story about innovation. A story of a company called Hornby. It makes model trains, and has been doing so for a very, very long time. Ten years ago, the company was nearly bankrupt. In an attempt to save costs, it decided to outsource production to China.

Words & Phrases

1 (2) **pronounce** …を（正しく）発音する (4) **secretary** 秘書 **collect** …を集める **4** **nearly** 危うく～しかけて **bankrupt** 破産した，破綻した **in an attempt to *do*** ～しようとして **save** …を節約する **outsource** …を外部に委託する **production** 生産

Lesson 18

027 help O (to) *do* 「O が～するのを助ける／手伝う」

We helped the man push his car in the deep snow.
私たちは深い雪の中，その男性が車を押すのを手助けした。

〈help O (to) *do*〉は，**「O が～するのを助ける・手伝う」**という意味。O の後ろには**原形不定詞（*do*）を置く**。to 不定詞になることもあるが，原形不定詞を用いることが多い。

上の文も，the man が O，push 以下が C であり，第 5 文型である。この OC の部分からは The man pushed his car ... . という文が成立する。

» I **helped my son do** his homework.
私は息子が宿題をするのを手伝った。

» My son often **helps me to do** the dishes.
息子はよく私が皿洗いをするのを手伝ってくれる。

028 知覚動詞＋O *do*（動詞の原形）「O が～するのを見る／聞く／感じる etc.」

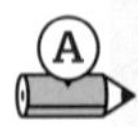

His wife saw him go into the shop.
彼の妻は彼がその店に入るのを見た。

五感で感じる行為を表す動詞（see / watch「見る」，hear「聞く」，feel「感じる」，notice「気づく」，smell「匂う」など）を**「知覚動詞」**という。知覚動詞を用いて「O が～するのを見る／聞く／感じる」といった意味を表す場合は，**O の後ろに原形不定詞を置き，〈知覚動詞＋O *do*〉とする**（〈知覚動詞＋O＋分詞〉の用法もあるが，これについては，☞047・048）。なお，上の文でも，him 以下から He went into the shop. という文が成立し，第 5 文型であることがわかる。

» Have you ever **watched an eagle catch** a fish?
今までにワシが魚を捕まえるのを見たことがありますか。

» I **heard someone call** my name.
私は誰かが私の名前を呼ぶのを聞いた。

» I **felt something crawl** on my neck.
私は何かが私の首をはうのを感じた。

024〈make O *do*〉と同様に，本構文でも**受動態にすると〈be＋知覚動詞（過去分詞形）＋to *do*〉**のように to が現れるとされるが，受動態では実際には**〈be＋知覚動詞（過去分詞形）＋*doing*〉**の形を用いることが多い。

028＝ He **was seen to go[going]** into the shop by his wife.
彼はその店に入るのを彼の妻に見られた。

◆ この〈be＋知覚動詞（過去分詞）＋to *do*〉の型が使える知覚動詞は，see と hear にほぼ限られる。

Exercises

1 次の英文を和訳しなさい。

(1) He didn't **help her assemble** the bed.

(2) Corn might **help America reduce** dependence on foreign oil and clean the air.

(3) Didn't you **hear me call** your name?

(4) I knocked on her room door and **heard her say** in English: "Come in."

2 (　　) 内の語を並べ替えて，日本語の意味に合う英文を完成させなさい。

(1) このデータをチェックするのを手伝っていただけますか。
(check / you / help / data / could / me / this)?

(2) 今まで鳥が巣をつくるのを見たことがありますか？
(build / ever / a / you / nest / bird / watched / have / a)?

(3) 私は昨晩遅くに誰かが我が家の玄関のドアをノックするのを聞いた。
(late / door / I / knock / last / front / heard / our / someone / on) night.

3 日本語を英語に直しなさい。

(1) 私は娘がボブに手紙を書くのを手伝うつもりだ。(10語／Bob)

(2) 私たちはクマがその湖を泳いで渡るのを目撃した。(8語／across, bear, see)

(3) 私は彼がその部屋を出たのに気づかなかった。(7語)

4 次の文章を読んで，下線部(1)，(2)を和訳しなさい。

(1)Atsuo had never **heard his wife speak** Korean until the moment he **heard her speak** Korean to Toshie. Rationally, he thought it was only right that Yun should speak her own language to her child, but (2)he felt somewhat disconnected when he **heard Yun speak** to Toshie in a language he did not understand.

Words & Phrases

1 (1) **assemble** (機械・家具など) を組み立てる　(2) **corn** トウモロコシ　**dependence** 頼ること，依存　**2** (2) **nest** 巣　**4** **the moment (when)** ～ ～するとき (when は関係副詞 ☞ 構文087)　**rationally** 合理的[理性的]に(考えれば)　**somewhat** いくぶん，やや　**disconnected** 切り離された，疎外された

Lesson 19

029 only to *do*　「…したが，結局[残念ながら]～しただけだ」

I tried it again, only to fail.
私はもう一度挑戦したが，結局失敗しただけだった。

to 不定詞の**副詞的用法**の 1 つとして，以下のように〈**結果**〉を表す用法がある。

Hydrogen and oxygen combine to form water.「水素と酸素は結合し，水となる。」

この to form water は，「(その結果) 水になる」という〈結果〉を表す。... and form water に類する意味であり，**to 不定詞句全体は，そのまま訳し下す**（前から後ろへ訳す)。

この結果用法の to 不定詞の前に only が加わって〈**only to *do***〉となると，**「…したが，結局［残念ながら］～しただけだ」**と意外性や失望を表す。only の前にはカンマが置かれることが多い。

» We hurried to the station, **only to miss** the train.
私たちは急いで駅に向かったが，結局電車に間に合わなかった。

❗only to *do* は「～するためだけに」という意味になることもあるが，これについては☞149で扱う。

030 never to *do*　「…して，二度と～しない」

She went out, never to return.
彼女は外出して，二度と戻ってこなかった。

〈**結果**〉を表す to 不定詞の副詞的用法の代表例として，〈**only to *do***〉に加えて〈**never to *do***〉がある。これは**「…して，二度と～しない」**の意味で，上の文の ... , never to return は，... and never returned とほぼ同じ意味をもつ。never の前にはカンマが置かれることが多い。

» Everything was lost, **never to be regained**.
全てのものが失われて，取り戻されることはなかった。

1歩進んで 動詞 live や動詞 grow の後ろに〈結果〉を表す不定詞の副詞的用法が置かれた場合は，to be ... の形を取ることが多い。これについては，次のようにひとまとまりの表現としてとらえることができる。

☑ live to be ...　「…になるまで生きる」

» My grandfather **lived to be** 100.
祖父は100歳まで生きた。

☑ grow up to be ...　「成長して…になる」

» Kenji **grew up to be** a professional singer.
研二は成長してプロの歌手になった。

Exercises

1 次の英文を和訳しなさい。

(1) He tried to open the window, **only to fail**.

(2) The roadway reopened Sunday afternoon, **only to be closed** again due to a rockslide.

(3) The castle was finally burned to the ground by French troops, **never to be rebuilt** again.

(4) He **grew up to be** a strong and handsome youth.

2 (　　) 内の語を並べ替えて，日本語の意味に合う英文を完成させなさい。

(1) 私たちは空港まで急いだが，結局その飛行機に乗れなかった。
(the / hurried / miss / airport / only / plane / the / to / we / to).

(2) その王朝は取り潰され，二度と復活しなかった。
(never / crushed / dynasty / revive / the / to / was).

(3) 祖母は夫よりも長生きをして100歳まで生きた。
(lived / grandmother / old / to / my / and / her / years / survived / be / husband / 100).

3 日本語を英語に直しなさい。

(1) 彼は懸命に働いたが，結局その事業に失敗した。
He (　　) (　　) (　　) (　　) (　　) in the enterprise.

(2) 彼はインドに行き，二度と戻ってこなかった。
He (　　) (　　) India, (　　) (　　) (　　) back.

(3) その子どもは成長して政治家になった。
The child (　　) (　　) (　　) (　　) a politician.

4 次の文章を読み，下の日本語の意味に合うように (　　) に適語を入れなさい。

During World War II, a great deal of art in Europe was stolen or destroyed in the fighting, (　　) to be seen again. Hitler and other top Nazis went so far as to make a list of great works of art that they wanted for themselves.

第二次世界大戦の間，ヨーロッパの多くの芸術作品が戦闘の中で盗まれたり破壊されたりして，二度と見られなくなってしまった。

Words & Phrases

1 (2) **roadway** 車道，道路　**reopen** 再開する，再び開く　**rockslide** 岩盤すべり，岩石崩落　(3) **be burned to the ground** 焼け落ちる　**troop** 軍隊，軍勢　**2** (2) **crush** …を押しつぶす，…を壊滅させる　**dynasty** 王朝，王家　**revive** 生き返る，復活する　(3) **survive** (家族など) より長生きする　**4** **a great deal of ...** たくさんの…，大量の…　**go so far as to *do*** ～しさえする

Lesson 20

031 be to *do* 「～することになっている etc.」

The president is to arrive here soon.
大統領は間もなくここに着くことになっている。

〈S＋be 動詞＋to *do*〉という型の文は，2つの読み取り方がある。1つは次のように，to 不定詞の名詞的用法をC（補語）として，SVC（第2文型）で解釈する場合。

My job (S) is (V) to wash cars (C). 「私の仕事は車を洗うことだ。」

もう1つは，冒頭の基本例文のように，〈be 動詞＋to〉をひとまとまりにして，事実上の助動詞のようにとらえる読み方。

031：The president (S) is to arrive (V) here soon.
（is to：ひとまとまりの助動詞としてとらえる。here soon：修飾語（ともに arrive を修飾する））

この場合の〈be 動詞＋to〉は，次のような多様な意味をもつ。

①予定：**「～することになっている，～する予定だ」** ※助動詞 will に類する意味。

- The train **was to leave** at seven in the morning.
  その電車は朝7時に発車する予定だった。

②意志：**「～するつもりだ」** ※助動詞 will に類する意味。

- If you **are to win** the next game, you should train hard every day.
  もし次の試合に勝つつもりなら，毎日懸命にトレーニングすべきだよ。

③義務：**「～するべきだ，～する義務がある」** ※助動詞 should に類する意味。

- We **are to obey** school rules.
  私たちは校則に従わなければならない。

④可能：**「～できる」** ※助動詞 can に類する意味。

- Not a sound **was to be heard** in the room.
  その部屋では物音ひとつ（聞かれ得なかった→）聞こえなかった。

⑤運命：**「～する運命にある」**

- They **were** never **to meet** again.
  彼らはもう二度と会えない運命だった。

上の2つの読み取り方のいずれなのか，そして後者の場合，5つの意味のいずれなのかは，文内容から判断する。

1歩進んで 〈be to *do*〉は上記5つの意味のほかに，〈目的〉「～するため（のもの）だ」の意味で用いられることもある。盲点になりやすいので注意。

- This statue **is to honor** the founder of this school.
  この像はこの学校の創立者を顕彰するためのものだ。

Exercises

1 次の英文を和訳しなさい。

(1) The fees **are to be paid** directly to the instructor at the first class meeting.
(2) He **was** never **to come** back to his hometown.
(3) This monument **is to remember** the people killed in the war.
(4) We looked everywhere but the thief **was** nowhere **to be seen**.

2 (　　) 内の語を並べ替えて，日本語の意味に合う英文を完成させなさい。

(1) 私たちは上司の命令に従わなければならない。
(boss's / obey / are / commands / our / to / we).
(2) 彼は二度と息子に会わない運命にあった。
(never / his / to / he / see / was / son) again.
(3) パーティーはあさってにトムの家で開かれる予定だ。
(after / to / day / house / the / is / Tom's / held / the / at / party / be) tomorrow.

3 日本語を英語に直しなさい。

(1) ルーカスと私は今晩5時にバスターミナルで会う予定だ。
Lucas and I (　　) (　　) (　　) (　　) the bus terminal (　　) five this evening.
(2) 成功したいのなら，もっと積極的にならないと。
If you (　　) (　　) (　　), you (　　) (　　) (　　) aggressive.
(3) そこでは物音ひとつ聞こえなかった。
Not (　　) (　　) (　　) (　　) (　　) (　　) there.

4 次の文章を読んで，was to befall が「予定」「意志」「義務」「可能」「運命」「目的」のうちのいずれの意味をもつかを答えたうえで，下線部を和訳しなさい。

In 1866 Sarah gave birth to a baby girl, Annie. But a series of tragedies **was to befall** her. Her daughter died in infancy; she had no other children. Sarah was heartbroken and driven almost to madness by the loss. Then, in 1881, her husband died of tuberculosis.

Words & Phrases

1 (1) **fee** 料金，納付金　**instructor** 教官，指導者　(3) **monument** 記念碑　**remember** …を追悼する，…を悼む　(4) **thief** 泥棒，こそどろ　**nowhere** どこにも～ない　**2** (1) **obey** …に従う　**command** 命令，指令　(3) **hold** (会など) を開く　**3** (2) **aggressive** 積極的な，意欲的な　**4** **give birth to ...** …を産む　**tragedy** 悲劇，惨事　**befall** (良くないことが) …に降りかかる　**infancy** (乳) 幼児期，幼年時代　**heartbroken** 悲しみに暮れた　**be driven to ...** …に駆り立てられる，…に追いやられる　**loss** 喪失，失うこと (ここでは娘を失ったことを指す)　**die of ...** …が原因で死ぬ　**tuberculosis** 結核

Lesson 21

032 疑問詞＋to *do* 「何／誰／どちら／どこ／いつ／どのように～するべきか」

We talked about what to do next.
私たちは次に何をするべきかについて話した。

〈**疑問詞＋to *do***〉は名詞句を形成し，ひとまとまりの**S**（主語），**C**（補語），**O**（目的語），**前置詞の目的語**のいずれかとしてはたらく。前置詞の目的語とは，前置詞の後ろに置かれて前置詞とセットではたらく部分である。たとえば以下の文では，him が前置詞の目的語である。

Meg danced with him. 「メグは彼と踊った。」
S V 前置詞 → 前置詞 with の目的語。
※ him は with him のセットで動詞 danced を修飾する。

032 基本例文では，what to do next が前置詞の目的語としてはたらいている。

032：We talked about what to do next .
S V 前置詞 → 前置詞 about の目的語。about 以下のセットで動詞 talked を修飾。

この〈**疑問詞＋to *do***〉の〈**to *do***〉の部分には，should, will, can などの意味を補って解釈する（冒頭の基本例文では，「何をするべきか」と，should の意味を補っている）。どの意味を補うかは文脈から判断するが，2つ以上の意味が重なって存在している場合もある。

» I'm thinking about **which topic to choose**.
私はどちらの話題を選ぶべきか考えている。
※1 032 基本例文と同様に，下線部は前置詞 about の目的語としてはたらく。
※2 下線部には will あるいは will＋should の意味を補って解釈する。

» I don't know **how to open** this door.
（私はどのようにこのドアを開けられるかを知らない→）私はこのドアの開け方を知らない。
※1 下線部は know の O（目的語）としてはたらく。
※2 下線部には can あるいは can＋should の意味を補って解釈する。

» **When and where to take** a vacation is hard to decide.
いつどこで休暇を取るかは，決めるのが難しい。
※1 下線部は S（主語）としてはたらく。
※2 下線部には will あるいは will＋should の意味を補って解釈する。

1歩進んで don't know とほぼ同じ意味の表現に，〈**have no idea**〉という成句がある。〈**疑問詞＋to *do***〉は，しばしばこの成句の後ろに置かれる。

» I **have no idea what to give** Ryota for his birthday.
私は涼太の誕生日に何をあげればいいかわからない。

Exercises

1 次の英文を和訳しなさい。

(1) We didn't know **what to do** in a strange land.
(2) I'm not sure **when to start** studying for the entrance exam.
(3) Have you made up your mind about **who to invite** to the party?
(4) I'm selecting **whose song to cover**.

2 （　　）内の語を並べ替えて，日本語の意味に合う英文を完成させなさい。

(1) このような状況では英語で何と言えばいいのか，私には思いつかない。
(think / in / in / I / what / this / to / English / say / of / can't) situation.
(2) その医者はどの薬を投与すべきかを決める前に，注意深く考える。
The doctor thinks (give / what / deciding / carefully / before / to / medicine).
(3) 私たちは毎月どれだけのお金をためるべきかわからなかった。
(money / idea / each / we / save / to / no / how / had / much) month.

3 日本語を英語に直しなさい。

(1)「すみませんが，どうやって駅に行けばいいか教えていただけませんか。」(6 語)
"Excuse me, could ________________ to the station?"
(2) あなたは，次にどんな本を読むかをどのように決めますか。(8 語／determine)
________________ next?
(3) 問題は夏にどこに行くべきかということだ。(5 語)
The ________________ in summer.

4 次の文章を読んで，あとの問いに答えなさい。

(1)In our own childhood, we were not taught **how to deal with** anger. (2)(guilty / to / were / feel / made / we) for experiencing anger and sinful for expressing it. (3)We were led to believe that to be angry is to be bad.

(1) 下線部(1)を和訳しなさい。
(2) 下線部(2)を適切な語順に並べ替えなさい。
(3) 下線部(3)を和訳しなさい。

Words & Phrases

1 (3) **make up *one's* mind** 決心する，決める　(4) **cover** (他人の曲) をカバーする　**2** (3) **save** (お金) をためる，…を蓄える　**3** (2) **determine** …を決定する　**4** **childhood** 子ども時代，幼年時代　**deal with ...** …を扱う，…に対処する　**anger** 怒り　**guilty** 罪悪感を覚える，罪を犯した　**experience** …を経験する，(感情など) を感じる　**sinful** 罪深い，恥ずべき　**express** …を表現する，(感情など) を表に出す　**be led to *do*** ～するよう仕向けられる (lead O to do「O が～するよう導く・仕向ける」の受動態)

Lesson 22

033 have no choice but to *do*　「～するほかない／～せざるを得ない」

I had no choice but to sell my car.
私には車を売るほかなかった。

この but は前置詞であり，**「…以外に[の]，…を除いて」**という意味。後ろの to 不定詞句は，この前置詞の目的語である。〈have no choice but to *do*〉の直訳は，「～する以外の無の選択肢を持っている」ということで，ここから**「～するほかない，～せざるを得ない」**という意味が出てくる。

033：I had no choice but [to sell my car].
S V O 前置詞 → 前置詞 but の目的語。but 以下のセットで名詞 choice を修飾。

» We will **have no choice but to stay** home if the weather gets worse.
天気が悪くなれば，私たちは家にいるほかなくなるだろう。

034 have something to do with ...　「…と何らかの関係がある」

Do you **have something to do with** the organization?
あなたはその組織と何らかの関係がありますか？

〈have something to do with ...〉で**「…と何らかの関係がある」**という意味を表す。O の位置には something の他にも much[a lot] / a little / little / nothing などの語句が入り，さまざまな程度の関係を表す。O にどの語句が入るかによって，全体の意味が異なる。なお，034 基本例文中の something は anything を用いてもよい。両者の意味上の違いはわずかだが，相手に yes の返答を期待している場合に something が用いられる傾向がある。

☑ have much[a lot] to do with ...　「…と大いに関係がある」

» He had his own life and didn't want to **have much to do with** us.
彼には彼自身の生活があり，私たちと多くの関係を持つことを望まなかった。

☑ have a little to do with ...　「…と少し関係がある」

» He may **have a little to do with** the accident.
彼はその事故と少し関係があるのかもしれない。

☑ have little to do with ...　「…とはほとんど関係がない」

» I'm sure money **has little to do with** happiness.
きっとお金と幸せとはほとんど関係がないに違いない。

☑ have nothing to do with ...　「…とまったく関係がない」

» I **had nothing to do with** the accident.
私はその事故とは何の関係もなかった。

Exercises

1 次の英文を和訳しなさい。

(1) I **had no choice but to give up** making the cake.
(2) It was a pity that I **had no choice but to quit** my job.
(3) They insisted that art **had nothing to do with** training or technique.
(4) His advice **had a lot to do with** her success.

2 (　　) 内の語を並べ替えて，日本語の意味に合う英文を完成させなさい。

(1) 悪天候のために，私たちはピクニックを延期するほかなかった。
Because (but / to / we / choice / had / postpone / bad / the / no / weather, / the / of) picnic.
(2) 私は 1 年間学校を休むよりほかなかった。
(choice / school / to / I / from / one / be / for / no / but / had / absent) year.
(3) この事故は私とは何の関係もない。
(has / accident / with / to / me / do / this / nothing).

3 日本語を英語に直しなさい。

(1) 私の仕事はインターネットとほとんど関係がない。(9 語／job, the)
(2) 私は待つよりほかないのだろうか。(8 語)
(3) トムはメグの死と何らかの関係があるのだろうか。(9 語／Tom, Meg)

4 次の文章を読んで，下線部を和訳しなさい。

I learnt about the problem a few months ago. While shopping in town, I saw some people taking part in a fund-raising campaign. I spoke to the leader of the campaign, Katy, who explained the situation. She thanked me when I donated some money. She told me that they had asked the town mayor for financial assistance, but their request had been rejected. They **had no choice but to start** fund-raising.

Words & Phrases

1 (2) **pity** 残念なこと　**quit** (仕事・学校など) を辞める　(3) **insist** ① (…を) 主張する　② (…を) 要求する　**2** (1) **postpone** …を延期する　**4** **While shopping** 買い物をしている最中に (While の後ろに I was が省略されている。☞構文133)　**see O *doing*** O が～しているのを見る (☞構文047)　**take part in ...** …に参加する　**fund-raising** 資金集めの　**campaign** 運動，活動　**donate** …を寄付する　**mayor** 市長，町長，自治体の長　**financial** 財務の，金銭的な　**assistance** 援助　**request** 要請，依頼　**reject** …を拒絶する，…を拒否する

Lesson 23

035 by *doing* 「～することによって」

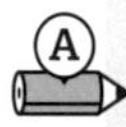

He improved his English by reading books and newspapers.
彼は本と新聞を読むことで自分の英語に磨きをかけた。

doing 形の動詞から始まるまとまり（あるいは *doing* 形の動詞1語）には，S，C，O，**前置詞の目的語**として名詞的にはたらく用法がある。多くの場合，「～すること」と訳す。これを**動名詞句**といい，たとえば Playing baseball is fun.「野球をすることは楽しい。」の下線部は動名詞句である（S としてはたらいている）。035 の基本例文では，動名詞句である reading 以下が，ひとまとまりで前置詞 by の目的語となっている（以下参照）。

035：He improved his English by [reading books and newspapers].
S　V　O　前置詞　→動名詞句が前置詞 by の目的語。

前置詞 by は「…によって」という**〈手段・方法〉**の意味なので，**〈by *doing*〉**は**「～することによって」**という意味となる。

» **By booking** a ticket early, you can save some money.
チケットを早めに予約することで，いくらかお金を節約できますよ。

» What did he mean **by calling** you at that time of night?
（夜のそんな時間に君に電話をすることで彼は何を意図していたのだろう。→）
夜のそんな時間に君に電話してくるなんて，彼はどういうつもりだったのだろう。

036 without *doing* 「～せずに」

He left the room without saying anything.
彼は何も言わないで部屋を出ていった。

前置詞 without は「…なしで」という意味なので，**〈without *doing*〉**は，「～することなしで」から，**「～せずに，～しないで」**という意味になる。035 同様，*doing* 以下の動名詞句が，前置詞 without の目的語となる。

» How long can we survive **without eating** and **drinking**?
私たちは飲み食いせずにどれほどの期間，生きられるだろうか。

1歩進んで **「～さえ［すら］せずに」**のように**〈without *doing*〉**を強調したい場合は，「～さえ，～すら」の意味をもつ even とともに用いられる。

» She left the room **without even saying** goodbye.
彼女はさよならさえ言わずに部屋を出て行った。

Exercises

1 次の英文を和訳しなさい。

(1) Many mothers spoil their sons **by not being** strict enough.

(2) He left the office **without saying** a word to anyone.

(3) I have been working hard for my boss **without even complaining**.

(4) The package is too big. How can you carry it out of the house **without anybody knowing** it?

2 (　　) 内の語を並べ替えて，日本語の意味に合う英文を完成させなさい。

(1) オリビアはテレビ局の人たちに話を聞くことによって，テレビについて少し学んだ。
Olivia learned a (television / at / about / listening / by / the / people / little / to) the television station.

(2) 彼女は新聞を読み，それを翻訳することで英語をマスターした。
(reading / translating / she / them / newspapers / and / English / by / mastered).

(3) 最初に何かを失わずには，何物も得られない。
You (anything / something / can't / losing / gain / without) first.

3 日本語を英語に直しなさい。

(1) 私は何も買わないでその店を出た。(7語／shop)

(2) 彼女は母親から助けられずに動くことができない。(9語)

(3) そんな長い手紙を私に送るなんて，あなたはどういうつもりなの。(11語／such)

4 次の文章を読んで，下線部を和訳しなさい。

Lindsay Blatt is an American photographer who fell in love with Iceland when she was a child and grew up with a great love for horses. Once she became an adult, <u>she decided to learn more about Iceland and its horses **by creating** a documentary about the Icelandic horse.</u>

Words & Phrases

1 (1) **spoil** …を甘やかす，…をだめにする　**strict** 厳しい，厳格な　(3) **complain** 不平を言う，苦情を言う　(4) **package** 荷物，小包，包装　**2** (2) **translate** …を翻訳する，…を通訳する　(3) **gain** …を手に入れる，…を獲得する　**4** **fall in love with ...** …に恋をする　**once** [接続詞] いったん [ひとたび] ～すると

Lesson 24

037 in *doing* 「～（すること）において（は）」

In reforming education, students' opinions should be considered.
教育を改革する際には，学生の意見を考慮に入れるべきだ。

前置詞の in は，「…において」という意味をもつ。したがって〈in *doing*〉は**「～（すること）において（は）」**が基本訳となる。ただし用例の中には「～することにおいては」から一歩進めて，「～する際には」「～するときには」と訳せる例もある。

› Speaking skills are now more important **in learning** English.
今やスピーキング能力は英語学習においてより重要になっている。
※「英語を学ぶ際には」「英語を学ぶときには」とも訳せる。

› English is very important **in trading** with foreign countries.
外国との商売においては，英語はとても重要だ。
※「外国と商売する際には」「外国と商売するときには」とも訳せる。

1歩進んで *doing* を用いて「～するときには」の意味を表す場合は，〈in *doing*〉ではなく〈when *doing*〉あるいは〈while *doing*〉を用いるのがふつう。

› You should be careful **when**[**while**] **crossing** the street.
通りを横断するときには気をつけるべきだ。

038 on *doing* 「～するとすぐに／～して」

On hearing the sound, the dog ran away.
その音を聞くや否や，そのイヌは逃げていった。

on は本来「接している」の意味なので，〈On *doing* S V〉〈S V on *doing*〉の型では「*doing* の出来事と V の出来事が接している」という意味になる。これより〈on *doing*〉は①**「～するとすぐに」**（＝as soon as ～ ☞069）もしくは②**「～して，～すると」**と訳す。いずれの意味になるかは文意や文脈によって判断する。

› **On seeing** the smoke, he immediately rushed to the house. (＝①)
煙を見るや否や，彼はすぐにその家に急いだ。

› **On being asked** that question, I shook my head. (＝②)
私はその質問をされて首を（横に）振った。
※尋ねられて首を振る場合，すぐに振るとは限らないので，「質問をされて」と訳している。

❗英作文では，本構文の意味は as soon as や when などで表せばよい。

Exercises

1 次の英文を和訳しなさい。

(1) A public opinion poll is indispensable **in understanding** the trends of public opinion.

(2) I always wear glasses **when shooting**.

(3) **On hearing** the crash, I rushed out of the house.

(4) **On being** scolded, the girl started crying.

2 (　　) 内の語を並べ替えて，日本語の意味に合う英文を完成させなさい。

(1) 何をするにも最善を尽くすべきだ。
(your / anything, / should / in / you / doing / do) best.

(2) ドアを開けると，彼は背の高い男がそこに立っているのを目にした。
(tall / door, / opening / standing / he / there / saw / man / a / the / on).

(3) そのニュースを聞いて，彼は落胆した。
(hearing / the / disappointed / he / news, / on / was).

3 日本語を英語に直しなさい。

(1) そのボタンを押すと，水が流れ出した。
(　　) (　　) (　　) (　　), water began to flow.

(2) そのような演習は英語を学ぶ際に大いに重要だ。
Such exercises have much (　　) (　　) (l-　　) (　　).

(3) ゴキブリを見るや否や，彼らはあらゆる方向に逃げ出した。
(　　) (　　) a cockroach, they ran away (　　) all (　　).

4 次の文章を読んで，下線部を和訳しなさい。

Road traffic accidents are, for the most part, completely avoidable. They take the lives of young, healthy people. <u>Nelson Mandela wrote of the loss he felt **on hearing** his eldest son had been killed in a road accident</u>: "I do not have words to express the sorrow or loss I felt."

Words & Phrases

1 (1) **public opinion** 世論　**poll** (世論) 調査　**indispensable** 不可欠な　**trend** 傾向，動向　(2) **shoot** 射撃する，狩猟をする　(3) **crash** 衝突 (音)，(衝突などに伴う) 大音響　**rush** 大急ぎで行く　**3** (1) **flow** 流れる　**4** **for the most part** ほとんどは，大部分は　**avoidable** 避けられる　**loss** 喪失 (感)，孤独感　**eldest** 一番年上の，最年長の　**sorrow** (深い) 悲しみ

Lesson 25

039 instead of *doing*　「～するかわりに」

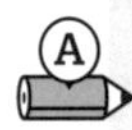

The children are working instead of going to school.
その子どもたちは学校に行くかわりに働いている。

in front of ...「…の前に」や because of ...「…のために」, out of ...「…から」のように，複数の語のまとまりで前置詞と同じはたらきをする表現を**群前置詞**という。**動名詞（*doing*）は，前置詞のみならず，この群前置詞の目的語にもなることができる。**つまり，**〈群前置詞＋*doing*〉**という連なりも存在する。

instead of も2語で1つの前置詞のようにはたらき，「…のかわりに」という意味を表す。この表現の後ろに動名詞を置き，**〈instead of *doing*〉**とすると，**「～するかわりに」**という意味になる。

039：The children (S) are working (V) [instead of] [going to school] .
instead of：群前置詞 → ひとまとまりで前置詞と同じはたらきをする。
going to school：動名詞句（群前置詞の目的語）

≫ I sent him an e-mail **instead of writing** a letter.
私は彼に手紙を書くかわりにメールを送った。

1歩進んで instead of 以外で，後ろにしばしば動名詞が置かれる群前置詞の例として，次のようなものが挙げられる。

☑ for fear of *doing*　「～することを恐れて」

≫ All remained silent **for fear of being** scolded by the teacher.
先生に叱られることを恐れて全員が黙っていた。

☑ for the purpose of *doing*　「～するという目的で／～するために」

≫ We need to reduce the use of oil **for the purpose of stopping** global warming.　地球温暖化を食い止めるために，私たちは石油の使用量を減らす必要がある。

☑ in addition to *doing*　「～することに加えて／～するだけでなく」

≫ **In addition to being** beautiful, she is also very talented.
美しいのに加えて，彼女はとても才能もある。

☑ in the habit of *doing*　「～する習慣[癖]があって」

≫ He was **in the habit of drinking** alone at night.
彼には夜に一人でお酒を飲む習慣があった。

☑ in danger of *doing*　「～する危険があって」

≫ She was **in danger of losing** her life.　彼女は生命を失う危険があった。

☑ with a view to *doing*　「～することを視野に入れて／～するために」

≫ She is studying foreign languages **with a view to working** abroad.
彼女は海外で働くことを視野に入れて外国語を学んでいる。

Exercises

1 次の英文を和訳しなさい。

(1) I couldn't tell her the truth **for fear of hurting** her feelings.

(2) He bought the land **for the purpose of building** a house on it.

(3) Go out and have a good time once in a while **instead of** just **studying** all the time.

(4) He was **in danger of being** captured.

2 (　　) 内の語を並べ替えて，日本語の意味に合う英文を完成させなさい。

(1) 彼は音楽を勉強する目的でイタリアに行った。
(of / went / purpose / music / the / to / for / he / Italy / studying).

(2) 彼は買おうと思って，その家を調べに来た。
(buying / with / view / the / to / came / inspect / a / he / to / house) it.

(3) 私を雇ってくれたうえに，彼は私に 1 つ助言をしてくれた。
(addition / me / in / me, / gave / piece / hiring / advice / a / of / to / he).

3 日本語を英語に直しなさい。

(1) なぜ彼は弁護士にならないで映画学校に行ったのだろう。(5 語／lawyer)
Why did he go to film school ______________________?

(2) 仕事を失うのを恐れて，彼女は何も言わなかった。(6 語／job)
______________________, she said nothing.

(3) 彼は腕を組んで話す癖がある。(6 語)
______________________ talking with his arms folded.

4 次の文章を読んで，あとの問いに答えなさい。

I didn't have a lot of money saved for my trip, so I had to find different ways to cut costs. Because it was the cheapest way to travel, I took the night train from Tokyo to Sapporo. <u>**Instead of** (pay) for hotel rooms, I put up my tent in campgrounds and cooked my own food.</u>

(1) カッコ内の語を正しい形に直しなさい。

(2) 下線部を和訳しなさい。

Words & Phrases

1 (1) **hurt** …を傷つける，…の感情を傷つける　(3) **once in a while** ときどき，たまに　(4) **capture** …をとらえる　**2** (2) **inspect** …を調べる，…を検査する　(3) **hire** …を雇う　**3** (1) **lawyer** 弁護士　(3) **fold** …を折りたたむ，(腕など) を組む　**4** **have a lot of money saved** 多くのお金を貯める (〈**have O** ***done***〉「O が～された状態にする，O を～する・してしまう」の型。☞構文051)　**cost** 費用，コスト　**pay for ...** …の代金を支払う　**cook** ***one's*** **own food** 自炊する

Lesson 26

040 look forward to *doing* 「〜するのを楽しみにする」

We are looking forward to seeing you.
私たちはあなたにお会いするのを楽しみにしています。

look forward to は，動詞 look を中心として 3 語でまとめてとらえる句。**この to は前置詞なので，後ろに名詞相当語（句）を置く**。動詞を含む内容を置く際には 035〜039 で扱った表現と同じように**動詞は動名詞となり**，〈look forward to *doing*〉で「**〜するのを楽しみにする**」の意味となる。

» I **was looking forward to going** back to school and **seeing** my friends again.
私は学校に戻って友達と再会することを楽しみにしていた。

❗ この表現は進行形で用いられることが多い。この場合は，文中に *doing* 形の動詞が複数現れることになる（040 基本例文でも looking（進行形の現在分詞）と seeing（動名詞）の 2 つが存在している）。

1歩進んで to は前置詞なので，当然ながら後ろには名詞も置かれる。

» I'm really **looking forward to** the Christmas party. ※下線部は動名詞ではなく名詞。
私はクリスマスパーティーを本当に楽しみにしています。

041 A is worth *doing* 「A は〜する価値がある」

This city is worth visiting.
この都市は訪れる価値がある。

「**A（主語）は〜する価値がある**」という内容を述べる場合，worth「価値がある」の後ろに動詞を *doing* 形にして置き，〈A is worth *doing*〉とする。**A は意味のうえで，*doing* の目的語となる**。上の例でいえば，visit する対象は A である this city であるが，visit this city あるいは visit it とせず，目的語が欠けた状態のまま文を終える。

» This book **is worth reading** again and again. ※ read の目的語が欠けている。
この本は何度も何度も読む価値がある。

A が意味のうえで，*doing* の後ろにある前置詞の目的語である場合もある。この場合も，前置詞の目的語は示さずに文を終える。

» The museum **is** not really **worth going to**. ※ to the museum や to it などとしない。
その博物館はそれほど行く価値がない。

1歩進んで 同様の意味を表す表現に，形式主語 it を用いた〈It is worth *doing* A〉と〈It is worthwhile *doing*[to *do*] A〉があり，これらを用いて 041 を書き換えると以下のようになる。

041 = **It is worth visiting** this city.
041 = **It is worthwhile visiting[to visit]** this city.

Exercises

1 次の英文を和訳しなさい。

(1) She**'s looking forward to taking** more online classes.
(2) He **looks forward to having** more time for his family.
(3) What language **is worth learning**?
(4) It**'s worth going** to that temple at least once.

2 (　　) 内の語を並べ替えて，日本語の意味に合う英文を完成させなさい。

(1) 私はあなたと働くのを本当に楽しみにしています。
(really / with / forward / to / I'm / working / looking) you.
(2) 私の子どもたちはあなたのコンサートを楽しみにしています。
(are / to / looking / concert / children / your / forward / my).
(3) この小説は繰り返し読む価値がある。
(is / and / novel / reading / over / over / again / this / worth).

3 日本語を英語に直しなさい。

(1) あなたはスペインに行くのを楽しみにしていますか。(8 語)
(2) この博物館は訪れる価値がある。(5 語)
(3) その都市は住むに値する。(6 語)

4 次の文章を読んで，あとの問いに答えなさい。

By (1)open up its doors, Blackhorse Lane Ateliers is able to show potential customers that its factory is clean, the 20 employees are happy, and that (2)the jeans **are worth keeping** — rather than throwing away at the end of each season.

(1) 下線部(1)を正しい形に直しなさい。
(2) 下線部(2)を和訳しなさい。

Words & Phrases

1 (4) **at least** 少なくとも　**2** (3) **novel** 小説　**4** **Blackhorse Lane Ateliers** ブラックホース・レーン・アトリエ（ロンドンのジーンズ製造業者） **potential customer** 潜在的な顧客，将来お客になりそうな人　**factory** 工場　**employee** 従業員　**A rather than B** BというよりもむしろA（☞構文099）　**throw away ...** …を捨てる

Lesson 27

042 be＋形容詞＋前置詞＋*doing*　「～することが[ことに]…」

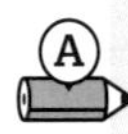

I am interested in joining new clubs when I go to university.
私は大学に行ったら新しいクラブに入ることに興味をもっている。

たとえば He is interested in baseball. という文があったとして，仮にこの文が He is interested. で終わっていると，「何に？」という疑問が残ったままになってしまう。その情報を満たすために，後ろに in baseball という〈前置詞＋名詞〉を置く(**用いられる前置詞は，形容詞ごとに異なる**)。この「何」の部分が，動詞を含む内容である場合は，〈前置詞＋*doing*〉となり，**〈be＋形容詞＋前置詞＋*doing*〉**で**「～することが[ことに]…」**という意味になる。

042：I (S) am (beV) interested (形容詞) in (前置詞) [joining new clubs] when I go to university.
[joining new clubs]：前置詞 in の目的語（動詞を含む内容）。→ 動詞を *doing* 形にする。

このような型を取ることの多い形容詞として，次のようなものが挙げられる。

- □ be good at *doing*「～するのが得意だ」
- □ be afraid of *doing*「～することを恐れている」
- □ be worried about *doing*「～することを心配している」
- □ be satisfied with *doing*「～することに満足している」
- □ be proud of *doing*「～することを誇りに思う」
- □ be used[accustomed] to *doing*「～することに慣れている」

» My mother **is good at making** cakes.　母はケーキを作るのが得意だ。

» I **am used[accustomed] to sleeping** without a pillow.
私は枕なしで寝ることに慣れている。

042′ get etc.＋形容詞＋前置詞＋*doing*　「～することが[ことに]…になる」

Bob **got used to using** chopsticks.
ボブは箸を使うことに慣れた。

042の be 動詞の部分に，get，become，grow などの「…（の状態）になる」という意味の動詞が置かれることがあり，その場合は**〈get etc.＋形容詞＋前置詞＋*doing*〉**で**「～することが[ことに]…の状態になる」**という意味になる。042′ の基本例文は「ボブは箸を使うことに慣れている状態になった」という意味であり，そこから工夫したのが上の和訳である。

» She **grew accustomed to speaking** in front of many people.
彼女は大勢の人々の前で話すことに慣れた。

Exercises

1 次の英文を和訳しなさい。

(1) I'm not **used to writing** essays in English.
(2) I naturally **became good at playing** the guitar.
(3) She **became interested in flying** and earned her pilot's license.
(4) We **are sure of his coming** back.

2 (　　) 内の語を並べ替えて，日本語の意味に合う英文を完成させなさい。

(1) その農場主は雄牛を飼うことに興味がなかった。
(interested / a / the / keeping / wasn't / bull / farmer / in).
(2) 私は雪のせいで学校に遅刻することを心配した。
(worried / school / I / for / because / the / late / about / was / being / of) snow.
(3) 彼は父親に怒られることを恐れている。
(his / scolded / he / being / father / of / is / by / afraid).

3 日本語を英語に直しなさい。

(1) あなたはこの市の市民であることに誇りをもっていますか。(10語／citizen)
(2) 私はこの学校の教師であることに満足している。(10語)
(3) 彼女は車を運転することに慣れた。
She got (　　) (　　) (　　) a car.

4 次の文章を読んで，あとの問いに答えなさい。

Walking for five kilometers a day might (　　) to be a challenge for some people. However, if you start out walking two kilometers a day and extend the distance each week, you will eventually **get used to walking** five kilometers a day.

(1) (　　) を埋めるのに適切な語を下から選びなさい。
(a) watch　(b) look　(c) seem
(2) 下線部を和訳しなさい。

Words & Phrases

1 (1) **essay** ①小論文，レポート　②エッセー，評論　(3) **earn** ①…を稼ぐ　②…を得る，…を取る　**2** (1) **bull** 雄牛　**farmer** 農場主，農夫　(3) **scold** …を叱る　**4** **challenge** 課題，難題　**start out ...** …を始める　**a day** 1日につき（＝per day）　**extend** …を伸ばす，…を延長する　**distance** 距離　**eventually** 最終的に（は），結局

Lesson 28

043 prevent[keep / stop] A from *doing*　「A が～するのを妨げる」

The windy weather prevented many trains from running on time.
(強風が，多くの電車が時間通りに運行することを妨げた。→)
強風のために，多くの電車が時間通りに運行できなかった。

「A が～するのを妨げる，防ぐ」という内容は，動詞 **prevent**，**keep**，あるいは **stop** を用いて，**〈prevent[keep / stop] A from *doing*〉**の型で表現する。前置詞 from の後ろには動名詞が置かれる。keep を用いた場合になぜ「妨げる」「防ぐ」という意味になるのか少しわかりにくいが，「相手が *doing* するという行為に走ることから（from）引き離して，自分のところにキープしておく」と考えればよい。

» My parents **kept me from using** kitchen knives when I was small.
私が小さかったころ，両親は私に包丁を使わせないようにしていた。

同じ型の表現に，**〈discourage A from *doing*〉「A に～するのを思いとどまらせる」**，**〈restrict A from *doing*〉「A が～するのを制限する」**などがある。

» Nothing should **discourage us from studying** abroad.
何も私たちが留学することを思いとどまらせるべきではない。

» My father **restricted me from eating** junk food.
父は私がジャンクフードを食べるのを制限した。

1歩進んで　上記に類する型と意味をもつ表現として，**〈talk[persuade] A out of *doing*〉**があり，これは**「A を説得して～するのをやめさせる」**という意味になる。

» I **talked my father out of buying** a motorcycle.
私は父を説得してオートバイを買うのをやめさせた。

044 cannot help *doing*　「～せずにはいられない」

I cannot help playing games every night.
私は毎晩ゲームをせずにはいられない。

この help は「…を避ける」という意味であり，後ろの *doing* は動名詞で，help の目的語。したがって**〈cannot help *doing*〉**は「～することを避けられない」の意味となり，**「～せずにはいられない」**と訳すことになる。

» We **couldn't help laughing** at his ridiculous idea.
私たちは彼の馬鹿げたアイデアに笑わずにはいられなかった。

1歩進んで　同意の表現に，**〈cannot help but *do*（動詞の原形）〉**がある。この構文では**動名詞ではなく動詞の原形を用いる**ことに注意。

» If they lose their homes, they **cannot help but live** on the street.
もし家を失ったなら，彼らは路上で生活せざるを得ない。

Exercises

1 次の英文を和訳しなさい。

(1) The noise **kept me from sleeping** last night.

(2) Native speakers sometimes look down on non-native speakers when they **cannot help but use** simplified expressions.

(3) I **couldn't help crying** when I heard the news.

(4) I thought it was a bad idea for Sally to go hiking all alone, so I tried to **talk her out of it**.

2 (　　) 内の語を並べ替えて，日本語の意味に合う英文を完成させなさい。

(1) 私はあのうるさいネコが私の庭に入ってくるのをやめさせることができない。
(getting / that / I / into / garden / stop / cat / from / cannot / noisy / my).

(2) 重大な事故のためイベントは実施されなかった。
(place / the / prevented / taking / serious / from / accident / the / event).

(3) その恐ろしい自動車事故を見て，私は衝撃を受けずにはいられなかった。
(help / shocked / I / being / couldn't) when I saw the terrible car accident.

3 日本語を英語に直しなさい。

(1) 私は笑わずにいられなかった。(4 語)

(2) あなたは私が行くのを阻止するつもりか。(8 語／keep)

(3) 私たちは息子がバイクを買うのを思いとどまらせた。(8 語／motorbike)

4 次の文章を読んで，あとの問いに答えなさい。

In cities and towns across the world, it's (1)(use / practice / become / to / common) surveillance cameras to monitor public places. (2)Large department stores, for example, employ security cameras to **discourage shoplifters from stealing** merchandise.

(1) 下線部(1)を適切な語順に並べ替えなさい。

(2) 下線部(2)を和訳しなさい。

Words & Phrases

1 (2) **simplify** …を簡単［平易］にする　**expression** 表現　(4) **all alone** たった一人で　**4** **across the world** 世界中で［の］　**practice** (よく行われる) 行為，方法　**common** 一般的な，ふつうの，よくある　**surveillance camera** 監視カメラ　**monitor** …を監視する　**employ** (方法・技術など) を使う・利用する　**security camera** 防犯カメラ　**shoplifter** 万引き犯　**merchandise** 商品

Lesson 29

045 There is no *doing* 「～することはできない」

There is no knowing what he will do next.
彼が次に何をするか，知ることはできない。

〈There is no *doing*〉の *doing* は動名詞であり，直訳は「無の～することがある」となる。ここから「～することはない」，さらに一歩進めて**「～することはできない」**の意味となる。このように，don't *do* ではなく cannot *do* の意味までもっていかなければならないことに注意。

》**There is no telling** how long this snow will last.　※この tell は「…がわかる」。
この雪がいつまで続くのか，見当がつかない。

1歩進んで 同じ内容を自分で発信する場合は，無理にこの表現を使わなくてもよい。045 基本例文の内容であれば，次の文がほぼ同内容を表す。

045 = We cannot know what he will do next.
= It is impossible to know what he will do next.
※形式主語構文（☞002）。真主語は to know what he will do next。

046 It is no use[good] *doing* 「～しても無駄だ」

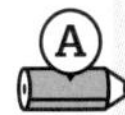

It's no use threatening me.
私を脅しても無駄ですよ。

この表現は，形式主語構文（真主語が句であるもの☞002）の一例。**it は形式主語であり，*doing*（動名詞）が真主語**。この use[juːs] は「用途，役に立つこと」，good は「利益，ため」という意味であり，〈It is no use[good] *doing*〉の直訳は「～することの用途［利益］はない」で，ここから**「～しても無駄だ」**という訳になる。

》**It's no use trying** to persuade her.　彼女を説得しようとしても無駄だ。

1歩進んで 同義の表現に，〈There is no use[point] (in) *doing*〉がある。

046 = **There is no use[point] (in) threatening** me.

この〈There is no use[point] (in) *doing*〉と 045 は混同しやすいので，以下に比較する。これを頭に入れたうえで，例文を繰り返し音読しよう。

There is no ［　×　］ *doing* 「～することはできない」
→ no と doing の間には何も置かれない。

There is no use[point] (in) *doing* 「～しても無駄だ」
→ use または point が置かれる。　→ in が置かれることがある。

Exercises

1 次の英文を和訳しなさい。

(1) **There is no telling** when Mike will arrive.

(2) **It's no use trying** to convince me.

(3) **There is no point in emphasizing** George's mistakes; it just worsens the situation.

(4) **There is no use shouting** at him.

2 (　　) 内の語を並べ替えて，日本語の意味に合う英文を完成させなさい。

(1) 将来何が起こるかわからない。
(future / is / the / what / telling / will / there / happen / no / in).

(2) 君のもとを離れることはできない。
(you / is / leaving / no / there).

(3) 彼女に話しかけても無駄だった。
(use / talking / no / to / was / her / it).

3 日本語を英語に直しなさい。

(1) このコンピューターを修理することはできない。
(　　)(　　)(　　) fixing this computer.

(2) 彼を説得することができず，私は妥協しなければならなかった。
(　　)(　　)(　　) persuading him and I had to compromise.

(3) 彼女を説いてその愚かな計画をやめさせようとしても無駄だ。(7語)
____________________ her out of that foolish plan.

4 次の文章を読んで，あとの問いに答えなさい。

During that brief period of time, this injured animal and I had somehow penetrated each other's worlds, bridging barriers that were never meant to be bridged. <u>There is no (explain) experiences like this.</u> We can only accept them and — because they're mysterious — perhaps treasure them all the more.

(1) カッコ内の語を正しい形に直しなさい。

(2) 下線部を和訳しなさい。

Words & Phrases

1 (2) **convince** …を納得させる，…に確信させる (3) **emphasize** …を強調する **worsen** …を悪化させる **3** (1) **fix** …を修理する (2) **compromise** 妥協する **4** **brief** 短い，簡潔な **injured** けがをした，傷ついた **somehow** 何とかして，何らかの方法で **penetrate** …に入り込む，…に浸透する **bridge** …に橋を架ける，…の橋渡しをする (, bridging ～は分詞構文の「結果」用法。☞構文053) **barrier** 障壁，さえぎるもの **be meant to *do*** ～することになっている，～するはずである **treasure** …を大切にする，…を大事にする **all the more** …だからこそ，よりいっそう～ (☞構文102)

Lesson 30

047 知覚動詞+O *doing*(現在分詞) 「O が～しているのを見る／聞く／感じる etc.」

We saw a cat chasing a little mouse.
私たちはネコが小さなネズミを追いかけているのを見た。

028 で〈**知覚動詞＋O *do*（原形動詞）**〉を扱ったが，この *do*（原形）の部分が *doing*（現在分詞）である〈**知覚動詞＋O *doing***〉「**O が～しているのを見る／聞く／感じる etc.**」の型もある。現在分詞の機能の 1 つは，進行形を作ることであるが，この〈**知覚動詞＋O *doing***〉においては，O と *doing* の間に主語と述語の関係があり，be 動詞を補えば A cat was chasing ... . のように進行形の文が成立する（ゆえに文全体は第 5 文型である)。この進行形の文と，前半の S V を結び付けて，文全体の訳を完成させればよい。

028 の〈**知覚動詞＋O *do*（原形動詞）**〉との意味の違いは，進行形がもつ「今まさにこの瞬間～している」というニュアンスの有無である。**047** の基本例文でも「追いかけるのを」ではなく「追いかけているのを」と訳されていることに注意。

» He **watched a bear swimming** in a river.
彼はクマが川で泳いでいるのを見た。

» She **noticed him entering** the room.
彼女は彼がその部屋に入っていくのに気づいた。

1歩進んで この表現を受動態にすると，〈**主語＋be＋知覚動詞（過去分詞形）＋*doing* (by ...)**〉という形になる。たとえば They saw the man stealing a car.「彼らはその男が車を盗んでいるところを見た。」を受動態にすると，次のようになる。

» The man **was seen stealing** a car (by them). ※ by 以下は省略されることが多い。
その男は（彼らに）車を盗んでいるところを見られた。

048 知覚動詞+O *done*(過去分詞) 「O が～されるのを見る／聞く／感じる etc.」

I heard my name called from behind.
私は自分の名前が後ろから呼ばれるのを聞いた。

done（過去分詞）を用いた〈**知覚動詞＋O *done***〉「**O が～されるのを見る／聞く／感じる etc.**」の型もある。この場合は O と *done* の間に be 動詞を補うことにより，My name was called ... . のように受動態の文が成立する（したがって文全体は第 5 文型である)。この受動態の文と前半の SV を結び付けて，文全体の訳を完成させる。

» They **saw houses destroyed** by a hurricane.
彼らは家がハリケーンによって破壊されるのを見た。

Exercises

1 次の英文を和訳しなさい。

(1) She **was seen having** dinner with a well-known actor.
(2) Don't you **smell something burning** in the next room?
(3) Have you ever **heard that song sung** by a Japanese singer?
(4) She **felt herself seized** by a strong arm from behind.

5 分詞

2 (　　) 内の語を並べ替えて，日本語の意味に合う英文を完成させなさい。

(1) 私がその話をしたとき，私は彼が微笑んでいるのに気づいた。
When (him / I / the / I / story, / smiling / noticed / told).
(2) 私は独り言を言っているのを聞かれた。
(talking / heard / myself / was / to / I).
(3) 私の祖父は私たちが野球をしているのを見るのが好きだった。
(liked / baseball / my / playing / to / watch / grandfather / us).

3 日本語を英語に直しなさい。

(1) 私はトムが通りの向かいの新しいレストランに入っていくのを見た。(4 語)
____________________ into the new restaurant across the street.
(2) 私は自分の名前が呼ばれるのを聞いた。(5 語)
(3) 私たちは侵略軍によって家屋が破壊されるのを見た。(5 語)
____________________ the invading army.

4 次の文章を読んで，下線部を和訳しなさい。

Joanna, a 29-year-old tourist from the U.K., was astonished when she visited the Fushimi Inari shrine with her boyfriend and **saw it packed** with tourists taking photographs in front of its thousands of beautiful red gates. "Although we wanted to go see the forest at the end of the gates, we decided not to go. We just couldn't walk because of the crowds," she says.

Words & Phrases

1 (1) **well-known** よく知られた，有名な (2) **burn** 燃える，焦げる，…を燃やす (4) **seize** …をつかむ **3** (3) **invade** …に攻め込む，…を侵略する **4** **astonish** …を非常に驚かせる，…を仰天させる **packed with ...** …でいっぱいになって **gate** 門（ここでは鳥居のこと） **go see ...** …を見に行く **end** 最後，末尾，端 **crowd** 群衆，人ごみ

Lesson 31

049 keep[leave] O *doing*（現在分詞）「Oに～させておく」

We kept the stove burning throughout the night.
私たちは一晩中ストーブをたいておいた。

知覚動詞のみならず，keep，leaveも後ろにO *doing*（現在分詞）を続けて，〈keep[leave]+O *doing*〉**「Oに～させておく」**の型で用いられる。これらの動詞が用いられた場合でも，Oと*doing*の間にbe動詞を補うとThe stove was burning ... . のように進行形の文が成立する。ゆえに文全体は第5文型である。

いずれの動詞が用いられた場合も，文全体は「～しているままにしておく」「～させ続ける」「～させておく」「～させる」などと訳すが，keepが用いられた場合は「その進行状態を保っておく」という意味であり，leaveの場合は「その進行状態のまま放っておく」という意味である。keepはいわば**〈保〉**であり，leaveは**〈放〉**で，ニュアンスが異なる。

› They do not want to **keep patients waiting** for a long time.
（彼らは長い間患者たちを待っている状態に保っておきたくなかった→）
彼らは長い間患者たちを待たせておきたくなかった。

› She **left her son playing** outside.
（彼女は外で息子が遊んでいるのを放っておいた→）
彼女は外で息子を遊ばせ続けた。

050 keep[leave] O *done*（過去分詞）「Oが～されたままにしておく」

Please **keep your nose and mouth covered** with a mask.
鼻と口がマスクで覆われたままにしておいてください。

keep，leaveは，後ろにO *done*（過去分詞）を続けて，〈keep[leave]+O *done*〉**「Oが～されたままにしておく」**の型でも用いられる。この点も知覚動詞と同じである。Oと*done*の間にbe動詞を補うと，048と同様に，Your nose and mouth are covered ... . という受動態の文が成立する。よって文全体は第5文型である。

いずれの動詞が用いられた場合も，文全体では「～されたままにしておく」「～しておく」などと訳すが，keepが用いられた場合は，やはり「その受動状態を保っておく」，leaveの場合は「その受動状態のまま放っておく」というニュアンスとなる。

› For safety, we should **keep the door locked.**
安全のため，ドアに鍵をかけたままにしておくべきだ。

› Jack **left his shoelaces untied**.
ジャックは靴ひもがほどけたままにしておいた。

Exercises

1 次の英文を和訳しなさい。

(1) I **left my son playing** in the yard.
(2) I **was kept waiting** for about thirty minutes at the station.
(3) I always **keep my cellphone turned off**.
(4) He always **leaves his work half done**.

2 (　　) 内の語を並べ替えて，日本語の意味に合う英文を完成させなさい。

(1) 私は彼をそんなにも長く待たせ続けたことを申し訳なく思った。
(him / long / felt / for / kept / so / I / to / sorry / have / waiting).
(2) 彼らは普段，日中はそのドアにカギをかけておく。
(during / keep / they / locked / the / usually / door / the) day.
(3) 彼はその絵を1時間，日光にさらしておいた。
(the / exposed / an / left / sun / picture / to / for / he / the) hour.

3 日本語を英語に直しなさい。

(1) エンジンをかけっぱなしにしておくな。(5語／engine, run)
(2) 私たちはイヌを木につないでおいた。
(　　) (　　) our (　　) (t-　　) to a tree.
(3) 彼女は私を駅で30分待たせた。(8語／keep)
__________________________ at the station.

4 次の文章を読んで，あとの問いに答えなさい。

If water costs more, it would become more valuable to consumers. Logically, (1)(the／encourage／to／this／public／would) conserve more. (2)In other words, if water is more expensive, a person would be less likely to **keep the water running** while he brushes his teeth.

(1) 下線部(1)を適切な語順に並べ替えなさい。
(2) 下線部(2)を和訳しなさい。

Words & Phrases

1 (1) **yard** 庭　(3) **turn off ...** (電気，テレビなど) を切る・消す　(4) **half done** 半分出来上がった，中途半端な　**2** (3) **expose** …をさらす　**4** **cost** (費用) がかかる　**valuable** 貴重な，金銭的価値がある　**consumer** 消費者　**logically** 論理的に，(論理上) 必然的に　**public【the-】** 大衆，一般の人々　**conserve** …を大切に使う　**in other words** 言い換えれば，つまり　**be likely to *do*** ～しそうである，～する可能性が高い　**brush *one's* teeth** 歯を磨く

Lesson 32

051 have[get] O *done*（過去分詞）「O を～させる／してもらう」〈使役〉

I had my PC checked by a specialist.
私は専門家に自分のパソコンをチェックしてもらった。

have と get も，後ろに O *done*（過去分詞）を続けて，〈have[get]＋O *done*〉の型で用いられる。この型が表す意味は，大きく 2 つに分かれる。

〈have[get]＋O *done*〉の 1 つ目の意味は，**〈使役・依頼〉**である。「(O が～された状態にさせる・してもらう→) **O を～させる・してもらう**」などと訳す。

I **got my hair cut** yesterday.
僕は昨日髪を切ってもらった。

051′ have[get] O *done*（過去分詞）「O を～される／してしまう」〈被害〉

Kenta **had his wallet stolen** while traveling abroad.
健太は海外旅行中に財布を盗まれた。

〈have[get]＋O *done*〉の 2 つ目の意味は，**〈被害・災難〉**である。「(O が～された状態になってしまう→) **O を～される・してしまう**」などと訳す。

He **got his leg broken** in the accident.
彼はその事故で足を骨折してしまった。

本構文でもやはり，O と *done* の間に be 動詞を補うと，051 は My PC was checked ....，051′ は His wallet was stolen ... . という受動態の文が成立する。よって文全体は第 5 文型である（過去分詞以下が C）。have は「…を持っている」，get は「…を手に入れる」が原義なので，この受動態の文を結び付けると「S は O が～された状態を持っている［手に入れる］」となる。ここから，上記 051，051′ どちらの意味になるかを推測し，全体の訳を完成させる。

1歩進んで 〈have[get] O *done*〉は**「O が～された状態にする」〈完了〉**の意味になる場合もある。「O を～する・してしまう」などと訳すが，051，051′ とは違い，*done* が示す行為をするのは文の主語である。

I'll **get it done**.
※ done が示す行為は主語である I によってなされる。
(私が，それがなされた状態にしますよ→) 私がそれをします。

You must **have this done** by tomorrow.
※ done が示す行為は主語である you によってなされる。
(明日までにこれがなされた状態にしなさい→) 明日までにこれをしなさい。

Exercises

1 次の英文を和訳しなさい。

(1) **I'm having my house painted** now.
(2) I will **get it finished** by tomorrow morning.
(3) I **got my leg broken** while playing soccer.
(4) He **had his umbrella caught** in the door.

2 (　　) 内の語を並べ替えて，日本語の意味に合う英文を完成させなさい。

(1) 私はあなたにこの仕事を今してしまってほしい。
(you / get / work / done / I / this / to / want) now.
(2) 彼らは自分たちの要望が完全に無視された。
(requests / had / ignored / their / they) completely.
(3) 私は彼らに部屋を掃除してもらうつもりだ。
(by / room / I / cleaned / them / get / the / will).

3 日本語を英語に直しなさい。

(1) あなたは髪を切ってもらうべきだ。(6 語／get)
(2) 彼女は自分のレポートをその先生にチェックしてもらった。(8 語／had)
(3) ショッピングをしている最中に，私は傘を盗まれた。(9 語／had, while)

4 次の文章を読んで，あとの問いに答えなさい。

It has increasingly become common (　　) anyone with access to the Internet to do shopping online. One of the obvious advantages is its convenience; that is, you can stay home but still order your desired items and **have them delivered** to you. This is becoming a trend in all areas of the world.

(1) (　　) を埋めるのに適切な語を下から選びなさい。
(a) to　(b) for　(c) that
(2) 下線部を和訳しなさい。

Words & Phrases

2 (2) **request** 要請，要望　**ignore** …を無視する　**4** **increasingly** ますます，いよいよ　**with access to ...** …が入手［利用］可能な　**online** オンラインの［で］　**obvious** 明らかな，明白な　**advantage** 利点，長所　**convenience** 便利さ，利便性　**that is** すなわち，つまり　**desired** 欲しい，望んだ　**item** 1品，1点，(個々の) 物　**deliver** …を配達する　**trend** 傾向，潮流

Lesson 33

052 make O *done*（過去分詞）「Oが～されるようにする」

I couldn't make myself understood in English.
私は英語で理解してもらえなかった。

makeは，後ろにO *done*（過去分詞）が続く型，つまり**〈make O *done*〉「Oが～されるようにする」**という型でも用いられる。ここでも，Oと*done*の間にbe動詞を補うと，I was understood in English.という受動態の文が成立する（ゆえに文全体は第5文型である）。この文を，S V（make）に結び付けて全体の訳を完成させる。

この型におけるmakeは，「…を作り出す」という最も基本となる意味である。これにO Cを結びつけると，文全体は「私は，自分が英語で理解される状態を作り出せなかった」という意味となる。これは要するに「自分の英語は通じなかった」ということである。

» You should **make your voice heard** by voting in elections.
選挙で投票することで，君は（自分の声が聞かれる状態を作り出すべきだ→）自分の声を届けるべきだ。

❗052基本例文でmyselfが用いられているのは，主語と目的語が同一のものだからである。「私は自分のことが大好きだ」を英訳すると，I love me.ではなく，I love myself.となる。

052′ make O＋形容詞 「Oを～にする」

I'll make you happy if you marry me.
結婚してくれるなら，君を幸せにするよ。

makeの後ろには，O＋形容詞を接続させることもできる。この場合も，makeは「…を作り出す」という意味なので，**〈make O＋形容詞〉**は「Oが形容詞である状態を作り出す」が元となる意味となる。これをふまえたうえで，**「Oを～にする」**と訳す。

» The news **made us surprised** and **angry**.
そのニュースは私たちを驚かせ，怒らせた。

052′：I'll make you happy if you marry me.
S V O C ※OとCに主語と述語の関係（You are happy.）。

Exercises

1 次の英文を和訳しなさい。

(1) The key is how to **make this known** to the potential users.
(2) Can you **make yourself understood** in French?
(3) My niece always **makes the room tidy**.
(4) Taking care of these flowers every day **makes life** so **enjoyable**.

2 (　　) 内の語を並べ替えて，日本語の意味に合う英文を完成させなさい。

(1) 私はどうにかしてジェスチャーで自分のことを理解してもらえた。
(to / make / managed / with / understood / I / gestures / myself).
(2) どうやって仕事で自分を認めてもらえるだろうか。
(myself / can / in / job / make / recognized / I / how / my)?
(3) 旅行者たちがダイビングを楽しんでいるのを見て彼は幸せになった。
(to / diving / him / the / enjoying / it / tourists / happy / made / see).

3 日本語を英語に直しなさい。

(1) ジュリアは自分の声が聞こえるように叫ばなければならなかった。(9語／Julia)
(2) この経験が私を強くした。(5語／strong)
(3) 私が海外に行ったとき，英語で理解してもらうことができなかった。
(11語／when で始める，abroad, couldn't)

4 次の文章を読んで，あとの問いに答えなさい。

When I was a child, I didn't look forward to (1)grow up. I thought becoming an adult would be boring and stressful. I didn't know any adults who (2)seemed to really enjoy life. (3)Of course, I knew that I could not remain a child forever, and that **made me sad**.

(1) 下線部(1)を適切な形に変えなさい。
(2) 下線部(2)に最も近い意味をもつ語を下から選びなさい。
(a) understood (b) appeared (c) decided
(3) 下線部(3)を和訳しなさい。

Words & Phrases

1 (1) potential 潜在的な，見込みのある (3) niece めい tidy きちんとした，片付いた (4) enjoyable 楽しい，愉快な **2** (2) recognize …を認める，…を評価する **4** remain …のままである

Lesson 34

053 分詞構文（現在分詞）

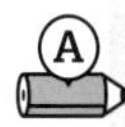

Not feeling well, I went to bed early.
気分が良くなかったので，私は早くベッドに入った。

現在分詞には，進行形を作るほかに，**主文の動詞を修飾するまとまり**（＝副詞句）**を作る**機能もある。このまとまりを**「分詞構文」**という。分詞構文は，文頭に置かれる場合（下図1）と，文尾に置かれる場合（下図2）がある。後者の場合は，Vに対する修飾語として訳すのではなく，**「S V，そして〜」と訳し下すこともある**。なお否定の分詞構文は，not[never] を分詞の直前に置く（053基本例文参照）。

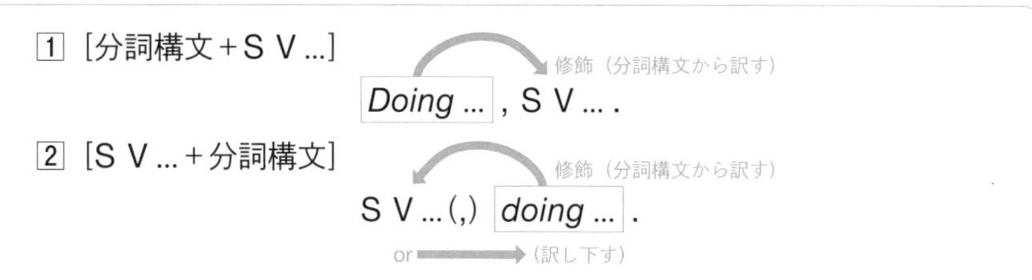

分詞構文の主な意味は次の4つである。1つの文に複数の解釈が成り立つ例もある。

① 原因・理由「〜ので，〜て」 ② 付帯状況［同時動作］「〜しながら，〜て，〜まま」
③ 時・連続動作「〜と，〜とき，〜て，〜たら」 ④ 結果（訳し下す。上図の ➡ の用法）

「原因・理由，付帯状況，時…」というふうに意味を覚えていくのはやや難しい。訳の重なりも多い。いろいろと複雑な分詞構文は，**「て・と・ら・ながら・ので・まま」**という並びで訳語を覚えてしまうのが，最も効率の良い，現実的な対応策である。

› **Seeing** a policeman, he ran away. ※①原因・理由／③時・連続動作
警官を見て[見たので／見たとき／見ると]，彼は逃げ去った。

› He delivered a speech **holding** a bag and a coat. ※②付帯状況［同時動作］
彼はバッグとコートを抱えながら[抱えて／抱えたまま]スピーチをした。

› The typhoon hit our city, **causing** serious damage. ※④結果（訳し下す）
台風が私たちの市を直撃し，深刻な被害を引き起こした。

1歩進んで 分詞構文には〈**⑤ 条件**〉**「〜たら，〜と」**，〈**⑥ 譲歩**〉**「〜けれども，〜が」**の意味もある。〈譲歩〉の意味では，通常意味を明確にするために though, although, while が前に置かれる。

› **Turning** to the right, he will find his school is no longer there.
※⑤条件（この意味で使われることはまれ）
右に曲がったら，彼は彼の（通った）学校がもはやそこにないことを知るだろう。

› **Though living** next door, they seldom saw him. ※⑥譲歩
隣に住んでいたけれども，彼らはめったに彼を見かけなかった。

Exercises

1 次の英文を和訳しなさい。

(1) He walked along the street, **singing** an old Beatles' song.

(2) In 1866, diamonds were discovered in Kimberley, South Africa, **sparking** the world's first diamond rush.

(3) **Having finished** our work, we walked back home.

(4) **Though having** a large amount of debt, he doesn't seem to care about it.

2 (　　) 内の語を並べ替えて，日本語の意味に合う英文を完成させなさい。

(1) 気分がよくなかったので，私は家にいることに決めた。
(at / decided / not / to / I / well, / stay / feeling) home.

(2) そのボトルを開けて，彼女は錠剤を 1 つ取り出した。
(took / the / she / one / opening / bottle, / out) pill.

(3) その列車は 6 時に京都を出て， 9 時ごろに東京に着く。
(Kyoto / at / the / leaves / arriving / six, / or / nine / at / at / train / Tokyo) so.

3 日本語を英語に直しなさい。

(1) 何をすればいいのかわからなかったので，私は警察に電話をした。(5 語)
____________________________, I telephoned the police.

(2) その少年は雑誌を読みながら心地よくソファーに横になっている。(3 語)
The boy is lying on the sofa comfortably, ____________________________.

(3) 私たちは美しい夕日を見ながら夕食を楽しんだ。(6 語)
____________________________ sunset.

4 次の文章を読んで，下線部を和訳しなさい。

A report published by Earth Day Network (2018) ranked Bangladesh in 10th position out of the top 20 plastic polluting countries of the world. <u>Plastics contribute 8 per cent of the country's waste, and much of this goes into the oceans and rivers, **polluting** the water and **destroying** marine resources.</u>

Words & Phrases

1 (2) **Kimberley** キンバリー（南アフリカ共和国の都市名） **spark** …を引き起こす，…の引き金となる **rush**（何かを求めての）殺到，需要の激増，ラッシュ (4) **debt** 借金，負債 **2** (2) **pill** 錠剤 **4** **publish** …を発表する，…を公表する **rank A in B** A を B に位置づける **pollute** …を汚染する **contribute**（量・程度など）の分だけ貢献する・寄与する **waste** 廃棄物，ごみ **ocean** 海，海洋 **resource** 資源

Lesson 35

054 分詞構文（過去分詞）

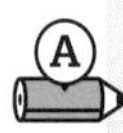

Written in easy English, this book is suitable for beginners.
簡単な英語で書かれているので，この本は初心者に向いている。

受動態の述語部分は be *done* という形なので，受動態の分詞構文は being *done* から始まるまとまりとなるが，この being は省略することができる。省略した場合，分詞構文は過去分詞から始まることになる（054基本例文参照）。

過去分詞から始まる場合であっても分詞構文である以上，意味は053で示した① **原因・理由**，② **付帯状況［同時動作］**，③ **時・連続動作**，④ **結果**，⑤ **条件**，⑥ **譲歩**のいずれかになる。

Being written in easy English , this book is suitable for beginners.
↓省略可
054 : Written in easy English , this book is suitable for beginners.

Printed in haste, the book has some mistakes. ※①原因・理由
急いで印刷されたので，その本にはいくつかミスがある。

The child was sitting on the floor **surrounded** by toys. ※②付帯状況［同時動作］
その子どもはおもちゃに囲まれて床に座っていた。

Seen from the sky, the island looks like a bird. ※③時・連続動作／⑤条件
(空から見られると→）空から見ると，その島は鳥のように見える。

In most English sentences, the subject comes first, **followed** by the verb.
大半の英語の文では，最初に主語がきて，(動詞によって後追いされる→）動詞があとに続く。
※②付帯状況［同時動作］の一種と考えられるが，例外的に訳し下す。

054′ 分詞構文（形容詞）

Sad and tired, she sat down to rest.
悲しく，疲れていたので，彼女は休むために座った。

分詞構文が being C（補語）で始まる場合も，特に C が形容詞である場合に，being はしばしば省略される。この結果，形容詞から始まる分詞構文となる。

Being sad and tired , she sat down to rest.
↓省略可
054′ : Sad and tired , she sat down to rest.

Unable to speak, he communicated by writing. ※①原因・理由
しゃべれなかったので，彼は書くことで意思疎通をした。

Exercises

1 次の英文を和訳しなさい。

(1) **Left** alone, the boy began to cry.

(2) They paraded along the street **accompanied** by hundreds of police officers.

(3) **Unable** to read, he couldn't understand what the letter said.

(4) Great Britain became the first industrialized nation in the late eighteenth and nineteenth centuries, **followed** by Germany and the United States.

2 (　　) 内の語を並べ替えて，日本語の意味に合う英文を完成させなさい。

(1) 群衆に囲まれて，ハンサムな少年が歌っていた。
(a / singing / handsome / by / was / surrounded / boy / a) crowd.

(2) 東京での生活と比べると，オクラホマの生活は多くの点で不便だ。
(in / is / life / life / with / compared / Oklahoma / in / inconvenient / many / Tokyo, / in) ways.

(3) 助けを求めるのに乗り気でなくて，私は自分でそれをしようと決めた。
(for / reluctant / it / decided / by / do / I / ask / to / to / help,) myself.

3 日本語を英語に直しなさい。

(1) 間違った家に宛てられていたので，その手紙は彼らのもとに届くことがなかった。
(5 語／address)
____________________________, the letter never reached them.

(2) 飛行機から見ると，その島々はとても美しく見えた。(7 語)
____________________________ very pretty.

(3) みんなから無視されて，彼は怒った。(6 語／ignore)

4 次の文章を読んで，下線部を和訳しなさい。

By the mid-eighteenth century the dramatic music of the baroque period had become unfashionable. <u>**Influenced** by the forces of reason and science, music showed a new concern for form, clarity and balance, and the principle of harmony.</u>

Words & Phrases

1 (2) **accompany** …に付き添う，…に同行する (4) **industrialized nation** 工業国 **2** (2) **inconvenient** 不便な (3) **be reluctant to *do*** ～したがらない，～することに気が進まない **4** **dramatic** 劇的な **baroque** バロック音楽の，バロック様式の **period** 期間，(歴史上特定の) 時代 **unfashionable** 流行に合わない，はやらない **influence** …に影響を与える **force** 力，影響力 **reason** 理性，判断力 **concern** 関心 (事) **form** (内容に対する) 形式，表現形式 **clarity** 明快さ，明確さ **balance** 均衡，バランス **principle** 原理，原則 **harmony** 調和，ハーモニー

Lesson 36

055 独立分詞構文

The rain beginning to fall, they decided to take a taxi.
雨が降りはじめたので，彼らはタクシーに乗ることにした。

分詞構文の前後にはＳＶが存在するが（**053**の図解参照），このＳは分詞構文の主体でもある。つまり，たとえばSeeing a policeman, he ran away.「警官を見て，彼は逃げ去った。」という文では，Seeingの主体は文全体のＳであるheである（「彼」が「見た」という関係にある）。

このＳＶのＳ以外のものが分詞構文の主体である場合は，分詞構文の前に主体を置いて示す。このようにして示される主体は**意味上の主語**と呼ばれる。そして意味上の主語が置かれた分詞構文を**「独立分詞構文」**という。

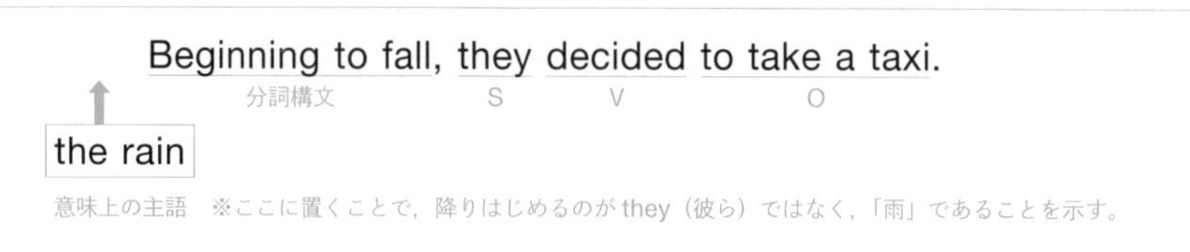

独立分詞構文の意味も，**053**・**054**同様，① **原因・理由**，② **付帯状況［同時動作］**，③ **時・連続動作**，④ **結果**，⑤ **条件**，⑥ **譲歩**のいずれかになる。

» **The exam being** early in the morning, he had to get up at six o'clock.
試験が朝早くにあるので，彼は6時に起きなければならなかった。　※①原因・理由

» He talked on and on, **the audience beginning** to feel bored.　※④結果
彼は話し続け，聴衆は（退屈を感じ始めた→）退屈し始めた。　※on and onは「延々と」の意味。

また，受動態の分詞構文（☞**054**）と，補語に形容詞を伴う分詞構文（☞**054'**）が独立分詞構文となる場合でも，beingは省略できる。

» **His work done**, Bob enjoyed playing cards with his friends.　※③時・連続動作
（仕事がなされて→）仕事を終えて，ボブは友達とトランプを楽しんだ。
※受動態の分詞構文being doneのbeingが省略され，意味上の主語His workが加わった形。

1歩進んで　独立分詞構文には，いくつかの成句的表現，慣用表現がある。代表例は次のようなものである。青字の部分が意味上の主語の部分である。

- □ all things **considered**「すべてのことを考慮すると」
- □ (all) other things **being equal**「他の（すべての）条件が同じであれば」
- □ such **being the case**「そういうわけで」
  ※「such（そのようなこと）がthe case（真実）であるので」が直訳。
- □ weather **permitting**「天気が許せば」

Exercises

1 次の英文を和訳しなさい。

(1) No one was able to see the top of the mountain, **the fog being** very thick.
(2) He reached for the flower with his left hand, **his right hand grasping** the rock.
(3) **The match being** over, many spectators rushed to the station.
(4) **The moon having risen**, we went for a walk.

2 (　　) 内の語を並べ替えて，日本語の意味に合う英文を完成させなさい。

(1) 日が暮れたので，私たちは家に急いだ。
(we / set, / sun / hurried / the / having) home.
(2) 他の条件が同じならば，彼はレースに勝つだろう。
(win / things / equal, / will / the / being / other / he) race.
(3) 外はひどく寒かったので，私は家にいた。
(stayed / cold / it / at / terribly / I / outside, / being) home.

3 日本語を英語に直しなさい。

(1) 夏が終わったので，生徒たちは学校に戻ってきた。
(　　)(　　)(　　)(　　), the students came back to school.
(2) そういうわけで，会合は延期せねばならなかった。
(　　)(　　)(　　)(　　), the meeting has to be postponed.
(3) 天気が許せば，花火のショーはフェスティバルが終わる 1 時間前に行われる予定だ。
A fireworks show will take place one hour before the end of the festival, (　　)(　　).

4 次の文章を読んで，あとの問いに答えなさい。

All things considered, learning a foreign language in your own country will be a safer (and cheaper) option than going abroad, assuming you can motivate yourself and can find opportunities to speak in the language you're learning. After you've (　　) to speak the language fluently, you can go abroad to improve your listening skills and make your vocabulary a bit more native-like.

(1) 下線部を和訳しなさい。
(2) (　　) を埋めるのに適切な語を下から選びなさい。
(a) learned (b) enjoyed (c) avoided

Words & Phrases

1 (2) **grasp** …をつかむ (3) **match** 試合，競技 **spectator** 観客 **rush** 大急ぎで行く **2** (1) **set** (太陽・月が) 沈む (活用：set-set-set) **4** **assuming (that) ...** …だと仮定して (☞ 構文056) **motivate** …をやる気にさせる **opportunity to *do*** ～する (良い) 機会 (この **to *do*** の用法については，☞ 構文136) **fluently** 流ちょうに

Lesson 37

056 分詞構文の慣用表現

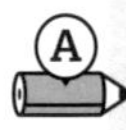

Strictly speaking, his opinion is a little different from mine.
厳密に言えば，彼の意見は僕の意見とは少し異なる。

〈strictly speaking, ...〉は**「厳密に言えば，…」**の意味で，分詞構文の慣用表現の 1 つである。分詞構文を用いた慣用表現としては，055 で示したもの以外にも，次のようなものがある。

- □ frankly speaking「率直に言うと」
- □ generally speaking「一般的に言うと」
- □ speaking[talking] of ...「…について言うと／…と言えば」
- □ judging from ...「…から判断すると」
- □ considering (that) ...「…を考慮すると[しても]」
- □ assuming (that) ...「…だと仮定して／…だとすると」
- □ seeing (that) ...「…を考えると／…なので[だから]」
- □ given (that) ...「…だと仮定すると／…を考慮に入れると／…があれば」
- □ taking ... into consideration「…を考慮に入れると[入れて]」

》**Frankly speaking**, he is not suitable for the job.
率直に言うと，彼はその仕事にはふさわしくない。

》**Talking of** flowers, I love yellow roses.
花と言えば，私は黄色いバラが大好きだ。

》**Judging from** his appearance, he must be a rich man.
外見から判断すると，彼はお金持ちに違いない。

》**Considering that** he is always too busy, his family advised him to change jobs.
彼がいつも忙しすぎることを考慮して，彼の家族は彼に転職するよう助言した。

》**Taking** her age **into consideration**, she is remarkably active.
彼女の年齢を考慮に入れると，彼女は際立って活動的だ。

057 spend＋時間＋*doing*　「〜するのに…の時間を費やす」

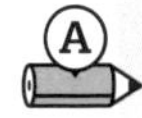

We **spent two weeks researching** the topic.
そのテーマを調査するのに私たちは 2 週間を費やした。

本構文で用いられる *doing* を「〜しながら」という意味の分詞構文だと考えることも可能だが，むしろ〈spend＋時間＋*doing*〉のひとかたまりで**「〜するのに…の時間を費やす」**の意味ととらえ，1 つの慣用表現として記憶するほうがよい。

》You should **spend a lot of time reading.**
君は多くの時間を読書に費やすべきだ。

Exercises

1 次の英文を和訳しなさい。

(1) **Generally speaking**, summer and winter colds are caused by different viruses.
(2) **How many years** did you **spend learning** how to be a nurse?
(3) **Considering** he is young, he can improve himself rapidly.
(4) **Given that** he is inexperienced, he has done an excellent job.

2 (　　) 内の語を並べ替えて，日本語の意味に合う英文を完成させなさい。

(1) 率直に言えば，私はこの事業は成功しそうにないと思う。
(likely / succeed / I / project / to / speaking, / this / frankly / not / think / is).
(2) 見た目から判断すると，彼は病気のようだ。
(from / sick / appearance, / he / judging / seems / his).
(3) 彼はあまりにも多くの時間をテレビゲームをすることに費やした。
(time / video / much / he / too / games / spent / playing).

3 日本語を英語に直しなさい。

(1) 厳密に言えば，これらの2語の意味は同じではありません。(2カ所合わせて5語)
__________________, these two words do not have __________________.
(2) 旅行と言えば，今までオーストラリアに行ったことはありますか？ (7語／travel)
____________________________ to Australia?
(3) 彼の年齢を考慮に入れると，彼が見せたスタミナは目を見張るものがあった。(5語)
____________________________, the stamina he showed was remarkable.

4 次の文章を読んで，下線部を和訳しなさい。

Five years ago, Mrs. Sabine Rouas lost her horse. She had spent 20 years with the horse before he died of old age. At that time, she felt that she could never own another horse. Out of loneliness, she **spent hours watching** cows on a nearby milk farm. Then, one day, she asked the farmer if she could help look after them.

Words & Phrases

1 (1) cause …を引き起こす，…の原因となる　virus ウイルス，病原体　(3) improve ... …を改善する，…を向上させる　rapidly 急速に，どんどん　(4) inexperienced 経験の浅い，初心者の　excellent 非常に優れた，すばらしい　**2** (1) succeed 成功する，うまくいく　project 事業（計画），プロジェクト　(2) appearance 外見，見た目　**3** (3) remarkable 注目すべき，驚くべき　**4** own …を所有している　nearby 近くの　farm 農場　one day ある日　look after ... …の面倒を見る，…の世話をする

Lesson 38

058 with A *doing*　「Aが～している状態で」

Don't leave your car with the engine running.
エンジンをかけたまま，車を離れないでください。

〈with A *doing*〉は**「Aが～している状態で」**の意味で，独立分詞構文（☞055）とほぼ同じはたらきをする。**Aは独立分詞構文の意味上の主語に当たり，〈A＋分詞〉は主語と述語の関係にある。**〈A *doing*〉は**能動**の関係（the engine is running）を表す。

ただし，この表現にはwithが存在するため，分詞構文よりも意味が限定される。withは「一緒に」という意味なので，このwithが存在することにより，*doing*と主節のVが**時間的に「一緒」（＝同時）**だということが示される。つまり〈with A *doing*〉は，053で示した①～⑥のうち**「② 付帯状況［同時動作］」**の意味をもつものであり，このwithは**「付帯状況のwith」**と呼ばれる。

> 時間的に「一緒」
> 058：Don't leave (V) your car (O) with the engine running.（付帯状況のwith構文）

» She left the room **with the candle burning.**
（ろうそくが燃えている状態で→）ろうそくに火をつけたまま彼女は部屋を出た。

059 with A *done*　「Aが～された状態で」

He was standing with his arms crossed.
彼は（腕が組まれた状態で→）腕を組んで立っていた。

〈with A *done*〉は**「Aが～された状態で」**の意味で，〈A *done*〉は**受動**の関係（his arms were crossed）を表す（「腕を組んで」という日本語に惑わされないよう注意）。

» She was sitting on a chair **with her eyes closed**.
彼女は（目が閉じられた状態で→）目を閉じていすに座っていた。

❗ 付帯状況のwith構文では，Aの後ろにbe動詞を補うとA以下が文となる。たとえば上の文では，her eyesの後ろにbe動詞を補うと，her eyes were closed「彼女の目は閉じられていた」という文が成立する。このようにbe動詞を補うことで文全体が理解しやすくなる。

1歩進んで　付帯状況のwith構文では，withの後ろに**〈A＋形容詞［副詞］〉**，あるいは**〈A＋前置詞句〉**を置くこともできる。この場合も「Aが～の状態で」をベースに，文の内容に応じて訳し分ければよい。

» Don't speak **with your mouth full**.　※〈with A＋形容詞〉
（口を食べ物でいっぱいにした状態で→）口に食べ物をほおばったまま話すな。

» He turned off the light **with some students** still **in the room.**
彼は，まだ何人かの生徒が部屋にいる（状態で→）のに明かりを消した。　※〈with A＋前置詞句〉

Exercises

1 次の英文を和訳しなさい。

(1) The dog was sitting there **with his tail waving**.
(2) Turning suddenly, **with tears in his eyes**, he ran out of the room.
(3) He said so **with his arms folded**.
(4) She came into the room **with a bird on her shoulder**.

2 (　　) 内の語を並べ替えて，日本語の意味に合う英文を完成させなさい。

(1) メグは目を輝かせながら私の話を聞いた。
Meg (her / to / with / me / shining / listened / eyes).
(2) エアコンが壊れていたので，私たちは部屋を涼しくしておくことができなかった。
(room / we / the / keep / with / couldn't / the / broken, / air-conditioner) cool.
(3) 食卓に着いている時は，口をいっぱいにして喋ってはなりません。
(speak / when / full / the / mouth / you / at / your / are / don't / with) table.

3 日本語を英語に直しなさい。

(1) 君がここに座っているから，仕事に集中できない。
(　　)(　　)(　　)(　　), I can't concentrate on my work.
(2) 彼はとても疲れていたので，目を閉じてソファーに横になっていた。
Because he was very tired, he was lying on the sofa (　　)(　　)(　　)(　　).
(3) 私はいつも窓を開けて運転する。
(　　)(　　)(　　)(　　) the windows (　　).

4 次の文章を読んで，下線部を和訳しなさい。

Amazon was the first to introduce a smart speaker in 2014. Amazon is currently the leading brand for smart speakers with over 70% market share. <u>**With rapid growth occurring** in this product category, competitors are entering the field.</u>

Words & Phrases

1 (1) **wave** 揺れる，揺れ動く　(3) **fold** …を折りたたむ，(腕など) を組む　**3** (1) **concentrate on ...** …に集中する　**4** **introduce** (新しいもの) を導入する・広める (ここでは「売り出す」程度の意味)　**smart speaker** スマートスピーカー (AI で音声を認識できるスピーカー)　**currently** 現在，目下のところ　**leading** 主要な，トップの　**market share** 市場占有率　**rapid** 急速な　**category** 範疇，分野，カテゴリー　**competitor** 競争相手，競合企業　**field** 分野，領域

Lesson 39

060 whether A or B 「A だろうと B だろうと」

Whether he is rich or poor, I'll marry him.
彼が金持ちだろうと貧乏だろうと，私は彼と結婚する。

whether は後ろに〈S′ V′ ...〉を伴う。そして〈whether S′ V′ ...〉のまとまりは，**副詞節**としてはたらく。副詞節とは，前後から他の〈S V ...〉の V（あるいは〈S V ...〉全体）を修飾する，〈接続詞＋S′ V′ ...〉のまとまりである。

〈whether S′ V′ ...〉の〈S′ V′ ...〉の部分には，〈A or B〉という表現が存在する。そして**〈whether S′ V′（A or B)〉**全体の訳の骨格は**「A だろうと B だろうと」「A であれ B であれ」**などとなる。この whether のように，〈S′ V′ ...〉の前に置かれて，従属節（この場合は副詞節）を主節に結びつける語を**「従位接続詞」**という。

› Your essay should be logical **whether** you write it in Japanese **or** in English.
日本語で書こうが，英語で書こうが，小論文は論理的でなければなりません。

〈whether A or B〉の B の位置に not が置かれた**〈whether A or not〉**の型もあり，この場合は**「A だろうとなかろうと」**という意味になる。or not は省略されうる。

› You must do this job, **whether** you like it **or not**.
好むと好まざるとにかかわらず，君はこの仕事をしなければならない。

1歩進んで whether 節（〈whether S′ V′ ...〉のまとまり）は，**名詞節**にもなる。名詞節の場合は，S（主語），C（補語），O（目的語），前置詞の目的語のいずれかとしてはたらく。この場合の whether 節は訳が変わり，**「A か B か（ということ）」「〜かどうか（ということ）」**となる。

› **Whether** he is American **or** English is not important. ※ whether 節（下線部）は S。
彼がアメリカ人かイングランド人か（ということ）は重要ではない。

› I don't know **whether** she is happy **or** unhappy. ※ whether 節は O。
私には彼女が幸せなのか不幸なのかわからない。

› It doesn't concern me **whether** she agrees **or not**.
彼女が賛成するかしないかは［彼女が賛成するかどうかは］，私には関係ない。
※ whether 節は S だが，文全体が形式主語構文（☞ 001′）となっている。

Exercises

1 次の英文を和訳しなさい。

(1) **Whether** the project will be successful **or not** depends on many external factors.

(2) **Whether** you agree **or not**, I cannot change my mind.

(3) I don't know **whether or not** he is at home.

(4) The Internet provides you with lots of opportunities for making money, **whether** you have any special skills **or not**.

2 (　　) 内の語を並べ替えて，日本語の意味に合う英文を完成させなさい。

(1) あなたが成功しようと失敗しようと，最善を尽くさなければならない。
(do / you / have / you / fail, / your / to / succeed / whether / or) best.

(2) 彼が彼女と結婚するかどうかは，私には関係のないことだ。
(will / her / not / whether / or / marry / is / he) none of my business.

(3) 彼女が料理上手だろうがそうでなかろうと，私はどちらでもよい。
(or / she / I / well / not, / cooks / whether) don't mind either way.

3 日本語を英語に直しなさい。

(1) マリアは勝とうが負けようが，いつも競争を楽しむ。(5 語／Maria)
____________________, she always enjoys the competition.

(2) 彼は私にお金を選ぶか名誉を選ぶかを尋ねた。(2 カ所合わせて 7 語)
He ____________________ would ____________________ honor.

(3) 海外に行こうが行くまいが，休日を楽しむことができる。(6 語)
You can enjoy your holidays ____________________.

4 次の文章を読んで，下線部を和訳しなさい。

Insects are so commonplace that we scarcely pay them notice in the same way we are rarely conscious of our breathing. <u>**Whether** we are aware of it **or not**, we intermingle with insects every day as we go about our lives.</u> They are always underfoot, overhead, in our homes, where we play and work, and, although we might not wish to think about it, in our food and waste.

Words & Phrases

1 (1) **depend on ...** …次第である　(4) **opportunity** (良い) 機会，チャンス　**2** (2) **marry** …と結婚する　**3** (1) **competition** 競争　**4** **insect** 昆虫　**so ～ that ...** とても～なので…（☞構文073）**commonplace** ありふれた　**scarcely** ほとんど～ない　**pay ... notice** …に注目する，…に注意を払う　**way (that) S′ V′** S′がV′する方法（☞構文087′）**rarely** めったに～ない　**be conscious of ...** …を意識［自覚］している　**intermingle with ...** …と混ざる，…と関わり合う　**go about ...** (生活など) をする・いつものように行う　**underfoot** 足元に　**overhead** 頭上に　**waste** 廃棄物

Lesson 40

061 so that S′ can[will / may etc.] *do* 「S′が～するために／～するように」

We learn English so that we can communicate with people overseas.
私たちは海外の人々と意思疎通ができるよう，英語を学ぶ。

〈so that S′ can[will / may etc.] *do*〉は，〈目的〉の意味をもつ副詞節を形成し，**「S′が～するために／～するように」**と訳す。so that 節の中の S′ V′ の V′ の前には，通常，can[could], will[would], may[might] などの助動詞が置かれる。

» We stopped talking **so that** we **could** hear the song.
その歌が聞こえるように私たちは話すのをやめた。

「S′が～しないように」と否定の〈目的〉を表す場合は，助動詞の後ろに not を加え，〈so that S′ can[will / may etc.] not *do*〉とする。

» He jogs every day **so that** he **will not** gain weight.
体重が増えないように彼は毎日ジョギングをする。

◆ so that の that は省略されることがある。この場合は〈so S′ can[will / may etc.] *do*〉という形になるが，S′と V′の間に can[could], will[would], may[might] が存在すること，そして文内容から，本来は so that 節だということを見抜く。

» You must work hard **so** you **can** go to a good school.
いい学校に行けるよう，懸命に励まなくてはならないよ。
※ so の後ろの that が省略されている。

1歩進んで 〈so (that) ～〉が〈目的〉ではなく，**〈結果〉**の意味をもつことがある。この場合，**「その結果」「そして」**などと訳す。〈結果〉の場合，**次の 2 つの条件が満たされることが多い**（ただし絶対条件ではないので，文内容から〈目的〉か〈結果〉かを見極める必要がある）。

① so that の前にカンマが存在する。
② so that の後ろの S′と V′の間に助動詞（can[could], will[would], may[might]）が存在しない。

» I overslept**, so** (**that**) I missed the train.
私は寝坊し，その結果，電車に乗り遅れました。

この文は上の 2 条件を満たしている。また文内容からも，〈目的〉だとは考えられない（「乗り遅れるために寝坊した」は不自然）。なお〈結果〉の意味の場合でも，that は省略されうる。

Exercises

1 次の英文を和訳しなさい。

(1) The staff member wrote down the name of the hotel **so that** I **wouldn't** forget it.

(2) It was very hot**, so that** he took off his coat.

(3) She left the office a while ago **so that** she **could** have dinner with her family.

(4) She made sure to water the flowers **so** they **would** grow fast.

2 (　　) 内の語を並べ替えて，日本語の意味に合う英文を完成させなさい。

(1) 腐らないように牛乳を冷蔵庫に入れなさい。
(won't / milk / refrigerator / spoil / that / it / put / in / so / the / the).

(2) 私はメグとの会話を聞かれないように，彼を部屋から出した。
(hear / him / he / with / I / that / conversation / sent / out / couldn't / room / the / so / of / my) Meg.

(3) 1時間早くそこに着くために飛行機に乗ろう。
(there / so / let's / get / can / hour / that / plane / one / take / we / a) earlier.

3 日本語を英語に直しなさい。

(1) 英語が話せるためには私は何をするべきだろうか。(10語／can)

(2) 彼女はその電車に乗り遅れないよう朝ご飯を抜かなければならなかった。(12語／skip, wouldn't)

(3) 君が毎日練習できるように，私は君をサポートします。(11語／can, practice)

4 次の文章を読んで，下線部を和訳しなさい。

<u>During Ramadan, the day starts early **so that** people **can** eat a pre-fast meal before dawn.</u> This meal, called Suhoor, is important as it will keep them going through the day. During daylight hours, fasting Muslims cannot eat food or drink water or any other drinks.

Words & Phrases

1 (4) **make sure to *do*** 必ず～する **2** (1) **refrigerator** 冷蔵庫 **spoil** 腐る **4** **Ramadan** ラマダーン（イスラム歴の9月。断食が行われる） **pre-fast** 断食前の（fast は「断食」の意） **meal** 食事 **dawn** 夜明け **keep O *doing*** Oに～させる・させておく（☞構文049） **go** 動く，活動する **daylight** 昼の光，日中

Lesson 41

062 suppose[supposing] (that) ～　「もし～なら」

Suppose it rains tomorrow, what will you do?
明日雨が降ったら，あなたは何をするつもりですか？

　まずは従位接続詞 if「もし～なら」について確認しよう。if は以下のように副詞節を形成し，前後から主節を修飾する。

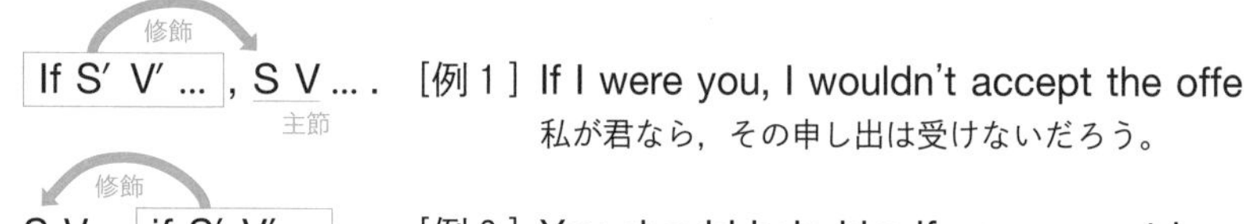

［例 1］If I were you, I wouldn't accept the offer.
私が君なら，その申し出は受けないだろう。

［例 2］You should help him if you are not busy.
忙しくないなら，君は彼を助けるべきだ。

　if を用いた仮定には，［例 1］のように**仮定法**の文である場合もあれば，［例 2］のように仮定法ではない**単なる条件**を示す文の場合もある。

　仮定法は現実ではないこと，現実味が低いことを述べる場合に用いる。仮定法においては，**現在のことを述べる場合であっても，if 節の動詞は過去形となる。過去のことを述べる場合は過去完了形となる**（詳しくは☞構文115・116）。

　単なる条件を示す場合，つまり起こりうることについて述べる場合は，現在のことは現在形で，過去のことは過去形で表現するが，このような述べ方は**「直説法（ちょくせつほう）」**という（条件の意味をもつ副詞節においては，未来のことでも現在形で表現する）。

　このような if の機能・意味を，動詞の命令形・分詞形で表現できることがある。**〈suppose[supposing] (that) ～〉**は if と同様に副詞節を形成し，**「もし～なら」**という意味となる。that は省略されることが多く，また supposing よりも圧倒的に高い頻度で suppose が用いられる。**〈suppose[supposing] (that) ～〉**も，if と同様に仮定法，直説法の 2 つのケースがある。

» **Suppose that** I were drowning, would you jump in the water to rescue me?
もし私がおぼれていたら，あなたは私を助けるために水に飛び込みますか？
※仮定法。書き手はこのような状況をまずありえないと判断している。

» **Supposing** Tom passes this test, he can go abroad for higher education.
このテストにパスしたら，トムはより高い教育を求めて海外に行けます。
※ pass が現在形なので直説法。書き手はトムがテストにパスすることはありうると考えている。

1歩進んで　この構文では，条件節に対する主節（帰結節）が存在しないパターンもある。その場合は**「もし～ならどうする？」「仮に～としてみよう」**の意味となる。ただしこの用法では supposing は用いられない。

» **Suppose that** you lived in Japan 100 years ago.
仮にあなたが100年前の日本に住んでいたとしよう。

Exercises

1 次の英文を和訳しなさい。

(1) **Supposing that** it rains, we will put off the game.
(2) **Suppose** you won the lottery, what would you do with the money?
(3) **Suppose** you live in a beautiful village.
(4) Even **supposing that** such a serious accident were never to happen again, we have to manage the nuclear waste for hundreds of thousands of years.

2 (　　) 内の語を並べ替えて，日本語の意味に合う英文を完成させなさい。

(1) もしあなたが百万円を持っていたら，それで何をしますか。
(you / with / what / do / million / had / supposing / would / yen, / one / you) it?
(2) もし彼が戻ってきて彼女を見たら，何と言うだろう。
(he / her, / he / what / back / supposing / found / would / came / and) say?
(3) もし彼女が来られないなら，誰がその仕事をするのだろう。
(do / come, / she / will / cannot / who / the / suppose) work?

3 日本語を英語に直しなさい。

(1) もしあなたがこの大学の学長なら，何をしますか。
(S-　　) (　　) were the president of this university, (　　) (　　) (　　) (　　)?
(2) もし私たちが終電を逃したら，どのように家に帰ろうか。
(S-　　) (　　) miss (　　) (　　) (　　), (　　) would we get home?
(3) もしもっとお金があるのなら，何をしますか。
(S-　　) (　　) (　　) had (　　) (　　), what would you do?

4 次の文章を読んで，下線部を和訳しなさい。

What would happen if there were no forests on Earth? <u>**Supposing that** forests were all destroyed for some reason, the air would become hotter and drier as water vapor was lost.</u> As a result, many regions of the world would become deserts. Then agriculture would become impossible.

Words & Phrases

1 (1) put off ... …を延期する (2) win (競争など) に勝つ，(くじ) に当たる lottery 宝くじ (4) be to *do* ～する運命である (☞ 構文031) manage …を管理する nuclear waste 核廃棄物 hundreds of thousands of ... 数十万もの… **2** (1) million 百万 **3** (1) president (大学の) 学長 **4** forest 森 vapor 蒸気 as a result 結果として region (広大な) 地域 desert 砂漠 agriculture 農業

Lesson 42

063 provided[providing] (that) ～ 「もし～なら」

I'll lend you my car provided that you drive carefully.
気をつけて運転するのなら，君に私の車を貸してあげよう。

ifと同じ**「もし～なら」**の意味をもつ成句の従位接続詞として，**062**で見た〈suppose[supposing] (that) ～〉の他に，**〈provided[providing] (that) ～〉**がある。この〈provided[providing] (that) ～〉と，**062**で扱った〈suppose[supposing] (that) ～〉は，動詞の形にズレと重なりがあるため紛らわしいので表にまとめる。

	原形	*doing* 形	過去分詞形
suppose	suppose (that) ～	supposing (that) ～	
provide		providing (that) ～	provided (that) ～

› **Provided that** you help me, I'll buy you coffee.
手助けしてくれるなら，コーヒーをごちそうするよ。

› **Providing** you can come by six, I'll still be here.
君が6時までに来られるなら，私はそれまでここにいるよ。
※ Providing の後ろの that が省略されている。

❗〈provided[providing] (that) ～〉は，直説法でのみ用いる。仮定法では用いない（直説法，仮定法については，☞062参照）。

1歩進んで 分詞形を用いた，類似の意味の従位接続詞としては次のようなものもある。

☑ granted[granting] (that) ～ 「仮に～だとしても」
☑ given (that) ～ 「～を考慮に入れると，～なら」

064 now (that) ～ 「今やもう～なので」

Now that you are not here, I feel lonely.
今はもうあなたがここにいないので，私は孤独を感じている。

nowは本来は副詞だが，後ろにthatを伴った〈now (that) ～〉という句で副詞節を形成する従位接続詞としての役割を果たす。この句は**「今やもう～なので」**と**〈原因・理由〉**を表す。thatはしばしば省略される。

› **Now** we have a car, we need a garage. ※ Now の後ろの that が省略されている。
今や車をもったので，ガレージが必要だ。

Exercises

1 次の英文を和訳しなさい。

(1) **Provided** her children come back in time she does not question where they are going.

(2) You should be able to get a good grade, **provided** you study hard.

(3) **Now that** my wife has short hair, she has her hair cut at a hair salon every other month.

(4) **Granting that** you are right, we still won't do it.

2 （　　）内の語を並べ替えて，日本語の意味に合う英文を完成させなさい。

(1) 明日返してくれるなら，あなたにこの本を貸しましょう。
(provided / book, / lend / this / I'll / return / you / it / you) tomorrow.

(2) 懸命に働けば，多くのお金を稼ぐことができます。
(great / hard, / you / earn / a / you / of / work / can / deal / providing) money.

(3) もう試験が終わったので，私はリラックスしている。
(I / the / over, / feel / is / now / exam) relaxed.

3 日本語を英語に直しなさい。

(1) きれいにしておくのなら，君はこの部屋を使っていいよ。
You can use this room (p-　　) (　　) (　　) (　　) (　　) (　　).

(2) 雨がやんだら，試合は中止にならないだろう。
(P-　　) the (　　) (　　), the game won't (　　) cancelled.

(3) 試験に合格したからにはもう，自分で運転できるよ。
(　　) (　　) you have (　　) your test, you can drive on your own.

4 次の文章を読んで，下線部を和訳しなさい。

Kyoto Mayor Daisaku Kadokawa said, "The key is to disperse crowds in crowded times, crowded areas or crowded seasons. <u>**Now that** sustainable development goals, or SDGs, have become a major theme for countries or cities around the world, the important thing is to combine SDGs and measures to develop Kyoto and promote its tourism.</u>"

Words & Phrases

1 (1) **in time** ①間に合って，時間内に ②やがて，そのうちに **question**［動］…に疑問を抱く［名］質問 (2) **grade** 成績 (3) **have O *done*** Oを～させる・してもらう（☞構文051） **2** (1) **lend** …を貸す (2) **earn**（お金）を稼ぐ **4** **mayor** 市長，自治体の長 **disperse** …を分散させる **crowd** 群衆，人ごみ **crowded** 込み合った，混雑している **sustainable development goals** 持続可能な開発目標（SDGs） **measure** 対策，手段 **develop** …を発達［発展］させる **promote** …を促進する **tourism** 観光業

Lesson 43

065 even if ～ 「たとえ～でも」

Even if I get a pay raise, I'm going to quit my job.
たとえ昇給があったとしても，私は仕事をやめるつもりだ。

ifには「もし～なら」という**〈条件〉**の意味に加えて，**「もし～でも」「たとえ～でも」**という**〈譲歩〉**の意味もある。ifの前にevenを置き**〈even if ～〉**とすれば，この意味だということを明確に示すことができる（evenが置かれた場合，even ifで 1 つの従位接続詞と見なせる）。even if節の動詞の時制は，**仮定法と直説法のいずれでもありうる**（仮定法と直説法の違いについては☞062）。065基本例文では，even if節の動詞が現在形のgetなので，話し手は昇給がありうることだと判断している。よって，**直説法**の文。なお，even if節も条件の意味をもつ副詞節なので，未来のことを述べる場合でも，節中の動詞は現在形となる。065基本例文でも，I will getやI am going to getという形ではなく，I getであることが確認できる。

一方，次の文ではeven if節の動詞が過去形wereであり，現実とは反することを仮定して述べているので，**仮定法過去**である（詳しくは☞115）。

» **Even if** I **were** a millionaire, I wouldn't buy a yacht.
たとえ私が億万長者だったとしても，ヨットを買ったりはしない。

さらに次の文ではeven if節の動詞が過去完了なので，過去の非現実（実際には起こらなかったこと）について述べる**仮定法過去完了**（詳しくは☞116）である。

» **Even if** he **had worked** harder, the result would have been the same.
たとえ彼がもっと懸命に働いていたとしても，結果は同じだっただろう。

066 even though ～ 「～だが／たとえ～ではあっても」

Even though the weather was bad, we had a great holiday.
天気は悪かったが，私たちはとても良い休日を過ごした。

「～だが」を意味する従位接続詞にthoughがあるが，この語の前にevenを置き〈even though ～〉とすれば，その意味を強調できる（evenが置かれた場合，even thoughで 1 つの従位接続詞と見なせる）。〈even though ～〉は〈even if ～〉と同じように「たとえ～ではあっても」と訳される場合もあるが，〈even if ～〉があくまで**〈仮定〉**について述べるのに対し，〈even though ～〉は**「たとえ（事実は）～だとしても」「（事実）～だが」**のように**〈事実〉**について述べていることに注意。

» **Even though** you are my friend, I can't always help you.
たとえあなたが私の友達といえども（事実，友達であるが），常に助けてあげることはできない。
※「あなた」が「友達」であるのは「事実」。even thoughをeven ifに置き換えれば「（あなたは友達ではないが）たとえあなたが友達であっても，…」という「仮定」の意味になる。

Exercises

1 次の英文を和訳しなさい。

(1) **Even if** my husband doesn't win the contest, he is still number one to me.

(2) All people should be treated with respect, **even if** they are homeless.

(3) **Even though** it was raining and a little cold, our group went on climbing as scheduled.

(4) **Even though** I'm getting better, the doctor told me to stay in bed at least until Friday.

2 (　　) 内の語を並べ替えて，日本語の意味に合う英文を完成させなさい。

(1) ケンは一生懸命挑戦したが，ドイツ語が通じなかった。
(understood / make / in / tried / not / he / hard, / Ken / even / could / though / himself) German.

(2) たとえ彼女がそのことに関して君を許しても，彼女は決してそのことを忘れないだろう。
Even (never / to / for / she / it / forgives / going / she / forget / is / that, / if / you).

(3) たとえ私が彼を助けることができるとしても，私はそうしないつもりだ。
(I / him, / even / I / do / could / help / wouldn't / if) it.

3 日本語を英語に直しなさい。

(1) 翌日テストがあったが，彼らはそのパーティーに行った。(6 語)
They went to the party ______________________________ the next day.

(2) たとえ疲れていなかったとしても，彼はその映画を見に行かなかっただろう。(6 語)
He wouldn't have gone to the movie ______________________________.

(3) 彼はほとんどお金を持っていなかったが，私のランチ代を払うと言って譲らなかった。
(　　)(　　) he (　　)(　　) money, he insisted (　　)(　　) for my lunch.

4 次の文章を読んで，あとの問いに答えなさい。

Online streaming services (　　) you to view movies and TV series whenever you want. But this does not mean you are able to watch the same media wherever you are. **Even if** you are using the same service, some content may be blocked due to user location.

(1) (　　) を埋めるのに適切な語を下から選びなさい。
(a) allow (b) let (c) force

(2) 下線部を和訳しなさい。

Words & Phrases

1 (2) **treat** …を扱う (3) **go on *doing*** ～し続ける **as scheduled** スケジュール通りに **4** **whenever ～** ～するときはいつでも (☞構文075) **wherever ～** ～する場所はどこでも (☞構文076)

Lesson 44

067 as[so] long as ～ 「～する間は〈期間〉／～する限りは〈条件〉」

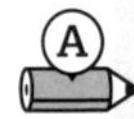

The children can stay here, as long as they keep quiet.
静かにしているのなら，子どもたちはここにいてよろしい。

as[so] long asの3語で，副詞節を形成する従位接続詞としてはたらく。このlongは**「時間の長さ」**を意味するので，**〈as[so] long as ～〉**は，文字通り**「～する間は」**と**〈期間〉**の意味で用いられる（以下の例）。

» **As long as** I live, I'll never forget you.
私が生きている間は，あなたのことを忘れません。

さらに，**〈as[so] long as ～〉**は，「～する間は」〈期間〉の意味から発展して，**「～する限りは」〈条件〉**の意味でも用いられる。「～という条件で，～なら」のように訳すこともできる（基本例文の訳参照）。

1歩進んで **〈as long as＋数値〉**という形で用いられると，時間の長さを強調して**「～もの間」**という意味になる。

» He worked **as long as 5 hours** without breaks.
彼は休憩なしで5時間も働いた。

068 as[so] far as ～ 「～する限り〈範囲・距離〉」

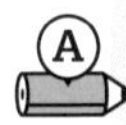

As far as I know, my father has never been to Hawaii.
私の知る限りでは，父はハワイには行ったことがない。

as[so] far asの3語で，副詞節を形成する従位接続詞としてはたらき，**「～する限り」**の意味となる。このfarは**「範囲，距離の長さ」**を意味するので，068基本例文のas far as節は「私の知識の範囲では」と**〈範囲〉**の意味である。ただし，以下の例のように，物理的な意味での**〈距離〉**について用いられることもある。

» Everything was covered with snow, **as far as** I could see.
（私が見える限りでは→）見渡す限りすべてのものが雪に覆われていた。

1歩進んで この従位接続詞に関する成句的表現に，**〈as[so] far as A is concerned〉「Aに関する限り」**がある。

» **As far as** I **am concerned**, your data is very useful.
私に関する限り，あなたのデータはとても有用だ。

また，前置詞的に**〈as far as＋名詞（場所）〉**という形で用いられると，**「（到達点）まで」**という意味になる。

» The weather was fine, so we walked **as far as** the park.
天気が良かったので，私たちはその公園まで歩いた。

Exercises

1 次の英文を和訳しなさい。

(1) **As far as I was concerned**, school was simply the place where kids had to be during the day.

(2) The man spent **as long as twenty years** in prison.

(3) Bring a book tomorrow. Any book will do **as long as** it is interesting.

(4) **As far as** I can see, she has done nothing wrong.

2 (　　) 内の語を並べ替えて，日本語の意味に合う英文を完成させなさい。

(1) 私にわかる限り，私のクラスメイトの話は本当だ。
(I / is / classmate's / as / my / tell, / far / can / story / as) true.

(2) 10時までに戻ると約束するのなら，外出してよい。
(long / to / go / as / back / 10 / you / you / as / can / be / by / promise / out) o'clock.

(3) あの白いボートまで泳げますか。
(boat / you / far / white / as / as / swim / that / can)?

3 日本語を英語に直しなさい。

(1) 私の知る限り，これが最新版だ。(5 語)
__________________________, this is the latest edition.

(2) 見渡す限り，どの方向にも他に家はなかった。(7 語／eye)
There's not another house in any direction __________________________.

(3) 生きている限り君を愛するよ。(9 語)
__________________________ alive.

4 次の文章を読んで，あとの問いに答えなさい。

My mother had several business trips so she couldn't take care of the garden. I didn't want my father (　　) worry, so without (1)be asked, I said that I would take care of his garden until he recovered. (2)I assumed that the little plants would continue to grow **as long as** they had water, and luckily it rained fairly often so I didn't think much about the garden.

(1) (　　) を適語で埋めなさい。

(2) 下線部(1)を適切な形に変えなさい。

(3) 下線部(2)を和訳しなさい。

Words & Phrases

1 (1) **simply** 単に，ただ　(2) **prison** 刑務所　(3) **do** 役に立つ，間に合う　**3** (1) **latest** 最新の **edition** (書籍，新聞などの) 版　(2) **direction** 方向　(3) **alive** 〈人，動物などが〉生きて　**4** **take care of ...** …の手入れをする　**recover** 回復する　**assume** …を当然だと思う　**luckily** 幸運なことに **fairly** かなり

Lesson 45

069 as soon as ～　「～するとすぐに」

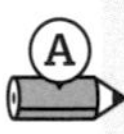

As soon as I heard the news, I rushed to the hospital.
その知らせを聞くとすぐに，私は病院に急行した。

as soon as の 3 語で，副詞節を形成する従位接続詞としてはたらき，**「～するとすぐに」**の意味となる。これは時を表す副詞節を形成するので，未来のことに言及する場合でも現在形を用いる（以下の例参照）。

» Please call me **as soon as** you get this message.
このメッセージを受け取ったらすぐに電話をください。

1歩進んで 〈the moment ～〉も同様の意味をもつ。moment という語は，本来は名詞だが，同じ文に S V が 2 セットあるかどうかで接続詞として用いられているかどうかが判断できる。

» **The moment** he saw me, he ran away.　彼は私を見るなり走り去った。
※ The moment の後ろに he(S) saw(V) があり，さらに he(S) ran(V) が続くので，接続詞扱い。

070 by the time ～　「～までに」

By the time you are eighteen, you should be a responsible person.　18歳になるまでに，信用できる人になっていなければならないよ。

前置詞 by には〈**期限**〉を表す「～までに」という意味がある。たとえば by tomorrow は「明日までに」の意味である。by は直後に〈S′ V′...〉を置くことはできないが，the time を補い by the time S′ V′とすると**「S′がV′するまでに」**の意味を表すことができる。〈by the time ～〉のまとまりが，1 つの従位接続詞のようなはたらきをする。

» He will probably be fluent in French **by the time** he returns here.
ここに戻るまでに，彼はフランス語が流暢になっているだろう。

〈by the time S′ V′〉，〈by＋名詞〉「～までに」の「～」は，いわば**「締め切り時間」**であり，その時までのどこかの時点で，何かが行われるということを述べる。

1歩進んで 「～までに」〈期限〉は by によって表すが，「～まで（ずっと）」は until（あるいは till）を用いる。until[till] は**従位接続詞かつ前置詞**であり，これらを用いた文は，何かが〈継続〉していることを示す。「～まで」の「～」は，**「継続状態の終点」**を示す。

» I'll be busy **until** Friday.
私は金曜日までずっと忙しいでしょう。

Exercises

1 次の英文を和訳しなさい。

(1) Your plane will have reached its destination **by the time** I get back home by car.

(2) **The moment** that funny idea struck me, I felt like laughing aloud.

(3) She had reached the rank of chief financial officer **by the time** she was 30.

(4) **The moment** the exam results were published, all the students ran to the notice boards.

2 (　　) 内の語を並べ替えて，日本語の意味に合う英文を完成させなさい。

(1) 空港に着いたらすぐにあなたに電話を入れます。

We'll (as / call / the / soon / at / as / give / airport / we / you / arrive / a).

(2) 包みが届いたらすぐに私に知らせてください。

(me / the / as / package / as / let / soon / know) arrives.

(3) 家に着くまでに，私はすっかり疲労困憊していた。

(I / home, / time / was / by / got / completely / the / I) exhausted.

3 日本語を英語に直しなさい。

(1) あなたの準備ができたらすぐに私たちは出ます。(6 語)

We will leave ______________________________.

(2) その手紙を読むとすぐに彼女は泣き出した。(7 語)

______________________________, she began to cry.

(3) この手紙があなたのもとに着くまでには，私は日本に戻っているでしょう。

(10語／return, reach)

I will ______________________________ you.

4 次の文章を読んで，あとの問いに答えなさい。

When (1)(me / the / to / in / asked / man / fly) a hot-air balloon across the Atlantic, I decided to do it. This was actually something that no one had done before. I always tell people that if they want to do anything well, they must plan and prepare. (2)And so, **as soon as** I accepted the challenge, I decided to go to Spain and learn how to fly in a balloon.

(1) 下線部(1)を適切な語順に並べ替えなさい。

(2) 下線部(2)を和訳しなさい。

Words & Phrases

1 (1) **destination** 目的地　(2) **funny** おかしい　**strike**〈人〉の心に浮かぶ（活用：strike-struck-struck）　**feel like *doing*** ～したい気がする　**aloud** 声を出して　(3) **rank** 地位　**chief financial officer** 最高財務責任者　(4) **notice board** 掲示板　**4** **hot-air balloon** 熱気球　**the Atlantic** 大西洋　**how to *do*** どのように～すべきか，～の仕方（☞構文032）

6 副詞節

Lesson 46

071 in case ～　「～するといけないから／もし～なら」

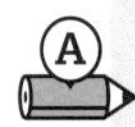

Take this map in case you get lost.
道に迷うといけないから，この地図を持っていきなさい。

in case は 2 語で，副詞節を形成する従位接続詞としてはたらく。この case は「場合」という意味であり，ここから〈in case ～〉には次の 2 つの意味が生まれる。

① **「～する場合に／もし～なら」**

② **「～する場合に備えて／～するといけないから」**

②は「…に備えて」という意味を読み込んだ用法。in case 節の述語動詞は直説法（動詞の現在形）が用いられることが多いが，〈should＋原形〉となることもある。

» Call me **in case** you need any help. ※①の用法。
もし何か助けが必要なら電話してね。

» I will buy some beer **in case** Tom comes[should come]. ※②の用法。
（トムが来る場合に備えて→）トムが来るかもしれないから，ビールを買っておこう。

1歩進んで 〈in case ～〉の「～」の部分に〈S′ V′...〉ではなく，**名詞**または**動名詞**を置く場合は，〈in case of A〉という形になる。

» **In case of** questions, please e-mail us. ※〈in case of＋名詞〉
質問がある場合は，どうぞ我々にメールをください。

071′ for fear (that) S′ will etc. *do*　「S′が～することを恐れて／S′が～するといけないから」

The citizens ran away for fear that the soldiers would kill them.
住民たちは，兵士に殺されることを恐れて逃げ去った。

in case の②に似た意味を持つ従位接続詞に**〈for fear (that) S′ will[would / may / might / should] *do*〉「S′が～することを恐れて／S′が～するといけないから」**がある。〈in case ～〉に比べて「恐れ（fear）」のニュアンスが強い。また，for fear (that) 節の述語動詞の形は**〈助動詞 will[would / may / might / should]＋動詞の原形〉**という形になる。

» The boy told a lie **for fear that** he **might** be punished.
その少年は罰せられることを恐れてうそをついた。

1歩進んで 〈for fear (that) S′ will etc. *do*〉の〈S′ will etc. *do*〉の部分に，**名詞**または**動名詞**を置く場合は，〈for fear of A〉という形になる。

» He did nothing **for fear of** failure. ※〈for fear of＋名詞〉
彼は失敗を恐れて何もしなかった。

Exercises

1 次の英文を和訳しなさい。

(1) I think you had better carry an umbrella **in case** it rains.

(2) Mary didn't want to walk at night on her own **for fear that** something terrible **would** happen to her.

(3) Write down the name **for fear of** forgetting it.

(4) Can you give this to him **in case** you see him?

2 (　　) 内の語を並べ替えて，日本語の意味に合う英文を完成させなさい。

(1) 忘れないようにパスワードは書きとめておくべきだよ。
You (case / forget / password / should / your / it / down / you / write / in).

(2) 緊急時は，安全のために教員の指示に従ってください。
In (teacher's / emergency, / for / instructions / an / of / your / please / case / follow) safety.

(3) イヌがかむことを恐れてその子どもたちは走り去った。
(bite / the / the / might / for / away / children / them / ran / dog / fear).

3 日本語を英語に直しなさい。

(1) 彼のお母さんは彼がばかなことを言うのを恐れて彼が喋ることを許そうとしなかった。
His mother would (　　) allow (　　) (　　) (　　) (　　) (　　) (　　) he would say something stupid.

(2) 授業でプレゼンテーションしなければならない場合に備えて，自分のコンピューターを持参しなさい。(7 語)
Bring your computer with you in ________________ in class.

(3) 火事の場合には，ビルをすぐに離れてください。(5 語)
________________ the building immediately.

4 次の文章を読んで，下線部を和訳しなさい。

Today, anyone can set up an online shop under almost any name, so you may want to confirm the online seller's physical address and phone number **in case** you have questions or problems. And if you get an email or pop-up message that asks for your financial information while you are browsing, don't reply or follow the link.

Words & Phrases

1 (1) **had better *do*** ～した方がいい　(2) **on *one's* own** ひとりで　(3) **write down ...** …を書き留める　**2** (2) **emergency** 緊急事態　**4** **set up ...** …を創業する　**may want to *do*** ～したほうがいいかもしれない　**confirm** …を確認する　**seller** 売り手，販売者　**physical address** 実際の住所　**reply** 返事をする

6 副詞節

Lesson
47

072 形容詞＋(that) ～

We are afraid that the typhoon will hit our town.
私たちはその台風が町を直撃するのではないかと心配しています。

後ろにthat節を伴う品詞としては，何よりも動詞が思い浮かぶ。たとえばWe know that he is really busy.「私たちは彼が本当に忙しいことを知っている。」のような文では，他動詞knowの後ろにthat節が続いている。

ところが一部の形容詞もまた，後ろにthat節を従え，**〈形容詞＋(that) ～〉**という形で用いられる。主に次のような意味をもつ形容詞である。

① 感情を表す形容詞

glad「喜んで」，angry「怒って」，sad「悲しくて」，happy「楽しい」など

➡ that節は**感情の原因**を示す。

》I was **glad** (**that**) my grandmother was able to walk again.
祖母が再び歩くことができて，私は嬉しかった。

❗感情の原因が何であるかによって，形容詞の後ろに続く形が異なる。以下の①～③の場合に応じて，〈前置詞＋名詞〉〈to 不定詞〉〈that 節〉を使い分ける必要がある。

① I was surprised at the news.　私はそのニュースに驚いた。
※感情の原因が，the newsのような〈名詞〉である場合は，形容詞の後ろに**〈前置詞＋名詞〉**を置く。用いられる前置詞は形容詞ごとに異なる。

② I was surprised to read the letter.　私はその手紙を読んで驚いた。
※感情の原因が，〈動詞〉を含む内容（ただし主語は含まない）である場合は，形容詞の後ろにその動詞を**〈to 不定詞〉**形にして置く。

③ I was surprised that you remembered me.　君が私のことを覚えていて驚いた。
※感情の原因が，〈S V ...〉である場合は，これを**〈that 節〉**にして形容詞の後ろに置く。

② 人の性質・性格，境遇を表す形容詞

mad「ばかげた」，crazy「ばかげた」，lucky「幸運な」，unlucky「不運な」など

➡ that節は，そのような性質・性格，境遇だと**判断した根拠**を示す。

》You are **lucky** (**that**) your parents can speak English very well.
両親が英語をとても上手に話せるなんて，あなたは幸運だ。

③ 他動詞のようにthat節を対象にとる形容詞

sure「確信して」，careful「注意して」，aware「気づいて」，afraid「心配して」など

➡ 上述の他動詞knowと同じように，主に〈S′ V′...〉という文内容を対象とする形容詞。that節は**形容詞の対象**となる。

》I'm **sure** (**that**) he will get back to you soon.
じきに彼が君のもとに戻ると私は確信している。

なお，他動詞に続くthatと同様に，**形容詞に後続するthatも極めて頻繁に省略される**。

Exercises

1 次の英文を和訳しなさい。

(1) I'm really **sorry** I didn't write to you in Canada.
(2) The student was **sure** he did well on the exam.
(3) He was **afraid that** the dog would bite him.
(4) I was **unlucky that** my right arm was injured badly.

2 (　　) 内の語を並べ替えて，日本語の意味に合う英文を完成させなさい。

(1) 私たちは自分たちの提案が今月の終わりまでに承認されると確信している。
(will / the / approved / this / we / by / our / end / are / be / of / certain / proposal / that) month.
(2) 移民労働者が自分の仕事を奪うかもしれないと恐れる人もいる。
(that / workers / them / might / of / their / people / immigrant / some / afraid / deprive / jobs / are).
(3) あなたはSFが好きだから，きっとこの本を面白いと思うに違いない。
Since you're fond of science fiction, (this / find / interesting / sure / will / book / I'm / you).

3 日本語を英語に直しなさい。

(1) 君が私に電話をしてくれなくて私はがっかりした。(5 語)
________________________ didn't call me.
(2) あなたは自分が看護師であることに誇りをもっていますか。(8 語／nurse)
(3) 私は夫が仕事を続けられなくて悲しかった。(6 語)
________________________ couldn't continue his job.

4 次の文章を読んで，下線部(1)，(2)を和訳しなさい。

A lion was fast asleep in the jungle when a mouse started running all over him. (1)The lion was **angry that** the mouse disturbed its sleep and was about to kill it with its paw. (2)The mouse begged the lion to pardon it, saying it could be of help to it one day. The lion laughed at that thought and walked away. Soon after that, the lion was trapped in a hunter's net. The little mouse was passing by and saw the lion. It immediately tore the net with its sharp teeth and rescued the lion.

Words & Phrases

1 (4) **badly** かなり，ひどく **2** (2) **deprive A of B** AからBを奪う **4** **fast** ぐっすりと **disturb** …のじゃまをする **be about to *do*** まさに～するところだ（☞構文014） **paw**（かぎ爪のある動物の）足 **beg O to *do*** Oに～するよう懇願する **pardon** …を許す **soon after that** そのすぐあとに（☞構文149） **trap** …をわなでとらえる **tear** …を引き裂く（活用：tear-tore-torn）

Lesson 48

073 so＋形容詞[副詞]＋(that) ～　「とても…なので～／～するほどに…」

I'm so busy that I can't help you.
私はとても忙しいので，あなたを助けられない。

〈so＋形容詞［副詞］＋(that) ～〉は，形容詞［副詞］の程度が，どれほどのものなのかを示す表現。形容詞［副詞］の前にsoを置き，どの程度なのかはthat節で示す。**「とても…なので～」**〈結果〉と訳す場合もあれば，**「～するほどに…」**〈程度〉とthat節から訳す場合もある。両方の訳が可能な例も多い。**073**基本例文の訳は〈結果〉の意味だが，「私はあなたを助けられないほどに忙しい」〈程度〉と訳すこともできる。

» The wind was blowing **so** hard **that** it was difficult to walk.
風がとても強く吹いていたので，歩くのが困難だった。※〈結果〉
歩くのが困難なほど，風が強く吹いていた。※〈程度〉

形容詞［副詞］の部分には〈形容詞＋名詞〉が置かれることもある。この場合の形容詞は，many, much, few, littleなどの，数量を表すものであることが多い。

» Monica had **so many books that** she needed to buy another bookshelf.
モニカはとても多くの本を持っていたので，本棚を買い足さねばならなかった。

» There was **so little rain that** the pond was almost dry.
ほとんど雨が降らなかったので，その池はほぼ干上がっていた。

このパターンにおいて，名詞が単数である場合，〈so＋形容詞＋a[an]＋名詞〉の語順となることに注意。

» He was **so nice a man that** we all liked him.
彼はとても親切な人だったので，私たちは皆彼が好きだった。

また，〈so＋形容詞［副詞］〉が文頭に移動した型も存在する。この場合は続くSVの部分に倒置が起こり疑問文の語順になる。

» **So fast** did he speak **that** I couldn't understand him.
彼がとても早口でしゃべったので私は彼が言っていることが理解できなかった。

1歩進んで　**061**の〈so that S′ can[will / may etc.] *do*〉において，thatが省略されうることを述べたが，この〈so＋形容詞[副詞]＋(that) ～〉のthatも，特に会話においては省略されることがある。省略された場合，この構文であることが見抜きにくくなり，読解が困難になることが多いため注意が必要になる。

» We ran **so** much we were exhausted. ※muchの後ろのthatが省略されている。
私たちはたくさん走って疲れ果てた。

Exercises

1 次の英文を和訳しなさい。

(1) It's become **so** hot and humid **that** Bob takes his walks early in the morning.

(2) **So accustomed** was he to getting up early **that** he had no trouble catching the first train.

(3) The book was not **so** difficult I couldn't enjoy it.

(4) He lost **so** much money gambling **that** his family couldn't even buy a loaf of bread.

2 (　　) 内の語を並べ替えて，日本語の意味に合う英文を完成させなさい。

(1) 霧がとても濃かったので，その橋はほとんど見えなかった。
(was / bridge / that / be / so / fog / could hardly / thick / seen / the / the).

(2) 彼の見かけがたいそう変わったので，君が彼をわからないのも無理はない。
(him / so / recognize / well not / changed / may / that / appearance / much / has / his / you).

(3) 彼は読書をする時間もないほど一生懸命働いた。
(time / worked / did / read / have / to / he / he / hard / not / so).

3 日本語を英語に直しなさい。

(1) 彼女がとても魅力的だったので，彼はすぐに恋に落ちました。(10語／attractive, fall)
____________________ her instantly.

(2) 彼はとても速く歩くので，私はついて行けない。(8語)
____________________ up with him.

(3) てっぺんが見えないほどそのビルは高い。(9語)
____________________ the top of it.

4 次の文章を読んで，下線部を和訳しなさい。

<u>Sometimes words used to describe emotions are **so** unique **that** it seems they are rooted exclusively in a particular culture.</u> The German word "Sehnsucht," referring to a strong desire for an alternative life, has no translation in English.

Words & Phrases

1 (1) **humid** 湿気の多い　(2) **be accustomed to ...** …に慣れている　(4) **gamble** 賭け事をする　**a loaf of bread** 1斤のパン　**2** (1) **fog** 霧　**hardly** ほとんど～ない　**thick** 〈霧・煙などが〉濃い　(2) **appearance** 外見　**3** (1) **instantly** 即座に，すぐに　**4** **emotion** 感情　**be rooted** 根付いている　**exclusively in a particular culture** 特定の文化にのみ（修飾語＋前置詞句の形。☞構文149）　**refer to ...** …を表す，…を意味する　**alternative** 別の　**translation** 翻訳（したもの）

Lesson 49

074 such a[an]＋形容詞＋名詞＋(that)～　「とても…な－なので～／～するほどに…な－」

He is such a famous person that all my friends know him.
彼はとても有名な人なので，私の友達は皆彼を知っている。

〈such a[an]＋形容詞＋名詞＋(that) ～〉は，073 の〈so＋形容詞［副詞］＋(that) ～〉と同様に，that 節を用いて程度を表す表現。such の後ろには〈a[an]＋形容詞＋名詞〉が置かれるのが基本だが，名詞が複数である場合や不可算名詞である場合は，a［an］はつかず，〈such＋形容詞＋名詞〉となる。

» They are **such** interesting books **that** I have read them many times.
それらはとても面白い本なので，私は何度も読んでいる。

» This is **such** important information **that** it should be taught in every high school.
これはとても重要な情報なので，すべての高校で教えられるべきだ。
※ information は不可算名詞。

本構文も，**「とても…な－なので～」**〈結果〉，**「～するほどに…な－」**〈程度〉の 2 通りの訳し方があり，両方の訳が可能な例も多い。

また，〈形容詞＋名詞〉の部分には，名詞のみが置かれることもある。

» The news gave me **such a shock that** I still feel depressed.
そのニュースはとても大きな衝撃を私に与えたので，私は今でも落ち込んでいる。
※上の文では，〈結果〉の意味で訳し下すのが自然だが，その場合は名詞（上の例では shock）に適切な言葉を添える必要がある（「大きな」を補っている）。

❗ この構文においても，しばしば that は省略される。省略されるとこの構文であることが見抜きにくくなるため注意が必要になる。

» It was **such** an expensive car I decided not to buy it.
それは非常に高い車だったので，私は買わないことにした。
※ car の後ろの that が省略されている。

1歩進んで such と that が隣接した，**〈S＋be 動詞＋such that ～〉「S は～するほどのものだ」**の型も見られる。

» His behavior was **such that** everybody disliked him.
彼のふるまいは，みんなが彼を嫌うほどのものだった。※〈程度〉

本構文においても，自分で適切な言葉を補うことにより，〈結果〉の意味として訳し下すことができる。

→彼のふるまいはとてもひどかったので，みんなが彼を嫌った。
※〈結果〉。「とてもひどかった」という言葉を補っている。補うべき言葉は文の内容から判断する。

Exercises

1 次の英文を和訳しなさい。

(1) They have **such** a large house **that** twenty people can live in it.
(2) He made **such** a big mistake he needed to apologize to all of us.
(3) This company has grown into **such** a big organization **that** it now employs 100,000 people.
(4) The noise of the students in the classroom was **such that** the teacher could not make herself heard.

2 (　　) 内の語を並べ替えて，日本語の意味に合う英文を完成させなさい。

(1) それはとても難しい試験だったので，私たちは終える時間がなかった。
(test / was / hard / not / time / finish / that / such / have / did / it / a / we / to).
(2) その体験に大きな感銘を受けたので，彼は心理学を学ぼうと決意した。
(impression / he / that / experience / such / decided / study / that / an / made / to) psychology.
(3) 彼女の怒りは，自制心を失ってしまうほどのものだった。
(such / control / anger / that / herself / was / lost / of / she / her).

3 日本語を英語に直しなさい。

(1) 彼はとても内気な少年だったので，その女性に話しかけられなかった。(11語)
____________________ the lady.
(2) 経営はとても大変な仕事なので，時々離れることはとても大切だ。(10語／work)
Running a ____________________ step away from time to time.
(3) その風は私たちが窓を開けられないほどのものだった。(8 語／such)
____________________ the window.

4 次の文章を読んで，下線部を和訳しなさい。

Work to develop better foods began seriously in the 1930s. <u>Even in wealthy, developed countries in the 1930s, many people had **such** a poor diet **that** serious illnesses and even deaths caused by not having enough vitamins and minerals were common.</u> So, vitamins and minerals were added to foods such as bread and breakfast cereals.

Words & Phrases

1 (2) apologize 謝罪する　(3) organization 組織　(4) noise　騒音　**2** (2) impression 感銘　**3** (2) run …を経営する　**4** work to *do* ～しようという取り組み（☞構文136）　wealthy 裕福な　developed 発達した，発展した，先進の　poor 粗末な　illness 病気　common ありふれた，よく起こる　A(,) such as B Bのような A（☞構文145）

Lesson 50

075 no matter when ～＝whenever ～　「いつ～しようとも」〈譲歩〉

No matter when you visit us, we will welcome you warmly.
いつあなたが私たちを訪ねようとも，私たちはあなたを温かく迎えます。

〈no matter when ～〉は，主節の動詞（または主節全体）を修飾する副詞節を形成し，**「いつ～しようとも」**という**〈譲歩〉**の意味を表す。節の内部に may[might] が存在する場合があるが，これは特に訳さない（×「～かもしれない」と訳さない）。

» **No matter when** you might visit this museum, you will have an exciting experience. ※ might は特に訳さない。
いつこの博物館を訪れても，わくわくするような経験ができるでしょう。

〈no matter when ～〉と同様の意味を表せる表現として，**〈whenever ～〉**がある。

075＝**Whenever** you visit us, we will welcome you warmly.

ただし，whenever には「いつ～しようとも」〈譲歩〉の意味に加えて，**「～するときはいつでも」〈時〉**の意味もあり，常に交換が可能なわけではないことに注意。

» I'm happy **whenever**（≠no matter when）I'm with you.
あなたと一緒にいるときはいつでも，私は幸せだ。
※この場合は〈no matter when ～〉への置き換え不可。

1歩進んで 〈whenever ～〉**「～するときはいつでも」**とほぼ同意の表現として，〈every[each] time ～〉がある。

» I learn something new **every[each] time** I read this book.
（この本を読むときはいつでも→）この本を読むごとに私は新たな発見をする。

076 no matter where ～＝wherever ～　「どこで～しようとも」〈譲歩〉

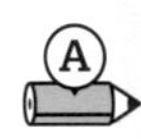

No matter where we are, it is easy to contact each other now.
今ではどこにいても簡単に連絡を取り合える。

〈no matter when ～〉と同様に，**〈no matter where ～〉**も副詞節を形成し，**「どこで～しようとも」**という**〈譲歩〉**の意味を表す。同意の表現として，**〈wherever ～〉**があるが，〈wherever ～〉は**「～する場所はどこでも」〈場所〉**の意味も表せる点で〈no matter where ～〉と異なる。

» Audiences always admire her **no matter where[wherever]** she performs.
彼女がどこで演奏しても，聴衆は常に彼女を賞賛する。

» I'll go **wherever**（≠no matter where）I can find a job.
私は仕事が見つけられるところならどこにでも行きます。

Exercises

1 次の英文を和訳しなさい。

(1) **Whenever** he takes a walk, he drops in at that coffee shop.

(2) **Every time** I go to the store, I run into him.

(3) **No matter where** you study, it takes a long time to master a foreign language.

(4) You can go **wherever** you like so long as you get back before midnight.

2 (　　) 内の語を並べ替えて，日本語の意味に合う英文を完成させなさい。

(1) いつ図書館に行っても，私はそこで眠くなり始める。
(the / matter / start / go / feeling / I / library, / no / to / I / sleepy / when) there.

(2) 彼に会うときはいつも，私はとても幸せな気持ちになる。
(I / meet / so / every / feel / time / him, / I) happy.

(3) その赤ちゃんはお母さんがどこに行くにもついて行った。
(baby / her / wherever / followed / mother / she / the) went.

3 日本語を英語に直しなさい。

(1) 私たちはどこにいても火が必要だ。(6 語／we で始める)

(2) この映画を見るといつも，私は高校時代を思い出す。(10語)
______________________________ days.

(3) 彼はどこに行っても目立たない。(5 語)
______________________________, he doesn't stand out.

4 次の文章（古代エジプトにおけるネコについての文）を読んで，あとの問いに答えなさい。

There is evidence that every cat was considered to be a god-like being. (1)Cats were so special that they could not be owned by humans. Only the pharaoh (the king) had a high (　　) status to own a cat. (2)Therefore, all cats, **no matter where** they lived, belonged to the pharaoh. Harming a cat was a crime against the pharaoh.

(1)・(2) 下線部(1), (2)を和訳しなさい。

(3) (　　) を埋めるのに適切な語を下から選びなさい。
(a) too　(b) as　(c) enough

Words & Phrases

1 (1) **drop in at ...** …に立ち寄る　(2) **run into ...** …に出くわす　(4) **so long as ～** ～する限りは（☞構文067）　**midnight** 夜の12時　**4** **evidence that ～** ～という証拠（名詞＋that 節。☞構文135）　**being** 存在　**own** …を所有する　**～, no matter where they lived, ～**（副詞節の挿入。☞構文132）　**harm** …に危害を加える　**crime** 犯罪

Lesson 51

077 no matter how ～＝however ～　「どれほど～でも／どのように～しても」

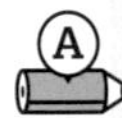

No matter how busy he is, my father takes a walk every morning.　どんなに忙しくても，父は毎朝散歩をする。

〈no matter how ～〉には，次の 2 つの用法がある。

① **直後に形容詞，副詞が存在する場合**

→「どれほど～でも」と訳す。

» Many children like to play outside, **no matter how** cold it is.
どんなに寒くても，多くの子どもたちは外で遊ぶのが好きだ。

② **直後に形容詞，副詞が存在しない場合**

→「どのように～しても」と訳す。

» **No matter how** you do it, the result will be the same.
あなたがどのようにそれをしようとも，結果は同じだろう。

この 2 つに分かれるのは，そもそも how に次のような 2 つの用法があるからである。

①′ How busy are you?　どれくらい忙しいですか？
※ how の直後に形容詞 busy が存在する。

②′ How did you open the door?　どのようにそのドアを開けたの？
※ how の直後には形容詞も副詞も存在しない。

〈no matter how ～〉と同義の語に**〈however ～〉**があり，やはり①，②の 2 つの用法がある。これらは，副詞節を形成する従位接続詞である。主節の中の動詞（または主節全体）を修飾する。

副詞節　takes を修飾
077：[No matter how busy he is], my father takes a walk every morning.
=However

ただし，〈however ～〉については，②の場合に**「～する方法が何であれ」「何でも～な方法で」**と訳せることがあるので，注意が必要である。

» You can do it **however** you like.
何でも君の好きな方法でそれをしてよい。
※「何でも～な方法で」と訳す例。この意味では〈no matter how ～〉への置き換えは不可。

なお，075で指摘したのと同様に，〈no matter how ～〉〈however ～〉でも節の内部に may[might] が存在している場合があるが，これは特に訳出しない（×「～かもしれない」と訳さない）。

» **However[No matter how]** fast you may run, you can't escape from me.
どんなに早く走っても，君は僕から逃げられないよ。
※ may は特に訳さない。

Exercises

1 次の英文を和訳しなさい。

(1) I never get tired of this movie **no matter how** many times I see it.
(2) **No matter how** I tried, I couldn't open the window.
(3) It's difficult to achieve your goals **however** easy they seem.
(4) **No matter how** much money you have, you cannot buy love with it.

2 (　　) 内の語を並べ替えて，日本語の意味に合う英文を完成させなさい。

(1) どんなにたくさん勉強しても，私は自分の科学の成績を上げられない。
(improve / matter / in / can't / I / how / grade / study, / no / my / I / much) science.
(2) どんなに忙しくても，あなたは勉強のための時間を見つけねばならない。
(you / for / you / busy / find / are, / however / must / time) studying.
(3) 何でも好きな方法でそれをしなさい。
Do (prefer / however / you / it).

3 日本語を英語に直しなさい。

(1) どんなに注意深く運転しても，事故はそれでも起こりうる。(4語)
______________________________, accidents can still happen.
(2) どんなに頑張っても，私は彼女の顔を思い出せなかった。
(9語／try, couldn't remember)
______________________________ face.
(3) どんなに疲れていても，彼女はいつも快活だ。(6語)
______________________________, she is always cheerful.

4 次の文章を読んで，あとの問いに答えなさい。

"Everyone has times when they feel pain in their heart." (1)"**No matter how** painful it might be, it will always come to an end." These are the messages written on a handout produced by the city government of Kitakyushu to prevent children from committing suicide. (2)(say / to / are / schoolteachers / such / urged) words to children who look sad, to help soothe them.

(1) 下線部(1)を和訳しなさい。
(2) 下線部(2)を適切な語順に並べ替えなさい。

Words & Phrases

1 (3) **achieve** …を達成する **2** (1) **grade** 成績 (3) **prefer** …を好む **3** (1) **accident** 事故 (3) **cheerful** 快活な，陽気な **4** **times when** (☞構文087) **pain** 痛み，苦痛 **painful** つらい **come to an end** 終わりが来る **handout** 配布資料，プリント **commit suicide** 自殺する **urge** …に促す **soothe** …を和らげる

Lesson 52

078 no matter who ～＝whoever ～　「誰が～しようとも」〈譲歩〉

No matter who objects, I won't change my mind.
誰が反対しようとも，私は自分の考えを変えるつもりはない。

〈no matter who ～〉も副詞節を作り，**「誰が［を／に etc.］～しようとも」**という**〈譲歩〉**の意味となる。no matter who が節の中でどのようにはたらくかによって，以下のようにさまざまに訳を工夫する必要がある。

① **「誰が～しようとも」**（no matter who が S の場合）

※078 基本例文参照。直後が動詞なので，no matter who は S であるとわかる。

② **「S が誰であろうとも」**（no matter who が C の場合）

› You are not allowed to enter this room, **no matter who** you are.
あなたが誰であろうと，この部屋に入ることは許されません。
※ no matter who 節が are で終わっており，C（補語）が無いまま文が終わる。よって no matter who が C の役割を果たしているとわかる。

③ **「S が誰を［に］～しようとも」**（no matter who が O の場合）

› **No matter who** you meet, don't judge them by their appearance.
あなたが誰に会うのであれ，外見でその人を判断してはいけない。
※ meet の O（目的語）が後ろにない。no matter who が O としてはたらいているとわかる。

④ **「S が誰と［に／から etc.］～しようとも」**（no matter who が前置詞の O の場合）

› You should try to keep the kitchen clean **no matter who** you live with.
あなたが誰と暮らすのであれ，キッチンは清潔にしておくよう努めるべきだ。
※前置詞 with の O が後ろにない。no matter who がその O となるとわかる。

〈no matter who ～〉と同義の表現に**〈whoever ～〉**がある。

078＝ **Whoever** objects, I won't change my mind.

1歩進んで　〈no matter who ～〉とは異なり，〈whoever ～〉には**名詞節**（S, C, O, 前置詞の O のいずれかとしてはたらく節）を形成する機能もある。この場合は**「～する人は誰でも」**を基本の訳とするが，具体的には次のように訳す。

① 〈whoever ～〉の部分（whoever 節）は，whoever の後ろにある「～」の部分を先に訳し，最後に whoever を「人」と訳す。

② ただし，この「人」には any（誰でも）の意味が入っているので，文全体の訳の中でこのニュアンスを出す。

› **Whoever** likes birds should visit the place.
鳥が好きな人は誰でもその場所を訪れるべきだ。
※ whoever 節（下線部）は，S としてはたらく。

› She told the story to **whoever** she met.
彼女は会った人誰にでもその話をした。
※ whoever 節（下線部）は，前置詞 to の O としてはたらく。この場合，whomever が用いられることもある。

Exercises

1 次の英文を和訳しなさい。

(1) **No matter who** opposes our plan, I think it should be carried out.

(2) Be thankful **no matter who** you may meet.

(3) **Whoever** is here this evening will have a chance to meet the president.

(4) Democracy means the freedom to vote for **whoever** you want.

6 副詞節

2 (　　) 内の語を並べ替えて，日本語の意味に合う英文を完成させなさい。

(1) 誰がそう言おうとも，私はそれでもそれを信じない。

(no / who / believe / so, / matter / still don't / I / says) it.

(2) あなたが誰と働くのであれ，プロであるべきだ。

(you / no / be / work / who / should / with, / you / matter) professional.

(3) ここで働く人は誰でも積極的でなければならない。

(be / must / works / positive / here / whoever).

3 日本語を英語に直しなさい。

(1) あなたが誰であろうと，私は今話せません。

I (　　) (　　) now (　　) (　　) may be.

(2) 誰が来てもそのドアを開けるな。

(　　) (　　) the (　　) (　　) may come.

(3) 私たちのクラブに参加したいと願う人は誰でも歓迎されるでしょう。

(　　) wishes to (　　) (　　) (　　) will (　　) welcome.

4 次の文章を読んで，下線部を和訳しなさい。

Writing the first draft of a column or an essay is an expression of self-knowledge. <u>**No matter who** you are — a politician, a businessperson, a lawyer, a historian, or a novelist — writing forces you to make choices and brings clarity and order to your ideas.</u>

Words & Phrases

1 (1) **oppose** …に反対する　**carry out ...** …を実行する　(2) **thankful** 感謝して，ありがたく思って　(3) **president** 大統領　(4) **democracy** 民主主義　**vote for ...** …に賛成の投票をする　**4** **draft** 草稿　**self-knowledge** (自分の資質・能力などの) 自覚，自己認識　**politician** 政治家　**businessperson** 実業家，ビジネスパーソン　**lawyer** 弁護士，法律家　**historian** 歴史家，歴史学者　**novelist** 小説家　**clarity** 明晰さ　**order** 秩序

Lesson 53

079 no matter what ～＝whatever ～ 「何が～しようとも」〈譲歩〉

No matter what happens, I'll always love you.
何が起ころうと，私はあなたをいつでも愛しています。

078の〈no matter who ～〉と同様に，**〈no matter what ～〉**も副詞節を作り，**「何が～しようとも」〈譲歩〉**の意味となる。以下のように場合に応じて訳し分ける。

① **「何が～しようとも」**（no matter what が S の場合） ※079 基本例文参照。

② **「S が何であろうとも」**（no matter what が C の場合）

› Everyone should be treated equally, **no matter what** their race is.
（人種が何であれ→）どんな人種であっても，人は皆平等に扱われるべきだ。

③ **「S が何を[に]～しようとも」**（no matter what が O の場合）

› **No matter what** they may say, I will not change my opinion.
彼らが何を言おうと，私は自分の意見を変えない。

④ **「S が何と[に／から etc.]～しようとも」**（no matter what が前置詞の O の場合）

› He never listened to me **no matter what** I was talking about.
私が何について話そうとも，彼は決して聞かなかった。

〈no matter what ～〉と同義の表現は**〈whatever ～〉**である。

079＝**Whatever** happens, I'll always love you.

ただし，〈no matter what ～〉〈whatever ～〉には，①～④の用法に加えて，直後の名詞を修飾する用法もある。この場合は**「どんな…を～しようとも」**と訳す。

› **No matter what[Whatever]** book you read, you can't find the answer.
どんな本を読もうとも，あなたは答えを見つけられない。
※ no matter what[whatever] は直後の名詞 book を修飾する。

1歩進んで 〈no matter what ～〉とは異なり，〈whatever ～〉には**名詞節**を形成する機能もある。**「～するもの[こと]は何でも」**を基本の訳とするが，具体的には次のように訳すとよい。

① 〈whatever ～〉の部分（whatever 節）は，whatever の後ろにある「～」の部分を先に訳し，最後に whatever を「もの／こと」と訳す。

② ただし，この「もの／こと」には any（何でも）の意味が入っているので，文全体の訳の中でこのニュアンスを出す。

› **Whatever** he wrote became popular. 彼が書いたものは何でも人気を博した。
※ whatever 節（下線部）は，S としてはたらく。

› People believed **whatever** he said. 人々は彼の言ったことを何でも信じた。
※ whatever 節（下線部）は，believed の O としてはたらく。

名詞節を形成する whatever が直後の名詞を修飾する場合は**「～する何の[どんな]〈名詞〉でも」**を基本の訳とする。

› You may read **whatever** book you like. あなたは自分が好きなどんな本を読んでもよい。

Exercises

1 次の英文を和訳しなさい。

(1) Lisa looks pretty **no matter what** she wears.

(2) **No matter what** method we may use, we cannot master English in four weeks.

(3) **No matter what** country we come from, we all feel the same emotions.

(4) Your son will never learn to stand on his own feet if you keep giving him **whatever** he wants.

6 副詞節

2 (　　) 内の語を並べ替えて，日本語の意味に合う英文を完成させなさい。

(1) 天気がどうであれ，私たちは11時に出発する。
(eleven / be, / matter / will / what / the / may / we / no / at / start / weather).

(2) あなたがどんな本を読もうとも，何か新しいことを学ぶでしょう。
No (may / book / new / learn / you / something / you / matter / read, / will / what).

(3) 何について話しても，彼の話はいつも英知に満ちている。
(wisdom / talks / speech / matter / always / what / full / his / of / no / he / is) about.

3 日本語を英語に直しなさい。

(1) あなたが何を言おうとも，私は考えを変えるつもりはない。(9語／no)
____________________________ mind.

(2) 私はあなたの望むことを何でもするつもりです。(6語)

(3) 何が起こっても学校に遅れるな。(8語)
Don't ____________________________.

4 次の文章を読んで，下線部を和訳しなさい。

Our pursuit of knowledge in mathematics, the purest of the sciences, is conducted in a single common written language, the language of mathematics. <u>This written language is comprehensible everywhere in the world, **no matter what** language a person speaks.</u> Mathematical language, which isn't anyone's mother tongue, is the purest form of universal language.

Words & Phrases

1 (2) method 方法　master …を習得する　(3) emotion 感情　(4) learn to *do* (自ら学んで) ～する［できる］ようになる (☞構文010)　stand on *one's* own feet 自立する，独り立ちする　**4** pursuit 追求　conduct …を行う　comprehensible 理解できる　universal 普遍的な

Lesson
54

080 no matter which ～＝whichever ～　「どちらが～しようとも」〈譲歩〉

No matter which you choose, you will be satisfied.
どちらを選ぼうと，あなたは満足するでしょう。

〈no matter which ～〉も副詞節を作り，**「どちらが～しようとも」〈譲歩〉**の意味となる。以下のように場合に応じて訳し分ける。

① **「どちらが～しようとも」**（no matter which が S の場合）
② **「S がどちらであろうとも」**（no matter which が C の場合）
③ **「S がどちらを[に]～しようとも」**（no matter which が O の場合）
④ **「S がどちらと[に／から etc.]～しようとも」**
（no matter which が前置詞の O の場合）

080 基本例文では，no matter which 節の動詞 choose の後ろに目的語がないので，no matter which が目的語としてはたらいている。つまり③の例である。

また，〈no matter which ～〉と同義の表現は**〈whichever ～〉**である。

080 = **Whichever** you choose, you will be satisfied.

〈no matter which ～〉〈whichever ～〉にも，①～④の用法に加えて，直後の名詞を修飾する用法があるが，こちらの用法のほうが①～④よりもはるかに多い。この場合は**「どちらの…が[を]～しようとも」**と訳す。

» **No matter which**［**Whichever**］way you take, you will reach the same place.
どちらの道を選ぼうとも，同じ場所に着くでしょう。
※ no matter which［whichever］は直後の名詞 way を修飾する。

1歩進んで 〈no matter which ～〉とは異なり，〈whichever ～〉には**名詞節**を形成する機能もある。この場合は通常，whichever は直後の名詞を修飾する。**「～するどちらの〈名詞〉でも」**を基本の訳とするが，具体的には次のように訳すとよい。

① 〈whichever＋名詞～〉という構造のうち，まずは「～」の部分を訳し，次に〈名詞〉を訳す。
② この whichever は any（どちらでも）の意味なので，この whichever によって修飾されている〈名詞〉には any の意味が入っている。文全体の訳の中で，このニュアンスを出す。

» I'll give you **whichever picture** you like.
どちらでも君の好きな絵をあげるよ。
※ whichever 節（下線部）は，give の O_2 としてはたらく名詞節。picture you like は「君が好きな絵」。そしてこの「絵」に any（どちらでも）の意味が加わっているので，上の和訳のようにする。あるいは「君の好きな絵をどちらでもあげるよ」などとしてもよい。

Exercises

1 次の英文を和訳しなさい。

(1) **No matter which** of the two paths you take, you will come to the lake.
(2) He will be in a difficult position, **whichever** side he takes.
(3) You should take an express train to go to Kyoto, not a local one.
—**No matter which** comes first, I'll take it.
(4) I will carry **whichever** bag is heavier.

2 (　　) 内の語を並べ替えて，日本語の意味に合う英文を完成させなさい。

(1) どちらのバスに乗っても，あなたはその駅に着くでしょう。
You'll (the / take / which / you / no / get / matter / train station / to / bus).
(2) どちらの選手が勝つのであれ，私は皆に良い時間を過ごしてほしい。
(good / I / matter / everyone / which / have / a / player / wins, / want / to / no) time.
(3) どっちの大学に行っても，私は英語を一生懸命勉強して，大学院に進むつもりだ。
(study / advance / attend, / English / I / hard / I / and / will / college / to / whichever) a graduate school.

3 日本語を英語に直しなさい。

(1) どっちのチームが勝っても，コミッショナーは乾杯をしようと言うだろう。
(　　) (　　) (　　), the Commissioner will offer the toast.
(2) どちらを買っても，質は同じだろう。
(　　) (　　) (　　) (　　) (　　), the quality would be the same.
(3) あなたがどちらに決定しようと，楽しんでもらえればと思います。
(　　) (　　) (　　) on, I hope you have fun.

4 次の文章を読んで，あとの問いに答えなさい。

(1)**No matter which** culture you grow up in, or **which** language you grow up with, you will laugh before you start to use language. However, despite its universal nature, and despite the fact that an average person does it a couple of dozen times a day, (2)it's not obvious what laughter is for. What function does it have; why do we laugh?

(1) 下線部(1)を和訳しなさい。
(2) 下線部(2)の it が指すものを本文中から抜き出しなさい。

Words & Phrases

1 (1) **path** 道，細道　(2) **position** 立場　**side** 側（がわ）　**2** (3) **advance to ...** …に進む　**attend** …に通う　**graduate school** 大学院　**3** (1) **offer** …を申し出る　**toast** 乾杯　(2) **quality** 質　**4** **nature** 性質　**the fact that ～** ～という事実（☞構文135）　**a couple of dozen** 2ダースほど（の），20～30個［人］くらい（の）

Lesson 55

081 間接疑問文

I don't know where he lives.
私は彼がどこに住んでいるのかを知らない。

この081から086までは，**「名詞節」**を集中的に扱う。名詞節とは，〈S′ V′...〉を含むまとまりで，S, C, O，前置詞のOとしてはたらくものである。

> 従位接続詞＋S′ V′...
> └→ 名詞節：全体で1つのS, C, O，前置詞のOとしてはたらく。

名詞節を形成する語も，副詞節を形成する語と同様に**「従位接続詞」**である。名詞節を作る従位接続詞の代表例としては，まず**that**と**whether**などが挙げられる。001ではthat節がSとしてはたらく例を扱い，072ではthat節が他動詞knowのOとしてはたらく例を挙げた。060ではwhether節がS, Oとしてはたらく例を扱った。

この2語に加えて**疑問詞**もまた，名詞節を形成する従位接続詞になりうる。ただし，疑問詞が用いられた疑問文を名詞節にするには，次の手順が必要になる。

> ① Sの前にbe動詞または助動詞が出ている場合 → これをSの後ろに戻す。
> ② Sの前にdoes, did, doが出ている場合
> →doesを消去し，動詞に-s/-esを加える。
> →didを消去し，動詞を過去形にする。
> →doを消去する。

例として，Where does he live?（彼はどこに住んでいるの？）という文を名詞節にしてみよう。Sであるheの前にあるdoesを消去して，liveをlivesとする。この結果，where he livesという名詞節が完成する。081基本例文では，この名詞節がknowのOとしてはたらいている。このような疑問詞節（疑問詞から始まる節）は，**「間接疑問文」**と呼ばれる。

» **How he stole the money** is still a mystery. ※how節（下線部）はS。
彼がどうやってその金を盗んだのかはいまだに謎だ。

» I wonder **when she will come back from Paris**. ※when節（下線部）はO。
彼女はいつパリから戻ってくるのかと思う。

» This is a record of **who stayed at this hotel**.
これは誰がこのホテルに泊まったかの記録だ。
※who節（下線部）は前置詞ofのO。

❗上の類例の3つ目の文で，who stayed at this hotelの元の疑問文はWho stayed at this hotel?である。この文では，S（who）が主語なので，Sの前にbe動詞も助動詞もdoes, did, doも出ていない。このような文はそのままの形で名詞節となる。

Exercises

1 次の英文を和訳しなさい。

(1) **How often you should clean your kitchen** depends on how much you use it.

(2) Our main question is **how dogs perceive and understand the environment around them**.

(3) I wonder **whether the banking system in Japan really needs to be reformed**.

(4) They wonder **who should be legally responsible for a driverless car crash**.

2 (　　) 内の語を並べ替えて，日本語の意味に合う英文を完成させなさい。

(1) これが何かを教えてくれますか。
(what / me / you / is / this / can / tell)?

(2) 私は昨日なぜあなたが来られなかったのかを説明してほしい。
(explain / I / couldn't / to / you / why / want / come / you) yesterday.

(3) 私は彼が次にいつ来るかわからない。
(have / come / idea / will / when / next / I / no / he) time.

3 日本語を英語に直しなさい。

(1) 私たちは彼女がどこ出身なのかを知らない。(7語／don't)

(2) 誰がこの絵を描いたかは謎だ。(7語)

(3) どこに警察署があるかご存じですか。(8語／the, station)

4 次の文章を読んで，あとの問いに答えなさい。

European nations gradually colonized most of the African continent over a period of hundreds of years. <u>In 1884, they organized the Berlin Conference to lay down the rules on **how would they finish dividing Africa among themselves**.</u> These colonies lasted until the middle of the 20th century.

(1) 下線部を正しい文にするためには，ある2語の語順を入れ替える必要があります。その2語を答えなさい。

(2) (1)に従って語順を改めたうえで，下線部を和訳しなさい。

Words & Phrases

1 (1) **depend on ...** …次第である，…によって決まる　(2) **perceive** …を知覚する　(3) **banking system** 銀行システム　**reform** …を改革する　(4) **be responsible for ...** …に責任がある，…に対して責任を負う　**driverless** 運転者のいない，自動運転の　**crash** (車などの) 衝突 (事故)　**4** **colonize** …を植民地化する　**the African continent** アフリカ大陸　**period** 期間　**organize** …を催す　**the Berlin Conference** ベルリン会議　**lay down ...** …を定める　**colony** 植民地　**last** 続く

Lesson 56

082 形式目的語構文（真目的語が節であるもの）

I thought it impossible that I could ever succeed as a singer. 私は自分が歌手として成功できるなんてありえないと思った。

001で，文の主語である that 節や，疑問詞節（間接疑問文）あるいは whether 節の位置に it を置き，それらの節を文末に移動させる「形式主語構文」を扱ったが，**これらの節が目的語としてはたらく場合にも文末に移動させる場合がある**。その典型的な例が，第 5 文型（S V O C）で，C が形容詞である場合である。

ここでも元の節があった位置に it が置かれる。この it を**「形式目的語」**といい，後ろに移動した本来の目的語を**「真目的語」**という。このような型の文を，**「形式目的語構文」**という。

› You should make **it** clear **whether** you agree or disagree with his opinion.
彼の意見に賛成なのか反対なのかをはっきりさせなければならない。
※真目的語は whether 節（下線部）。

082′ 形式目的語構文（真目的語が句であるもの）

I never thought it possible to achieve the goal.
その目標を達成することが可能だなんて決して思わなかった。

002では，真主語が節ではなく句である形式主語構文を扱ったが，**形式目的語構文でも，真目的語が句であるパターンがある**。082′ 基本例文では，真目的語は to 不定詞句の to achieve the goal である。

› Our teacher made **it** clear **what to do** to gain good grades.
私たちの先生は，良い成績を取るために何をすべきかを明確にしてくれた。
※真目的語は what to do ...の部分。これは032で扱った〈疑問詞＋to *do*〉句。

なお，形式目的語に関する成句的表現に，次のものがある。

☑ make it a rule to *do*　「〜するのを習慣に[常と]している」

☑ make it a point to *do*　「決まって[必ず]〜することにしている」

Exercises

1 次の英文を和訳しなさい。

(1) I think **it** natural for her **to feel** like that.

(2) You must make **it** clear **whether** you can come or not.

(3) I make **it** a rule **to read** a book for an hour every evening.

(4) Everyone thought **it** a little funny **that** she never mentioned her husband.

2 (　　) 内の語を並べ替えて，日本語の意味に合う英文を完成させなさい。

(1) 私は彼がフランスの大学に行くつもりだというのは本当だと思う。
(France / it / that / to / going / in / he is / I / college / true / think).

(2) その台風のせいで船は出港できなかった。
(ship / to / for / the / it / typhoon / impossible / the / made) leave port.

(3) 私たちは次に何をするのかを明確にすべきだ。
(should / what / clear / do / will / it / make / we / we / next).

3 日本語を英語に直しなさい。

(1) その通訳は彼が言おうとしていることを説明することは不可能だと思った。
The translator (f-　　) it (　　) (　　) (　　) what he meant.

(2) あなたはいつその事業を始めるべきかを明確にしなくてはならない。
You (　　) (　　) (　　) (　　) (　　) to start the project.

(3) 私は彼が戻って来ないことがありうると思う。
(　　) (t-　　) it (　　) (　　) (　　) will not (　　).

4 次の文章を読んで，下線部を和訳しなさい。

<u>Iceland has become the first country to make **it** illegal **to pay** women less than men.</u> The new law, which took effect on January 1, imposes a fine on companies and government organisations employing more than 25 workers if they pay men more than women. The Scandinavian country wants to eliminate the pay gap between the sexes completely within the next four years.

Words & Phrases

1 (1) **natural** 当然の　(4) **funny** 奇妙な　**2** (2) **leave port** 出港する（この慣用表現では冠詞は省略される）　**3** (1) **translator** 通訳　(2) **project** 事業　**4** **illegal** 違法の　**take effect** 効力を生じる，実施［施行］される　**impose A on B** B に A を課す　**organisation**（公的）機関（organisation は〈英〉つづり。〈米〉では organization）　**The Scandinavian country** そのスカンジナビア国家（→文中ではアイスランドを指す。「スカンジナビア諸国」は狭義にはスカンジナビア半島の 3 国（ノルウェー，スウェーデン，デンマーク）を指すが，広義にはアイスランドとフィンランドをも含む北欧諸国を指す）　**eliminate** …を除く　**pay gap** 賃金格差

Lesson 57

083 make sure that ～　「～であることを確かめる／確実に～するようにする」

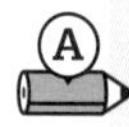

Please make sure that your mobile phone is switched off.
携帯電話のスイッチが切られていることをご確認ください。

〈make sure that ～〉は**「～であることを確かめる／確実に～するようにする」**という意味だが，元来は形式目的語構文である。この表現の成り立ちと意味は，次のように順を追って理解すればよい。

① 元となる表現は，make を第 5 文型（S+V+O+C）で用いた make(V) O sure (C)「O を確かにする」。
② O の部分が that 節であり，ここに it が置かれ，that 節が文末に移動して形式目的語構文〈make it sure that ～〉「～を確かにする」となる。
③ it が消去されて〈make sure that ～〉「～を確かにする」となる。
④「～を確かにする」から，(1)「～が確かめられているようにする」→**「～であることを確かめる」**という意味と，(2)「確かに～という事態になるようにする」→**「確実に～するようにする」**という 2 つの意味に発展する（(1)の意味の例は，083基本例文参照。(2)の意味の例は，以下の類例参照）。

≫ Always **make sure that** you lock the doors.
いつでも確実にドアに鍵を掛けるようにしなさい。

084 take it for granted that ～　「～を当然のことと思う」

Kate took it for granted that she would be invited to the party.
ケイトは自分が当然そのパーティーに招待されるものと思っていた。

〈take A for granted〉という表現がある。これは〈take A for B〉「A を B と思う」という表現の B の位置に granted を入れたものである。grant は本来は「…を与える」という意味の動詞であり，これが過去分詞形で用いられているので，「A を与えられたもの（所与のもの）と思う」→**「A を当然［当たり前］のことと思う」**という意味となる。この表現では，A が名詞である場合もあるが（例：A lot of people took the result for granted.「多くの人がその結果を当然のことと思った。」），that 節である場合もある。この場合は形式目的語構文となり，that 節の位置に it が置かれ，that 節は文末に移動して〈take it for granted that ～〉となる。

≫ Don't **take it for granted that** there is clean water everywhere.
どこにでもきれいな水があることを当たり前だと考えてはならない。

1歩進んで 〈make sure that ～〉〈take it for granted that ～〉などの形式目的語構文で，真目的語が that 節である場合に that が省略されることがある。

≫ **Make sure** all windows are shut and locked. ※ sure の後ろの that が省略されている。
すべての窓が閉まり，施錠されていることを確かめなさい。

Exercises

1 次の英文を和訳しなさい。

(1) I will lend you this book, but **make sure** I get it back before the end of this week.

(2) Let me **make sure** that's the right phone number.

(3) In the modern Western world we have come to **take** the freedom to travel **for granted**, but previously it was exceptional.

(4) Today we **take it for granted that** we can talk to each other and see each other in an instant on opposite sides of the earth.

2 (　　) 内の語を並べ替えて，日本語の意味に合う英文を完成させなさい。

(1) 私は，当然彼女が留学するものだと考えていた。
(it / study / granted / abroad / she / took / for / I / would).

(2) 再び同じミスをしないように気をつけるつもりです。
(don't / will / mistakes / the / sure / same / I / I / make / make) again.

(3) ドアに鍵を掛けたことを確認しなさい！
(sure / have / the / locked / you / that / doors / make)!

3 日本語を英語に直しなさい。

(1) きちんとチケットを持ってくるようにしてください。(8 語／make)
Please ____________________________ you.

(2) 私は彼女が私に賛成するのを当然のことと思った。(11語／take)

(3) 実験中に起こることは何でも必ず書き留めるようにしなさい。(7 語／make)
____________________________ during the experiment.

4 次の文章を読んで，下線部を和訳しなさい。

Scandinavian governments do a lot to **make sure that** their people are equal. Taxes are very high on wealthy people — in Sweden, the highest earners pay 57% of their income in tax — and the standard sales tax is 25%. However, there is generous support for people who do not have much money: 42% of Swedish taxation is spent on social security.

Words & Phrases

1 (1) **get ... back** …（貸した物）を返してもらう (3) **previously** 以前は **exceptional** 例外的な (4) **in an instant** 一瞬で **3** (3) **experiment** 実験 **4** **wealthy** 裕福な **earner** 金を稼ぐ人 **income** 所得 **sales tax** 売上税（日本の消費税に相当） **generous** 惜しみない **taxation** 税収 **social security** 社会保障（制度）

Lesson 58

085 This[That] is because ～ 「これ[それ]は～だからだ」

Space is completely silent. This is because there is no air there.
宇宙空間は完全に無音だ。これはそこに空気がないからだ。

〈This[That] is because ～〉「これ[それ]は～だからだ」という型の文は，This［That］が前文を受け，because以下がその理由を説明する。becauseは本来，副詞節を形成する従位接続詞だが，この表現では，because節は〈S V C〉（第2文型）のCとしてはたらく名詞節のように用いられる。

» I felt sad. **That was because** my proposal was rejected in the meeting.
私は悲しかった。それは私の提案が会議で否定されたからだ。

なお，this, thatではなくitが用いられることもある。

1歩進んで くだけた会話文を除き，前文の理由を述べる際にBecauseで文を始めるのは誤りとされるので，自由英作文などで「…である。なぜなら～」のように前文の根拠を後続の文で示したい場合，この〈This[That] is because ～〉を用いるとよい。

086 The fact is that ～ 「実は～だ」etc.

The fact is that my company is almost bankrupt.
実は私の会社は倒産寸前なんです。

that節が〈S V C〉のCとしてはたらく文の中には，全体でひとまとまりの表現，成句として扱えるものがある。代表例は次のようなものである。

- □ The fact is that ～「実は～だ」
- □ The truth is that ～「実は～だ」
- □ The point is that ～「要は～だ」
- □ The chances are that ～「おそらく／ひょっとして～だろう」
  ※このchanceは「可能性，見込み」の意味。
- □ The trouble is that ～「困ったことに～だ」
- □ The problem is that ～「問題は～だ」

» **The truth is that** you were my first love.
実はあなたは私の初恋の人だったのです。

❗ 上記表現の冒頭のtheは省略されることがある。

» **Chances are that** my father will be transferred to Nagasaki.
おそらく父は長崎に転勤になるだろう。　※冒頭のtheが省略されている。

またthatも，特に会話では頻繁に省略される（文字で示す際は代わりにカンマを置くことが多い）。

» **The trouble is,** my son is very attached to me.　困ったことに息子は私にベッタリなんです。
※isの後ろのthatが省略され，代わりにカンマが置かれている。

Exercises

1 次の英文を和訳しなさい。

(1) **The trouble is** we are so busy preparing for the class that we do not have enough time for club activities.

(2) To entertain children, it's helpful to look after them in their own homes. **This is because** they will be happy with their own toys.

(3) The earliest animated films, which appeared around 1900, took a long time to make. **This was because** the technology was very limited at the time.

(4) **Chances are that** your bag is in the closet.

2 (　　) 内の語を並べ替えて，日本語の意味に合う英文を完成させなさい。

(1) 実は妻が妊娠中なのです。
(my / the / pregnant / is / is / wife / fact).

(2) 私は彼が好きではない。それは彼がいつも他人の悪口を言っているからだ。
I don't like him. (ill / is / others / speaking / he / that / of / is / because / always).

(3) おそらく君はその式に招待されるだろう。
(that / to / will / ceremony / the / be / you / chances / invited / the / are).

3 日本語を英語に直しなさい。

(1) 困ったことに私たちは彼の名前を知らないのです！
(　　) (　　) (　　) (　　) we don't know his name!

(2) 実は私たちはより多くの助けを必要としているのです。
(　　) (t-　　) (　　) (　　) we need more help.

(3) 私はコマーシャルが嫌いだ。これはコマーシャルがいつも私に不要なものを買わせようとするからだ。(8語)
I hate commercials. ____________________ me buy unnecessary things.

4 次の文章を読んで，下線部を和訳しなさい。

Many people neglect to get enough sleep. <u>**This is because** they do not truly understand the benefits they could receive from sleep.</u> What is sleep to begin with? And why is it important? Defining sleep is like trying to figure out what life is. No one completely understands it.

Words & Phrases

1 (1) **prepare for ...** …の準備をする (2) **helpful** 役立つ，有用だ，有効だ **look after ...** …の世話をする **be happy with ...** …に満足している［満足する］，…に喜んでいる［喜ぶ］ (3) **animated film** アニメ映画 **2** (1) **pregnant** 妊娠して **3** (3) **unnecessary** 不必要な **4** **neglect to *do*** ～するのを怠る **to begin with** そもそも，まず第一に **define** …を定義する **figure out ...** …を理解する

Lesson 59

087 形容詞節を形成する関係副詞 where, when, why

This is the park where I once caught a frog.
ここが私が以前にカエルを捕まえた公園だ。

087 基本例文では，where が形成する節によって the park が修飾されている。この where 節は名詞を修飾しているので**形容詞節**である。

修飾
087：This is the park where（訳さない）I once caught a frog.
名詞に対する修飾語としてはたらく節（＝形容詞節）。

このように，**〈場所〉**に関する名詞は **where** が形成する形容詞節によって修飾される。同様に，**〈時〉**に関する名詞は **when** が形成する形容詞節によって修飾される。また，**〈理由〉**の意味の名詞 **reason** は，**why** が形成する形容詞節によって修飾される。この **where**，**when**，**why** は**「関係副詞」**と呼ばれる。これらの関係副詞は訳さない。

› My father showed me a picture of the house **where** I was born.
父は私が生まれた家の写真を見せてくれた。

› Do you remember the time **when** we went to Kyoto?
私たちが京都に行ったときを覚えていますか。

› I don't know the reason **why** Jacob quit his job.
私はジェイコブが仕事を辞めた理由を知らない。
※ where 節，when 節，why 節は，直前の名詞を修飾する。

❗ この3語の関係副詞のうち，特に when と why は省略されることが多い。

› When was the first time we met?　私たちが最初に会ったときはいつでしたか。
› Tell me the reason you didn't come yesterday.　昨日来なかった理由を教えて。

087′ 形容詞節を形成する関係副詞 that

The way that Meg danced was funny.
メグの踊り方はおかしかった。

「**方法**」という意味の名詞 **way** は，**that** が形成する形容詞節によって修飾される（how ではないことに注意！ ×The way how ～）。この that も**関係副詞**と呼ばれ，訳さない。

❗ この that は省略されることが多く，〈the way S′ V′ ...〉という構造は頻繁に見られる。

087′＝**The way** Meg danced was funny.

Exercises

1 次の英文を和訳しなさい。

(1) This is the cottage **where** we spend the winters enjoying the beautiful scenery.

(2) **The** only **way that** you can accomplish this task is to get advice from professional consultants.

(3) **The way** she speaks reminds me of her mother.

(4) Do you remember the scene in the movie **where** the police officer finds the robber?

2 (　　) 内の語を並べ替えて，日本語の意味に合う英文を完成させなさい。

(1) 私は家族と 2 匹のイヌと一緒に暮らせる家を探している。
(can / with / am / house / my / I / live / I / where / dogs / for / and / a / family / two / looking).

(2) 私は父親が大阪に転勤になった年に生まれた。
(born / father / the / to / was / Osaka / year / I / my / in / was / transferred / when).

(3) 彼女は自分がそんなにも忙しい理由を私に言わなかった。
(so / tell / didn't / was / the / she / reason / why / me / she / busy).

3 日本語を英語に直しなさい。

(1) 私が昼食を取ったレストランは駅の近くにあった。(6 語)
The restaurant ________________________ the station.

(2) あなたが戻る日を教えてください。(5 語)
Please ________________________ you'll be back.

(3) 私は彼女が来なかった理由を知りたい。(10語)

4 次の文章を読んで，下線部を和訳しなさい。

"If a man is proud of his wealth, he should not be praised until it is known how he employs it," said the Greek philosopher Socrates. <u>He meant a person should be judged on **the way** he or she spends money.</u>

Words & Phrases

1 (1) cottage 山荘，コテージ　scenery 景色　(2) accomplish …を成し遂げる　task (やるべき) 仕事　(3) remind A of B A に B を思い出させる　(4) scene 場面　police officer 警官　robber 強盗　**2** (2) transfer …を転勤させる　**4** be proud of ... …を誇りに思う　wealth 富　praise …をほめる　employ …を使う　philosopher 哲学者

Lesson **60**

088 名詞節を形成する関係副詞 where, when, why

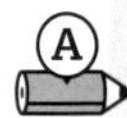

This is where he lives.
ここが彼が住んでいる場所だ。

088 基本例文は，次のように生まれたものだと考えることができる。

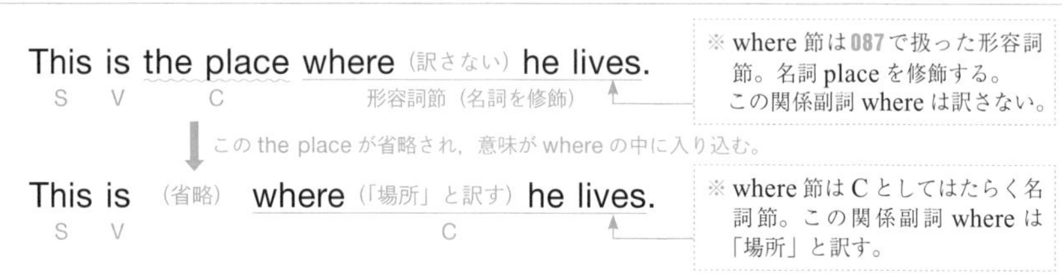

上の図解で，下段の文の where は関係副詞でありながら，形容詞節ではなく，C としてはたらく**名詞節**を形成している。一方，たとえば The biggest question is where he lives. という文では，where 節は同じく C としてはたらくものの，**間接疑問文**（☞081）であり，疑問文の場合と同じように「どこに」と訳す。このように，where が名詞節を形成する場合は，**「どこに／で／へ～かということ」**と訳す場合と，**「～場所」**と訳す場合がある。**文内容から判断して，適切なほうを選ぶ。**

when 節と why 節（名詞節の場合）においても，次の通り，同じ二重性が見られる。

when 節の訳	①**いつ～かということ**（間接疑問文。when は疑問詞） ②**～とき**（when は関係副詞。the time の意味が入り込んでいる）
why 節の訳	①**なぜ～かということ**（間接疑問文。why は疑問詞） ②**～理由**（why は関係副詞。the reason の意味が入り込んでいる）

› Friday nights are **when** I can relax. ※ when 節（下線部）は C。
金曜の夜は私がリラックスできるときだ。

› He is always kind to me. This is **why** I like him. ※ why 節（下線部）は C。
彼はいつも親切だ。これが私が彼を好きな理由だ［こういう訳で私は彼が好きだ］。

088′ 名詞節を形成する関係副詞 how

I usually warm the lids of jam jars. That is how I open them easily. 私はいつもジャム瓶のふたを温める。それが瓶を簡単に開ける方法だ。

how が名詞節を形成する場合，やはり以下の 2 通りの訳がある。**関係副詞 how は形容詞節を形成しないが**（☞087′），**名詞節は作る。**この場合は「**～方法**」と訳す。

how 節の訳	①**どのように～かということ**（間接疑問文。how は疑問詞） ②**～方法**（how は関係副詞。the way (that) ☞087′ で置き換え可能）

Exercises

1 次の英文を和訳しなさい。

(1) Mr. Johnson is quick to make good decisions, and that is **why** he is looked up to by his friends.

(2) The art museum was not far from **where** we were staying.

(3) This is **where** the local library used to be when I was a child.

(4) This is **how** the explosion happened.

2 (　　) 内の語を並べ替えて，日本語の意味に合う英文を完成させなさい。

(1) 妻が病気で私が看病をする必要があった。そんなわけで私はそのパーティーに行けなかった。

My wife was sick and I needed to take care of her. (why / couldn't / party / that's / attend / I / the).

(2) こんなふうにしてジョブス氏はパソコンビジネスで成功した。

(computer / is / business / succeeded / personal / this / the / Mr. Jobs / in / how).

(3) 彼が住んでいる場所は小さな町だ。

(a / lives / where / town / is / small / he).

3 日本語を英語に直しなさい。

(1) メグは私に彼女が少女だったときの写真を見せてくれた。(7 語)

Meg ______________________________ was a little girl.

(2) こんなふうにして私は朝にコーヒーを飲む。(10語／my coffee)

(3) ユミコは皆にとても親切だ。そんなわけで私は彼女のことが好きだ。(6 語)

Yumiko is very kind to everyone. ______________________________

4 次の文章を読んで，あとの問いに答えなさい。

Some bees might prefer yellow flowers with a particular scent. Others might prefer purple ones with a different scent. Bees help flowering plants to reproduce by (1)carry pollen from one plant to the next. (2)This is **why** bees are necessary. Many plants depend completely on insects like bees to survive.

(1) 下線部(1)を適切な形に変えなさい。

(2) 下線部(2)を和訳しなさい。

Words & Phrases

1 (1) be quick to *do* ～するのが早い　look up to ... …を尊敬する　(2) far from ... …から遠い　(4) explosion 爆発　**2** (1) attend …に出席する　**4** bee ハチ　scent 香り，におい　flowering plant 花を咲かせる植物　reproduce 繁殖する　pollen 花粉　depend on ... …を頼る　insect 昆虫

Lesson
61

089 関係代名詞 what 「〜もの／こと」

What he said to her was true.
彼が彼女に言ったことは本当だった。

what が**名詞節**を形成する場合,「何」という意味（**間接疑問文**☞081）ではなく,**「〜もの」「〜こと」**という意味（関係代名詞）で用いられる場合がある。名詞節を形成している what を「何」と訳すか,「〜もの／こと」と訳すかは,**文全体の意味から判断する**。089 基本例文を「彼が彼女に何を言ったのかは本当だった」と訳すと意味不明な和訳となるが, What he said to her is a mystery. という文であれば, 逆に「彼が彼女に何を言ったのかは謎だ」のように, 間接疑問文として訳すほうが自然である。

what 節の訳	**①何が／を／に〜かということ**（間接疑問文。what は疑問詞） **②〜もの／こと**（what は関係代名詞）

また, 089 基本例文の what 節は, 次のように書き換えられる。

089：What he said to her was true. ※ what 節は S。
=The thing that[which] he said to her was true.

what は 1 語で〈先行詞 the thing＋関係代名詞 that[which]〉の役割を果たしている。関係代名詞が含まれた表現との書き換えが可能であるがゆえ,**「関係代名詞の what」**と呼ばれる。

› This is **what** I want most!　これが私が最も求めているものだ！ ※ what 節（下線部）は C。

090 what is＋比較級 「より〜なことに（は）」

He is a good scientist, and what is better, he is our teacher.
彼は良い科学者であり, さらに良いことには, 私たちの教師だ。

what 節は,**〈what is＋比較級〉**の形で, その後ろの語句に対する修飾語のようにはたらくこともある。多くの場合, 挿入節として用いられ,**「より〜なことに（は）」**と訳すことが多い。節の内部には最上級の形容詞, 副詞が存在することもある。

› She suddenly left him, and **what is worse**, he lost his job.
彼女が突然彼の元を去り, さらに悪いことに, 彼は失職した。

1歩進んで 本構文を用いた以下の表現は, 成句として記憶すればよい。

☑ what is more 「さらに, そのうえ, おまけに」

› He is young, and **what is more**, very clever.
彼は若く, そのうえとても頭が良い。

Exercises

1 次の英文を和訳しなさい。

(1) This is **what** I need most.
(2) I agree with most of **what** you said, but I don't agree with everything.
(3) He is really attractive, and **what is better**, he is rich.
(4) It was getting very late, and **what was worse**, the wind started to blow.

2 (　　) 内の語を並べ替えて，日本語の意味に合う英文を完成させなさい。

(1) 彼は自分の国の外で起こっていることには何の興味も示さなかった。
(was / showed / interest / country / happening / in / what / outside / no / his / he).
(2) 私は彼が書いたものを全部読みたい。
(want / of / wrote / read / he / all / I / what / to).
(3) 彼女はその賞を獲得し，さらに名誉なことに，王様自身が彼女にメダルを授けた。
(king himself / more / medal / and / her / is / the / a / honorable, / she / prize, / won / what / gave / the).

3 日本語を英語に直しなさい。

(1) あなたは私の言うことを繰り返しさえすればよい。(8 語／only)
(2) 私が食べたいものは寿司だ。(7 語)
(3) 暗くなってきていて，さらに悪いことに，我々はホテルを見つけることができなかった。
It was (　　) (　　), (　　) (　　) (　　) (　　), we couldn't find our hotel.

4 次の文章を読んで，下線部を和訳しなさい。

By the 1950s, potato salad had become a home kitchen favorite, and in 1972 a cooking magazine called it Japan's "most familiar and loved salad." <u>**What** distinguishes Japanese-style potato salad from a number of potato salads around the world is the softness of the potatoes and the generous amount of mayonnaise used.</u>

Words & Phrases

1 (4) **blow** 吹く　**2** (3) **honorable** 名誉ある　**prize** 賞　**4** **favorite** お気に入りの物　**familiar** なじみ深い　**loved** 愛されている　**distinguish A from B** A と B の違いを示す　**a number of ...** 多くの…　**softness** 柔らかさ　**generous** たくさんの，たっぷりの　**mayonnaise** マヨネーズ

Lesson 62

091 前節（の中の一部）を受ける which 「それは～」

Tom couldn't come to the party, which was a pity.
トムはパーティーに来られなかった。それは残念なことだった。

関係代名詞の **which** が**非制限用法**（直前にカンマをおく）で用いられる場合，which が直前の名詞ばかりではなく，**前の節全体あるいはその一部**を指すことがある。このwhich は**「それは／これは」「そのことは／このことは」**などと訳出し，which 以下を訳し下す。

091：Tom couldn't come to the party, **which** was a pity.
which は前の節を指す。　「それは…」と訳し下す。

上記のように，091 基本例文では which は**前の節全体を指す**が，以下の例では which は**前の節の一部**（that she didn't steal the money の部分）を指す。

» She said that she didn't steal the money, **which** was perfectly true.
彼女はその金を盗んではいないと言ったが，それはまったく本当のことだった。

また次の例では，which は前の節の中の to solve the problem の部分を指す。

» I tried to solve the problem, **which** I found impossible.
私はその問題を解こうとしたが，これは不可能だとわかった。

091 基本例文の which は主格だが，上の例の which は目的格であり，found の後ろに which 節が指す内容を入れて文意を理解する。以下に図解を示す。

O の位置に入れて理解する。
I tried to solve the problem, **which** I found impossible.
which は下線部を指す。　S V O C
※第 5 文型で用いられ，C が形容詞である場合の find の意味は「思う」「わかる」。

1歩進んで 英作文ではこの〈前節（の中の一部）を受ける which〉を無理に使おうとする必要はなく，**and や but などの接続詞を用いて表現できればよい。**

091 = Tom couldn't come to the party, **and it** was a pity.

Exercises

1 次の英文を和訳しなさい。

(1) David said he had nothing to do with the incident**, which** is hard to believe.

(2) In the morning, I walked my dog in the park**, which** was more fun than I had expected.

(3) My health got worse**, which** caused me to quit my job.

(4) She told him that she didn't want to marry him**, which** in my opinion was silly of her.

2 (　　) 内の語を並べ替えて，日本語の意味に合う英文を完成させなさい。

(1) 私は彼女の言語で彼女に話しかけ，これが彼女を大いに喜ばせた。
(her / pleased / a / her / I / language, / to / her / which / in / talked) lot.

(2) ジャックはその入試を突破し，このことで彼のお母さんはとても幸せになった。
(very / made / the / Jack / happy / which / exam, / entrance / mother / passed / his).

(3) 私の隣人のイヌが一晩中ほえ続けた。このため私は眠れないままだった。
(night, / dog / my / awake / which / all / barking / kept / neighbor's / kept / me).

3 日本語を英語に直しなさい。

(1) 王様はその農夫たちの 1 人に城に来るように言ったのだが，このことは皆を驚かせた。
The king told one of the farmers to come to the castle, (　　)(　　) everyone.

(2) 彼は自分が医者だと言ったが，それは本当ではなかった。
He said that he was a doctor, (　　)(　　)(　　)(　　).

(3) 多くの人々は朝食を抜く傾向があるが，このことは健康に良くない。
Many people tend to skip breakfast, (　　)(　　)(　　)(　　)(　　) their (　　).

4 次の文章を読んで，下線部を和訳しなさい。

In addition, they believe that driverless vehicles will improve the mobility of citizens who are disabled. On the other hand, critics are less optimistic. They argue that the improvement of autonomous vehicle technology will deteriorate our driving skills**, which** could be fatal if the vehicle's autopilot cuts out for some reason.

Words & Phrases

1 (1) **incident** 事件　(3) **quit** …を辞める　(4) **silly** 愚かな　**4** **vehicle** 車　**mobility** 動きやすさ　**disabled** 障害のある　**critic** 批判する人　**optimistic** 楽観的な　**autonomous** 自動運転の　**deteriorate** …を低下させる　**fatal** 致命的な　**autopilot** 自動運転装置　**cut out** (機械などが) 突然止まる

Lesson
63

092 主節を先行詞とする特殊な関係詞 as

He was a painter, as I knew from his appearance.
私には彼の外見からわかっていたが，彼は画家だった。

接続詞の as は，関係代名詞のようにはたらくことがある。092 基本例文では，as 節の中にある knew の O が欠けており，as がその O としてはたらく。それ自体が O としてはたらくという点は，たとえば次のような文の関係代名詞 that[which] と同じである。

This is a novel **that[which]** my father wrote.「これは父が書いた小説だ。」

この文では，that[which] は a novel という名詞を指すが，092 基本例文では as は He was a painter「彼は画家だった」という**主節の内容**を指す。この点で，この as は〈前節（の中の一部）を受ける which〉（☞091）と同じはたらきをしている。そして この as 節全体が，主節を修飾する。

以上をふまえると，文全体の訳は「私には（彼が画家だということは）彼の外見からわかっていたが，彼は画家だった」となるが，カッコの中が重複するのでこれをカットすると基本例文の訳となる。この as は**「〜のように」「〜の通り」「〜だが」**と訳すのが基本。

1歩進んで 092 基本例文では as は目的格だが，主格の場合もある。

» He was late, **as is often the case with** him.
彼にはよくあることだが，彼は遅刻した。
※直後が述語動詞の is なので as は主格。as は前にある主節（下線部）を指す。the case は「実情」「よくあること」という意味。

また，上の文は〈主節＋as 節〉の順序だが，〈as 節＋主節〉の順序もありうる。

» **As you know**, New York is one of the most important cities in the world.
ご存じのように［通り］，ニューヨークは世界で最も重要な都市の一つだ。
※ as は目的格（know の目的語）。後ろにある主節（下線部）を受ける。

以下の表現は，本構文を用いた定型表現としてそのまま覚えてしまうとよい。

□ as is often the case with ...「…にはよくあることだが」
□ as is usual with ...「…にはよくあることだが」
□ as you know「ご存じのように[通り]」

Exercises

1 次の英文を和訳しなさい。

(1) **As is often the case with** him, Ken did not submit his homework by the deadline.

(2) He was from Osaka, **as** was clear from his accent.

(3) **As** you can see from this example, differences in culture can be a great obstacle in a relationship between two people from different countries.

(4) **As** has been well said, the individual apart from society would be both speechless and mindless.

2 (　　) 内の語を並べ替えて，日本語の意味に合う英文を完成させなさい。

(1) 皆に知られていることだが，地球温暖化は悪化しつつある。
(warming / to / is / is / global / everybody, / known / getting / as) worse.

(2) この表から明らかなように，がんは第一位の死亡原因だ。
(is / from / death, / obvious / this / the / cause / as / cancer / leading / of / is) chart.

(3) 彼の顔からわかるように，彼は幸せではない。
(from / isn't / you / he / as / face, / see / his / can) happy.

3 日本語を英語に直しなさい。

(1) 昨日，彼女にはよくあることだが，ヘレンは何人かの同僚に怒った。
Yesterday, (　　) (　　) (　　) with (　　), Helen got angry with some of her co-workers.

(2) このグラフに示されている通り，この市に来る観光客の数は減少中である。
(　　) (　　) (　　) (　　) (　　) (　　), the number of tourists to this city is on the decline.

(3) ご存じの通り，本屋の数は減少しつつある。
(　　) (　　) (　　), the number of bookstores is decreasing.

4 次の文章を読んで，下線部(1)，(2)を和訳しなさい。

(1)Generally speaking, Japanese people do not really like to get wet when it rains. Many people buy new umbrellas when it suddenly rains. (2)**As is often the case with** the newly bought ones, they end up being left in various places.

Words & Phrases

1 (1) submit …を提出する　deadline 締め切り　(2) accent なまり　(3) obstacle 障害　(4) individual 個人　apart from ... …から離れた　speechless 口のきけない　mindless 思慮のない
3 (1) co-worker 同僚　(2) on the decline 減少して　**4** end up *doing* ついには～することになる

Lesson 64

093 as ～ as possible[A can] 「できるだけ～」

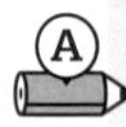

He walked as slowly as possible.
彼はできるだけゆっくり歩いた。

〈as ～ as ...〉は，「…と同じだけ～」「…に引けをとらないほど～」という意味の表現だが，「…」の位置に possible あるいは〈A can〉を置いて**〈as ～ as possible [A can]〉**とすると，**「できるだけ～」**という意味になる。過去の話であれば，〈A can〉は〈A could〉となる。「～」の位置には**形容詞**または**副詞**が置かれる（093 基本例文は副詞が置かれた例）。

› You should keep your room **as** clean **as possible**.
部屋をできるだけきれいにしておくべきだよ。
※「～」の位置には形容詞が置かれている。keep O C（=clean）の型。

「～」の位置に**〈形容詞＋名詞〉**が置かれることもある。

› He tried to save **as** much money **as he could** each month.
彼は毎月できる限り多くのお金を貯金しようとしていた。

094 not so much A as B 「A というよりもむしろ B」

This movie is not so much interesting as exciting.
この映画は興味深いというよりもむしろ，わくわくするものだ。

〈not so much A as B〉は，同一の人やものについて，2 つのうちのどちら寄りなのかということを述べる表現で，**「A というよりもむしろ B」**の意味。**A, B の部分には，いろいろな品詞が置かれる**（094 基本例文は形容詞が置かれた例）。また 1 語のものだけでなく，**句や節が置かれることもある**が，いずれの場合にも **A と B は文法的に対等なものがくる**。

› She works hard **not so much** for money **as** for pleasure.
彼女はお金のためというよりもむしろ楽しみのために懸命に働く。
※ A と B は副詞句（いずれの for ... も，動詞 works を修飾する）。

1歩進んで 本構文は〈A rather than B〉（☞ 099）を用いて書き換えが可能だが，次のように A と B の順序が逆になる。〈A rather than B〉のほうが口語的な表現であり，こちらのほうがよく用いられる。

not so much A as B ＝ B rather than A「A というよりもむしろ B」

❗ 形の似た〈not so much as *do*〉は「～さえしない」の意味となる。

› She did**n't so much as** read my text messages.
彼女は私のメールのメッセージを読みさえしなかった。

Exercises

1 次の英文を和訳しなさい。

(1) I want to make **as many** friends **as possible** in college.
(2) They drank **as much** water **as they could** when they reached the oasis.
(3) Happiness lies **not so much** in having **as** in sharing.
(4) Mr. Smith appreciates students who can communicate with classmates **as** effectively **as possible**.

2 (　　) 内の語を並べ替えて，日本語の意味に合う英文を完成させなさい。

(1) できるだけ早くこの車を修理してもらいたい。
(as / as / this / possible / like / car / have / I / repaired / would / to / soon).
(2) 海は世界を分けるよりもむしろ結びつける。
(world / as / it / divide / so / do / the / not / unite / oceans / the / much).
(3) 利益のためというよりもむしろ楽しみのために，私たちはこれをしている。
(profit / so / as / fun / we / much / doing / this / not / for / are / for).

3 日本語を英語に直しなさい。

(1) 彼女は教師であるというよりもむしろエンターテイナーだ。
She is (　　) (　　) (　　) (　　) (　　) (　　) (　　) entertainer.
(2) できるだけはっきり喋りなさい。(6 語／can)
(3) 可能な限り多くの人に会うよう努めなさい。(8 語／people)

4 次の文章を読んで，下線部を和訳しなさい。

The American educator Booker T. Washington spoke about resilience when he said, "I have learned that success is to be measured **not so much** by the position that one has reached in life **as** by the obstacles overcome while trying to succeed."

Words & Phrases

1 (2) **oasis** [ouéisis] オアシス (3) **lie in ...** …にある (4) **appreciate** …を評価する **2** (1) **repair** …を修理する (2) **unite** …を結びつける (3) **profit** 利益 **4** **educator** 教育者 **resilience** レジリエンス，回復力（困難な状況を乗り越え，しなやかに適応していく回復力を意味する） **position** 地位 **obstacle** 障害 **overcome** …を乗り越える（活用：overcome-overcame-overcome）

Lesson 65

095 might as well A as B
「Bするのは A するようなものだ／B するくらいなら A したほうがましだ［いい］」

You might as well talk to the wall as try to give him advice.
彼に助言しようとするのは，壁に話しかけるようなものだ。

〈might as well A as B〉を文字通りに取ると，「B という行為と比べて，A という行為の良さ（well の度合い）は同じだろう」となる。この表現では，A の位置には明らかにマイナス評価だとわかるものが置かれる。well の度合いが同じなら，B のほうもマイナス評価の行為だということになり，結局のところ「B というのは A と同じくらいマイナスの行為だ」→**「B するのは A するような（ろくでもない）ことだ」**という意味になる。次に，以下の文を見てほしい。

You **might as well** throw your money into the river **as** lend it to him.

上記にのっとると，これは「彼にお金を貸すのは，川にお金を捨てるようなものだ」となるが，「彼にお金を貸すくらいなら，川にお金を捨てたほうがましだ」と言い換えても文意は通じる。よって，この構文は**「B するくらいなら A したほうがましだ［いい］」**とも訳しうる。ただし，以下のように，後者の意味でしか取れない例もある。

› You **might as well** walk **as** go in that old car.
あんな古い車で行くくらいなら歩いたほうがましだ。

❗ この型では通常，may は用いられず，might のみが用いられる。

095′ may[might] as well A 「A するようなものだ／A したほうがましだ」

You may as well finish the essay now, and then you can relax tomorrow.
あなたは今レポートを終わらせたほうがいい，そうしたら明日ゆっくりできるから。

095の〈might as well A as B〉の，〈as B〉の部分が存在しない表現。この型では may と might のいずれもが用いられる。

この表現においては，意味もやはり，095から〈as B〉の部分をカットしたもの，つまり**「A するようなものだ」**，あるいは**「A したほうがましだ［いい］」**となる。後者の意味から一歩進んで**「(私・私たちは) A してもかまわない」**，**「(あなたは) A したらどうか」**〈提案〉という意味で用いられることもある。

› She will never listen. I **might as well** talk to a dog.
彼女は決して聞く耳を持たない。イヌに向かって話しているようなものだ。

› The traffic is heavy. We **may as well** walk home.
渋滞がひどい。歩いて帰ったほうがましだ。

› You **may as well** go home. She isn't coming. ※〈提案〉
家に帰ったらどう。どうせ彼女は来ないよ。

Exercises

1 次の英文を和訳しなさい。

(1) You **might as well** throw away your money **as** spend it on gambling.
(2) You **might as well** expect the sun to rise in the west **as** expect her to change her attitude.
(3) The weather is so bad we **might as well** stay at home.
(4) If you are not feeling well, you **may as well** go to see a doctor.

2 (　　) 内の語を並べ替えて，日本語の意味に合う英文を完成させなさい。

(1) そんな男と結婚するくらいなら私はむしろ独身のままでいるほうがましです。
(as / as / a / remain / marry / single / well / I / such / man / might).
(2) 彼を説得しようとするのは石ころに話しかけるようなものだよ。
(might / a / him / to / to / well / stone / as / you / persuade / talk / as / try).
(3) 彼にもう 1 回謝ったらどう。
(him / as / you / apologize / well / may / to) again.

3 日本語を英語に直しなさい。

(1) 私たちは次のバスを待つくらいなら歩いたほうがいい。
We (　　) (　　) (　　) (　　) (　　) (　　) (　　) the next bus.
(2) 少ない客のために店を開けておくくらいなら，閉めたほうがいいよ。
You (　　) (　　) (　　) (　　) the shop (　　) (　　) (　　) (　　) for (　　) (　　) customers.
(3) それほど遠くないし，駅まで歩くのも悪くないね。
We might (　　) (　　) (　　) (　　) the station as it's not so far.

4 次の文章を読んで，あとの問いに答えなさい。

"When it comes to fruit, it is still a luxury item, not like vegetables," says Hiroko Ishikawa, who runs a fruit distribution business. "Vegetables you need for daily life but you can live without (1)eat fruit. (2)So if you must buy something, you **might as well** buy something that looks good."

(1) 下線部(1)を適切な形に変えなさい。
(2) 下線部(2)を和訳しなさい。

Words & Phrases

1 (1) **throw away ...** …を捨てる　**gambling** ギャンブル，賭け事　(2) **expect O to *do*** Oに～することを期待する　**attitude** 態度　(4) **see a doctor** 医者にかかる，医者に診てもらう　**2** (1) **single** 独身の　(2) **persuade** …を説得する　(3) **apologize** 謝る　**4** **when it comes to ...** …のことになると，…に関して言えば　**luxury** ぜいたくな　**distribution business** 流通業

Lesson 66

096 no more ～ than ...　「…と同様に～でない」

I can no more speak English than Tom can speak Japanese.
トムが日本語を話せないのと同様に，私は英語が話せない。

no ～は「～が無い（ゼロだ）」という意味なので，〈no more〉は「増加（more）が無い（ゼロだ）」という意味になる。つまり096基本例文においては，私が英語を話せる度合いは，トムが日本語を話せる度合いと比べてプラスゼロ（＝イコール）であり，この文の意味は「私が英語を話せる度合いは，トムが日本語を話せる度合いと同じだ」ということになる。ただし，本構文が同等比較を表す〈as ～ as ...〉などと異なる点は，この文が「トムは日本語が話せないのだが，私も同様に英語が話せない」という**否定の意味を表す**点である。than 以下に「そうでない」ことが自明の例が置かれることで，こうした否定のニュアンスが出ると考えられる。

〈A is no more ～ than B (is ...)〉は否定のニュアンスをもち，「A は B と同様に～でない」の意味となる。この構文の主眼は，**than 以下に「そうでない例，ありえないことの例」を引き合いに出しながら，A が「そうでない」ということを伝える**ところにある。よって，それが伝わるのであれば，以下のような訳もありうる。

「B がそうでないのと同じように，A もそうでない」　※096 基本例文はこの訳。
「A がそうでないのは，B がそうでないのと同じだ」

> He is **no more** a genius **than** I am.
彼が天才でないのは，私がそうでないのと同じことだ。
※〈no more ～ than ...〉の「～」には，（代）名詞，動詞，形容詞などさまざまな品詞が入る。

1歩進んで　以下のような例では，than 以下が「そうでない」ことが読み手にとっては自明ではないため，注意が必要となる（×「ボブはメグほど科学に興味がない」のような誤訳をしないこと）。〈no more ～ than ...〉は「…と同様に～ではない」の**〈否定〉**のニュアンスで訳すことをしっかりと頭に入れておく必要がある。

> Bob is **no more** interested in science **than** Meg is.
メグと同様にボブは科学に興味がない。

096′ no more than ...　「…にすぎない」（= only）

I had no more than 1,000 yen in my wallet.
財布には1,000円しかなかった。

〈no more than〉も上の096同様に考えれば，「…と比べて（than）増加（more）が無い」から，「それ以上はまったく無い」→**「…にすぎない」「たったの…」「せいぜい…」**（= only）の意味になる。

Exercises

1 次の英文を和訳しなさい。

(1) He is only six months old. He can **no more** walk **than** I can fly.

(2) A watermelon is **no more** a fruit **than** a tomato.

(3) I know **no more** about him now **than** when I first met him.

(4) Because we have **no more than** 1,000 yen, we won't be able to take the train if we buy this souvenir.

2 (　　) 内の語を並べ替えて，日本語の意味に合う英文を完成させなさい。

(1) 馬が魚でないのと同様，鯨も魚ではない。
(fish / than / more / is / a / whale / horse / no / a / a / is).

(2) あなたと同じく，私もUFOの存在を信じていない。
(you / I / than / in / more / believe / do / no / UFOs).

(3) 私は現金で800円しか持っていない。
(800 / no / than / have / in / more / yen / I) cash.

3 日本語を英語に直しなさい。

(1) 私と同様，夫もフランス語が話せない。
My husband can (　　) (　　) speak (　　) (　　) (　　) can.

(2) 君の腕時計と同じく僕の腕時計は高価ではない。
(　　) watch (　　) (　　) (　　) (　　) (　　) (　　).

(3) 私は1日に1,000円しか使わない。
I spend (　　) (　　) (　　) 1,000 yen a day.

4 次の文章を読んで，下線部を和訳しなさい。

Computers store whatever information they are told to store. A video camera is designed with the sole purpose of capturing light and sound information within its field of view. The brain, however, is something we have very little direct control over. <u>So you have **no more** direct control over how much of a textbook you can remember **than** you do over your blood pressure.</u>

Words & Phrases

1 (2) **watermelon** スイカ　(4) **souvenir** 土産　**2** (2) **UFO** 未確認飛行物体（unidentified flying object の略）　**4** **store**（データ）を保存しておく　**whatever ...** ～するどんな…も（名詞節を形成する whatever（☞構文079)。ここでは，whatever が直後の名詞を修飾している）　**sole** 唯一の　**purpose of *doing***（同格の of。☞構文137）　**capture** …をとらえる　**field of view** 視野，視界

Lesson 67

097 no less ～ than ... 「…と同様に～である」

I was no less nervous than my wife was at the ceremony.
その式典では，妻と同じように私も緊張していた。

〈no less ～ than ...〉は，096の〈no more ～ than ...〉と反対の意味をもつ表現で，**「…と同様に～である」**の意味。**〈A is no less ～ than B (is ...)〉は，than 以下に「そうである例」「当然であることの例」を引き合いに出しながら，A が「そうである」ということを述べる**。上記以外にも，以下のような訳がありうる。

「B がそうであるのと同じように，A もそうである」
「A がそうであるのは，B がそうであるのと同じだ」

≫ She is **no less** beautiful **than** her mother.
彼女はお母さんに負けず劣らず美人だ。

1歩進んで 096と097で扱った〈no more[less] ～ than ...〉においては，「～」に（代）名詞，動詞，形容詞などさまざまな品詞が入りうる。096の類例として示した He is no more a genius than I am. のように，単数名詞が入る場合は，〈more[less] a [an] +名詞〉という特殊な形になるので注意が必要となる。

≫ A poet is **no less** an artist **than** a sculptor.
詩人は彫刻家に負けず劣らず芸術家だ。

097′ no less than ... 「…も」（=as many[much] as ...）

He earns no less than 50,000 yen a day.
彼は１日に50,000円もかせぐ。

〈no less than ...〉も096′と反対の意味を持ち，than 以下を肯定的にとらえる表現で，**「…も」「…ほども多くの」**（=as many[much] as ...）の意味。

098 other than ... 「…以外」

There was nobody in the room other than John.
その部屋にはジョン以外に誰もいなかった。

〈other than ...〉は**「…以外」**の意味を表す表現。「…」の部分には名詞が置かれることが多いが，動詞を中心とする句や，S′ V′を含む節，文が置かれることもある。

≫ Little is known about the poet, **other than** that he died in his 20s.
20代で死んだということ以外，その詩人についてほとんど知られていない。
※ other than の後ろには that 節が置かれている。

Exercises

1 次の英文を和訳しなさい。

(1) This is **no less** true today **than** it was twenty-five years ago when he wrote it.

(2) Air pollution does **no less** harm to animals **than** it does to human beings.

(3) It took him **no less than** five years to complete the course.

(4) Nothing is known about him **other than** that he is a history teacher.

2 (　　) 内の語を並べ替えて，日本語の意味に合う英文を完成させなさい。

(1) 夫はその有名俳優に負けず劣らずハンサムだ。
(that / actor / no / my / handsome / than / husband / famous / less / is).

(2) その公園には100本もの木がある。
(are / in / hundred / there / less / the / a / trees / than / no) park.

(3) 彼には自分の車の中で寝ること以外に何の選択肢もなかった。
(sleep / his / than / in / car / to / he / other / no option / had).

3 日本語を英語に直しなさい。

(1) 仕事が大切なのと同じように，眠ることも大切だ。
Sleeping (　　) (　　) (　　) (　　) (　　) working.

(2) 兄は 1 か月にテレビゲームに 1 万円も費やす。
My brother (　　) (　　) (　　) (　　) 10,000 yen on video games a month.

(3) 高校生のとき，私は教科書以外の本を読まなかった。(7 語／than)
As a high school student, ________________________.

4 次の文章を読んで，下線部(1)，(2)を和訳しなさい。

(1)It is difficult to get others to change, so we must change ourselves to get along with our unchanging family members and friends. (2)Change is **no less** difficult for us **than** it is for them, but it is possible. Let's explore why change, even for us, is so difficult.

Words & Phrases

1 (2) **air pollution** 大気汚染　(3) **complete**〈課程など〉を修了する　**course**（特に大学の科目などの）課程　**4** **get along with ...** …とうまくやっていく，仲良くする　**unchanging** 変わらない，不変の　**explore** …を探究する，…を調べる

9 比較

Lesson 68

099 A rather than B 「B というよりもむしろ A」

I prefer tea rather than coffee.
私はコーヒーよりもむしろ紅茶が好きだ。

〈A rather than B〉は 094 で扱った〈not so much A as B〉と同じ意味をもち，**「B というよりもむしろ A」**の意味。ただし，以下のように **A と B の順序が逆になる**。

A rather than B ＝ not so much B as A「B というよりもむしろ A」

› He painted those pictures to express himself **rather than** to make money.
＝He painted those pictures **not so much** to make money **as** to express himself.
彼はお金を稼ぐためというよりもむしろ，自分自身を表現するためにそれらの絵を描いた。

なお，本構文は，**〈rather A than B〉「B というよりもむしろ A」**の語順になることもある。

› I think it's **rather** green **than** blue.
それは青というより，むしろ緑だと思う。

1歩進んで 〈more A than B〉という表現もまた，〈A rather than B〉と同様の意味をもつ。

› His comment made me **more** sad **than** angry.
彼のコメントは私を怒らせたというよりむしろ悲しませた。

100 would rather A than B 「B するよりもむしろ A したい」

I would rather stay at home **than** go out tonight.
今晩は出かけるよりも家にいたい。

〈would rather A than B〉は，上の 099 で示した〈rather A than B〉の rather の前に would が加わった表現で，**「B するよりもむしろ A したい」**という**〈願望〉**を表す。A, B ともに動詞の原形または動詞の原形から始まるまとまりが置かれるのがふつう。

› I **would rather** be alone **than** be with him.
彼といるくらいならむしろ一人でいたい。

1歩進んで rather ではなく sooner が用いられ，**〈would sooner A than B〉**となることもある。**〈would as soon A (as B)〉**も同じ意味を表す。

› I **would sooner** drink nothing **than** drink beer.
＝I **would as soon** drink nothing **as** drink beer.
ビールを飲むくらいなら何も飲まないほうがましだ。

Exercises

1 次の英文を和訳しなさい。

(1) He is a journalist **rather than** a scholar.
(2) Journalists tend to focus on the unusual **rather than** the common.
(3) He is **more** crafty **than** wise.
(4) I **would rather** ride a train to the airport **than** take a taxi.

2 (　　) 内の語を並べ替えて，日本語の意味に合う英文を完成させなさい。

(1) 私は夜遅くよりも朝早くに勉強をするのが好きだ。
(at / morning / to / the / late / in / like / rather than / early / night / study / I).
(2) 彼女は彼と一緒に働くくらいならむしろその仕事を辞めたがっている。
(would / job / with / work / him / quit / than / she / rather / the).
(3) 私たちは奴隷として生きるくらいならむしろ死んだほうがいい。
(than / as / sooner / live / slaves / we / die / would).

3 日本語を英語に直しなさい。

(1) 彼は教師というよりはむしろ作家だ。(4 語)
He is a writer ______________________.
(2) 私はうそをつくくらいならむしろ何も言いたくない。(9 語)
(3) 私はEメールを送るよりもむしろ手紙を書きたい。(10語)

4 次の文章を読んで，下線部を和訳しなさい。

Right from birth, babies already prefer listening to their native language **rather than** to a foreign one — a truly extraordinary finding which implies that language learning starts before birth. In fact, by the 7th month of pregnancy, the baby is already able to hear.

9 比較

Words & Phrases

1 (1) **journalist** ジャーナリスト，報道記者　**scholar** 学者　(2) **common** ありふれた　(3) **crafty** ずるい　**wise** 賢い，賢明な　**2** (2) **quit** …をやめる　(3) **slave** 奴隷　**4** **right＋前置詞句** まさに～(☞構文149)　**prefer *doing*** ～することを好む　**native** 母国の　**extraordinary** 驚くべき　**finding** 調査結果　**imply** …を暗示する　**language learning** 言語の習得　**in fact** 事実，実際は　**pregnancy** 妊娠（期間）

Lesson 69

101 the＋比較級 ～ , the＋比較級 ... 「～すればするほど，いっそう…」

The higher I climbed, **the thinner** the air became.
高く登れば登るほど，空気はますます薄くなった。

〈the＋比較級 ～ , the＋比較級 ...〉は，**「～すればするほど，いっそう…」**という意味。**101**基本例文は，２つの文が結びついた結果のものだが，元は次の２文である。

I climbed high.「私は高く登った。」

The air became thin.「空気は薄くなった。」

２つの文があり，それぞれの文の形容詞または副詞が**比例関係**にある場合（上の例では，high〔高く〕という副詞の度合いと，thin〔薄い〕という形容詞の度合いが**比例**する），それぞれの文に次の手順を加えることにより，そのことを示す文にすることができる。

手順１　それぞれの文の形容詞／副詞を比較級にする。

手順２　比較級の前に the を置く。

※この the は冠詞ではなく副詞。前半の the は「～すればするほど」，後半の the は「そのぶんだけ」〈比例〉を意味する。

手順３　両方の「the＋比較級」を文頭に移動させる（比較級が形容詞で，名詞を修飾している場合は名詞も出す。名詞が S の場合は，移動はない）。

※「名詞が S の場合は，移動はない」は，Much time is needed to finish this work.「この仕事を終わらせるのにもっと時間が必要だ。」のような例にあてはまる。手順１ 手順２ を踏むと，the more time is needed ... となるが，もともと S が文頭にあるため移動は起こらない。

手順４　２つの文をカンマでつなぐ。

› **The earlier** we arrive, **the more** time we have to practice before our presentation.
早く着けば着くほど，プレゼンの前に練習する時間がより多く取れるよ。
※元は次の２文。We arrive early. / We have much time to practice before our presentation.
副詞 early と形容詞 much が比例関係にあり，上の４つの手順を経て１文にしたもの。

1歩進んで　この構文においては，文脈から明らかな情報が省略されることが多い。

› **The sooner, the better.**
早ければ早いほどよい。

たとえば自分が誰かに「ちょっと助けに来てくれる？」と尋ねて，相手から「いいよ。いつ行けばいい？」と問われた際に，上のように答えた場合，省略されている情報は次のものだと考えられる。

前半→「君が来るのが」という情報

後半→「自分にとって都合が」という情報

したがって省略されている情報を補うと以下のようになる。

＝**The sooner** you come, **the better** it is for me.
※後半の it は，漠然と状況を表す用法。

Exercises

1 次の英文を和訳しなさい。

(1) **The more** I learned about the history of the country, **the more interesting** I found it.

(2) **The more** Bob rowed the boat, **the farther** away he got.

(3) **The heavier** an object is, **the more** force is required to start or stop its motion.

(4) **The longer** the journey, **the more expensive** the ticket.

2 (　　) 内の語を並べ替えて，日本語の意味に合う英文を完成させなさい。

(1) 彼について知れば知るほど，私は彼をよりいっそう愛するようになった。
(the / him, / the / I / about / I / more / loved / knew / him / more).

(2) 私はコンピューターの勉強をすればするほど，より面白いと思うようになった。
(the / find / more / came / studied / to / I / them / the / I / computers, / interesting / more).

(3) 忙しければ忙しいほど，私たちはチームとしてよりいっそう懸命に働いた。
(worked / team / were, / the / a / we / we / harder / busier / as / the).

3 日本語を英語に直しなさい。

(1) 私たちが歳をとればとるほど，いっそう記憶力は悪くなる。(6語／grow, weak)
____________________ our memory becomes.

(2) 公園が大きければ大きいほど，より多くの種がその中ですむことができるだろう。(8語／large)
____________________ will be able to live inside of it.

(3) 山を高く登るほどに，地面により多くの雪があった。(11語／up)
____________________ was on the ground.

4 次の文章を読んで，下線部(1)，(2)を和訳しなさい。

(1)What is unexpected is that **the colder** the previous winter, **the earlier** the leaves unfold. Researchers from the Technical University of Munich tested this in a climate-controlled laboratory. (2)**The warmer** the cold season, **the later** beech branches greened up.

Words & Phrases

1 (2) **row**〈船・ボート〉をこぐ　**get away** 離れる，向こうへ行く　(3) **object** 物体　**motion** 運動，動き　(4) **journey** 旅行　**3** (1) **memory** 記憶力　**4** **unexpected** 思いがけない　**unfold**（折りたたんだものが）開く→（葉が）芽吹く　**the Technical University of Munich** ミュンヘン工科大学　**climate-controlled** 温度や湿度が管理された　**laboratory** 実験室　**beech** ブナ　**branch** 枝　**green up** 緑色になる

9 比較

Lesson 70

102 (all) the＋比較級＋原因・理由　「～だからこそ，それだけ[より]いっそう…」

He works **all the harder** now **because** he has become a father.
父親になったので，彼は今，そのぶんいっそう懸命に働く。

〈(all) the＋比較級＋原因・理由〉は，**「～だからこそ，それだけ[より]いっそう…」**という意味。比較級の前に置かれる the は**101**の場合と同じく副詞で，「そのぶんだけ」〈比例〉の意味。直後に because 節など理由を示す部分を伴い，それを受けて「～だから，そのぶんだけいっそう…」という意味になる。the の意味を強めるために，all がその前に置かれることが多い（この all は省略可）。

なお，**102**基本例文では，理由は because 節で示されているが，理由が名詞である場合（たとえば「その美貌のために」「その資産のために」というような場合）は，〈because of＋名詞〉〈for＋名詞〉などを用いる。また，原因・理由が前文で示されることもある。

➤ The lady looked **all the more** elegant **because of** her behavior.
その女性は，その振る舞いのために，よりいっそう上品に見えた。

102′ none the＋比較級＋原因・理由
「～だからといってそれだけ…というわけではない」

The painting is **none the less** interesting **for** being unfinished.
未完成だからといって，その絵がそのぶんつまらなくなるわけではない。

〈none the＋比較級＋原因・理由〉は，ある原因・理由のために，そのぶん何かの程度が増すということはまったくない，という意味の構文で，**「～だからといってそれだけ…というわけではない」**のように訳される。**102**とペアでとらえるべき表現。

➤ He read the whole philosophy book, but he was **none the wiser**.
彼はその哲学書をすべて読んだが，そのぶん賢くなることはなかった。
※原因・理由は文の前半（下線部）に示されている。「哲学書を読んだことが原因となって，そのぶん彼が賢くなることはちっともなかった」という意味の文である。

Exercises

1 次の英文を和訳しなさい。

(1) I was attracted to him **all the more for** his faults.

(2) I had an interview for a part-time job yesterday. I was **all the more** nervous **because** I had to speak politely.

(3) Some young people are **none the wiser for** their university education.

(4) I suffered great hardship while studying abroad, but I am **none the wiser for** it.

2 (　　) 内の語を並べ替えて，日本語の意味に合う英文を完成させなさい。

(1) 彼女は1人で生きなければならなかったが，そのためによりいっそう強くなった。
(all / for / the / to / she / stronger / it / alone / but / live / had / became).

(2) 試合が本当に接戦だったからこそ，私はいっそう興奮した。
(the / was / was / really / the / excited / I / close / because / game / more / all).

(3) 彼女は1か月入院したが，そのぶん良くなったということはない。
(none / spent / is / month / in / better / for / hospital / she / a / but / she / the / it).

3 日本語を英語に直しなさい。

(1) 彼が何も言わなかったので，彼女はよりいっそう怒った。
She got (　　) (　　) (　　) because (　　) (　　) (　　).

(2) 彼に欠点があっても私は変わらず彼が大好きだ。
I love him (　　) (　　) (　　) (　　) his faults.

(3) 彼は父親になっても相変わらず懸命に働かなかった。
He (　　) (　　) (　　) (　　) (　　) he became a father.

4 次の文章を読んで，全文を和訳しなさい。

The fact that Takada was raised in a typical household with no connection to the glamorous world of fashion makes it **all the more** surprising that he chose a career as a designer.

9 比較

Words & Phrases

1 (1) fault 欠点　(2) interview 面接　nervous 緊張して　politely 礼儀正しく　(4) suffer …を経験する　hardship 苦難　while studying abroad 留学中に（☞構文133）　**2** (2) close（試合などが）接戦の　**4** typical ふつうの　household 家庭　glamorous 華やかな　career（生涯の）仕事

Lesson 71

103 比較級＋and＋比較級　「ますます～／だんだん～」

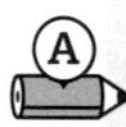

The situation got worse and worse.
状況はどんどん悪くなった。

同じ形容詞［副詞］の比較級を重ね，**〈比較級＋and＋比較級〉**とすることにより，**「ますます～」「だんだん～」**という意味になる。なお比較級が〈more ―〉型の場合は，通常，〈more ― and more ―〉とせずに，最初の「―」は切って〈more and more ―〉とする（以下の類例参照）。

› She became **more and more** anxious.
彼女はますます心配になった。
※この more は，形容詞 anxious を比較級にした場合に現れる more。本来の形は more anxious and more anxious だが，１つ目の anxious をカットしている。

› **More and more** tourists are visiting this country.
ますます多くの観光客がこの国を訪れている。
※この more は，名詞 tourists を修飾する形容詞 many の比較級。

104 prefer A to B　「B より A を好む」

I prefer tea to coffee.
私はコーヒーよりも紅茶が好きだ。

〈prefer A to B〉は**「B より A を好む」**の意味で，「～より…」という比較の内容をもつ表現だが，than を用いるのではなく，**A, B が名詞，動名詞である場合は to を用いる**という点がポイント。

› I **prefer** lying on the beach **to** swimming in the water. ※ A, B は動名詞。
私は水の中で泳ぐよりも，ビーチで横になっているほうがいい。

❗ A, B が名詞・動名詞である場合は，〈prefer A to B〉の他に〈prefer A rather than B〉も用いられる。一方，A, B が to 不定詞句である場合は，〈prefer A to B〉を用いると to が連続してしまうため，rather than のみが用いられて〈prefer A rather than B〉の形になる。

› He **prefers** to play tennis **rather than** (to) watch tennis matches on TV.
彼はテレビでテニスの試合を見るよりも，テニスをするほうが好きだ。
※この場合，B の to 不定詞句は原形不定詞になることがある。

Exercises

1 次の英文を和訳しなさい。

(1) According to the survey results, young people have **more and more** interest in purchasing and exchanging goods on the Internet.

(2) **More and more** people are wearing their hair short these days.

(3) Do you still **prefer** beer **to** wine?

(4) As they often move, they **prefer** renting an apartment **to** buying a house.

2 (　　) 内の語を並べ替えて，日本語の意味に合う英文を完成させなさい。

(1) ますます暖かくなってきている。
(is / warmer / it / warmer / getting / and).

(2) 彼の話を聞いている間に，私は彼がうそをついているとますます確信するようになった。
While (and / that / lying / convinced / I / more / was / he / his / more / I / story, / listened / became / to).

(3) 週末は外出するより家の中にいるほうが好きだ。
(going / prefer / on / staying / out / to / I / inside) weekends.

3 日本語を英語に直しなさい。

(1) 雨はますます激しくなってきている。(5 語／get)
The rain ____________________.

(2) ますます多くの人がこの国を去ろうとしつつある。(10語／try)

(3) なぜあなたはパリよりロンドンのほうが好きなのですか？（ 7 語／to)

4 次の文章を読んで，下線部を和訳しなさい。

Traditionally, people who practiced veganism or vegetarianism were mostly doing so out of concern for animal welfare. <u>However, in recent years, people have become **more and more** concerned about climate change, and their own personal health and eating habits.</u>

Words & Phrases

1 (1) **purchase** …を購入する **goods** 商品 (2) **wear *one's* hair short** ショートヘアーにしている (4) **move** 引っ越す **rent** …を賃借する **apartment** アパート，マンション **4** **traditionally** 伝統的には **practice** …を実践する **veganism** 完全菜食主義 **vegetarianism** 菜食主義 **out of ...** …(動機・原因）から **welfare** 福祉 **in recent years** 近年は **climate change** 気候変動 **habit** 習慣

Lesson
72

105 部分否定

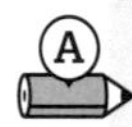

I'm not always busy.
私はいつも忙しいわけではない。

〈not＋100％を表す語〉の語順は，**「100％…というわけではない」**という意味になる。「100％を表す語」の具体例は，次のようなものである。

□ all「すべての」	□ every「すべての」	□ both「両方の」
□ always「いつも」	□ necessarily「必ず」	□ completely「完全に」

この〈not＋100％を表す語〉の語順での否定を**「部分否定」**という。全部を否定しているわけではなく，否定されるのはあくまでも一部分だけだからである。

» **Not all** of the students went to Australia.
生徒の全員がオーストラリアに行ったわけではなかった。

» What she says is **not necessarily** right.
彼女の言うことが必ずしも正しいわけではない。

105′ 全体否定［全部否定］

Nobody objected to my plan.
誰も私の計画に反対しなかった。

100％の否定（全体否定［全部否定］）をするためには，次のような語句を用いる。

□ nobody「誰も～ない」	□ no one「誰も～ない」	□ none「1人[1つ]も～ない」
□ nothing「何も～ない」	□ no「まったく～ない」	□ not any「少しも～ない」
□ never「決して～ない」	□ not ～ at all「まったく～ない」	
□ neither[not ～ either]「両方とも～ない」		

〈not all ...〉は「全部というわけではない」という部分否定だが，〈not ～ at all〉は**全体否定［全部否定］**になることに注意。

» He said **nothing**.
彼は何も言わなかった。

» She bought **neither** of the rings.
彼女はその指輪のどちらも買わなかった。

» I do**n't** know **anything** about it.
私はそれについては何も知らない。

Exercises

1 次の英文を和訳しなさい。

(1) Surfing the Internet is **not necessarily** bad.

(2) Being a native speaker of a language does**n't always** mean you are an effective communicator in that language.

(3) Novelist Leo Tolstoy observed, "Everyone thinks of changing the world, but **no one** thinks of changing himself."

(4) His point is that the chain of evolution is long and has **no** clear beginning.

2 (　　) 内の語を並べ替えて，日本語の意味に合う英文を完成させなさい。

(1) どちらの志願者も指定の様式を使用しなかった。
(designated / employed / of / applicants / the / the / neither / two) style.

(2) 私はその子どもの両方は知らない。
(the / both / know / I / of / don't) kids.

(3) 図書館にはどんな飲み物も持ち込めません。
You (the / bring / drinks / into / cannot / any) library.

3 日本語を英語に直しなさい。

(1) すべての私の友達がそのパーティーに来たわけではない。(8 語)

(2) 彼は週末いつも家にいるわけではない。(8 語)

(3) この階には誰も住んでいない。(5 語)

4 次の文章を読んで，あとの問いに答えなさい。

Unfortunately for everyone else, the people who produced olive oil tended to keep the best oil for themselves. (1)It was **not always** easy to produce olive oil because sheep and goats often damaged olive trees. Many farmers gave up on olive oil production when (2)it became popular to raise animals for meat production.

(1) 下線部(1)を和訳しなさい。

(2) 下線部(2)が指すものを文中の語句で答えなさい。

Words & Phrases

1 (1) **surf the Internet** ネットサーフィンをする (2) **communicator** 伝達者 (3) **novelist** 小説家 **Leo Tolstoy** レオ・トルストイ（1828-1910，ロシアの小説家） **observe** …と述べる (4) **point** 言い分，主張 **chain** ひと連なりのもの，連続 **evolution** 進化 **2** (1) **designated** 指定された **employ** …を利用する **applicant** 応募者，志願者 **4** **unfortunately** 不運にも **tend to *do*** ～する傾向がある（☞構文011） **goat** ヤギ **give up on ...** …に見切りをつける

10 否定

Lesson 73

106 二重否定

There was nobody who didn't know his name.
彼の名前を知らない人は誰もいなかった。

1つの文の中に，否定語が2つ存在する表現を**「二重否定」**と呼ぶ。これは日本語にも存在する否定表現なので，日本語の例を見ると理解しやすい。

「父はお酒を飲まない日はない。」

「私はペットなしでは生きられない。」

「どうしても彼のほうを見ずにはいられない。」

二重否定の文においては，否定語を否定するので，**結果的には肯定の意味になる**。これは上の日本語の文からも明らかである。父は毎日お酒を飲むのであり，私はペットとともに生きるのであり，彼のほうを見てしまうのである。

» **Nothing** is **impossible** if you have firm determination.
確固たる決意があれば不可能なことは何もない。

» It's **not unusual** for my husband to cook for me.
夫が私のために料理をすることは珍しいことではない。

» You can **never** succeed **without** taking risks.
リスクを冒さないで成功することは決してない。

1歩進んで 〈never ～ without ...〉は**「～すれば必ず…」**と訳すべき例もある。

» I **never** go to Tokyo **without** buying second-hand books in Kanda.
私は東京に行くと必ず神田で古書を買う。

この文を，「私は神田で古書を買わないで東京に行くことは決してない」とすると，意味が通じにくくなる。

また，二重否定を用いたことわざに，次のようなものがある。

» It **never** rains **but** it pours.
降れば土砂降り。

この but はやや特殊な用法で，「～することなしに」の意味。また pour は「(雨が)激しく降る」。したがってこの英文の直訳は「激しく降ることなく，雨が降ることは決してない」だが，一般に「降れば土砂降り」と訳される。ネイティブスピーカーに広く知られているものであり，日本語の「泣きっ面に蜂」に近い意味。

Exercises

1 次の英文を和訳しなさい。

(1) There is**n't anyone** who does**n't** love flowers.
(2) It's **not uncommon** to see a Japanese person bowing while on the telephone.
(3) I would say that **nothing** is **impossible** if you are serious and have passion.
(4) I **never** see this photo **without** being reminded of my happy days in the countryside.

2 (　　) 内の語を並べ替えて，日本語の意味に合う英文を完成させなさい。

(1) この場所を訪れると必ず，亡くなった祖母のことを思い出す。
(my / place / I / thinking / late / visit / without / of / never / this / grandmother / can).
(2) 彼を愛していない人は一人もいなかった。
(in / wasn't / was / love / who / him / there / nobody / with).
(3) 男性と女性はしばしばとても異なる視点を持つので，子育てに関して夫婦が意見を異にすることは珍しくはない。
Since men and women often have very different viewpoints, (differ / opinion / is / child-raising / unusual / couples / about / in / for / it / to / not).

3 日本語を英語に直しなさい。

(1) トムは私を助けてくれた。彼なしでは私は決して成功できなかっただろう。
Tom helped me. I (　　) (　　) never (　　) (　　) him.
(2) ボブがここに来るときはいつも私に素晴らしいプレゼントを持ってきてくれる。
Bob (　　) (　　) (　　) (　　) (　　) (　　) a nice present.
(3) いくつかの例外をもたない規則はない。
There is (　　) rule that (　　) have some (　　).

4 次の文章を読んで，下線部を和訳しなさい。

When dawn broke that chilly November morning in Paris, I was driving to my office for a meeting with an important new client. <u>I hadn't slept well, but that was **nothing unusual**, since before an important training session I often have a restless night.</u>

Words & Phrases

1 (2) **bow** お辞儀する **on the telephone** 電話中で (3) **serious** まじめな，真剣な **passion** 情熱 (4) **remind A of B** AにBを思い出させる **countryside** 田舎 **2** (1) **late** 今は亡き，故… (3) **viewpoint** 観点，見地 **differ** 異なる **4** **dawn** 夜明け **break** (朝・一日などが) 始まる **chilly** ひんやりとした **training session** 研修会，講習会 **restless** (夜が) 眠れない

10 否定

Lesson 74

107 not A but B 「A ではなく B」

He is not American but Canadian.
彼はアメリカ人ではなくカナダ人だ。

〈not A but B〉は「**A ではなく B**」の意味である。A を否定して B であるということを述べる表現。but を「しかし」と訳さないよう注意。

» My favorite color is **not** black **but** blue.
私の好きな色は黒ではなく青だ。

A と B には単語以外にも句・節が入る場合があるが，両者は**文法的に対等な要素となる**。

» Our goal is **not** to make money **but** to make good products.
我々の目標はお金を稼ぐことではなく良い製品を生み出すことだ。 ※ A と B は不定詞句。

1歩進んで 〈not A but B〉と同等の内容は，〈B(,) not A〉と表現することもできる。B の後ろにはカンマが置かれることが多い。この語順のまま，つまり「**B であり A ではない**」と訳すことも可能。

» He is a doctor**, not** a teacher.
（彼は教師ではなく医者だ→）彼は医者であって，教師ではない。

108 not only A(,) but (also) B 「A だけでなく B も」

I can teach not only mathematics but also physics.
私は数学だけでなく物理も教えられます。

〈not only A(,) but (also) B〉は，「**A だけでなく B も**」の意味で，A よりも B に焦点を当てる表現。only の代わりに just や merely, simply, solely などが用いられることもある。また also は省略されることが多く，しばしば but の前にカンマが置かれる。本構文でも，107 と同じように A と B には文法的に対等な要素を置く。

» He can **not only** swim **but also** dive very well.
彼は泳げるだけでなく，ダイビングもとてもうまい。

» The girl is **not just** intelligent**, but** hardworking.
その少女は頭がいいだけでなく勤勉でもある。

1歩進んで 〈not only A but (also) B〉は，〈B as well as A〉と書き換えられる。107 で扱った〈B(,) not A〉はそのままの語順で訳しても問題ないが，この〈B as well as A〉を「B でもある。A だけでなく」と訳すと不自然なので，前後を入れ替えて訳す。

» He is a poet **as well as** a novelist.
彼は小説家であるだけでなく詩人でもある。

Exercises

1 次の英文を和訳しなさい。

(1) From this point of view, technology is **not** a threat **but** a source of opportunity.

(2) I'm painting **not** because I want money **but** because I want to express my world.

(3) These manhole covers **not only** caught the attention of local residents, **but also** attracted visiting tourists.

(4) The coronavirus outbreak has altered **not just** how people connect, **but also** how consumers shop.

2 (　　) 内の語を並べ替えて，日本語の意味に合う英文を完成させなさい。

(1) このダイヤモンドの指輪は本物であって，模造品ではない。
(diamond / fake / genuine, / ring / not / this / is).

(2) 彼はギターだけでなくピアノも弾ける。
(but / piano / he / just / play / also / the / can / guitar / not / the).

(3) 彼女は返事をせずにテーブルの上に本を置いて去っていった。
(but / the / and / on / answer / did / book / put / the / she / not / table / left).

3 日本語を英語に直しなさい。

(1) この道具は便利なだけでなく装飾的でもある。(9 語／decorative)

(2) この町のレストランは日曜ではなく月曜に閉まっている。(12語／restaurants)

(3) 彼女は英語だけでなくフランス語もしゃべる。(7 語／as)

4 次の文章を読んで，下線部を和訳しなさい。

Another thing nature can teach us is the importance of balance. For example, trees and plants take in carbon dioxide and give out oxygen. Animals — including us — take in oxygen and breathe out carbon dioxide. We upset that balance when we destroy forests. <u>When we disturb the balance of nature, we harm **not only** ourselves **but also** the many other species that we share this planet with.</u>

Words & Phrases

1 (1) **point of view** 観点，見地　**threat** 脅威　**opportunity** 機会，好機　(3) **manhole cover** ふた　**resident** 住民　**tourist** 観光客，旅行者　(4) **coronavirus** コロナウイルス　**outbreak** (伝染病などの) 発生，勃発　**alter** …を変える　**2** (1) **fake** 偽物の　**genuine** 本物の　**3** (1) **decorative** 装飾的な　**4** **take in ...** …を取り入れる　**carbon dioxide** 二酸化炭素　**give out ...** …を発する　**oxygen** 酸素　**breathe out ...** …を吐き出す　**upset** …をだめにする　**disturb** …をかき乱す　**share A with B** A を B と共有する

Lesson 75

109 hardly[scarcely] ever 「めったに～ない」〈頻度〉

My grandfather hardly ever goes out.
祖父はめったに外出しない。

hardly, scarcely は「ほとんど～ない」という意味をもち，「準否定語」と呼ばれる。これらの語が，頻度を表す副詞 ever とともに用いられて〈hardly[scarcely] ever〉となると，「(頻度が) ほとんどない」ということになり，**「めったに～ない」**と訳す。

» The house was **scarcely ever** used when he was the owner.
彼が所有者だったときは，その家はめったに使われなかった。

1歩進んで 〈hardly[scarcely] ever〉の同意表現として，**rarely[seldom]** があり，以下のような関係にある。

hardly[scarcely] ever = rarely = seldom

109 = My grandfather **rarely[seldom]** goes out.

110 hardly[scarcely] any 「ほとんど～ない」〈数量〉

I spend hardly any money on clothes these days.
最近私は，衣服にはほとんどお金を使わない。

hardly, scarcely を用いて，**「(数量が) ほとんど～ない」**ということを述べる場合は，後ろに any を置き，〈hardly[scarcely] any〉とする。

» There were **scarcely any** cars on the roads.
道には車はほとんどなかった。

1歩進んで 〈hardly[scarcely] any〉の同意表現には **few** と **little** があり，以下のような関係にある。

hardly[scarcely] any = few または little

few の意味になるか，little の意味になるかは，**後ろに置かれる名詞が可算名詞であるか不可算名詞であるかによる**。基本例文110の hardly any の後ろには不可算名詞の money が置かれているので，これは little に書き換えられる。

110 = I spend **little** money on clothes these days.

一方，110の類例 (There were scarcely any ...) では，scarcely any の後ろに可算名詞の cars が置かれているので，この scarcely any は few に書き換えられる。

類例 = There were **few** cars on the roads.

Exercises

1 次の英文を和訳しなさい。

(1) My wife and I **scarcely ever** eat pork.

(2) My dad was a public servant and always came home very late, and so I **hardly ever** had a conversation with him.

(3) There were **hardly any** people on the bus.

(4) Since Mr. Smith is a selfish man, he **hardly ever** helps his wife with the housework.

2 (　　) 内の語を並べ替えて，日本語の意味に合う英文を完成させなさい。

(1) 土曜日のキャンパスにはほとんど学生がいなかった。
(students / were / campus / scarcely / on / any / on / there) Saturday.

(2) 彼はめったに酒を飲んだりタバコを吸ったりしない。
(ever / or / hardly / smokes / he / drinks).

(3) その候補が選挙に勝つ見込みはほとんどない。
(the / the / is / election / chance / will / there / any / that / candidate / win / hardly).

3 日本語を英語に直しなさい。

(1) 私は最近ほとんどピアノを弾かない。
(　　) hardly (　　) (　　) (　　) (　　) (　　) days.

(2) 私にはほとんど寝る時間がなかった。
(　　) (　　) hardly (　　) (　　) (　　) (　　).

(3) 私は野球にはほとんど興味がない。
(　　) (　　) scarcely (　　) (　　) (　　) (　　).

4 次の文章を読んで，あとの問いに答えなさい。

Since its independence from Malaysia in 1965, Singapore has surprised the world with its economic development; today, the economy is expanding rapidly and per capita income now rivals (1)that of the United States. (2)But, unlike Europe or the United States, Singapore has **scarcely any** social problems such as slums, unemployment, children living in poverty and antisocial activities.

(1) 下線部(1)が指すものを文中の語句で答えなさい。

(2) 下線部(2)を和訳しなさい。

Words & Phrases

1 (2) **public servant** 公務員　(4) **selfish** わがままな，身勝手な　**2** (3) **candidate** 候補者　**4** **per capita income** 一人あたりの収入　**rival** …に匹敵する　**A(,) such as B** BのようなA（☞構文145）**antisocial** 反社会的な

10 否定

Lesson 76

111 no sooner ～ than ...　「～するとすぐに…」

No sooner had she left home **than** it started to rain heavily.
彼女が家を出るとすぐに，雨が強く降り始めた。

〈no sooner ～ than ...〉の形で**「～するとすぐに…」**という意味を表現することができる。次の 2 つの型があり，②のほうが頻度が高い。

① **S** had no sooner **V** than **S′ V′**.（**S** が **V** するとすぐに **S′** が **V′** した。）
② No sooner had **S V** than **S′ V′**.（　　　　〃　　　　）

②は，文法上は127で扱う「倒置」の形。no と sooner のセットが文頭に出て，had **S V** と倒置が起こっていることに注意（疑問文の語順になる）。than までの前半部分は過去形のこともあるが，多くの場合，過去完了形となる。

› He had **no sooner** left the bank **than** a robber went in.
彼が銀行を出るとすぐ，強盗が（銀行に）入っていった。

› **No sooner** had she read the letter **than** she started to cry.
彼女はその手紙を読むとすぐに泣き出した。

112 hardly[scarcely] ～ when[before] ...　「～するとすぐに…」

Hardly had I opened the door **when** I noticed a strange smell.
ドアを開けるとすぐに，私は妙なにおいに気づいた。

111の no sooner の部分を hardly[scarcely] に置き換え，than の部分を when [before] に書き換えても同じ意味をもつ。また，倒置形である②の型を持つという点も共通。hardly[scarcely] は単独で文頭に出る。

① **S** had hardly[scarcely] **V** when[before] **S′ V′**.
② Hardly[Scarcely] had **S V** when[before] **S′ V′**.

hardly[scarcely] と when[before] の組み合わせは全部で 4 パターン（以下）。
hardly ― when／hardly ― before／scarcely ― when／scarcely ― before

› He had **hardly** started his lunch **when** the bell for afternoon class rang.
彼が昼食を取り始めるとすぐに午後の授業のチャイムが鳴った。

› **Scarcely** had she seen the wolf **before** she ran away.
彼女はそのオオカミを見るなり走って逃げた。

1歩進んで 構文111，112とも，〈as soon as ～〉（☞069）を用いて書き換えることができるが，〈as soon as ～〉は過去完了形ではなく過去形を用いる。

111＝ **As soon as** she left home, it started to rain heavily.
112＝ **As soon as** I opened the door, I noticed a strange smell.

Exercises

1 次の英文を和訳しなさい。

(1) We had **no sooner** sat down to eat **than** the doorbell rang.

(2) **No sooner** had we arrived at the airport **than** our flight was cancelled due to bad weather.

(3) The day had **hardly** begun to dawn **before** a violent storm arose.

(4) **Hardly** had the teacher entered the classroom **when** all the students stopped chatting.

2 (　　) 内の語を並べ替えて，日本語の意味に合う英文を完成させなさい。

(1) 私がその部屋に入るとすぐに電話が鳴った。
No (the / I / than / had / phone / entered / room / sooner / beeped / the).

(2) 彼が走り出るとすぐにそのビルは倒壊した。
Scarcely (run / had / out / the / collapsed / building / he / before).

(3) 私たちがホテルにチェックインするとすぐに雨が降り出した。
We (when / in / rain / began / hotel / had / at / it / scarcely / checked / the / to).

3 日本語を英語に直しなさい。

(1) 私がディナーを終えるとすぐに旧友からの電話を受けた。
No (　　) (　　) (　　) (　　) my (　　) (　　) (　　) got a call from an old friend.

(2) 私がそのホテルを去るとすぐに雪が降り出した。
I (　　) no (　　) (　　) (　　) (　　) (　　) (　　) began (　　) (　　).

(3) 私が床に就くとすぐに誰かがドアをノックした。
I had (　　) (　　) to (　　) (　　) someone knocked at the door.

4 次の文章を読んで，下線部を和訳しなさい。

<u>**No sooner** had the teachers found a photo of the boyfriend on her phone **than** they started to question her for as many as four hours as to the length and closeness of their relationship.</u> After gathering such information, the school requested that Student X and her mother visit the school.

Words & Phrases

1 (1) **doorbell** 玄関のベル，呼び鈴　(3) **dawn** 夜が明ける　**violent** 激しい，猛烈な　**arise** 起こる，生じる　(4) **chat** おしゃべりする　**2** (1) **beep** (電子機器が) ビーという音を出す　(2) **collapse** 崩れる，崩壊する　**4** **question** …に質問する　**as many as ...** …もの　**as to ...** …に関して　**closeness** 親しさ，親密さ　**relationship** 関係　**gather** …を集める

Lesson 77

113 nothing but ～ 「ただ～にすぎない」

He is nothing but a liar.
彼はただの嘘つきだ。

〈nothing but ～〉の but は「～以外」（=except）の意味であり，〈nothing but ～〉は「～以外の何物でもない」→**「ただ～にすぎない」**という意味になる。つまり nothing but は only と同意だといえる。動詞 do の目的語としてこの表現を用いた〈do nothing but＋動詞の原形〉は**「ただ～するだけだ」「ただ～ばかりする」**の意味となる。

» The girl **did nothing but** cry.
その少女はただ泣くばかりだった。

1歩進んで 〈nothing but ～〉と似て非なるものに**〈anything but ～〉**がある。これは，「～以外のどんなものでもある」→「他の何かであっても，とにかく～ではない」→**「～どころではない」「～からはほど遠い」**という意味になる。つまり anything but ～ = far from ～ だといえる。

» He is **anything but** a gentleman. = He is **far from** a gentleman.
彼は決して紳士などではない。

114 no longer ～ = not ～ any longer 「もはや［これ以上］～ない」

He is no longer a child.
彼はもはや子どもではない。

〈no longer ～〉は，**「（以前とは違い）今はもはや～ない」**という意味の表現。no longer は **be 動詞の後ろ，一般動詞の前に置かれる**。**「これ以上～ない」**と訳される場合もある。

» I can **no longer** walk.　※ no longer は一般動詞の前。
これ以上歩けません。

一般に〈no = not＋any〉があてはまるので，〈no longer ～ = not ～ any longer〉となり，上の 2 文は次のように書き換えられる。

114 = He is **not** a child **any longer**.
類例 = I can**not** walk **any longer**.

1歩進んで 同意表現に〈no more ～ = not ～ any more〉がある。

» You are **no more** a child. = You are **not** a child **any more**.
君はもはや子どもではない。

Exercises

1 次の英文を和訳しなさい。

(1) He gave up because he realized that his plans for the future were **nothing but** romantic fantasies.

(2) I listened to the candidate talking about his policies and thought that he was **anything but** an ideal leader.

(3) Your flight departs at 9 o'clock, so you had better **not** delay leaving for the airport **any longer**.

(4) I ca**n't** walk **any more**.

2 (　　) 内の語を並べ替えて，日本語の意味に合う英文を完成させなさい。

(1) 息子は朝から晩まで携帯電話ゲームをしてばかりいる。
(nothing / mobile / morning / but / son / play / my / from / games / does / till) night.

(2) 私はその騒音にもはや耐えられなかった。
(put / noise / up / I / longer / the / any / couldn't / with).

(3) 彼は英雄どころではない。
(hero / anything / but / he / is / a).

3 日本語を英語に直しなさい。

(1) 君はもはや私の敵ではない。(6語／no)

(2) 彼はもはや私の友達ではない。(7語／not)

(3) 電車で私は寝てばかりいた。
I (　　) (　　) but (　　) (　　) the train.

4 次の文章を読んで，下線部を和訳しなさい。

Every year, students all over the world take exams to enter university. <u>But one thing they might one day **no longer** hear is "please put your pencils down".</u> Instead, they might be hearing "please close your laptops". Several universities in the UK, such as the universities of Edinburgh, Oxford, and Cambridge, are conducting experiments on the practicality of replacing pencils with computers.

Words & Phrases

1 (1) **romantic** 非現実的な　**fantasy** 空想，幻想　(2) **candidate** 候補者　**ideal** 理想的な　(3) **depart** 出発する　**had better not *do*** ～しないほうがいい　**2** (1) **mobile** 携帯電話　**4** **laptop** ノートパソコン　**A(,) such as B** BのようなA（☞構文145）　**experiment** 実験　**practicality** 実用性　**replace A with B** AをBに取り替える

10 否定

Lesson **78**

115 仮定法過去 「(今) もし～するのなら，…するのだが」

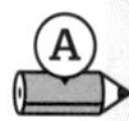

If I won a lottery, I would buy a big house.
もし宝くじが当たったら，大きな家を買うのだが。

過去形には，次の2つの「遠さ」を表す機能がある。
① 現在からの「遠さ」→**「過去」**の意味
② 現実からの「遠さ」→**「非現実」**の意味

現在（あるいは未来）に関する現実ではないこと，あるいは現実味の低いことについて if を用いて仮定する場合，if 節の述語動詞は②の過去形を用いる。そして，主節の述語動詞は**〈過去形の助動詞＋動詞の原形〉**となる。このように，if 節内で過去形を用いた仮定を**「仮定法過去」**という。全体として，次の形になる。

> **If S′ V′**（過去形），　**S V**（過去形の助動詞＋動詞の原形）.
> 　条件節　　　　　　　　帰結節
>
> **「(今) もし～する[である]のなら，…する[である]のだが」**

if 節を**「条件節」**といい，主節を**「帰結節」**という。帰結節で用いられる助動詞は，主に以下の3つである。過去形で用いることに注意。

> **would「～だろう」**　**could「～できるだろう」**　**might「～かもしれない」**
> ※「～はずだ」「～だろう」という意味で **should** が用いられることもある。

何かを仮定したうえで結論として述べることは，あくまで推測に過ぎない。したがって，〈推量〉を表すこれらの助動詞を用いるのである。

- **If** I **became** an astronaut, I **could go** to the moon.
  もし私が宇宙飛行士になったら，月に行けるのだが。

なお**062**の図の通り，条件節の if 節は副詞節なので，主節の後ろに位置することもある。

- He **would be** able to succeed **if** he **took** your advice.　※ if 節が主節の後ろにある例。
  もし彼が君の助言を聞き入れたら，彼は成功できるだろうに。

❗条件節の述語動詞が動詞1語ではなく，〈助動詞＋動詞〉であることもある。この場合，助動詞が過去形となり，動詞は原形（進行形の場合は現在分詞）となる。

- **If** you **could talk** to animals, what **would** you **say** to them?
  もしあなたが動物とお話しできるなら，どんなお話をしますか？
- **If** I **were living** without a smartphone, I **would be** bored.
  もしスマートフォンなしで生活しているなら，私は退屈していることだろう。
  ※進行形で用いられる be 動詞も助動詞である。

上の例文のように，仮定法過去においては，主語が1人称・3人称単数や不可算名詞であっても，**was ではなく were が用いられる**ことが多い。

Exercises

1 次の英文を和訳しなさい。

(1) **If** you **paid** more attention to what I tell you, I **wouldn't have to** mention such things again.

(2) **If** people **didn't follow** socially expected rules, their behaviour **would be** unbearably unpredictable.

(3) **If** I **didn't have** so much homework, I **would help** you with preparing for the important test.

(4) I **would go** swimming **if** I **had** enough time.

2 (　　) 内の語を並べ替えて，日本語の意味に合う英文を完成させなさい。

(1) もし私が総理大臣なら，大学を誰でも無料にするだろう。
If (would / college / minister, / I / everyone / the / I / prime / make / free / were / for).

(2) もし私が泳げるのなら，その競技に参加するかもしれない。
If (in / might / competition / I / part / swim, / I / take / could / the).

(3) もし私がパリで働いているのなら，おそらく大きな銀行に勤めているだろう。
If (bank / working / Paris, / I / a / in / I / be / for / big / would probably / working / was).

3 日本語を英語に直しなさい。

(1) もし雨が降っていなければ，私は歩いて帰宅できる。(9 語／if で始める)

(2) 彼女の電話番号を知っていたら，彼女に今すぐ電話するのに。(12語／if で始める)

(3) もし別の国に住んでいたら，私たちはもっと幸せかもしれない。(10語／if で始める)

4 次の文章を読んで，あとの問いに答えなさい。

Hunters favor killing off deer as a means of management. They argue that the deer population is so large (　　) many deer would starve anyway, as there is not enough vegetation to accommodate the number of hungry deer roaming around. They also point out that **if** hunters **were restricted** from killing deer, even more people **would die** in automobile accidents.

(1) (　　) を適語で埋めなさい。

(2) 下線部を和訳しなさい。

Words & Phrases

1 (2) **socially expected rule** 社会的に求められるルール **behaviour** 行動 (behaviour は〈英〉つづり。〈米〉では behavior) **unbearably** 耐えられないほど **unpredictable** 予測できない **2** (2) **competition** 競技 (会) **4** **favor** …に賛成する **kill off ...** …を大量に殺す・駆除する **starve** 餓死する **vegetation** 草木 **accommodate** …を受け入れる **roam around** 歩き回る，ぶらつき回る **point out ...** …を指摘する **restrict** …を制限する

Lesson 79

116 仮定法過去完了　「もし（あのとき）～していたら，…しただろうに」

If you had helped him, he would have succeeded.
もしあなたが彼を助けていたら，彼は成功していただろうに。

過去に実際に起こったことをふまえたうえで，**「もし（あのとき）～していたら，…しただろうに」**とその**過去の事実に反する仮定**を表す表現は次の形になる。

> If S′ V′（過去完了形），　　S V（過去形の助動詞＋have＋過去分詞）.
> 　条件節　　　　　　　　　　帰結節
> 「もし（あのとき）～していたら[だったら]，…した[だった]だろうに」

主節である帰結節の形は，018で扱った**「過去に対する推量」**である。

このように，過去完了を用いて表現する過去に対する仮定を**「仮定法過去完了」**という。

➤ **If** I **had been** busy yesterday, I **couldn't have helped** her with her work.
昨日もし私が忙しかったら，彼女の仕事を手助けできなかっただろう。

➤ I **might have chosen** this one **if** I **had seen** it first.　※ if節が主節の後ろにある例。
これを最初に見ていたら，これを選んだかもしれない。

❗仮定法過去完了においても，条件節の述語動詞に助動詞が加わることがある。

➤ **If** I **could have seen** him then, I **would have told** him how much I love his songs.
そのとき彼に会えていたら，私は彼にどれほど彼の歌が大好きか告げていただろう。

➤ **If** we **had been walking** along the street then, we **might have had** an accident.
そのとき私たちがその通りを歩いていたら，その事故にあっていたかもしれない。

1歩進んで **「もし（あのとき）～していたら，今頃は…だろう」**という内容（下図参照）を表現する場合は，**条件節（if節）は仮定法過去完了となり，帰結節（主節）の述語動詞の形は，**115の仮定法過去の帰結節として示した形，つまり**〈過去形の助動詞＋動詞の原形〉となる**。

➤ **If** you **had accepted** his proposal at that time, you **would be** rich now.
もしあのときあなたが彼の提案を受け入れていたら，今頃は金持ちだろう。

Exercises

1 次の英文を和訳しなさい。

(1) **If** I **had had** the money, I **could have bought** the latest smartphone.
(2) **If** I **had not lost** my file, I **would have finished** the job on time.
(3) John **would not have gotten** lost **if** he **had taken** the map with him.
(4) I **would be** at the birthday party right now **if** I **had caught** the 3:15 bus to London.

2 (　　) 内の語を並べ替えて，日本語の意味に合う英文を完成させなさい。

(1) もっと練習していたら，私は先週のレースでもっと早く走れていただろう。
If (could / last / run / exercised / I / in / I / race / had / faster / more, / have / week / the).
(2) 昨日もし宿題を終えていたら，今はそんなに忙しくなかっただろう。
If (so / wouldn't / homework / had / be / busy / finished / I / my / yesterday, / now / I).
(3) もし彼がヘルメットを着用していれば，彼の命は救われたかもしれない。
His (been / if / been / helmet / might / saved / wearing / had / have / life / he / a).

3 日本語を英語に直しなさい。

(1) もし彼の電話番号を知っていたら，私は彼に電話をしただろう。(12語／ifで始める)
(2) もし彼が私たちを助けてくれていたら，私たちは成功することができただろう。(9語／ifで始める)
(3) そのときにその薬を飲んでいたら，私は今元気だったかもしれない。(12語／ifで始める)

4 次の文章を読んで，下線部を和訳しなさい。

Primitive man, grossly superstitious though he may be, is also scientist and technologist. He makes tools based upon his verifiable observation of the simple forces around him. Man **would have vanished** long ago **if** he **had been** content to exist in the wilderness.

Words & Phrases

1 (2) **on time** 時間通りに **2** (1) **exercise** 練習する **4** **primitive** 原始の，太古の **man**（男女問わず不特定の）人（※性差別に通じるので現在ではこの用法を避けるのがふつう） **grossly** ひどく **superstitious** 迷信的な **technologist** 科学技術者 **based upon ...** …に基づいて **verifiable** 検証可能な **observation** 観察 **vanish** 消える，いなくなる **wilderness** 荒野，荒れ地

11 仮定法

Lesson 80

117 if S′ were to *do*, ...　「(仮に) ～するなら，…」

What would happen if a nuclear war **were to break out?**
仮に核戦争が勃発したら，どんなことが起こるだろうか？

〈If S′ were to *do*, ...〉は，可能性の低いこと，あるいは望ましくないこと（あるいはその両方）についての仮定を示す。単に「～するなら，…」と訳してもよいが，**「仮に～するなら，…」**などとも訳せる。**帰結節（主節）の述語動詞は仮定法過去と同じ形，つまり〈過去形の助動詞＋動詞の原形〉となる。**

If S′ were to *do*,　S V (過去形の助動詞＋動詞の原形).
条件節　帰結節

065でifについて，「もし～なら」という意味に加えて，**「もし［たとえ］～でも」**という意味もあることを述べたが，この構文においては，後者の意味で用いられることが少なくない。もちろんこの構文においても，〈even if ～〉とすれば，ifの意味は明確になる（〈even if ～〉についても065参照）。

» **If** the sun **were to rise** in the west, I still **wouldn't change** my mind.
たとえ太陽が西から登るようなことがあっても，私は考えを変えない。
※このifはeven ifの意味。

117′ if S′ should *do*, ...　「(万が一) ～するなら，…」

If it **should rain** tomorrow, we **will** not **go** on a picnic.
もし明日雨が降ったら，私たちはピクニックには行かないつもりです。

〈If S′ should *do*, ...〉もまた，可能性の低いこと，あるいは望ましくないこと（あるいはその両方）について述べ，**「(万が一) ～するなら，…」**の意味を表すが，〈If S′ were to *do*, ...〉ほどの可能性の低さはない。そのため，仮定法の文というよりも，単なる条件を示す文に近づいていき，**帰結節（主節）の助動詞は現在形になることが多い。**117′基本例文の主節の助動詞もwouldではなくwillが用いられている。

If S′ should *do*,　S V (現在形［過去形］の助動詞＋動詞の原形).
条件節　帰結節

» **If** you **should fail**, you **can try** again.　※このifはeven ifの意味。
たとえ失敗しても再び挑戦できる。

また，ありうることにも用いうるので，**「その場合は～しなさい［してください］」**というように，主節が命令や依頼をする文になることもある。

» **If** I **should be** late, **please go** ahead without me.
万が一私が遅れたら，どうぞ先に行ってください。
※遅刻がありうると考えている。

Exercises

1 次の英文を和訳しなさい。

(1) **If** anyone **were to talk** to me like that, I **would call** the police.

(2) **Even if** the Earth **were to stop** rotating, gravity **would** still **be** in full effect.

(3) **If** he **should leave** our club, it **would be** a great loss.

(4) **If** you **should become** sick during the event, **please inform** the medical staff immediately.

2 (　　) 内の語を並べ替えて，日本語の意味に合う英文を完成させなさい。

(1) 万が一彼女が遅れて来たら，彼女にこのメッセージを伝えてください。
If (her / this / come / give / message / should / late, / she).

(2) 万が一彼女が仕事を放棄したら，私が代わりにするつもりだ。
If (will / job, / should / I / her / she / it / abandon / do) instead.

(3) 仮にその地域で戦争が勃発したら，私たちは旅行の中止を考えなくてはならないだろう。
We (to / trip / out / region / a / the / have / in / war / cancellation / to / consider / of / would / break / were / if / our).

3 日本語を英語に直しなさい。

(1) 仮に私が外国に行くのなら，フランスに行くだろう。
(　　) I were (　　) (　　) (　　), I (　　) (　　) to France.

(2) 仮にあなたが大金持ちになったなら，何を買いますか？
(　　) you (　　) (　　) become a millionaire, what (　　) you (　　)?

(3) 万が一私たちが遅れたら，私たちを待たないでください。
(　　) we (　　) (　　) late, (　　) (　　) (　　) us.

4 次の文章を読んで，下線部を和訳しなさい。

<u>**If** you **were to lose** your wallet in public, you **might expect** to never see it again, particularly if it contained a lot of cash.</u> But this may be an ungenerous assumption about human nature, according to a large study that found people are more likely to try and return lost wallets with money than those without.

Words & Phrases

1 (2) **rotate** 回転する **gravity** 重力 **in effect** 有効な，効力がある **2** (2) **abandon** …を放棄する (3) **cancellation** 取り消し，中止 **3** (2) **millionaire** 金持ち，富豪 **4** **expect O to *do*** Oが～するだろうと思う **ungenerous** 度量の狭い，けちな **assumption** 仮定，想定 **nature** 性質，本性

11 仮定法

Lesson 81

118 as if[though] S′＋仮定法の時制「あたかも～であるか［あったか］のように」

He sings as if he were a professional singer.
彼はまるでプロの歌手であるかのように歌う。

〈as if[though]〉節は「あたかも～のように」という意味の副詞節であり，通常，主節の後ろに置かれる。節全体は，前にある主節の中の動詞（あるいは主節全体）を修飾する。この節で示される内容は，現実ではないこと，あるいは現実味が低いことである場合が多く，**節内の述語動詞の形は，仮定法の if 節の時制に準じる**。つまり**過去形，または過去完了形**となる。

〈as if[though]〉節の用い方は，主節の述語動詞が現在時である場合（下図のA）と，主節が過去時である場合（B）に分けて考える。**〈as if[though]〉節と主節の間に時間のズレがなければ as if[though] 節の述語動詞は過去形となり，ズレがあれば過去完了形となる。**

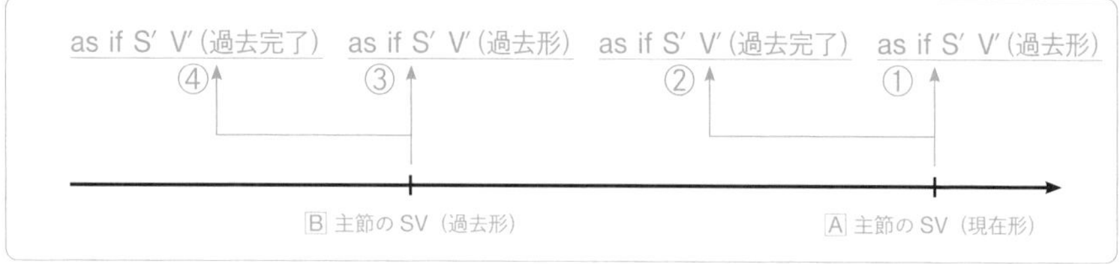

※図は as if で代表させてある。

上の基本例文は①の例であるが，これを②，③，④に書き換えると以下のようになる。

②＝He sings **as if** he **had been** a professional singer.
彼はまるで（かつて）プロの歌手であったかのように歌う。

③＝He sang **as if** he **were** a professional singer.
彼はまるでプロの歌手であるかのように歌った。

④＝He sang **as if** he **had been** a professional singer.
彼はまるで（それ以前に）プロの歌手であったかのように歌った。

ただし，**〈as if[though]〉節の内容に現実味が感じられる場合，述語動詞の時制は直説法**となる。

» You look **as if** you **are** tired.　※ as if 節の述語動詞が現在形の are であり，直説法。
疲れているみたいだよ。

Exercises

1 次の英文を和訳しなさい。

(1) He talks **as if** he **were** an expert in American politics.

(2) He did nothing, but he talks **as if** he **had done** something great.

(3) Most people treated the robot in a gentle manner, and some even treated it **as though** it **were** a small living being.

(4) You look **as if** you **haven't slept** at all.

2 (　　) 内の語を並べ替えて，日本語の意味に合う英文を完成させなさい。

(1) なぜあなたはまるで私が子どもであるかのように話しかけているのか。
(me / a / are / talking / as / were / though / why / to / child / I / you)?

(2) 彼はまるで以前私に会ったことがあるかのように話した。
(me / he / before / as / he / if / seen / talked / had).

(3) 彼は見るからに病気になりそうだ。
(is / he / be / to / he / if / going / looks / ill / as).

3 日本語を英語に直しなさい。

(1) 彼女は私を，まるで自分の息子であるかのように扱った。(9 語)

(2) 彼はその記事を（過去に）読んでいないかのようにふるまっている。(9 語／act)
He ________________________.

(3) 君は何か別のことについて考えているように見えるよ。(10語／were)

4 次の文章を読んで，下線部を和訳しなさい。

One potential problem with getting rid of plastic straws has to do with the effects of such a ban on physically disabled people. <u>Representatives of this community feel **as if** the disabled **are being left out** of the discussion regarding the regulations on straws.</u>

11
仮定法

Words & Phrases

1 (3) **gentle** 穏やかな　**manner** やり方，方法　**4** **potential** 潜在的な　**get rid of ...** …を取り除く，…を廃止する　**have to do with ...** …と関係がある　**ban** 禁止（令）　**representative** 代表者　**community** 共同体，コミュニティ（利害をともにする人々の社会集団）　**leave out ...** …を抜かす，…を除外する　**regulation** 規制，規則

Lesson 82

119 if it were not for ... 「もし（今）…が（い）なければ」

If it were not for water, no creature could live.
水がなければ，どんな生物も生きられないだろう。

〈if it were not for ...〉は**「もし（今）…が（い）なければ」**という意味であり，「...」には名詞が置かれる。この表現は**仮定法過去の一形態**であり，**現在のこと**について述べる場合に用いる。過去時について「もし（あのとき）…が（い）なかったならば」ということを述べる場合は，次の構文120を用いる。

» **If it were not for** your help, I couldn't do the work.
あなたの助けがなければ，私はその仕事ができないだろう。

◆ この表現は if が省略され，were が主語である it の前に出た形で用いられることもある。この〈if の省略＋倒置〉については構文134で詳しく扱う。

119＝ **Were it not for** water, no creature could live.

1歩進んで 〈if it were not for ...〉は，**〈without ...〉**と同意。英作文において「もし（今）…が（い）なければ」の意味を表したい場合は，〈without ...〉を用いればよい。

119＝ **Without** water, no creature could live.

120 if it had not been for ... 「もし（あのとき）…が（い）なかったならば」

If it had not been for your advice, I would not have won the contest.
あなたの助言がなかったら，私はそのコンテストで優勝していなかっただろう。

〈if it had not been for ...〉は**仮定法過去完了の一形態**で，**過去のこと**について**「もし（あのとき）…が（い）なかったならば」**という意味を表す。

» **If it had not been for** this map, we would have got lost.
この地図がなかったら，私たちは道に迷っていただろう。

1歩進んで 〈if it had not been for ...〉もまた，**〈without ...〉**で書き換えられる。

120＝ **Without** your advice, I would not have won the contest.

◆ 上記のように，〈without ...〉は，仮定法過去と仮定法過去完了のいずれの意味でもありうるので（つまり，〈if it were not for ...〉の意味でもあり，また〈if it had not been for ...〉の意味でもありうるので），SV の部分の時制を見て，どちらの意味なのかを特定しなければならない。
また，この表現でも if が省略され，had が主語である it の前に出た形で用いられることもある。この〈if の省略＋倒置〉については構文134で詳しく扱う。

120＝ **Had it not been for** your advice, I would not have won the contest.

Exercises

1 次の英文を和訳しなさい。

(1) **If it were not for** your help, I couldn't complete the project.

(2) **If it had not been for** your kind cooperation, this project would have failed.

(3) He would have become a great marathon runner **if it had not been for** his knee problem.

(4) Look at my trophy. **Without** your assistance, I wouldn't have won the last speech contest.

2 (　　) 内の語を並べ替えて，日本語の意味に合う英文を完成させなさい。

(1) 水がなければ私たちは生きることができないだろう。
If (would / able / were / live / for / be / not / not / water, / we / to / it).

(2) 彼の支援がなければ，ほとんどの人たちはこの町では生きていけないだろう。
Most (this / support / it / people / for / in / could / not / not / live / if / town, / were / his).

(3) ブライアンが試合の終盤に決めたゴールがなかったら，彼のチームは勝っていなかっただろう。
(the / the / that / the / made / of / his / wouldn't / goal / end / team / Brian / at / without / have / game,) won.

3 日本語を英語に直しなさい。

(1) あなたの助言がなければ，私たちの事業は失敗するだろう。
(　　)(　　)(　　)(　　)(　　)(　　)(　　), our project (　　)(　　).

(2) 彼の助けがなければ，私たちはこの計画を始められないだろう。
(　　)(　　)(h-　　), we (　　) start this plan.

(3) あなたがいなかったら，私は溺れ死んでいたはずだ。
If (　　) hadn't (　　)(　　)(　　), I (　　) have drowned.

4 次の文章を読んで，あとの問いに答えなさい。

This is the story of an American street photographer who kept her passion for (1)take pictures secret until her death. She lived her life as a caregiver, and (2)**if it had not been for** the sale of her belongings at an auction house, her incredible work might never have been discovered.

(1) 下線部(1)を適切な形に改めなさい。

(2) 下線部(2)を和訳しなさい。

Words & Phrases

1 (4) **assistance** 援助，手伝い　**3** (3) **drown** 溺れ死ぬ　**4** **caregiver** 介護士　**belongings** 所持品，所有物　**auction house** オークション会場　**incredible** 素晴らしい

Lesson 83

121 S wish (that) S′＋仮定法動詞　「S′が～であれば［あったら］なぁ」

I wish I had a car.
車を持っていればなぁ。

wish「…であればなぁ」の後ろにthat節を置いて願望を述べる場合，その願いは儚(はかな)い，現実味のないことである（121基本例文のように，多くの場合thatは省略される）。そしてその現実味のなさは，仮定法の時制で表す。つまり，**現在のことについての願望は仮定法過去**で表現し，**過去のことについての願望は仮定法過去完了**で表す。121基本例文では仮定法過去が用いられているので，現在の事実に反する願望を表す。

› **I wish** I **had bought** the watch.　※過去に実現しなかったことについての願望。
（あのとき）その腕時計を買っておけばなぁ。

❗主節とthat節の主語が一致していない場合は，必ずしも非現実的な願いとは限らない。以下は他者への強い願いを表した文。

› **I wish you would reply** to my emails more quickly.
メールにはもっと早く返信してほしいのですが。

1歩進んで 〈If only ～〉も〈S wish ～〉同様，**「～であればよいのに」**の意味だが，〈S wish ～〉よりも強い感情を表す。

› **If only** I **had** a car.　車を持っていればなぁ。

122 It's time ～　「もう～する時間だ」

It's time you **went** to bed.
もう寝る時間だよ。

〈It's time ～〉は，**「もう～する時間だ」**ということを述べるための表現。「～」の位置には文が置かれる。この文の時制に**仮定法過去**を用いることによって，非現実であることを突き付けて「まだ現実になってないじゃないか → 早くしなきゃ」というように，せきたてる感じを出すことができる。

› **It's time** you **changed** your behavior.　あなたはもう行動を変えないと。

また，timeの前に**about「そろそろ」**，**high「とっくに」**が置かれることもある。

› **It's about time** you got up.　そろそろ起きる時間だよ。

› **It's high time** you finished your homework.
とっくに宿題を終えていていい頃だよ。

1歩進んで せきたてるのではなく，単に**「…が～する時間だ」**ということを述べる場合は，〈It's time for ... to *do*〉の型を用いる。

› **It's time for** sunflowers **to bloom**.　ヒマワリの花が咲く頃だ。

Exercises

1 次の英文を和訳しなさい。

(1) **I wish** I **had been** able to compare the prices at two or more shops beforehand.

(2) **Married men sometimes wish** they **were** single.

(3) **If only** he **had taken** his teacher's advice.

(4) I think **it's time for** me **to take** a nap.

2 (　　) 内の語を並べ替えて，日本語の意味に合う英文を完成させなさい。

(1) 写真術について学んでいればなぁ。
(learned / I / photography / wish / about / had / I).

(2) 彼女のことを忘れられればなぁ。
(could / I / her / I / forget / wish).

(3) とっくに私たちは自分たちのプレゼンの準備を始める時だと思う。
(preparing / time / started / high / for / presentation / we / our / it's).

3 日本語を英語に直しなさい。

(1) 我々はそろそろ小休止をする時間だ。
(　　) (　　) (　　) we (　　) a short break.

(2) あと10歳若ければなぁ。(4語)
____________________ 10 years younger!

(3) それをもっと早く知っていればなぁ。(7語)

4 次の文章を読んで，下線部を和訳しなさい。

If you are the most brilliant researcher in the world but can't talk or write about your discoveries, then no one will be able to benefit from your work. For that reason, public speaking and writing are very important. <u>**I wish** I **had paid** more attention in English class in high school and college, because being a good communicator is hugely important for scientists.</u>

11 仮定法

Words & Phrases

1 (1) **beforehand** 前もって (2) **single** 独身の (4) **take a nap** 昼寝する **3** (1) **break** (短い) 休み，休憩 **4** **brilliant** 優秀な **benefit** 利益を得る，得をする **pay attention in class** (授業中に注意を払う→) 授業をしっかり聞く，授業に集中する **a good communicator** 自己表現のうまい人 **hugely** 大いに

Lesson 84

123 It is＋名詞＋that ～（強調構文：名詞を強調）「～のは…だ」

A **It was your son that broke our window with a ball.**
ボールでうちの窓を割ったのはお宅の息子さんです。

強調したい語（句）や節を〈It is [　　] that ～〉の [　　] に入れることによって，**「～のは（他でもない）[　　] だ」**と強調する構文を**強調構文**という。S, O（動詞・前置詞の目的語）としてはたらく**名詞（あるいは代名詞）を強調する場合**は，次の手順で強調構文に書き換えることができる。

[手順1] 強調したい名詞を〈it＋be動詞〉とthatではさむ。
[手順2] itからthatまでを文頭に移動させる。※Sを強調する場合は [手順1] のみ。

用いるbe動詞は以下の通り。
・元の文の先頭の述語動詞が現在形の場合 ➡ is
・元の文の先頭の述語動詞が過去形の場合 ➡ was
たとえば，We need [money].「私たちはお金が必要だ。」という文の [money] を強調構文で強調したい場合，以下のようになる。

[手順1] We need **it is** [**money**] **that**.
[手順2] **It is** [**money**] **that** we need. …完成

また，強調構文で強調されている部分は，次のように訳す。

It＋be動詞＋[　　] that ～.　　［訳］～のは [　　] だ。

つまり，まずはthatより後ろの部分を訳し，次に「のは」を加え，最後に強調されている部分を訳す。なお，「[　　] **こそが～だ」**という訳もありうる。このほうが自然な訳になる場合もある。

» **It is** the pandas **that** are the main attraction at this zoo.
パンダこそがこの動物園の一番の呼び物だ。

1歩進んで 強調されているものが人である場合は，thatではなくwhoが用いられることがある（Oを強調している場合はwhomも用いられる）。また，強調されているものが物事である場合はwhichが用いられることがある。特にwhoは頻繁に用いられる。

» **It was** John Keats **who** wrote this poem.
この詩を書いたのはジョン・キーツだ。

» **It's** you **whom** she trusts.
彼女が信頼しているのはあなただ。

» **It was** your dog **which** bit my son this morning.
今朝うちの息子にかみついたのはお宅のイヌだ。

Exercises

1 次の英文を和訳しなさい。

(1) **It's the results that** count.

(2) **It was the control of fire and the use of clothing that** allowed humans to settle in the cold northern areas.

(3) **It's this car that** I'm going to talk about.

(4) **It's only wealth that** I lack.

2 (　　) 内の語を並べ替えて，日本語の意味に合う英文を完成させなさい。

(1) 私の成功の多くはまさに妻のおかげです。
(whom / owe / I / is / lot / my / a / wife / success / of / my / it) to.

(2) 私たちが一番大切にしているのはこの絵だ。
(we / picture / it's / treasure / which / this) most.

(3) その事故に責任があるのは君ではなくもう一方のドライバーだった。
(was / other / was / for / who / accident / the / responsible / the / it / but / not / driver / you).

3 日本語を英語に直しなさい。

(1) 彼が書いていたのはエッセイだった。(8語／that)

(2) その交通事故のことを私に説明したのは父だった。(11語／that)

(3) このドアを壊したのはジョンだった。(7語／who)

4 次の文章を読んで，あとの問いに答えなさい。

Despite what others said, Nancy Edison, who was Thomas's mother, was determined to provide her son with practical opportunities for learning. <u>**It was Nancy Edison who** saw great potential in her son and decided to take him under her own wing.</u> She patiently worked with Thomas and continued to encourage him (　　) and pursue his scientific interests.

(1) 下線部を和訳しなさい。

(2) (　　) を埋めるのに適切なものを下から選びなさい。
(a) learn　(b) learning　(c) to learn

Words & Phrases

1 (1) **count** 重要である　(2) **settle** 定住する　(4) **lack** …を欠く　**2** (2) **treasure** …を大切にする　(3) **responsible** 責任がある　**4** **despite** …にもかかわらず　**be determined to *do*** ～することを決意する［決意している］　**provide A with B** A に B を与える　**potential**（将来の）可能性　**take O under *one's* wing** O（年下・未熟な者など）の面倒を見る，O を保護する　**patiently** 我慢強く　**work with ...** …を手助けする

12 強調・倒置

Lesson 85

124 It is＋副詞（句／節）＋that ～（強調構文：副詞（句／節）を強調）「～のは…だ」

It was yesterday that I met him.
私が彼に会ったのは昨日のことだ。

たとえば副詞 slowly「ゆっくりと」は，very「とても」，too「あまりに」，extremely「極度に」などの語で修飾することによって，ゆっくりであることを強調できるが，このような手段で強調できない副詞（たとえば yesterday「昨日」，tonight「今晩」，here「ここで」，there「そこで」など）は，強調構文を用いて強調することができる（124基本例文参照）。

また，副詞句のうち，動詞に対する修飾語としてはたらくものや副詞節もまた，強調構文で強調されうる。強調構文にするための手順は次のようになる。

手順1　強調したい副詞（句／節）を〈it＋be 動詞〉と that ではさむ。
手順2　it から that までを文頭に移動させる。
※副詞（句／節）が文頭にある場合は 手順1 のみ。

たとえば，I met Motohiro in Kyoto. という文の副詞句 in Kyoto を強調構文で強調したい場合，以下のようになる。

手順1　I met Motohiro **it was in Kyoto that.**
手順2　**It was in Kyoto that** I met Motohiro.　…完成

» **It was when I was a child that** I read this book.
私がこの本を読んだのは子どものときのことだ。※副詞節（下線部）が強調されている。

124′ It is not until ～ that ...　「～して初めて…する」

It was not until yesterday **that** I heard the news.
昨日になって初めて私はそのニュースを聞いた。

〈It is not until ～ that ...〉は124の〈副詞（句／節）を強調する強調構文〉の一種。「～」には語・句・節のいずれもが置かれうる。この表現を訳す際には「…のは～だ」「～こそが…だ」などの言葉は用いずに，**「～して初めて…する」**とする。

» **It was not until** I came to Japan **that** I began to study Japanese.
日本に来て初めて日本語を勉強し始めた。

1歩進んで　124′ 基本例文は，I did not hear the news until yesterday. という文が元にあるが，この文は，以下のように強調することもできる。

124′＝ **Not until** yesterday **did I** hear the news.

これは，元の文の〈not＋until yesterday〉を文頭に出し，疑問文の語順にしたもの。構文127で扱う倒置構文である。

Exercises

1 次の英文を和訳しなさい。

(1) **It was in West Asia that** iron was first used for tools.

(2) **It was not until** 1902 **that** some British courts began to use fingerprint evidence.

(3) **It was because of the accident that** I was late for school.

(4) **It was not until** I graduated from high school **that** I started to love and accept myself.

2 (　　) 内の語を並べ替えて，日本語の意味に合う英文を完成させなさい。

(1) 彼のもとを訪れて初めて私は彼がどれほど具合が悪いかがわかった。
(I / not / how / it / visited / was / I / he / him / that / realized / ill / until / was).

(2) 何も無駄にしないことの価値を私が学んだのは父からだった。
(that / of / from / learned / it / not / father / was / anything / value / my / the / wasting / I).

(3) 私がその事件について聞いたのは帰宅後だった。
(incident / after / that / heard / the / I / was / got / it / about / home / I).

3 日本語を英語に直しなさい。

(1) ジョンが窓を割ったのは昨日だった。(8語)

(2) 私がそのアイディアを思いついたのは寝ている間だった。(13語／come)

(3) 父が亡くなったのは去年のことだった。(9語／away)

4 次の文章を読んで，あとの問いに答えなさい。

The transition to email was not instant. **It was not until** computers became widespread **that** it became the most common medium. Of course, there are still many people who prefer words on paper, especially among the older generation. But in a society (　　) instant satisfaction has come to be valued, people are attracted to email.

(1) 下線部を和訳しなさい。

(2) (　　) を埋めるのに適切な語を下から選びなさい。
(a) when (b) why (c) where

Words & Phrases

1 (1) iron 鉄　(2) court 裁判所　fingerprint 指紋　**2** (3) incident 事件　**4** transition 移行　instant 即時の　widespread 広く行き渡った　medium 媒体　value 重んじる

12 強調・倒置

Lesson 86

125 形容詞［副詞］＋as S′ V′　「～だが」

Rich as he is, he is not happy.
彼はお金持ちだが幸せではない。

〈形容詞＋as S′ V′〉という構造は,**「S′ は～だが」**という**〈逆接・譲歩〉**の意味をもつ。次の 2 文と異なり,**125**基本例文では rich から文が始まるので,この語にスポットが当たり,意味が強められる。

He is rich, but he is not happy.
Though he is rich, he is not happy.

この表現の本来の形は,〈as＋形容詞＋as〉という比較表現である。比較表現の〈as ～ as〉の「～」の位置に置かれる品詞は,何よりも形容詞と副詞である（たとえば as tall as, as slowly as など。tall は形容詞,slowly は副詞）。したがって〈形容詞＋as S′ V′〉のみならず,〈副詞＋as S′ V′〉という形も存在することになる。

➤ **Much as I would like to go**, I cannot.　※副詞の例。
行きたいのはやまやまだが,行けない。

上述の通り,〈形容詞［副詞］＋as S′ V′〉の前には,本来は as が存在する。この as が残ることもある。

125＝ **As rich as he is**, he is not happy.

なお,この構文では as の位置に though が置かれることもある。

125＝ **Rich though he is**, he is not happy.

❗ この構文は「～なので」という〈理由〉の意味をもつこともある。

➤ **Rich as he is**, he can buy anything he likes.
お金持ちなので,彼は何でも好きなものを買える。
※「お金持ちだが…」では意味が通らない。

Exercises

1 次の英文を和訳しなさい。

(1) **Tired as she was**, she was still able to finish her work.
(2) **Fast though we ran**, we missed the train.
(3) **Late as it was**, we decided to visit our friends.
(4) **As sleepy as he was**, he couldn't explain the problem well.

2 (　　) 内の語を並べ替えて，日本語の意味に合う英文を完成させなさい。

(1) あなたを助けたいのはやまやまだが，余りに忙しいんだ。
(like / I'm / to / as / help / too / much / I'd / you,) busy.
(2) その問題は難しいが，解決した場合の報酬は非常に大きい。
(reward / is / the / for / problem / as / solving / the / difficult / it / as / is,) enormous.
(3) 奇妙に思われるかもしれないが，その火事で誰もケガをしなかった。
(was / it / nobody / the / injured / seem, / as / may / in / strange) fire.

3 日本語を英語に直しなさい。

(1) 若いが彼は賢い。
(　　) (a-　　) (　　) (　　), he is wise.
(2) 今日は暑いが私たちは外出しなければならない。
(　　) (a-　　) (　　) (　　) today, we must go out.
(3) 彼は用心深くしていたが，予期せぬミスをした。
(　　) (t-　　) (　　) (　　), he made (　　) mistakes.

4 次の文章を読んで，下線部を和訳しなさい。

The following sayings, for example, exist both in English and in Spanish: "A friend in need is a friend indeed" and "Great minds think alike." Whenever I travel, I love learning the sayings of other cultures and countries. I recently visited Haiti, and one of the things I learned is that **poor as this nation is**, it is rich in sayings.

Words & Phrases

2 (2) reward 報酬　enormous 巨大な　(3) strange 奇妙な　**4** saying ことわざ　need まさかのとき，困ったとき　indeed 本当に，確かに　mind（聡明な）人　Haiti ハイチ（西インド諸島中部の国）

12 強調・倒置

Lesson 87

126 場所に関する副詞（句）+V S

In the box are three cats.
箱の中には3匹のネコがいる。

文頭に動詞を修飾する副詞（句）があり，その次に位置する〈S V〉の語順が逆転して〈V S〉の語順となっている文が見られるが，この文においては通常，次の2条件が満たされている。

条件1 副詞（句）が，〈場所〉（あるいは〈方向・方角〉）に関する意味をもつ。
条件2 この副詞（句）によって修飾される動詞が，〈存在・出現・往来〉に関するものである。

126基本例文は文頭にin the boxという句があるが，これは「箱の中に」という意味であり，動詞areに対する修飾語としてはたらく副詞句である。そして，〈場所〉に関する意味をもつ（以上が 条件1 を満たす）。また，この句によって修飾される動詞areは「いる」という〈存在〉の意味である（ 条件2 を満たす）。

» **On the stage appeared a strange man.** ※appearedは〈出現〉に関するもの。
壇上に奇妙な男が現れた。

» **Into the pond jumped the frog.**
カエルが池の中に飛び込んだ。
※jumped「飛び込んだ」は，広義では〈往来〉の「往（＝往く）」の意味であるといえる。

〈出現〉は「存在していなかったものが存在するようになる」という意味であり，〈往来〉は，「存在している場所が変わる」という意味をもつので，上の「〈存在・出現・往来〉に関するもの」は，広い意味ではすべて「〈存在〉に関するもの」だといえる。

1歩進んで この構文において，文頭の語がhereである場合は，「ほら〜だよ」というニュアンスになることがある。この場合は，「ここに」と訳さないほうが自然な訳になることが多い。

» **Here comes the bus.**
ほらバスが来たよ。

» **Here is your tea.**
あなたのお茶ですよ。

❗ 主語が代名詞である場合は，倒置はおこらない。つまり〈S V〉のままである。

» **Here he comes.** ※×Here comes he. としない。
ほら彼が来たよ。

Exercises

1 次の英文を和訳しなさい。

(1) The riverbanks were sandy, and **behind them was dense forest**.
(2) **No more than 20 steps away was a huge wolf**—caught in a trap.
(3) **From behind the cloud appeared the moon**.
(4) **Over the wall climbed a beautiful white cat**.

2 (　　) 内の語 (句) を並べ替えて，日本語の意味に合う英文を完成させなさい。

(1) ほら消防車が来たよ。
(fire / here / the / engine / comes).
(2) テーブルの上には 3 つの品物がある。
On (table / three / are / the / items).
(3) ニューヨークのモルガン・ライブラリーには中世やルネサンスの本のコレクションがある。
In (books / medieval / in / is / collection / and / New York / renaissance / the Morgan Library / of / a).

3 日本語を英語に直しなさい。

(1) この森には何百匹もの猿が住んでいる。
(　　) this (　　) (　　) (　　) of (　　).
(2) その聴衆の中に私の未来の妻がいた。
(　　) (　　) audience was (　　) (　　) (　　).
(3) 水面上に白い花々が浮かんでいた。
(　　) the surface (　　) the (　　) (　　) (　　) (　　).

4 次の文章を読んで，下線部を和訳しなさい。

Along the wall opposite the check-in counter are shops selling newspapers and fast food. Still other objects around me are the usual wall clocks, telephones, ATMs, escalators to the upper level, and of course airplanes on the runway visible through the terminal windows.

Words & Phrases

1 (1) **riverbank** 川岸，川の土手　**sandy** 砂地の　**dense** (人・物が) 密集した　(2) **trap** わな　**2** (3) **medieval** 中世の　**3** (3) **surface** 表面　**4** **opposite** 正反対の　**check-in counter** (空港の) チェックインカウンター　**still** まだその上，さらに　**runway** 滑走路　**visible** 目に見える　**visible through the terminal windows** (形容詞から始まる名詞修飾語句。☞構文148)　**terminal** (空港の) ターミナルビル

12 強調・倒置

Lesson
88

127 否定語（＋α）＋疑問文の語順

Little did I dream that she would win first prize.
彼女が一等賞を取るなんて夢にも思わなかった。

否定の意味あいを強めるために，否定語を文頭に出すことがある。この場合，**文の〈S V〉の部分に倒置が起こり，疑問文の語順となる**。否定語は，127基本例文の little のように単独で文頭に出る場合もあれば，〈no＋名詞〉のように他の語を伴って出る場合もある。

127基本例文の元の語順は次の通り。

127＝ I little dreamed that she would win first prize.

この文の little が文頭に出て，I dreamed の部分が did I dream となったのが基本例文。なお，「思う」「考える」「想像する」などの意味をもつ動詞とともに用いられた場合の little は「ほとんど～ない」ではなく，「まったく～ない」という意味になる。

» **Seldom have I seen** such a beautiful sight.
そんな美しい光景はめったに見たことがない。

» **No answer did she give** to his question.
彼女は彼の質問にはいっさい返答しなかった。
※それぞれの元の語順は次の通り。
I have seldom seen such a beautiful sight.
She gave no answer to his question.
前者は seldom が文頭に出て，助動詞の have（完了形で用いられる have／had は助動詞）が主語の前に出ている。後者は no が answer とともに文頭に出て，she gave が did she give となっている。

また，否定語が not である場合は，後ろに〈a＋名詞〉や until ～ などを伴う倒置となる（until ～ を伴う倒置については☞124′）。

» **Not a single word did he say**. 彼は一言も話さなかった。

なお111，112で扱った no sooner／hardly[scarcely] で始まる文は，この否定語の倒置の例である。

❗no は〈no＋名詞〉のみならず，〈前置詞＋no＋名詞〉の 3 語で文頭に出るパターンもある。

» **Under no condition should you drink** alcohol during treatment for cancer.
(がんの治療中は，無の状況下でアルコールを飲むべきだ→)
がんの治療中は，何があっても酒を飲んではならない。
※ under[in] no condition[circumstances] で「何があっても～ない」という意味になる。

1歩進んで only は「ただ～だけでしかない」という意味であり，否定語の一種。not や no と同じように，他の語を伴って文頭に出る。

» **Only recently did I hear** the details of the accident.
(私がその事故の詳細を聞いたのはつい最近のことだ→)
最近になってようやく，私はその事故の詳細を聞いた。

Exercises

1 次の英文を和訳しなさい。

(1) **Little did I think** he would win first prize.

(2) **Only after I got home did I realize** that I forgot to lock my office door.

(3) **Under no condition will my father let** me use his car.

(4) **Not until a monkey is several years old does it begin** to exhibit signs of independence from its mother.

2 (　　) 内の語を並べ替えて，日本語の意味に合う英文を完成させなさい。

(1) 教会の聖歌隊からこんなにも美しいコーラスを聞くことはめったにない。
(a / chorus / we / such / from / seldom / hear / beautiful / do / church) choirs.

(2) 初代のスペースシャトルを見ることができるのはこの博物館だけです。
Only (see / museum / you / space / this / can / shuttle / first / in / the).

(3) 彼は一言もしゃべらなかった。
Not (speak / did / a / he / word).

3 日本語を英語に直しなさい。

(1) そのような幸運な日が来るなんて夢にも思わなかった。
Never (　　) (　　) (　　) that (　　) a (　　) (　　) would (　　).

(2) 彼女から一切返答を受けなかった。
(　　) reply (　　) I receive (　　) (　　).

(3) 私はこの話をほとんど信じられない。
Hardly (　　) (　　) (　　) (　　) (　　).

4 次の文章を読んで，あとの問いに答えなさい。

I sleep soundly most of the time and seldom need an alarm clock to wake up in the morning. My dreams are usually about work, and I try to forget them as quickly (　　) possible. The dreams I do want to remember I usually can't. **Only a few times in my life have I had** a nightmare.

(1) (　　) を適語で埋めなさい。

(2) 下線部を和訳しなさい。

Words & Phrases

1 (1) **first prize** 1等賞　(4) **exhibit** …を見せる，…を示す　**sign** 兆し，前兆　**2** (1) **choir** [kwáɪər] 聖歌隊　**4** **soundly** ぐっすりと　**most of the time** たいてい　**nightmare** 悪夢

12 強調・倒置

Lesson 89

128 neither[nor]＋疑問文の語順　「…もまた～でない」

If you don't attend the meeting, neither will I.
君が会議に出ないのなら，僕も出ないつもりだ。

前出の**否定文**の内容を受けて，**「…もまた～でない」**の意味を表す倒置表現に，**〈neither[nor]＋疑問文の語順〉**という型がある。

128基本例文の元の語順は次の通り。

128＝If you don't attend the meeting, I will not either.

either は，否定文において「…も」を表す語である。また，この文の not と either の間には，前半と重複する attend the meeting が省略されている。

さて**127**で述べた通り，否定語を前に出す際，not は他の語とセットで前に移動するが，ここでは not と either のセットを後半の先頭に出す。ただし，この 2 語が合わさった語として neither という語があるので，neither に変える。そのうえで助動詞の will を I の前に出し，疑問文の語順にすれば**128**基本例文が完成する。

なお，neither ではなく，nor が用いられることもある。〈neither A nor B〉（☞**142**）は，neither と nor をセットで用いる形だが，ここでは「neither か nor の片方を用いる」という点に注意。

» I do not play tennis, **nor am I** interested in watching tennis.
私はテニスをしないし，テニスを見ることにも興味がない。

129 so＋疑問文の語順　「…もまた～だ」

I can drive a car, and so can my wife.
僕は車の運転ができるが，妻もできる。

128の「肯定文版」ともいえる構文。前出の**肯定文**の内容を受けて，倒置形を用いて**「…もまた～だ，…も同じだ」**ということを伝える場合は，neither[nor] ではなく，so を用い，**〈so＋疑問文の語順〉**とする。

ここでもやはり，前半との共通の部分は省略されることが多い。**129**基本例文の後半を省略せずに書けば and so can my wife drive a car だが，下線部を省略している。

» "Bob likes cats." — "**So do I**."
「ボブはネコが好きなんだ。」—「私もだよ。」
※後半を省略せずに書けば So do I like cats. だが，下線部を省略している。

1歩進んで　〈so S V〉の語順の場合は**「その通りだ，まったくだ」**という意味になる。

» "Lisa is elegant." — "**So she is**."
「リサは上品だ。」—「まったくだ。」

Exercises

1 次の英文を和訳しなさい。

(1) They do not take pride in their area, **nor do they do** anything to improve their environment.

(2) Some people don't want to share their food, and **neither do I**.

(3) My sister and her friend panicked — and **so did I**.

(4) "She is kind." — "**So she is**."

2 (　　) 内の語を並べ替えて，日本語の意味に合う英文を完成させなさい。

(1) この動物は嗅覚が良くないが，目もよく見えない。
(well / have / nor / good / animal / see / sense / it / of / doesn't / this / can / smell, / a).

(2) 彼女は授業に遅れたことが一度もないが私もない。
(class / late / I / neither / never / and / has / for / been / have / she).

(3) 冬期，ロシアは極めて寒い国だが，フィンランドもだ。
In the winter (cold / so / an / is / Russia / and / Finland / country, / extremely / is).

3 日本語を英語に直しなさい。

(1) 妻は泳げないが私も泳げない。
My wife (　　)(　　), and neither (　　)(　　).

(2)「野球に興味がないんです。」—「私もです。」
"I'm (　　)(　　)(　　) baseball." — "Nor (　　)(　　)."

(3)「メグは本当に美しいね。」—「彼女の娘さんもだよ。」
"Meg is really beautiful." — "So (　　)(　　)(　　)."

4 次の文章を読んで，下線部を和訳しなさい。

Humans are not born with the ability to perform mathematical reasoning or do algebra, geometry, or calculus. **Neither do humans learn** mathematics naturally as they grow up, as in the case of language. You acquire these skills only if you study mathematics in school, for example.

12 強調・倒置

Words & Phrases

1 (1) **take pride in ...** …を誇り［自慢］に思っている　(3) **panic** パニックを起こす，うろたえる（活用：panic-panicked-panicked）　**4** **reasoning** 推論　**algebra** 代数学　**geometry** 幾何学　**calculus** 微積分学　**as in the case of ...** …の場合のように　**acquire** …を身につける

Lesson 90

130 C V S 倒置

Obvious is the fact that he is an excellent leader.
彼が優れたリーダーだということは明らかだ。

〈S V C〉が〈C V S〉の語順になることがあるが，この倒置が見られるのは主に，Sに長い句や節が加わっている場合や，Sの情報を最後に示したい場合などである。

130 基本例文を元の語順で書くと次のようになる。

130 = The fact that he is an excellent leader is obvious.

主語であるfactに，同格のthat節（下線部。☞135）が後続しており，主語全体が長い。英語では長い主語がそのまま文頭に存在するのを避ける傾向があるため，文末に移動させることがある。その際にはCがVの前に出て，文全体は〈C V S〉となる。つまりbe動詞を中心にして，前後が入れ替わった形になる。なお「長い主語を文末へ移動する」という発想は，001と002で扱った形式主語構文も同じである。

Busiest of all was Julie.
みんなの中で一番忙しいのはジュリーだった。

上記の英文では，本来の語順はJulie was busiest of all. だが，〈C V S〉の語順にすることにより，Sの情報を最後に種明かしする形となり，スポットが当たる。このような理由で倒置している場合は，倒置されたままの語順で訳すと，原文がもつニュアンスを伝えることができる（上の和訳参照）。なお，Cであるbusiestには修飾語のof allが加わっているが，〈C V S〉の倒置形になる際には，〈C＋修飾語〉の全体を文頭に出す。上記のほかに，Cを強調するために文頭に出す場合もある。

1歩進んで 〈C V S〉は，「まずCがあり，次にbe動詞があり，最後にSが来る」という流れだが，これと似た流れになるものに**〈受動態の倒置〉**と**〈進行形の倒置〉**がある。まずは次の2文を見てほしい。

・His wife was arrested with him.　※受動態の文。
「彼の妻は彼とともに逮捕された。」

・A man with pink hair was sitting beside me.　※進行形の文。
「ピンク色の髪の男が私の隣に座っていた。」

これらの文の主語の情報を最後に置きたい場合は，be動詞の前後を入れ替える。

Arrested with him was his wife.
彼とともに逮捕されたのは，彼の妻だった。

Sitting beside me was a man with pink hair.
私の隣に座っていたのは，ピンク色の髪の男だった。

〈C V S〉の倒置において，Cに対する修飾語も文頭に出すのと同じように，arrestedを修飾するwith himも，sittingを修飾するbeside meも文頭に出す。

Exercises

1 次の英文を和訳しなさい。

(1) **Very plain was the fact** that she was out of shape.

(2) **No less important than this is to advertise the product widely**.

(3) **Singing on the stage was my homeroom teacher**.

(4) **Engraved over the door of the library of an American university is this motto**: "Half of knowledge is knowing where to find it."

2 (　　) 内の語を並べ替えて，日本語の意味に合う英文を完成させなさい。

(1) 全員に明らかだったのは，彼の存在の重要性だ。
Clear (the / was / of / all / existence / to / importance / his).

(2) 何も期待しない人は幸せだ。というのも，その人は決して落胆しないからだ。
Happy (expects / he / is / nothing / who), for he will never be disappointed.

(3) その交通事故で死んだのはメグという名の少女だった。
Killed (girl / accident / Meg / in / named / the / was / traffic / a).

3 日本語を英語に直しなさい。

(1) そこに立っていたのは私の母だった。
Standing (　　) (　　) (　　) (　　).

(2) 壁に描かれていたのはその島の地図だった。
Painted (　　) the (　　) (　　) a (　　) (　　) (　　) (　　).

(3) そのベルの音は小さくなった。
Faint (g-　　) the (　　) (　　) (　　) (　　).

4 次の文章を読んで，あとの問いに答えなさい。

(1)**Happy are the people of the Nordic nations** — happier, in fact, than anyone else in the world. And the overall happiness of a country is almost identical to the happiness of its immigrants. Those are the main conclusions of the World Happiness Report 2018. Finland is the happiest country in the world, it found, (2)follow by Norway, Denmark, Iceland, Switzerland, the Netherlands, Canada, New Zealand, Sweden and Australia.

(1) 下線部(1)を和訳しなさい。

(2) 下線部(2)を適切な形に改めなさい。

Words & Phrases

1 (1) out of shape 体調が悪くて　(2) advertise …を宣伝する　(4) engrave …を彫り込む　motto 標語，座右の銘　**2** (1) existence 存在　**3** (3) faint かすかな　**4** Nordic 北欧の　overall 全体の　be identical to ... …とまったく同じである　immigrant（外国からの）移民　it found（主節の挿入。☞構文131）

Lesson 91

131 主節の挿入

This project, I think, will be successful.
この事業は，私は成功すると思う。

文の途中でいったん流れを切って，語句や節，文が挿入されることがある。挿入された部分の両端には，カンマやダッシュ（—），あるいはカッコが置かれる。

挿入が起こると，文は理解しづらくなる。たとえば He is, so to speak, a bookworm.「彼は，いわば本の虫だ。」という文では，「いわば」という意味の so to speak が挿入された結果，〈S V C〉の V と C が切り離されるため，読解の難度がやや増す。**より困難なのは，挿入が起こることによって，本来の語順ではなくなるパターンである。** 131 基本例文の一般的な語順は次の通りである。

131 = I think that this project will be successful.

基本例文では，この文の主節 I think が，that 節の内側に移動しており（その際には that の省略も起こる），標準的な型ではないため理解が困難になる。**文の途中に〈S V〉が挿入されている場合は，主節挿入ではないかと考える癖をつける必要がある。**

» His father, **it seems,** can't speak Japanese.
彼のお父さんは日本語が話せないようだ。
※本来の語順は It seems that his father can't speak Japanese.

132 副詞節の挿入

My father, when I was young, worked for a bank.
父は，私が若かったとき，銀行に勤めていた。

060 の図の通り，主節と副詞節の通常の語順は，〈副詞節—主節〉または〈主節—副詞節〉だが，副詞節が主節の内側に挿入されることもある。132 基本例文は，通常の語順で書くと以下のいずれかとなる。

132 = My father worked for a bank when I was young.
= When I was young, my father worked for a bank.

1歩進んで 分詞構文（☞053・054）も挿入されることがある。

» The man, **not feeling well,** decided to go to a hospital.
その男は，気分がすぐれなかったので，病院に行くことにした。

分詞構文については，053 で示した 2 つの図の型に加えて，このような挿入された型にも対応できなければならない。このことは，054 で扱った過去分詞の分詞構文にもあてはまる。

Exercises

1 次の英文を和訳しなさい。

(1) All his works**, we were told,** were bought by the government.
(2) Grandpa**, as was usual with him,** took the dog out for a walk.
(3) Alice**, not knowing where to find the book,** asked her mother where the book was.
(4) Tom**, horrified at what he had done,** could at first say nothing.

2 (　　) 内の語(句)を並べ替えて，日本語の意味に合う英文を完成させなさい。

(1) 私はあなたの息子さんはこの分野で成功すると固く信じている。
Your son, I (will / this / succeed / firmly believe, / field / in).
(2) 彼女のお母さんは病気で入院しているようだ。
Her mother, it (is / in / hospital / sick / seems, / the).
(3) うちの息子は，家にいるよう説得されて，外出するのをあきらめた。
My son, persuaded (going / stay / outdoors / to / gave / home, / up).

3 日本語を英語に直しなさい。

(1) パリは世界で最も美しい都市の一つだと言われている。
Paris is, (　　) (　　) (　　), one of the most beautiful cities in the world.
(2) あいにく，トムと彼の奥さんはここには来ないと思う。
Tom and his wife, (　　) (　　) (a-　　), wouldn't come here.
(3) 父は，私が大学生だったときに野生の草花に関する本を出版した。
My father, (　　) (　　) (　　) (　　) university (　　), published a book on wildflowers.

4 次の文章を読んで，下線部を和訳しなさい。

Until recently, no major Japanese company had ever changed its official language. <u>But adopting the English language, **I believe,** is vital to the long-term competitiveness of Japanese business.</u> Japan has experienced an enormous economic shift in recent decades, a shift driven by the forces of globalization.

Words & Phrases

1 (2) **grandpa** (自分の) おじいちゃん　**take ... out** (人・動物) を連れ出す　(4) **horrify** …を怖がらせる　**2** (1) **firmly** かたく　(3) **outdoors** 屋外へ　**3** (3) **wildflower** 野生の草花　**4** **adopt** …を採用する　**vital** 不可欠な　**competitiveness** 競争力　**business** 事業，ビジネス　**shift** 変化，移行　**drive** …を駆り立てる，…を突き動かす

Lesson 92

133 副詞節における S′＋be 動詞の省略

When young, she was very elegant.
若かった頃，彼女はとても上品だった。

動詞（または主節全体）を修飾する副詞節において，次の 3 条件が満たされた場合に，〈S′＋be 動詞〉が省略されることがある。

条件 1　副詞節の主語を述べなくても意味が伝わる（副詞節の主語が，主節の主語と同じである場合が典型的な例）。
条件 2　副詞節の述語動詞の先頭が be 動詞である。
条件 3　副詞節を形成する従位接続詞の意味が，時，条件，逆接・譲歩などの意味である。

133 基本例文に対して，省略されている情報を補うと次のようになる。

133 = When she was young, she was very elegant.
※省略されたのは，第 2 文型〈S′ V′ C′〉の S′ と V′（＝be 動詞）。

› She will be happy **if praised** by many audiences.
多くの聴衆から褒められたら彼女は幸せだろう。
※省略を補うと，She will be happy if she is praised by many audiences. となる。〈S′＋受動態の be 動詞〉が省略されている。

› **Though young,** he is wise.
若いが彼は賢い。
※省略を補うと，Though he is young, he is wise. となる。133 基本例文と同じように，〈S′ V′ C′〉の S′ と V′（＝be 動詞）が省略されている。

❗ 副詞節と主節の主語が一致していなくても，文意が伝わる場合は省略が起こりうる。以下は，車に乗る人に与えたアドバイスの文である。

› Seat belts must be worn **while driving**.
運転中は，シートベルトをしておかなければならない。

主節の主語は seat belts だが，driving の主体はシートベルトではなく you である（本来は while you are driving となる）。シートベルトが運転するわけがなく，人が運転するのは明らかなので，主節と副詞節の主語が一致していないが，副詞節の内部で省略が起こっている。

Exercises

1 次の英文を和訳しなさい。

(1) He killed time by reading a newspaper **while waiting for the bus**.
(2) **Whether sick or well,** she is always cheerful.
(3) A bad habit**, once formed,** cannot easily be got rid of.
(4) **When in her teens,** she moved with her family to Liverpool.

2 (　　) 内の語を並べ替えて，日本語の意味に合う英文を完成させなさい。

(1) 訪問者はビルに入る許可を得る前にこの用紙に記入をしなければならない。
Visitors (to / in / before / the / permitted / this / must / enter / building / form / fill).
(2) その老女はその道を渡ろうとしていたときに車にはねられた。
The (cross / by / to / the / was / while / car / woman / attempting / road / old / a / hit).
(3) たとえ疲れていても私は一晩に 5 時間しか寝ない。
I (a / hours / if / tired / only / even / five / night / sleep).

3 日本語を英語に直しなさい。

(1) 小さくはあったが，私のホテルの部屋はきれいで快適だった。
(T-　　) (　　), my hotel room was clean and pleasant.
(2) 彼女は質問されない限り決して喋らない。
She never speaks (　　) (　　) a (　　).
(3) このハンドクリームは，高くはあったがレビューがとても良かったので私は買った。
This hand cream, (e-　　) (　　) (　　), had very good reviews, so I bought it.

4 次の文章を読んで，下線部を和訳しなさい。

One important finding from that research is that experts suffer more from the overconfidence effect than average people do. For example, **when asked to forecast oil prices in five years' time,** an economics professor at a prestigious university in the U.S. did worse than a zookeeper.

Words & Phrases

1 (1) **kill time** 時間をつぶす (2) **cheerful** 快活な (3) **get rid of ...** …を取り除く (4) **teens** (年齢の) 10代 (※13歳から19歳までを指す) **Liverpool** リバプール (イングランド北西部の都市) **2** (2) **attempt** …を試みる **4** **suffer from ...** …を患う，…に苦しむ **overconfidence effect** 自信過剰効果 (自分の判断は実際以上に的確であると，過剰な自信を持つこと) **forecast** …を予測する **prestigious** (学校などが) 名門の **zookeeper** (動物園の) 飼育係

Lesson
93

134 if の省略＋倒置

Were I a bird, I could fly to you.
自分が鳥なら，あなたのところに飛んでいけるのに。

仮定法においては，if が省略され，疑問文と同じ語順になることがある（やや改まった感じになり，書き言葉で用いられることが多い表現）。このような〈if の省略＋倒置〉は，以下の 3 パターンがある。134 基本例文は①のパターンである。

① 仮定法過去で，述語動詞が be 動詞である文
➡ if が省略されて，be 動詞が S′ の前に出る。
② 仮定法過去完了の文
➡ if が省略されて，had が S′ の前に出る。
③ If S′ should *do*, …（この型の文については☞117′）。
➡ if が省略されて，should が S′ の前に出る。

この構文では，本来は存在するはずの if がない文となるため，文意をつかむのが困難であることが多い。文頭が be 動詞，had，should で，疑問文の語順であるものの，疑問符（?）で文が終わっていない場合は，この〈if の省略＋倒置〉を疑うようにする。

if が省略される。
~~If~~ **S′** be 動詞／had／should ...
be 動詞／had／should が S の前に移動する。

› **Had you helped** him, he would have succeeded. ※上記②のパターン。
もしあなたが彼を助けていたら，彼は成功していただろう。

› **Should it rain** tomorrow, we will not go on a picnic. ※上記③のパターン。
もし明日雨が降ったら，私たちはピクニックには行かないつもりだ。

❗ if it were not for ...「もし（今）…が（い）なければ」と，if it had not been for ...「もし（あのとき）…が（い）なかったならば」については，この〈if の省略＋倒置〉の形を既に 119 と 120 で扱った。

1歩進んで 〈主節― if 節〉の順の文でこの〈if の省略＋倒置〉が起こった場合，倒置の目印ともいえる be 動詞／had／should が文頭に存在せず目立たないため，いっそう読みにくい。

› I would have succeeded **had he helped** me. ※上記②のパターン。
彼が私を助けてくれていたら，私は成功していただろう。
※後半の had he helped me が，本来は if he had helped me だと見抜けねばならない。

Exercises

1 次の英文を和訳しなさい。

(1) **Should it rain**, we'll postpone the game till the first fine Sunday.
(2) **Had I had** more money, I would have bought a better car.
(3) Life would be boring **were it not for** music.
(4) **Had it not been for** the storm, our flight would have arrived on time.

2 (　　) 内の語を並べ替えて，日本語の意味に合う英文を完成させなさい。

(1) スピード違反をしていなければ，ジャックはその衝突事故を避けることができただろう。
Jack (avoided / speeding / the / could / he / had / have / crash / not / been).
(2) 私があなたなら，違った道を選ぶだろう。
Were (would / path / choose / you, / different / I / a / I).
(3) 明日万が一雪が降ったら，試合は延期されるだろう。
Should (snow / game / postponed / the / will / tomorrow, / it / be).

3 日本語を英語に直しなさい。

(1) 私があなたの立場であれば，それをすぐにするだろう。
(　　) (　　) (　　) your place, I would do it at once.
(2) あの時もし彼が戦場に行くことを拒絶していたら，彼はいまもまだ生きていただろう。
He would still be alive (　　) (　　) (　　) (　　) go to the battlefield then.
(3) 万が一彼女に機会が与えられるなら，彼女はそれを最大限に利用するだろう。
(　　) an (　　) (　　) (　　) to her, she would make the most of it.

4 次の文章を読んで，あとの問いに答えなさい。

Had a law on dying with dignity existed back in 1997, Oda would have died. **Had such laws existed,** he would never have had a chance to enjoy a glass of red wine and prosciutto after a day's hard work, nor would he have been able to watch some of his favorite Hollywood movies in theaters. Most importantly, however, he (　　) able to be at his mother's side when she passed away a few years later.

(1) 下線部を和訳しなさい。
(2) (　　) を埋めるのに適切なものを下から選びなさい。
(a) will not be　(b) would not have been　(c) would not be

Words & Phrases

1 (1) postpone …を延期する　(4) storm 嵐　on time 時間通りに　**2** (1) be speeding スピード違反をする　**3** (3) make the most of ... …を最大限に活用する　**4** dignity 尊厳　chance to enjoy …を楽しむ機会（☞構文136）　prosciutto プロシュート（ハムの一種）　pass away 亡くなる

13 挿入・省略・同格

Lesson
94

135 名詞＋that 節 「～という…」(同格の that)

Did you hear the news that the museum is closing next month?
その博物館が来月閉館になるというニュースを聞きましたか？

まずは次の 2 文を見てほしい。

① さっき雷鳴を聞いたよ。

② さっき噂を聞いたよ。

①の「雷鳴」とは異なり，②の「噂」からは「何がどうした？」という疑問が生じる。つまり「噂」は文内容（何がどうする）を前提とする名詞であり，「可能性」や「報告」といった名詞もこれにあてはまる。では，「何がどうした？」という疑問に対する答えとなる文を，それらの名詞に対する修飾語として述べることを考えよう。日本語では，名詞の前に「答えの文（＋という／との／ってなど)」を加えることによって表す。以下に例を挙げる。

・児島教授が京都大学に移籍するという噂

・この崖が崩れる可能性

・全員の生存が確認されたとの報告

英語では，これらの下線部に当たる情報は〈that＋文内容〉という形にして示す。そして名詞の後ろに置き，**〈名詞＋that 節〉「～という…」**とする。

名詞＋that S′ V′ ...
→ 名詞の内容説明。名詞とイコールの関係にあるので，この that は「同格の that」と呼ばれる。

There is **a possibility that** he didn't tell the truth.
彼は本当のことを言わなかった可能性がある。

This is **proof that** he is a great leader.
これが彼が偉大なリーダーである証拠だ。

同じ〈名詞＋that ...〉であっても，関係代名詞の that の後ろには，S か O が欠けている。一方，同格の that 節は，文内容の前に単に that を置いただけのものなので（文には手を加えていないので），that の後ろの文は欠けの無い完全な文である。「S や O の欠けがあるか無いか」をもとに，関係代名詞の that と同格の that を見分ける。

1歩進んで 同格の that に関する成句に，次のようなものがある。

- on (the) condition (that) ～ 「～という条件で／もし～なら」
- on (the) grounds that ～ 「～という理由で」
- with the result that ～ 「～という結果になる／その結果～となる」

Exercises

1 次の英文を和訳しなさい。

(1) I received **the information that** my father was seriously ill in the hospital.

(2) He was fired **on the grounds that** he was lazy.

(3) People tend to misunderstand others, **with the result that** they come to avoid even casual communication.

(4) There emerged **a rumor that** drinking bleach is a cure for the virus.

2 (　　) 内の語を並べ替えて，日本語の意味に合う英文を完成させなさい。

(1) 自分が失敗するかもしれないということは彼には思いもよらなかった。
(that / fail / occurred / might / to / he / the / never / possibility) him.

(2) その有名な歌手がコンサートを中止したというニュースは，彼のファンをがっかりさせるものだった。
(the / for / famous / news / disappointing / concert / canceled / was / singer / that / the / the / his) fans.

(3) 9時までに帰ってくるのならそのパーティーに行っていいよ。
(to / party / by / on / come / can / the / go / that / you / condition / back / you) 9 o'clock.

3 日本語を英語に直しなさい。

(1) 私たちは世界が変わりつつあるという事実を否定できない。(10語)

(2) 私は，自分たちの計画にはもっと多くの時間とお金が必要だという結論に達した。(13語／come, plan)

(3) 彼女が生存していないという証拠はない。(9語／evidence)

4 次の文章を読んで，下線部を和訳しなさい。

<u>**The fact that** music can make a difficult task more tolerable may be why students often choose to listen to it while doing their homework or studying for exams.</u> But is listening to music the smart choice for students who want to maximize their learning?

Words & Phrases

1 (1) **seriously** 深刻に，重大に　**ill** 病気で　(2) **fire** …をクビにする，…を解雇する　**lazy** 怠惰な　(3) **casual** 何気ない　(4) **emerge** 現れる　**bleach** 漂白剤　**cure** 治療法　**2** (1) **possibility** 可能性　**4** **tolerable** 耐えられる，我慢できる　**choose to *do*** ～したいと思う，～することに決める　**smart** 賢明な　**maximize** …を最大にする

Lesson 95

136 名詞＋to *do* 「～するという…」(同格の to 不定詞句)

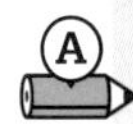

He made a decision to leave Japan.
彼は日本を去る決心をした。

名詞の中には，135で扱った名詞のように「何がどうする？」という疑問が生じるのではなく，主語なしの「どうする？」という疑問のみが生じるものもある。たとえば He made a decision. と聞いた場合，ふつうは「誰がどうする決心？」ではなく，単に「どうする決心？」と思うはずだ。そして，この内容を名詞に対する修飾語として表すための主要な手段の一つは，内容を to 不定詞句にしたうえで名詞の後ろに置き，**〈名詞＋to *do*〉**とすることである。この to 不定詞句は**「同格の to 不定詞句」**と呼ばれ**「～するという…」**と訳すのが原則。

» Children have no **right to vote** in elections.
子どもには選挙で投票する権利がない。

» There is no **need to apologize**. 謝る必要はないよ。

137 名詞＋of *doing* 「～するという…」(同格の of)

He was at risk of losing his life.
彼は命を失う危険にあった。

「どうする？」という疑問が生じる名詞について，**「～するという…」**の意味を修飾語として表すためのもう一つの主要な手段は，名詞の後ろに〈of *doing*〉を置き，**〈名詞＋of *doing*〉**とすることである。この of を**「同格の of」**という。

» She has **a habit of biting** her nails. 彼女には爪をかむ癖がある。
※「A には～する癖がある」は A is in the habit of *doing*. とも表現できる。これを用いると，上の文は She is in the habit of biting her nails. となる。

1歩進んで 〈名詞＋to *do*〉と〈名詞＋of *doing*〉のどちらの手段を取るかは，名詞ごとに決まっており，代表的な名詞については英和辞典に to do または of の表記がある。あるいは，いずれかの形を用いた例文やフレーズが記載されている。たとえば多くの英和辞典では，decision を引くと to *do* という表記が見つかる。一方，risk を引くと of の表記がある。**このように，英和辞典は英作文・英会話のためのガイドとしての機能も有している。**

❗ 名詞の中には，たとえば ambition「大望，野望」のように，〈名詞＋to *do*〉と〈名詞＋of *doing*〉の両方の型を取るものもある（例：「歌手になりたいという大望」→ ambition to become a singer または ambition of becoming a singer）。あるいは method「方法」のように，of のみならず for が用いられる名詞もある（例：「データを集める方法」→ method of collecting data または method for collecting data）。正しく英文を発信するためには，名詞ごとに「どうする？」という情報をどう加えるかを地道に覚えていく必要がある。

Exercises

1 次の英文を和訳しなさい。

(1) He and his wife made **the bold decision to close** the jazz club and **move** to a quiet place outside of Tokyo.

(2) I had **no intention of hurting** anyone.

(3) The knowledge stored online is at **risk of being lost**, as digital information is surprisingly vulnerable to neglect as well as deliberate destruction.

(4) By the mid-1960s, major companies had decided to recruit African Americans. They were responding to **social demands to give** equal opportunities to all.

2 (　　) 内の語(句)を並べ替えて，日本語の意味に合う英文を完成させなさい。

(1) 社長とお会いする約束をしたいです。
(like / appointment / to / an / president / I'd / the / make / see / to).

(2) 飲食をするという行為は，人間の営みの中心にある。
(behavior / of / human / central / to / the / are / eating and drinking / acts).

(3) アリスはいつもパイロットになりたいという野望を抱いていた。
(the / to / pilot / always / ambition / become / Alice / a / had).

3 日本語を英語に直しなさい。

(1) 彼は私に彼のギターをくれるという約束を破った。(9 語)

(2) こんなふうにして私は王氏と会う機会を得た。(11語／get, Mr. Oh)

(3) 彼は政治家になりたいという夢を持っていた。(8 語)

4 次の文章を読んで，あとの問いに答えなさい。

England wanted to colonize America for several reasons. First, they learned how the Spanish had become rich by trading with the New World. (1)They went to the New World in **the hope of making** a fortune. Second, many of them went to North America (2)to escape religious persecution.

(1) 下線部(1)を和訳しなさい。

(2) 下線部(2)の前に 2 語を加えて，同意の表現を完成させなさい。

Words & Phrases

1 (1) **bold** 大胆な **jazz club** ジャズクラブ (2) **intention** 意図 (3) **store** …を保存する **vulnerable** (攻撃などに) 弱い **neglect** 放置 **deliberate** 故意の (4) **mid-1960s** 1960年代半ば **recruit** …を採用する **African American** アフリカ系アメリカ人 **respond** 応じる **2** (1) **president** 大統領 (3) **ambition** 野望，大志 **4** **colonize** …を植民地化する **trade** 貿易をする **the New World** 新大陸 (主に欧州から見て南北アメリカ大陸を指す) **fortune** 財産 **persecution** 迫害

13 挿入・省略・同格

Lesson 96

138 対比・逆接の while 「～だが」

You are rich, while I am poor.
君はお金持ちだが，僕は貧乏だ。

while 節は副詞節であり，060の図のように，主節の前後いずれにも置かれる。whileには「～している間」という意味に加えて，**〈対比・逆接〉**の意味もあるので，文脈から正しいほうを選ぶ。〈対比・逆接〉の場合は，**「～だが」「一方」「だが一方」**などと訳す。なお，主節の後ろにある副詞節は，060の図の矢印のように訳し上げる（後ろから前へと訳す）のが基本だが，〈対比・逆接〉の意味の場合は訳し下すのが基本。138基本例文でも，まずは主節を訳し，次に副詞節へと訳し下している。

» **While** cancer is a serious disease, treatments are improving.
がんは深刻な病気だが，治療法は進歩している。

1歩進んで while（〈対比・逆接〉の意味）の類義語に **whereas** がある。

» My mother likes tea, **whereas** I prefer coffee.
母は紅茶が好きだが，私はコーヒーのほうが好きだ。

139 one ～ the other ... 「（2つのうち）1つは～，もう一方は…」

I have two sisters. One is a doctor and the other is a nurse.
私には2人の姉がいる。1人は医者で，もう1人は看護師だ。

〈one ～ the other ...〉は2つのもの［人］について，**「1つは～，（残りの）もう一方は…」**の意味。2つ目は「（残りの）その1つ」に特定されるので，「その」を示す the を用いて the other となる（139基本例文参照）。

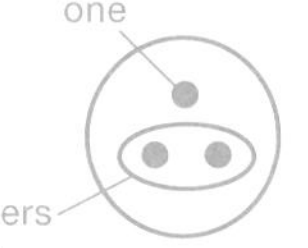

3つ以上のもの［人］について，**「1つは～，残るすべては…」**と述べる場合は，the others と複数形にし，〈one ～ the others ...〉とする。

» Among my classmates, **one** plays the piano and **the others** sing.
私のクラスメートのうち，1人がピアノを弾き，残りは皆歌う。

one
another
the other

同じく3つ以上のもの［人］について，1つ目を one で述べて，次に2つ目を指し示す際には another を用いる。another は an と other が1語になった語である。

» I have three cats: **one** is white, **another** (is) black, and **the other** (is) brown.
私は3匹のネコを飼っている。一匹は白で，もう一匹は黒，残りの一匹は茶色だ。
※この文のように，この構文の後半部分においては，しばしば前半との共通部分（is）が省略される。また，総数が3以上でも，「残りの1つ」という場合は単数形の the other を用いる。

Exercises

1 次の英文を和訳しなさい。

(1) Human behavior is mostly a product of learning, **whereas** the behavior of an animal depends mainly on instinct.

(2) **While** I don't like her, her works are really great.

(3) There are two doors in this room: **one** leads to the dining room and **the other** leads to the garden.

(4) All six cookies are gone, as I ate **three** and he ate **the others**.

2 (　　) 内の語(句)を並べ替えて，日本語の意味に合う英文を完成させなさい。

(1) 音は 1 秒に330メートル進むが，一方で光は 1 秒に30万キロ進む。
Sound (at / second, / 300,000 / light / per / 330 / per / travels / whereas / meters / at / second / travels / kilometers).

(2) キッチンのカウンターには 4 つの野菜がある。1 つはニンジンで，他のすべてはピーマンだ。
There are four vegetables on the kitchen counter. (and / green peppers / one / a / others / is / carrot, / the / are).

(3) ふつう，大阪の人はエスカレーターの右側に立ち，東京の人は左側に立つ。
Usually, (on / while / escalator, / Osaka / on / Tokyo / people / stand / the / in / side / in / people / side / stand / left / an / right / of / the).

3 日本語を英語に直しなさい。

(1) 私はこれは欲しくありません。別のものを見せてください。(8 語／this one)

(2) 私の 2 人の友達のうち，1 人は東京にいて，もう 1 人は京都にいる。(14語)

(3) 母はしばしば私のミスを見逃してくれるが，父はとても厳格だ。(12語／overlook, whereas)

4 次の文章を読んで，下線部を和訳しなさい。

The effects of music have been well reported in humans, and studies with domestic and other animals have revealed that music also has a powerful effect on them. <u>For example, studies showed that country music can calm horses **while** classical music helped cows produce more milk and improved the growth rate of chickens.</u>

Words & Phrases

1 (1) **a product of ...** …の産物，…の結果　**depend on ...** …次第である　**instinct** 本能　**2** (1) **per** …につき　(2) **green pepper** ピーマン　**3** (3) **overlook** …を大目に見る，…を見逃す　**4** **domestic** 人に飼われている　**reveal** …を明らかにする　**country music** カントリーミュージック（アメリカ南西部の音楽から発生した大衆音楽）　**calm** …を落ち着かせる　**cow** 雌牛　**growth rate** 成長率

Lesson 97

140 some ~ others ... 「～なもの［人］もあれば，…なもの［人］もある」

Some like cats, and **others** like dogs.
ネコが好きな人もいれば，イヌが好きな人もいる。

someは「いくつかのもの」「何人かの人」という意味で，ある集団の中の不特定の一部分（複数）を指す。othersは「他のいくつかのもの」「他の何人かの人」の意味で，同じ集団の別の不特定の一部分（複数）を指す。これらがセットで用いられ，〈some ~ others ...〉となる場合は，**「～なもの［人］もあれば，…なもの［人］もある」**と訳すのが基本。140基本例文も，「何人かの人はネコが好きで，他の何人かの人はイヌが好きだ」とすると不自然なので，上のように訳す。なお，この構文の後半部分においても，しばしば前半との共通部分が省略される。

» When going abroad, **some** enjoy sightseeing, and **others** shopping.
海外に行くと，観光を楽しむ人もいれば，買い物を楽しむ人もいる。
※ othersの後ろに前半との共通部分であるenjoyが省略されている。

一方，3つ以上のもの［人］について，**「何個［何人］かは～，残るすべては…」**と言いたい場合，「残るすべて」は特定されるので，the othersを用いて〈some ~ the others ...〉とする。

» **Some** of the students in the class failed the test, while **the others** passed (it).
クラスの何名かの生徒はそのテストに落ちたが，残りの全員は受かった。

141 either A or B 「AかBか（どちらか）」

I want to study **either** French **or** German at university.
私は大学ではフランス語かドイツ語のどちらかを学びたい。

orには2つのものを結ぶ機能もあるが，I want to study French, German, or Chinese. という文のorのように，3つ以上のものをつなぐ機能もある。orが2つのものを結んでいる場合，eitherをA or Bの前に置いて〈either A or B〉とすることにより，二択（＝**「AかBか」**）であることが明確になる。和訳の際に二択であることを明示したい場合は**「どちらか」**という言葉を入れる。

» We should **either** take a taxi **or** drive to the airport.
私たちは空港までタクシーに乗るか，車で行くべきだ。
※〈either A or B〉のAとBには文法的に対等な語句が置かれる。品詞はさまざまである。基本例文141のように名詞，この文のように動詞，あるいは他の品詞の語句が置かれることもある。

❗〈either A or B〉が主語である場合，動詞の形はBに一致させる。

» **Either** you **or** I am wrong. 君か僕のどちらかが間違っている。
※この文の動詞は，Aであるyouに合わせればareとなるが，近いほうのIに合わせてamを用いる。

Exercises

1 次の英文を和訳しなさい。

(1) **Some** board members agreed with the president's proposal but **others** didn't.

(2) **Some** were positive about the plan while **the others** were negative about it.

(3) **Either** David **or** Mary has to attend the next meeting.

(4) You can have **either** chicken **or** fish, but I would recommend the chicken.

2 (　　) 内の語を並べ替えて，日本語の意味に合う英文を完成させなさい。

(1) 映画館に行くのが好きな人もいるが，家で映画を見るのが好きな人もいる。
(watch / to / others / to / at / movie / some / theater, / the / movies / to / but / like / like / people / home / go).

(2) ダイエット中でなければ，赤ワインか白ワインを飲んでいいよ。
(or / can / diet, / white / you're / either / a / if / on / not / drink / you / red) wine.

(3) 大多数の人が，イヌかネコをペットとして選ぶ傾向がある。
(their / a / choose / cat / either / the / of / as / a / or / to / people / majority / dog / tend) pet.

3 日本語を英語に直しなさい。

(1) 彼女か私のどちらかに責任がある。(6語／responsible)

(2) 牛肉が好きな人もいれば，鶏肉が好きな人もいる。(8語)

(3) ショッピングを楽しむ人もいれば，観光を楽しむ人もいた。(6語／and)

4 次の文章を読んで，あとの問いに答えなさい。

The quality of translation software has greatly improved in recent years, thanks to new, fast-developing technologies. This (1)(to / many / has / people / led) start using machine translators. (2)**Some** depend on the technology for day-to-day activities, while **others** use it in their job.

(1) 下線部(1)を適切な順序に並べ替えなさい。

(2) 下線部(2)を和訳しなさい。

14 対比・列挙・例示

Words & Phrases

1 (1) board member 役員会のメンバー，役員　president 社長　proposal 提案　**4** fast-developing 急速に発展しつつある　day-to-day 毎日の，日常的な

Lesson 98

142 neither A nor B 「AもBも（どちらも）～ないI」

I can neither sing nor dance.
私は歌うことも踊ることもできない。

〈neither A nor B〉は**「AもBも（どちらも）～ない」**の意味で，AとBの両方を否定する表現。〈either A or B〉と同じく，AとBには文法的に対等な語句を置く。

› He drinks **neither** wine **nor** beer.
彼はワインもビールも飲まない。

❗〈either A or B〉が主語である場合と同じく，動詞はBに一致させる。

› **Neither** she **nor** I want to do the job.　彼女も私もその仕事をしたくない。

※ she ではなく I に一致させて，wants ではなく want を用いる。「〈either A or B〉も，〈neither A nor B〉も，動詞に近いほうに合わせる」とまとめて覚えればよい。

143 both A and B 「AもBも（どちらも）」

This book is both interesting and useful.
この本は面白くもあり役にもたつ。

2つのものを列挙する場合は，A and B で意味が伝わるが，その前に both を置いて〈both A and B〉とすると，「Aだけでなく，Bだけでもなく，この両方だ」ということが強調される。つまり**「AもBも（どちらも）」**というニュアンスになる。この構文でもAとBには文法的に対等な語句を置く。

› I like **both** dogs **and** cats.　私はイヌもネコも好きだ。

❗〈both A and B〉が主語である場合は，複数扱いになる。both は「両者」という意味なので，この語によって複数扱いとなると考えればよい。

› **Both** Tom **and** I are tired.　トムも私も疲れている。

※ Tom に一致させれば is, I に一致させれば am だが，複数扱いなので，いずれでもなく are を用いる。

一方，108 で扱った〈not only A (,) but (also) B〉「AだけでなくBも」は，Bに一致させるということに注意。

› **Not only** Tom **but also** I am tired.　トムだけでなく私も疲れている。

※ Tom に一致させれば is だが，I に一致させて am を用いる。

1歩進んで　〈both A and B〉の類義表現に**〈A and B alike〉「AもBも同じように」**がある。これも押さえておきたい。

› Children **and** adults **alike** will enjoy this movie.
子どもも大人も同じようにこの映画を楽しむだろう。

Exercises

1 次の英文を和訳しなさい。

(1) I could locate **neither** Lisa **nor** her mother.

(2) Octopuses are **both** highly intelligent **and** delicious sea creatures.

(3) **Both** Tom **and** Dick are optimistic rather than lazy.

(4) **Neither** excellent social skills **nor** a good command of English will guarantee success in this type of job.

2 (　　) 内の語を並べ替えて，日本語の意味に合う英文を完成させなさい。

(1) 魚料理も肉料理も私には魅力的でない。
(nor / to / the / the / appeal / fish / me / meat / neither / dishes).

(2) 物理を勉強することと友達を作ることの両方を目的として，私は大学に行った。
(university / study / friends / to / to / physics / make / went / both / I / to / and).

(3) 車とバイクの両方を持っているのですか。
(own / car / you / motorcycle / do / both / a / and / a)?

3 日本語を英語に直しなさい。

(1) 彼女は肉も魚も食べない。(6 語)

(2) 君も僕もどちらも正しい。(6 語)

(3) 彼も私もこの町に住んでいない。(8 語)

4 次の文章を読んで，下線部を和訳しなさい。

At Kodaiji in Kyoto, there is a very strange priest which is **neither** male **nor** female, old **nor** young, preaches very well, does not get paid anything, but cost a lot of money. It is a robot, called Mindar, and cost more than 100 million yen to develop in a joint project between the temple and Osaka University.

14 対比・列挙・例示

Words & Phrases

1 (1) **locate** …を見つける，…の居場所を突き止める　(2) **octopus** タコ　(3) **optimistic** 楽観的な **lazy** 怠惰な　(4) **command** [名] (言語を) 駆使する力　**guarantee** …を保証する　**2** (3) **motorcycle** オートバイ　**4** **Kodaiji** 高台寺 (京都市東山区にある寺)　**priest** 僧侶　**preach** 説教する　**get paid** 支払いを受ける　**joint** 共同の

Lesson 99

144 the same A as B 「Bと同じA」

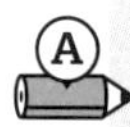

Four years ago, I purchased the same watch as this.
4年前，私はこれと同じ腕時計を購入した。

〈the same A as B〉は「Bと同じA」ということを述べるための表現。144基本例文ではBが名詞だが，この位置に〈V ...〉や〈S V ...〉が置かれることもある（〈S V ...〉の「...」には目的語の欠けがある）。この場合のasは関係代名詞だと考えられる。なお，sameの前には必ずtheが置かれる。

» On the island we saw many of **the same** birds **as** are seen in Japan.
その島で私たちは，日本で見られるのと同じ鳥をたくさん見た。
※ asの直後に述語動詞のareがあるので，asは主格の関係代名詞だと考えられる。

» This is **the same** jacket **as** he was wearing yesterday.
これは彼が昨日着ていたのと同じジャケットだ。
※ wearingの目的語が欠けているので，asは目的格の関係代名詞だと考えることができる。

❗ Bに〈V ...〉や〈S V ...〉が置かれるケースでは，asの代わりにthatが用いられ，〈the same A that B〉の形になることがある。

2つ目の類例 = This is **the same** jacket **that** he was wearing yesterday.

145 such A as B 「BのようなA」

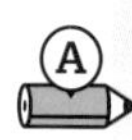

There are a lot of advantages to living in such a big city as London.
ロンドンのような大都市に住むことには多くの利点がある。

〈such A as B〉「BのようなA」もまた，Bの位置には名詞ではないものが置かれうる。〈S V ...〉が置かれている例も見られるが，〈V ...〉が置かれる例はほとんど見られない。

» She was **such** a teacher **as** every student needs.
彼女はすべての生徒が必要とするような教師だった。
※ needsの目的語が欠けているので，asは目的格の関係代名詞だと考えることができる。

» I want to create **such** a world **as** you have just described.
私はあなたが今ちょうど言ったような世界を創りたい。
※ describedの目的語が欠けているので，asは目的格の関係代名詞だと考えることができる。

1歩進んで Bが名詞，代名詞である場合は，〈such A as B〉を〈A(,) such as B〉に書き換えることができる。

145 = There are a lot of advantages to living in a big city **such as** London.

Exercises

1 次の英文を和訳しなさい。

(1) She works for **the same** company **as** I do.

(2) Many young students who subscribe to teen magazines tend to buy **the same** items **as** those the models have in the pictures.

(3) I want **such** a nice bag **as** this one.

(4) I can't buy an expensive car **such as** yours.

2 (　　) 内の語を並べ替えて，日本語の意味に合う英文を完成させなさい。

(1) 彼らは以前と本質的に同じ仕事に従事している。
(are / the / in / before / engaged / essentially / same / tasks / they / as).

(2) 彼はやせていて，あの人と同じくらいの身長だ。
(the / that / slim / same / guy / is / about / height / he / and / as).

(3) あなたのような人と知り合いになれて，私たちは本当に嬉しい。
(are / such / know / we / to / a / really / we / got / person / glad) as you!

3 日本語を英語に直しなさい。

(1) 私はあなたが持っているのと同じ腕時計を持っている。(8 語)

(2) あの車はこれと同じ車ではない。(9 語)

(3) 私のイヌは私たちが食べるような食べ物を好む。(8 語／prefer)

4 次の文章を読んで，あとの問いに答えなさい。

One mark of intelligence in elephants is the ability (　　) plan ahead. According to Indian farmers who keep elephants as work animals, they tie bells around their necks to keep them out of an area where they want to go, **such as** a banana plantation. However, some have figured out a way to silence the bells.

(1) (　　) を適語で埋めなさい。

(2) 下線部を和訳しなさい。

Words & Phrases

1 (2) **subscribe to ...** …を定期購読する　**teen** 10代（13〜19歳の若者）向けの　**2** (1) **be engaged in ...** …に従事する　(2) **height** [háɪt] 身長　**4** **mark** 特徴　**work animal** 労役に使う動物　**tie** …を結びつける　**keep A out of B** AをBに近づけないでおく　**banana plantation** バナナ農園　**figure out ...** …を考え出す　**silence** …の音を静かにさせる

Lesson 100

146 主格の of と目的格の of（名詞構文）

Was the invention of the smartphone a good thing for our society?

スマートフォンの発明は我々の社会にとって良いことだったのか？

AとB, 2つの名詞について〈A of B〉という構造があり，Aが動詞を起源にもつ名詞である場合，BはAの主体である場合と，客体である場合がある。つまり**「BがAする」**〈S V〉という意味関係である場合と，**「BをAする」**〈V O〉という意味関係である場合がある。次の2つを見てほしい。

① the death of the king「王の死」 ※「BがAする」〈S V〉の関係。
元となる表現は，the king died「王は死んだ」。この動詞 died を名詞の death に変え，主語の the king を of の後ろに置いた形。
※ the king's death のように所有格を用いて表すこともできる。

② the discovery of electricity「電気の発見」 ※「BをAする」〈V O〉の関係。
元となる表現は，discover electricity「電気を発見する」。この動詞 discover を名詞の discovery に変え，目的語の electricity を of の後ろに置いた形。

①の of を**「主格の of」**といい，②の of を**「目的格の of」**という。和訳は同じ「BのA」であっても，〈A of B〉のBは，Aの主体（主語）である場合もあれば，Aの客体（目的語）である場合もある。正反対の意味になりうるので，解釈に慎重を期す場合は，Aを動詞に戻し，Bを主語，目的語のいずれとして理解すべきかを考える。146 基本例文の the invention of the smartphone は，invent the smartphone に戻せる。よってこの of は目的格である。なお，戻した表現をそのまま和訳に反映させてもよい。つまり基本例文の主語は「スマートフォンを発明したことは」などとも訳せる。このような，動詞を起源とする名詞を中心とした表現を**「名詞構文」**という。

➤ **The late arrival of the train** ruined our travel plans.
電車の到着が遅れたことで私たちの旅行計画は台無しになった。
※ the late arrival of the train は，The train arrived late.「電車は遅れて到着した。」が元（of は主格）。

1歩進んで 目的格の of は，「…の」とは訳さずに「…に対する」と訳すか，AとBが漢語どうしであれば，〈B＋A〉の順番でそのまま結びつけると適切な和訳になることも少なくない。たとえば the worship of nature は，「自然の崇拝」とするよりも，「自然に対する崇拝」あるいは「自然崇拝」としたほうが，格段に適切な和訳となる。なお，この表現の元の形は worship nature「自然を崇拝する」である（worship は名詞と動詞が同形）。

Exercises

1 次の英文を和訳しなさい。

(1) The time of **the last appearance of the singer** on stage was October 1999.

(2) As many as 6,000 species are disappearing each year because of **the destruction of the forests**.

(3) In many modern societies there is **a legal definition of when someone is an adult**.

(4) Maps are **our visual representations of the world**, and they shape **our understanding of the world** in a lot of ways.

2 (　　) 内の語を並べ替えて，日本語の意味に合う英文を完成させなさい。

(1) ミスを回避することは私たちの最大の関心事だ。
(is / our / the / concern / avoidance / mistakes / primary / of).

(2) この球場を建設するのに約18億ドルかかった。
($1.8 / of / billion / the / about / stadium / cost / this / construction).

(3) 宗教的原理主義が台頭したことにより，国内および国家間の双方にさらなる緊張がもたらされた。
(of / further / countries / within / fundamentalism / rise / between / religious / the / to / tensions / led / and / both).

3 日本語を英語に直しなさい。

(1) 私の家族と親戚が反対したにもかかわらず，私は故郷を去ることに決めた。
Despite the (　　) (　　) (　　) (　　) and relatives, I decided to leave my hometown.

(2) 彼の風景描写はいつも生き生きとしている。
(　　) (d-　　) (　　) scenery is always vivid.

(3) 新しい社会を創出するためにはどんな手段が取られるべきだろうか。
What measures should be taken for the (c-　) (　) (　) (　) (　)?

4 次の文章を読んで，下線部を和訳しなさい。

<u>People across the world describe their thoughts and emotions, share experiences, and spread ideas through **the use of thousands of distinct languages**.</u> These languages form a fundamental part of our humanity. They determine who we communicate with and how we express ourselves.

Words & Phrases

1 (2) **as many as ...** …もの　(3) **definition** 定義　(4) **visual** 視覚の　**representation** 表現　**2** (1) **avoidance** 回避　(3) **fundamentalism** 原理主義　**tension** (個人・国家間の) 緊張状態　**3** (1) **relative** 親戚　(2) **scenery** 風景　**vivid** 生き生きとした，鮮明な　**4** **distinct** 異なった　**humanity** 人間性

Lesson 101

147 無生物主語構文

His decision to quit his job surprised everyone.
彼が仕事を辞めることを決心したのでみんなが驚いた。

無生物である主語を擬人的に用いている文を**「無生物主語構文」**という。無生物主語構文は，直訳すると不自然な日本語になってしまうことが多い。その際には主に，次のような操作を加えて自然な和訳にする。

① 目的語を主語として訳す。
② 主語を修飾語として訳す。
※この際に，主語が動詞起源の名詞（☞146）である場合は特に，名詞を動詞に切り替えて訳すとうまくいくことが多い。また，適切な言葉を補うべき場合も多い。
③ 動詞の訳を変える。あるいは動詞は訳さない。

147基本例文では，次のような操作をしている。

① 目的語のeveryoneを主語として訳している（「みんなが」）。
② 主語であるhis decision to quit his job（このto不定詞句は136で扱った「同格のto不定詞句」）を，「彼が仕事を辞めることを決心したので」と訳している。この部分は，「驚いた」に対する修飾語となっている。なお，この際には名詞decisionを，「決心した」と動詞として訳している。ちなみにhis decision to quit his job全体は，He decided to quit his job.「彼は仕事を辞めることを決心した。」という文に戻せる。
③ surprisedの訳を，本来の「驚かせた」から「驚いた」に変えている。

What makes you think so?
あなたはどうしてそう思うの？

上の例の〈make O *do*〉は，「Oに～させる」という意味（☞024）なので，この文を型通りに訳すと，「何があなたにそう考えさせるのか？」となり不自然である。したがって，目的語のyouを主語にして，主語のwhatを「どうして」とする（これにより，「思う」に対する修飾語となる）。動詞makeの「～させる」という訳は消す。

1歩進んで 無生物主語を型通りに訳して，日本語として問題ない場合は，そのままでよい。たとえばThe success changed him.という文は，「その成功が彼を変えた。」としても，文章では特に違和感がない（会話ではやや硬い）。もちろん，上の操作を加えて「その成功で［によって］彼は変わった。」としてもよい。

Exercises

1 次の英文を和訳しなさい。

(1) **The magazine** carried an article on the dangers of passive smoking.

(2) **Learning foreign languages** allows you to broaden your horizons.

(3) **A few minutes' walk** brought me to the park.

(4) **The newspaper** says that fifteen people died in the accident.

2 (　　) 内の語を並べ替えて，日本語の意味に合う英文を完成させなさい。

(1) 森林火災のためにその森にピクニックに行くのが不可能になった。
(forest / in / picnic / it / the / to / fire / impossible / made / a / go / the / on / woods).

(2) この写真を見ると祖母が私によく歌ってくれた歌を思い出す。
(to / song / reminds / sing / a / me / grandmother / picture / of / this / to / me / my / used).

(3) この本を読めばデータ分析の基本が学べる。
(analysis / will / of / teach / this / basics / data / book / you / the).

3 日本語を英語に直しなさい。

(1) バスのストライキのために私たちは学校に歩いて行かざるをえなかった。
The bus strike (f-　　) (　　) (　　) (　　) to school.

(2) なぜあなたは考えを変えたの？
What (c-　　) (　　) (　　) (　　) your mind?

(3) 去年，この国ではテニスの人気の高まりが見られた。
Last year (　　) an increase (　　) the popularity of tennis in this country.

4 次の文章を読んで，下線部を和訳しなさい。

English spelling is more regular than most people think. Researchers who analyzed 17,000 words found that no less than 84 percent of them were spelled according to a regular pattern and that only 3 percent were so unpredictable that they needed to be memorized. **Other studies** have reported similar results of 75 percent regularity or more.

Words & Phrases

1 (1) carry …を伝える　article 記事　(2) broaden …を広げる　horizon 視野，限界　**2** (1) wood(s) 森　(3) analysis 分析　basics 基礎，基礎的なこと　**3** (1) strike ストライキ　**4** spelling つづり方　analyze …を分析する　no less than ... …も（数量などが多いことを表す）　spell …をつづる　according to ... …に従って　unpredictable 予測できない　regularity 規則性

Lesson 102

148 形容詞から始まる名詞修飾語句

I have a hat similar to this.
私はこれに似た帽子を持っている。

形容詞のはたらきには，**① a white cat のように名詞を修飾する用法（限定用法）**と，**②〈SVC〉や〈SVOC〉の C となる用法（叙述用法）**の 2 つがある。**148** 基本例文の形容詞 similar は①に該当するが，similar が形成するまとまりが，後ろから名詞 hat を修飾している。次のような文法構造である。

この構造は，hat と similar の間に that[which] is を補うと理解しやすい。

148 = I have a hat that[which] is similar to this.

文中で〈(代) 名詞＋形容詞…〉という構造に出会った場合は，上のように読む可能性を常に頭に入れておく必要がある。

› The only person **taller than me in my family** is my son.
家族の中で自分より背が高い唯一の者は息子だ。
※形容詞 taller から family までのまとまりが，前にある名詞 person を修飾している。

❗〈(代) 名詞＋形容詞…〉の連なりであっても，形容詞が SVOC の C として用いられているケース（以下）もある。混同しないように注意。

This book made me [interested in Buddhism].
S V O C
（この本は私に仏教に興味をもたせた→）私はこの本を読んで仏教に興味をもった。

interested in Buddhism というまとまりは，たしかに me という代名詞の直後に存在するが，このmade は〈make O＋形容詞〉の形で第 5 文型で用いられる動詞（☞052'）なので，上のように解釈する。

1歩進んで 形容詞から始まるまとまりは，「〜て」「〜ので」などの言葉を用いて動詞を修飾させて訳す場合もある。これは054' で学んだ**「分詞構文（形容詞）」**の型である。

› **Unable to understand his French**, I couldn't reply.
彼のフランス語が理解できなかったので，私は返答できなかった。
※形容詞 unable から French までのまとまりは，動詞 reply に対する修飾語。

Exercises

1 次の英文を和訳しなさい。

(1) David was the only one **reluctant to accept my offer**.

(2) Imagine that you are standing in a room **full of people whom you have never seen before**.

(3) He answered the question in a way **understandable to all**.

(4) **Tired and sick**, he finally reached the village.

2 (　　) 内の語を並べ替えて，日本語の意味に合う英文を完成させなさい。

(1) 角館は古い武家屋敷で有名な町だ。
(for / houses / town / old / is / samurai / famous / Kakunodate / a).

(2) 私たちはいつも，新しい商品とサービスを創り出すことに熱心な人たちを探している。
(products / people / always / create / are / eager / services / we / new / looking / to / and / for).

(3) 十分な資金を集めることができなかったので，私たちはその事業計画を断念した。
(to / funds, / project / we / raise / abandoned / unable / the / sufficient).

3 日本語を英語に直しなさい。

(1) 父はほとんどの中古車よりも高価な腕時計を持っている。
My father has a watch (　　)(　　)(　　)(　　)(　　)(　　).

(2) これは若い女性にぴったりの本だ。
This is a book (a-　　)(　　)(　　)(　　).

(3) そのニュースに驚いて，彼女はしばらく口がきけなかった。
(　　)(　　)(　　)(　　), she couldn't talk for a while.

4 次の文章（オーストラリアの森林火災に関する文）を読んで，下線部(1), (2)を和訳しなさい

Fires in many parts of Australia started from September 2019. (1)Particularly hard hit was Kangaroo Island, off the coast of South Australia. Kangaroo Island is one of Australia's most important wildlife reserves, well-known for its variety of plants and animals. (2)Nearly half of the island, including its national park, was burned and a number of wildlife species **unique to Kangaroo Island** may be in danger of extinction due to the bushfires.

Words & Phrases

1 (1) **reluctant to *do*** ～することに気が進まない (2) **flourish** (植物が) 繁茂する **2** (3) **abandon** …をあきらめる **sufficient** 十分な **4** **hit** …に打撃を与える (活用：hit-hit-hit) **Kangaroo Island** カンガルー島 **wildlife reserve** 野生生物保護区 **a number of ...** 多くの… **bushfire** 森林火災，山火事

Lesson 103

149 副詞節・副詞句を修飾する副詞

I bought this computer only because it was cheap.
私は，ただ安かったという理由だけでこのコンピューターを買いました。

副詞が副詞節，副詞句を修飾する場合，節全体，句全体に対して前から修飾する。

副詞（修飾語）→ 副詞節／副詞句（節全体，句全体を修飾）

修飾語は，次のようなものであることが多い。

・only「ただ〜だけ」　just「単に〜だけ」　mainly「主に」　right「まさに」

これらによって修飾を受けるのは，主に次のようなものである。

・副詞節（＝従属節）
・副詞句
① to 不定詞句の副詞的用法のうち，「〜するために」と訳すもの
② 前置詞句（前置詞＋名詞／動名詞）
③ 群前置詞句（群前置詞＋名詞／動名詞）
※群前置詞とは，数語で前置詞の役割を果たす句。代表例は because of, in front of など。

149 基本例文は，only が副詞節を修飾している例である。

› I went to the store **only to buy** some tofu.　※ only＋to 不定詞句
私は豆腐を買うためだけにその店に行った。

› This book is suitable **mainly for** beginners.　※ mainly＋前置詞句
この本は主に初心者に適している。

› The principal was standing **right in front of** the school gate.
校長先生が校門の真ん前に立っていた。　※ right＋群前置詞句

1歩進んで 副詞ではなく，「数値・長さを表す表現」が修飾語として同じようにはたらくこともある。

› He arrived at the exam site **two hours before** the exam began.　※数値＋副詞節
彼は試験が始まる 2 時間前に，試験会場に着いた。

1 語に対して修飾を加えること（たとえば形容詞 beautiful に修飾語 very を加えたり，動詞 run に修飾語 fast を加えたりなど）はできても，上のように節全体，句全体に対して前から修飾語を加えるという組み立てを苦手とする人が多い。だが，このような構文はふだん接する英文で頻繁に見受けられるし，発信の際にも少なくない頻度で必要になるので，しっかり習得しておきたい。

Exercises

1 次の英文を和訳しなさい。

(1) Looking up, I saw a swan flying **right over** my head.

(2) **Just as** he was getting into the bathtub, all the lights went off.

(3) They can see well **even with** very little light.

(4) The highest point in the park is **100 meters above** sea level.

2 (　　) 内の語を並べ替えて，日本語の意味に合う英文を完成させなさい。

(1) 君の助けが必要な場合にだけ電話をするね。
I'll (you / need / help / if / call / I / only / your).

(2) メアリーが彼を愛しているのは，主に彼の美しさによる。
Mary (because / him / beauty / loves / his / mainly / of).

(3) 声がとてもいいということもあって，私は彼のことが好きだ。
I (very / him / good / voice / because / like / is / partly / his).

3 日本語を英語に直しなさい。

(1) 私が家を出て 5 分後に雨が降り出した（10語／it began で始める）

(2) 彼は自分の子どもたちのためだけに素敵な物語を書いた。(9 語／lovely)

(3) 彼女は多少のショッピングをするためだけにロンドンに行った。(6 語)
______________________________ do some shopping.

4 次の文章を読んで，下線部(1)，(2)を和訳しなさい。

(1)It is said that in 2018, the U.S. Mint, the place where money is produced in the United States, lost around $69 million **just through** making pennies. (2)It is reported that it costs the Mint two cents to produce each one-cent coin. This is due to the high costs of copper and zinc: the materials required to make pennies.

Words & Phrases

1 (1) **swan** ハクチョウ　(2) **bathtub** 湯船，浴槽　**go off** 消える　(4) **sea level** 海面　**4** **mint** 造幣局　**penny** 1セント硬貨　**copper** 銅　**zinc** 亜鉛

Lesson
104

150 文末に存在する，主語に対する修飾語

The time may come when robots create works of art.
ロボットが芸術作品を生み出すときが来るかもしれない。

130で述べた通り，英語では長い主語がそのまま文頭に存在するのを避ける傾向がある。主語自体が句や節で長い場合は，it で置き換え，句・節を文末に移動させることが多いが（形式主語構文。☞001・002），**主語に対して長い修飾語が加わっている場合は，修飾語を切り離して文末に移動させることがある**。こうすることで主語のまとまりを短くすることができる。

文末に移動させる

S [主語に対する長い修飾語] **V** ... .

150基本例文の元の形は次の通り。

150 = The time [when robots create works of art] may come.

[　　] の部分が time を修飾する形容詞節である（関係副詞節。☞087）。これが文末に移動している。このように，文末にどう理解すればよいか不明な句や節がある場合は，主語に対する修飾語である可能性を疑うようにする。

主語に対する長い修飾語は，具体的には次のようなものである。

- ☐ 関係代名詞節　☐ 関係副詞節　☐ to 不定詞句
- ☐ 同格の that 節　※前にある名詞を修飾していると考えることも可能なので，ここでは修飾語として扱う。
- ☐ 前置詞句　※前置詞の目的語が動名詞句であったり，前置詞の目的語に長い修飾語が加わったりすることによって，句全体が長くなっているものが中心。

» A young lady visited me yesterday **who wore a beautiful kimono**.
美しい着物を着た若い女性が昨日私を訪ねてきた。

» The fact cannot be denied **that she is a successful actor**.
彼女が成功した俳優だという事実は否定しえない。

» Their attempts failed **to stop the meaningless battle**.
その無意味な戦いを止めようという彼らの試みは失敗した。
※この to 不定詞句は〈同格の to 不定詞句〉（☞136）。

上の各類例の元の形は次の通り。

= A young lady [who wore a beautiful kimono] visited me yesterday.
= The fact [that she is a successful actor] cannot be denied.
= Their attempts [to stop the meaningless battle] failed.

それぞれ関係代名詞節，同格の that 節，to 不定詞句（[　　] で示した部分）が文末に移動している。

Exercises

1 次の英文を和訳しなさい。

(1) The view was wonderful **from the living room and upstairs bedroom**.

(2) Have you ever cried when a famous person died **whom you did not know personally**?

(3) A decision was made **to postpone the event**.

(4) On Sunday night, a man died **who, throughout his life, was an example of courage and dedication**.

2 (　　) 内の語(句)を並べ替えて，日本語の意味に合う英文を完成させなさい。

(1) 私たちが平和を手にする時が必ず来るだろう。
(will surely / we / have / time / come / the / will / when) peace.

(2) 彼女がそんなことをした理由は明らかではない。
(is / a / did / why / the / such / not / she / clear / reason) thing.

(3) その市長が自宅で撃たれたというニュースは即座に広まった。
(that / in / mayor / news / spread quickly / his / the / the / shot / was) home.

3 日本語を英語に直しなさい。

(1) 私たちが宇宙旅行を楽しむことができる時がじきにやってくるだろう。
The time will soon come (　　) (　　) (　　) (　　) (　　) (　　).

(2) 私たちの運命を決する時が来た。
The time has come (　　) determine (　　) (f-　　).

(3) 自分は死ぬのではないかという考えが彼女の頭をよぎった。
The thought flashed through her mind (　　) (　　) (　　) (　　) (　　) (　　).

4 次の文章を読んで，あとの問いに答えなさい。

(「私」は Katy たちとともに，ある公共施設の建物を維持するための募金活動を行っている。)

We tried hard, but (1)there were too few of us to collect much money. With a tearful face, Katy told me that they wouldn't be able to use the building much longer. I felt the need to do something more. (2)Then, the idea came to me **that other students might be willing to help**. Katy was delighted to hear this.

(1) 下線部(1)を that 節を用いて書き換えなさい。

(2) 下線部(2)を和訳しなさい。

Words & Phrases

1 (1) **upstairs** 階上の (4) **dedication** 献身 **3** (3) **flash** (心などに) ぱっと浮かぶ **4** **tearful** 泣き出しそうな **not ~ much longer** それほど長くは~ない **delighted** とても喜んで

15 名詞構文・無生物主語・修飾語

さくいん

※**太字の数字**は詳しい解説のあるページを表す。
※色つきの数字は別冊解答書のページ数を表す。

英語さくいん

T

文法さくいん

新・英語の構文150

英文校閲

Sue Fraser（英）

Andrew McAllister（米）

Chris Gladis（米）

古屋希亜（加）

校閲

長田 哲文

ナレーション

Katie Adler

James Ross-Nutt（Gaipro Inc.）

初　版
第 1 刷　1969年 2 月15日発行
第72刷　1977年10月20日発行
改訂新版
第 1 刷　1978年 2 月 1 日発行
第41刷　1981年10月20日発行
3 訂新版
第 1 刷　1982年 1 月20日発行
第65刷　1987年10月15日発行
新訂版
第 1 刷　1988年 1 月20日発行
第47刷　1993年11月20日発行
改訂版
第 1 刷　1994年 1 月20日発行
第30刷　1999年 9 月10日発行
New Edition
第 1 刷　2000年 1 月20日発行
第20刷　2003年 9 月30日発行
Second Edition
第 1 刷　2003年12月20日発行
第22刷　2012年 3 月15日発行
UPGRADED
第 1 刷　2011年11月 1 日発行
第30刷　2022年10月15日発行

2024年 8 月25日　第 5 刷発行
2023年10月20日　第 1 刷発行

著　者　澤　井　康　佑
発行者　谷　垣　誠　也
印刷所　共同印刷工業㈱

発行所　有限会社　美誠社

〒603-8113　京都市北区小山西元町37番地
Tel.(075)492-5660(代表)：FAX.(075)492-5674
ホームページ　https://www.biseisha.co.jp

乱丁・落丁本はお取りかえいたします。

装丁デザイン
吉野　綾（共同印刷工業株式会社）

ISBN978-4-8285-3378-0

新・英語の構文150

150 Structures for Production and Understanding

解答・解説

BISEISHA

CONTENTS

Lesson

1 It is ～ that ... / It is ～ 疑問詞＋ S′ V′

1 (1) **そのようなひどい自動車事故で死者が出なかったのは驚きだ。**

≫ 交通事故で死に至る場合，英語では受動態の〈be killed〉で表現する。これを「殺される」と訳すのは不自然なので，「死ぬ」「死者が出る」などと訳す。such a ... は「そのような…」と訳す。(青山学院大)

(2) **彼がここにいられないのは悲しい。**

≫ 真主語を形成する that が省略されていることを見抜く。S be here. は「S がここにいる［ある］」という意味。この be 動詞は「…である」ではなく，「ある・いる」という〈存在〉の意味。be 動詞の訳語の候補として，常にこの「ある・いる」を用意しておく。

(3) **確かに彼女には仕事の経験はないが，情熱に満ちている。**

≫〈It is true that ～ , but ... .〉は「確かに～だが，…。」の意味で，〈It is ～ that ...〉構文を用いた決まり文句である。自由英作文等でも利用価値が高い表現なので，そのまま覚えてしまうとよい。work experience「仕事の経験」は「実務経験」などと訳してもよい。be full of ... は「…に満ちている」「…でいっぱいだ」という意味。(日本大)

(4) **幸せでありたい［幸せになりたい］と誰もが願っていることは言うまでもない。**

≫〈It goes without saying that ～〉は「～は言うまでもない」の意味。本冊の **1歩進んで** で述べた，〈It is ～ that ...〉構文の be 動詞の代わりに，一般動詞（ここでは goes）が用いられた型である。これも決まり文句としてそのまま覚えてしまうとよい。本問の be は「…である」とも「…になる」とも解釈できる（be 動詞には become の意味もある）。

(桃山学院大)

2 (1) (**It is likely that he will win the election**).

≫ It is ～ that ... の「～」に likely を用いる。この likely は「ありそうな」「たぶん…だろう」という意味の形容詞。全体はオードソックスな形式主語構文の形。(九州産業大)

(2) (**It is said that industrious people despise laziness**).

≫〈It is said that ～〉「～と言われている」は多用される表現。ひとまとまりの表現として記憶するとよい。(東京理科大)

(3) (**It matters little how old you are**).

≫ matter を「重要である」という意味の動詞として用いることができるかということと，How old are you? という疑問文の are と you を入れ替えて，how old you are という形にして真主語の位置に置けるかがポイント。なお，このような疑問詞からはじまるまとまりを「間接疑問文」という（☞構文**081**）。

3 (1) **Is it true that** America once produced more cotton than any other country?

≫ 形式主語構文を yes-no 疑問文（yes か no かを問う疑問文）にしたものを表現できるかという問題。It is true that ～ . の it と is を入れ替えて Is it true that ～ ? とする。なお，yes-no 疑問文は「真偽疑問文」とも呼ばれる。真か偽かを問うからである。(愛知工業大)

(2) **It is impossible that** the letter has reached him so early.

≫ 形式主語構文を用いること，そして「ありえない」の英訳として形容詞 impossible が思い浮かぶかが問われている。なお impossible の逆の possible「ありえる」を用いて，It is not possible（that は省略），It's not possible that とすることもできる。(東北工業大)

(3) (It) (is) obvious (why) she came back.

≫ it は形式主語で，why she came back が真主語。この why 節も間接疑問文。元の疑問文は次の通り。

Why did she come back?　なぜ彼女は戻ってきたのか？

この文の did を消去し，come を過去形の came にしたものが，本問の真主語。

4 **和訳** 下線部参照。

≫ 文頭の it は形式主語で，why から文末まで真主語。

≫ 真主語の why 節の中に which might even lead to their death という関係代名詞節が内包されている。この関係代名詞節は risky activities を修飾する。

英文解釈

Teens are old enough to know [that serious outcomes stem from risky decisions]. So **it** is a mystery [**why** many teenagers take part in risky activities (which might even lead to their death)]. For example, the risk (of terrible injuries) is dramatically increased 〈in the event of a crash〉〈when one rides in a car 〈without wearing a seatbelt〉〉.

old enough to know（☞構文020）／ stem from …に起因する／ it 形式主語／ why 真主語／ take part in …に参加する／ which 関係代名詞／ lead to …に至る／ For example たとえば／ the risk S／ is dramatically increased V／ in the event of …の場合に／ one （一般に）人／ without wearing …を付けずに（☞構文036）

和訳 ティーンエイジャーたちは，深刻な結果というものは危険な決定に起因するということがわかるのに十分な年齢だ。<u>だからなぜ多くのティーンエイジャーたちが死に至りさえするかもしれない危険な活動に参加するのかは謎である。</u>たとえば，シートベルトをしないで車に乗っていると，衝突した場合にひどいけがをする危険性が劇的に増える。（東京都市大）

[第 1 文]（Teens are old ...）

≫ old enough to know の部分は構文020で扱う〈形容詞／副詞＋enough to *do*〉「～するのに十分…だ」の構文。

[第 3 文]（For example, the ...）

≫ is ～ increased の直訳は「増やされる」だが，これでは不自然なので，「増える」とする。このように，受動態を「～される」「～されている」と訳さない場合は多い。

≫ when 節の主語 one は「（一般的な）人」の意味。訳さないほうが自然な和訳となる。when 節は is increased あるいは前にある文（主節）全体を修飾する。

図解の記号：[名詞]（ 形容詞 ）〈 副詞 〉

It is ... to *do* / It is ... for A to *do*

1 (1) **あなたがそのようなミスをするとは驚きだ。**

≫この意味上の主語の for you は「あなたにとって」ではなく「あなたが」と訳すと自然な訳になる。

(2) **混雑した店にいるときは，応対してくれる人を見つけるのが難しいことがよくある。**

≫wait for ... は「…を待つ」の意味だが，wait on ... は「…に応対する，…に給仕する，…の用を聞く」の意味になることに注意。to wait on us は，someone を修飾する形容詞的用法の to 不定詞句。someone にかかることを意識して訳す。文の直訳は「私たちが混雑した店にいるときは，私たちに応対してくれる誰かを見つけるのがしばしば難しい」だが，これは一般論なので，we, us に対応する訳（下線部）はカットしたほうが自然。often の訳語は「しばしば」のままでも問題はないが，工夫して「ことがよくある」としてもよい。（明治学院大）

(3) **君はそんなにも速く運転することが危険だとわからないのか？**

≫Can't you ～から始まる否定疑問文。understand の目的語が that 節であり，この節の内側に形式主語構文が存在する。

(4) **病人にそんなことを言うなんて彼は思いやりがなかった。**

≫意味上の主語が of A で示されている文は，「～するなんて［とは］A は…だ」と訳す。なお heartless はやや難しい語だが，heart「心」が -less「ない」（cf. endless「終わりのない」）から「心がない」→「思いやりがない」と類推できる。（早稲田大）

2 (1) (**It may be easy to solve the problem**).

≫述語部分に助動詞 may が加わった形式主語構文を組み立てる。

(2) (**It is sometimes difficult to be completely**) honest.

≫always や sometimes のような頻度を表す副詞は，「一般動詞の前，be 動詞の後ろ」で用いる。本問では be 動詞である is の後ろで用いる。

(3) (**It shocked me to learn that she had died**).

≫解答の英文の直訳は「彼女が死んだことを知ったことが私にショックを与えた」だが，これでは不自然であり，ここから工夫されたものが問題文として示されている。
このように，問題文は解答となる英文の直訳でないことがよくあるので，この点にも気をつけながら問題に当たらなければならない（上記の工夫については「無生物主語構文」で扱う［☞構文147］）。learn には「学ぶ」「習得する」という意味だけでなく，「知る」「聞く」という意味もあることに注意（英和辞書を参照のこと）。

3 (1) **It will be necessary for you to** have some injections before the trip.

≫〈It is ... for A to *do*〉「A が～することは…だ」の型を用いる。推量の意味「だろう」は，助動詞 will で表現する。「必要だ」を意味する necessary は，綴りも含めて確実にアウトプットできるようにしたい。

(2) **It is natural for babies to cry** when they are hungry.

≫to が与えられているので，これも〈It is ... for A to *do*〉の型を使う。「当たり前だ」という意味の形容詞 natural と，to 不定詞の意味上の主語を表すための前置詞 for を出せるかがポイント。（桜美林大）

(3) **It is rude of you to leave[go]** so early.

≫「～するなんて［とは］A は…だ」という内容を，rude「失礼な」という性格・性質を表す形容詞を用いて表すので，to 不定詞の意味上の主語を示す語として，of を用いる。for ではないことに注意。「帰る」は leave が最もよいが，go でも可能。

4 **和訳** 下線部参照。

≫文頭に it があり，後ろに for ... と to 不定詞句があることから，意味上の主語が加わった形式主語構文だと判断する。

≫真主語は to lose a British patent まで。

≫if 節は文全体の動詞 is (possible) を修飾する。

≫owner は「所有者」の意味だが，「特許」についての話題なので，「(特許の) 所有者」を指す。

英文解釈

Patents（特許） are granted（与えられる） by the patent office（特許庁） of a government. A patent is only good（有効な） for a limited time. 〈In the United States〉 a patent is good for 17 years. In Great Britain it (= a patent) is good for 16 years. **It**（形式 S） is（V） possible（C） **for an owner**（意味上の主語） [**to lose** a British patent]（真 S） 〈if he does not make use of（…を利用する） the invention〉.

和訳 特許は政府の特許庁によって与えられる。特許は限られた期間しか有効でない。アメリカでは特許は17年間有効である。イギリスでは16年間である。<u>(特許の) 所有者が発明を利用しない場合，イギリスでは特許を失う可能性がある。</u>(都留文科大)

[第 2 文] (A patent is ...)

≫この good は「良い」ではなく「有効な」という意味。他に「有利な，都合のいい」という意味も押さえたい。

ex. What time is good for you?　何時が都合いいですか？

Lesson 3 It takes (＋人)＋時間＋to *do* / It costs (＋人)＋金額＋to *do*

1 (1) **あなたのデビューアルバムを制作するのに，なぜそんなに長い時間がかかったのですか。**

≫〈It takes (＋人)＋時間＋to *do*〉「(人が) ～するのに…の時間がかかる」の構文が，why 疑問文に組み込まれた例。long は long time の意。does ではなく did が用いられているので，「かかる」ではなく「かかった」と訳す。

(2) **あなたがこの本を翻訳するのにどれくらいの時間がかかりましたか。**

≫how long を用いて，要する時間を問う際は，〈How long does it take (＋人) to *do*?〉「(人が) ～するのにどれくらいかかりますか。」の形となるが，これも過去の話なので does ではなく did が用いられている。(駒澤大)

(3) **私が新しいトラックを買うのに10万ドル以上かかるだろう。**

≫be going to *do* には〈意志〉〈予定〉だけでなく，〈予測・予想〉「～だろう，～しそうだ」の意味もある。これは盲点になりがちなので注意したい。例を 1 つ挙げる。

ex. It is going to rain tomorrow. 明日は雨が降りそうだ。

〈over＋数値〉は「～以上」という意味 (厳密には「数値」で示された値は含まないが，ここでの over $100,000はざっと概算を示しているだけなので「以上」と訳して問題ない)。なお，陸上競技の「トラック」は，truck ではなく track。(日本大)

(4) **私たちが 1 週間ここに滞在するのにいくらかかるだろうか。**

≫how much を用いて要する金額を問う場合，〈How much does it cost (＋人) to *do*?〉「(人が) ～するのにいくらかかりますか。」の形となる。ここでは現在形の does の代わりに will が用いられているので「だろう」という訳を加える。

2 (1) (**It took her three years to speak Japanese well**).

≫「彼女が」の her は，three years の前に置く。(徳島文理大)

(2) (**How long will it take you to get here**)?

≫how long を用いて要する時間を問う疑問文を完成させればよい。これからのことを尋ねているので，how long の直後に does でも did でもなく，will を置く。get here は「ここに着く」の意味。get は極めて訳語の多い動詞である。

(3) (**Why does it cost so much money to own a house**)?

≫**1** の(1)は，時間がかかった理由を why で問う文だったが，本問は why を用いてお金がかかる理由を問う文。why does it cost のまとまりを組み立てられるかがポイント。so much money「そんなに多くのお金」は，たとえば very cold water と同じように〈副詞 (直後の形容詞を修飾する)＋形容詞 (直後の名詞を修飾する)＋名詞〉という連なり。

3 (1) **It might[may] take you months to realize** the importance of this project.

≫「時間を要する場合は take，金額の場合は cost」ということをはっきりと意識して，この問題では take を容易に出せるようにしたい (ここでは「かもしれない」とあるので，take の前に might [may] を置く)。また「君が」なので，take の直後に you を置く。なお「数カ月」は months のみで表現できる。(中央大)

(2) **It cost her 1,000 yen to send** the package.

≫こちらは金額なので，用いる動詞はcost。costの活用はcost-cost-costである。「彼女が」を示すために，costの直後にherを置く。

(3) **How much does it cost to** get a driver's license?

≫金額を問う際，how muchはすぐに出せても，その後ろの部分をアウトプットするのが困難なことが多い。ここでもdoes it cost to *do* は出しにくい。繰り返し音読・筆写をして，スムーズに出せるレベルに高めたい。

4 **和訳** 下線部参照。

≫〈It takes（＋人）＋時間＋to *do*〉は「（人が）～するのに…の時間がかかる」。「人」の部分にmeが置かれ，「時間」の部分にa little while「少しの間」が置かれている。

英文解釈

One (S) of the many things (that (目的格の関係代名詞) I love about Japan) is (V) its efficient public transportation system (C) (公共交通機関). You can get (行く) almost anywhere in the country 〈easily and cheaply〉 〈on trains and buses〉. However, 〈when I first arrived in Japan〉, **it** (形式S) **took** (V) **me** (O_1) a little while (O_2 少しの間) [**to get used to** (真S　～に慣れる（→構文**042'**）) planning my journeys (移動)].

和訳 私が日本に関して大いに気に入っている多くのことのうちの1つは，その効率的な公共交通機関だ。日本では簡単にそして安く電車やバスでほとんどどこにでも行くことができる。しかし私が初めて日本に着いたときは，移動の計画を立てるのに慣れるまで少し時間がかかった。（関西大）

［第1文］（One of the ...）

≫thatは目的格の関係代名詞。loveの目的語としてはたらく。

［第2文］（You can get ...）

≫このyouは一般論を語る際に用いられるものであり，「あなた」とは訳さない。

≫getは最も多くの意味をもつ動詞の1つである。「行く」「来る」という意味もある。ここでは「行く」。

Lesson
4 it follows that ～ / It is＋距離（＋from A）to B

1 (1) **彼女の発言から，彼は罪を犯しているということになる。**

≫ この what は，「こと」と訳す関係代名詞の what（☞構文089）。what she says は「彼女の言うこと」であり，解答はここから工夫して「彼女の発言」とした。なお，「彼女の発言からすると」と訳してもよい。

(2) **君の職場から自宅まで10マイル以上ありますか。**

≫ 距離を表す〈It is＋距離＋from A to B〉「A から B まで～の距離だ」の文が yes-no 疑問文（真偽疑問文）となったもの。

(3) **ここからその郵便局まではどれくらいの距離ですか。**

≫〈How far is it from A to B?〉は距離を尋ねる表現で，「A から B までどれくらいの距離ですか。」の意味。（神奈川工科大）

(4) **体を動かすことは，ストレスレベルにも影響を与えうる。したがって，健全な心は健康な体を必要とするということになる。**

≫ It follows that の根拠は，(1)では from what she says の部分だったが，本問では前文である。このような場合は「したがって」「だから」などの言葉でつなぐとよい。1 文目の impact は名詞ではなく，助動詞 can の後ろにあるので動詞であると見抜く。英語では名詞と動詞両方の意味を持つ語が極めて多い。なお，この can は〈可能〉（～できる）ではなく，〈可能性〉（～でありうる［ありえる］）の意味。2 文目の mind には「頭脳」と「心」の両方の意味があるが，文内容から後者だと判断する。（愛知県立大）

2 (1) (**It is ten kilometers from here to the**) station.

≫ 距離を表す表現の最もオーソドックスな型，〈It is＋距離＋from A to B〉「A から B まで～の距離だ」を用いる。

(2) (**It was a long distance from our hotel to our**) destination.

≫ (1)と同じ型の文だが，述語は過去形。

(3) There was heavy rainfall last night. (**It follows that the roads are still wet**).

≫ 問題文の「ということは，～ということになる」の部分から，it follows that という連なりを組み立てられるかがポイント。判断の根拠が前文である例。

3 (1) **It is about five hundred meters from here to** the nearest post office.

≫ 距離を表す表現の最もオーソドックスな型，〈It is＋距離＋from A to B〉「A から B まで～の距離だ」を用いる。「大体」は「およそ，約」と読み換えて about でよい。

（藤田女子大）

(2) **How far is it from** Ishigaki Island to Iriomote Island?

≫ 距離を尋ねる表現〈How far is it from A to B?〉「A から B までどれくらいの距離ですか。」を用いる。（愛知学院大）

(3) (**It**) (**follows**) (**from**) his story (**that**) she was not in Tokyo last night.

≫ it follows と that の間に，判断の根拠を示す from ... を挟んで置けるかが問われている。It follows that ～という流れだけでなく，it follows from ... that ～という流れも作れるようにしたい。follow に三単現の -s を加えることを忘れないように。

4 **和訳** 下線部参照。

» it follows that ～ の型。第 1 文を根拠にして,「(当然／必然的に) ～ということになる」ということを述べている。ただし, that 以下がシンプルな〈S′ V′...〉ではなく,〈if 節 + S″ V″...〉であり, さらに ... の部分に how 節もあり, 結果として that 節 (that からはじまるまとまり) が長く, 文末に及んでいることに注意。

» are seeking は進行形。進行形には〈進行〉の意味だけでなく,〈予定〉や〈意志〉の意味もある。ここは〈意志〉の意味で解釈する。seek to *do* で「～しようとする」の意味なので, if we are seeking to *do* の部分は「私たちが～しようというのなら」などと訳すとよい。

» reflect on の目的語が how 節になっている (この how は「名詞節を形成する関係副詞」である [☞構文 **088**])。この how 節は「～の方法」「～の仕方」と訳す。

» the current generation of children は〈A of B〉という型だが, この型は「B の A」と訳すと不自然な場合は「A の B」と訳す。この例でも「子どもたちの今の世代」と訳すのは不自然なので, 前から訳して「今の世代の子どもたち」とする。

英文解釈

The way (^(that) adults treat their children) shapes the way (^(that) those children will, 〈in turn〉, treat the next generation 〈when they become adults〉).

(The way: S / adults: S′ / treat: V′ 扱う / their children: O′ / shapes: V / the way: O / those children: S′ / will ... treat: V′ / in turn: 今度は / the next generation: O′ / they: S′ / become: V′ / adults: C′)

It follows that 〈if we are seeking to create a more gentle, humanistic world〉 we adults need [to pause and reflect on [how we interact with the current generation of children]].

(seeking to: ～しようとする / humanistic: 人間らしい / we = adults: S′=同格関係 / need: V′ / to pause ...: O′ / reflect on: …を熟考する / how ...: on の目的語 / interact with: …と交流する / current: 今の)

和訳 大人が子どもたちをどう扱うかによって, 今度はその子どもたちが大人になったときに次の世代をどう扱うかが決まってくる。<u>だから, もし私たちがより優しく人間らしい世界を作ろうというのなら, 私たち大人は一旦立ち止まって, 今の世代の子どもたちとの接し方についてじっくり考える必要があるということになる。</u>(関西学院大)

[第 1 文] (The way adults ...)

» shape という語には, 名詞 (「形」) だけでなく, 動詞の意味もある。ここでは「…を形作る, …を方向付ける」という意味の動詞。

» 2 回登場する way のいずれも, 直後に関係副詞の that が省略されている (way を修飾する関係副詞の that および, これの省略については, 構文 **087′** で扱う)。way は「方法」という意味なので, この文の大まかな直訳は「～の方法は, …の方法を形作る」だが, **和訳** ではここから工夫してある。

Lesson **5** **It has been[is] ... since S′＋過去形 / It+be 動詞 ～ before ... / It won't be long before[until] ～**

1 (1) **私が故郷を去ってから10年以上が経つ。**

≫ この has been を「経つ」と訳せるかどうかがポイント。または「10年以上になる」としてもよい。(日本女子大)

(2) **奴隷制度が違法になってから１世紀以上が経つ。**

≫ この is を「が経つ」または「になる」と訳す。illegal は「違法の」「非合法の」。slavery was made illegal の部分は，構文**052′**で扱う〈make O＋形容詞〉「O を～にする」の受動態。直訳は「奴隷制度が違法にされる」だが，これではやや不自然なので「奴隷制度が違法になる」とする。(名城大)

(3) **私が英語をすらすらと話せるまで長くかかるだろうか。**

≫ will が用いられているので，単に「かかる」ではなく「かかるだろう［でしょう］」と訳す。そして疑問文なので「かかるだろうか［でしょうか］」とする。

(4) **まもなくそのグループはとても人気が出るだろう。**

≫〈It won't be long before[until] ～〉「まもなく～だろう」は，１つの成句として覚える。また，group の後ろの is は become の意味。「人気になる」と訳してもよいが，解答では「人気が出る」とした。(明星大)

2 (1) **(Is it more than ten years since you bought this house)**?

≫ 疑問文なので is it の語順とする。

(2) **(It has been 12 years since we)** last met.

≫ It is 12 years since ～でも同じ意味が表せるが，与えられた語句より It has been ～とする。なおこの文の last は「最後の」という形容詞ではなく，「最後に」という意味の副詞。(北海道医療大)

(3) **(It was not long before the young man became aware of the danger)**.

≫「程なくして」は「長くない（＝not long)」と置き換え，全体を「その若者が危険に気づくまで長くはかからなかった」と読み替えれば構文**008**の〈It＋be 動詞 ～ before[until] ...〉「…まで～かかる」が使える。「に気づいた」の部分については，be aware of ... で「…に気づいている」という意味だが，問題文は「気づいた」なので，「…に気づいている状態になった」ということだと解釈し，be の位置に became を置き，became aware of ... とすればよい。danger については，問題文は「その危険」となっていないが，the が１つ余るので，the danger とする。このように，冠詞や my や your などの所有格の代名詞は，和訳に反映されていないことが多いため，問題を解く際には注意が必要になる。

(亜細亜大)

3 (1) **(It)** **(is)** ten years **(before[until])** you master this technique.

≫「かかる」を，is を用いて表現できるかがポイント。

(2) **(It)** **(will[would])** **(be)** a long time **(before[until])** I can buy a car.

≫「かかるだろう」なので，It の後ろに推量の will[would] を置き，原形の be を続ける。

(3) **It is[It's been] 15[fifteen] years since** his death.

≫（５語）という指定があるので，It is を用いればよいが，短縮形を用いて It's been としてもよい。since の後ろは〈S′ V′ ...〉ではなく名詞のみなので，この since は前置詞。since は前置詞と接続詞のどちらも使いこなせるようにしたい（接続詞の場合は後ろに〈S′

V′...〉が続く)。

4 **和訳** 下線部(1), (2)参照。

» (1) even if ～ は「たとえ～でも」(☞構文**065**)。even if 節の最後の語は contingency。これはカンマがあるので見抜きやすい。

» it will be years before ～ は, 〈It＋be 動詞 ～ before[until] ...〉「…まで～かかる」の構文。ここでは…に当たるものが year の複数形の years。これは「何年も」の意味なので, 全体は「～まで何年もかかる」という意味になる。

» the systems are fully in place の are は, become の意味で取る。したがって, この部分の直訳は「そのシステムが完全に機能している状態になる」だが,「機能している状態になる」は「機能する」としたほうが自然な訳となる。

» (2) 文全体は, 構文**003**で扱った〈It takes (＋人)＋時間＋to *do*〉「(人が) ～するのに…の時間がかかる」の型。take の前に would があるので「～だろう」と推量している。「時間」に当たる部分には decade の複数形の decades が置かれている。これは「何十年も」の意味。

» in operation は, 直前の名詞 planes を修飾する。よって「稼働中の」と訳す。

英文解釈

〈Even if engineers create automated systems (that can handle every possible contingency)〉, **it will be** years **before** the systems are fully in place. In aviation, it would take decades [to replace or retrofit the thousands of planes (in operation)].

- Even if：たとえ～でも (→構文**065**)
- automated：自動の
- that：主格の関係代名詞
- contingency：不慮の出来事
- it will be years before：～まで何年もかかる
- in place：機能している
- aviation：航空機産業
- it：形式 S (☞構文**003**)
- to replace ...：真 S
- retrofit：改良する
- in operation：稼働中の

和訳 (1)たとえエンジニアがありとあらゆる不慮の出来事に対処できる自動システムを作り上げたとしても, そのシステムが完全に機能するまで何年もかかるだろう。(2)航空機産業では, 何千機もある稼働中の航空機を交換したり, 改良したりするのに何十年もかかるだろう。

(浜松医科大)

図解の記号：[名詞] (形容詞) 〈 副詞 〉

Lesson 6

seem[appear] to *do*

1 (1) **私たちには，これが最高の方法のように思える。**

≫ to us があるので，「私たちには，私たちにとっては」を和訳に入れる。ただ，この言葉を入れた場合，seems を「～のようだ」と訳すと文意が伝わりにくいので，「～に思える」とする。

(2) **彼女はとても忙しいようだった。**

≫ appear には「現れる」という意味もあるが，to が後続する場合は seem と同じ「～のようだ」「～のように思える」という意味になる。本問では過去形で用いられているので「～のようだった」と訳す。

(3) **彼らはローマで楽しい時を過ごしたようだ。**

≫ have a good time は「楽しい時を過ごす，楽しく過ごす」。seem は現在形で that 以下は過去形なので，思っているのは現在，思っている内容は過去。(関東学園大)

(4) **彼は映画を見る以外は何も好きではないようだ。**

≫ except は「…以外」という意味の前置詞。問題文の except watching movies の部分は〈前置詞＋動名詞〉の形（☞構文035）。(中央大)

2 (1) (**She seemed to have finished the job the day**) before.

≫ 語群に it がないので she が主語になると判断する。「前日に終えていた」なので，seemed の時点よりも過去のことだということを示す必要がある。そのために have を用いて to have finished とする。本冊 p. 26の図の④に当たる表現。「前日に」は the day before。なお，it で始めると次のようになる。

＝It seemed that she had finished the job the day before.

(2) (**He seems to have been a very popular actor when he was**) young.

≫ 推量している時点が現在であり，推量の内容が過去のことなので，ここでも have を用いる。本冊 p. 26の図の②に当たる表現。it で始めると次のようになる。

＝It seems that he was a very popular actor when he was young. (南山大)

(3) (**It seemed that she knew nothing**).

≫ 本冊 p. 26の③に当たる内容を it と that を用いた形で表現したもの。she で始めた場合は，次のようになる。

＝She seemed to know nothing.

3 (1) **It seems that he knows her phone number.**
彼は彼女の電話番号を知っているようだ。

≫ seem が現在形で to の後ろに have がないので，本冊 p. 26の①に当たる表現。that 節の内部の動詞も現在形を用いる。

(2) **It seems that Meg met Jake last night.**
メグは昨晩ジェイクに会ったようだ。

≫ seem は現在形だが，to have met なので，本冊 p. 26の②に当たる表現。過去のことを推量しているので，that 節の内部の動詞は過去形となる。

(3) **He appeared to have changed his mind.**
彼は自分の考えを変えたようだった。

≫ appear が過去形であり，that 節の内側に had が存在しているので，〈過去の時点から，

さらに過去を推量している形〉であり，本冊 p. 26の④の形を用いる。（立教大）

なお，これらの書き換えは容易ではなく，大半の人が困難を感じる部分である。最初からできなくても問題はない。本冊 p. 26を熟読して，繰り返し Exercises 問題を解き，今後マスターしていけばよい。

4 (1) that men and ～ from different sides まで。(2) **和訳** 下線部参照。

≫(1) 構文**001** で扱った形式主語構文。

≫(2) 〈seem to *do*〉が用いられた文。主語が no one なので「誰も～ないようだ」と訳す。

英文解釈

It is a strange fact [that men and women button up shirts and jackets from different sides]. The buttons (on a man's shirt) are on the right side, while 〈on a woman's shirt or blouse〉, the buttons are on the left. Why is that? No one **seems to know** for sure, but there are several theories.

（It＝形式S（＝that 以下）／that men and women ～＝真主語／button up＝…のボタンを留める／The buttons＝S／are＝V／while＝一方（☞構文**138**）／the buttons＝S′／are＝V′／that＝前文の内容／No one＝誰も～ない／for sure＝はっきりと／theories＝説）

和訳 男性と女性がシャツやジャケットのボタンを違う側から掛けるのは奇妙な事実だ。男性のシャツのボタンは右側にあり，一方，女性のシャツやブラウスでは，ボタンは左側にある。なぜそうなっているのだろうか？ (2)誰もはっきりとはわからないようだが，いくつかの説がある。（阪南大）

[第2文]（The buttons on ...）

≫S V, while S′ V′. という構造で，S V と S′ V′が対照的な内容である場合は，「S V だが，一方 S′ V′」と訳し下す（前から後ろへ訳す）。この while については，構文**138** で扱う。

[第3文]（Why is that?）

≫this, that には，前の文を受ける用法がある。この文の直訳は「なぜそのようなことがあるのか？」。is は「ある」の意味で取ればよい。ここから工夫して「なぜそうなっているのだろうか？」とする。

Lesson 7

learn to *do* / come[get] to *do*

1 (1) **最初は，彼女は彼のことが好きではなかった。しかしのちに彼を愛するようになった。**

≫ at first は「最初は」「初めは」。後に変化が起こる含みがあり，この文のように後ろに but や later などを伴うことが多い。(東京家政大)

(2) **彼の名前はパリの皆に知られるようになった。**

≫ came to の後ろが受動態なので，「知るようになった」ではなく「知られるようになった」と訳す。

(3) **手っ取り早く満足することが重んじられるようになった社会において，人々は電子メールに魅了されている。**

≫ where 節（where から valued までのまとまり）は，直前の society を修飾する（この where については構文087で扱う)。本問においても，come to の後ろが受動態であることに注意。(学習院大)

(4) **いつになったら彼は奥さんの言うことを聞くようになるのだろう。**

≫ listen to の後ろに「人」を表す語が置かれた場合は，「…の言うことを聞く」「…の話に耳を貸す」という意味になる。

2 (1) (**She came to understand the importance of mental health**).

≫「心の健康」は mental health。

(2) After 25 years, (**he came to realize that she had never loved him**).

≫「悟るに至った」は「悟るようになった」ということなので，came to realize で表現する。「彼女が彼を愛したことはなかった」の部分は，過去のある時点を基準にして，「それまで～したことはなかった」という未経験について語っている。「未経験」の意味は，完了形の否定形で表すことができる。本問では，基準となる時点が過去なので，現在完了の否定形ではなく過去完了の否定形を用い，had never loved him とする。(桜美林大)

(3) (**We learn to like complex tastes over**) time.

≫ over time で「時間と共に」「時が経つにつれて」の意味になる。(同志社大)

3 (1) **How did you come[get] to know** the person?

≫「どのように」「どうやって」の意は how を用いて表す。この意味の how は，「どれくらい」という意味の how（たとえば How old is he? などの how。how の直後に形容詞，副詞が存在する）に比べて苦手とする人が多い。どちらの意味の how もスムーズに使えるようにしたい。「…と知り合いになる」は「(自然に) …を知るようになる」ということ。〈come[get] to *do*〉で表す。(南山大)

(2) **How did you learn to speak** English?

≫ (1)同様，how を用いて表せばよいが，ここでは「英語が話せるようになる」なので，「自ら学んで～できるようになる」というニュアンスを持つ〈learn to *do*〉を用いねばならないことに注意。

(3) **Why did coffee come to be loved** by Americans?

≫「愛されるようになる」は受動態なので，come to be loved とする。受け身の意味では〈learn to *do*〉や〈get to *do*〉ではなく〈come to *do*〉を用いて〈come to be＋過去分詞〉とするのがふつう。

4 **和訳** 下線部参照。

» however「しかし」は，訳す際には文頭に移動させると自然な日本語になる。

» 〈learn to *do*〉は「〜するようになる」なので，humankind 以下の直訳は「人類はこの誘惑に抗うようになった」だが，learn to に存在する「自ら学んで」のニュアンスを出して，**和訳** では「術を身につけた」とした。

英文解釈

〈Throughout history〉,〈if kings and emperors acquired some new weapon〉,
…を通して / …を手に入れる / 何らかの

〈sooner or later〉 they were tempted to use it. 〈Since 1945, however〉,
遅かれ早かれ / 誘惑された

humankind **has learned to resist** this temptation.
〜するようになった / 誘惑

和訳 歴史を通して，王や皇帝が何か新しい武器を手に入れれば，遅かれ早かれそれを使いたいという誘惑に駆られたものだ。(1)しかし1945年以降，人類はこの誘惑に抗う術を身につけた。(埼玉大)

[第1文]（Throughout history, if ...）

» some new weapon の some は「いくつかの」ではない。仮にこの some が「いくつかの」という意味であれば，weapon は可算名詞なので，複数形の weapons となっていなければならない。この some は「何らかの」「何かしらの」という意味。some については「いくつかの」だけでなく，この「何らかの」「何かしらの」という意味も常に用意できるようにしたい。

» they were tempted to use it は，〈tempt O to *do*〉「O が〜するよう誘惑する」の受動態。この〈行動を促す動詞＋O to *do*〉の型は構文**023**で扱う。

Lesson 8

tend to *do* / manage to *do*

1 (1) **人は年をとるにつれて［とると］，想像力が乏しくなる傾向がある。**

≫ 接続詞の as には「て・と［とき］・ら・ながら・ので・まま・が・ように・つれて」などの多くの訳語がある。as 節と主節の意味関係を考え，適切な訳語を選ぶ。複数の訳語を選べる場合も多い。本問では解答に示したもののほかに，「年をとったら」も可。less ～（～は形容詞または副詞）は「より～でない」の意味なので，less imaginative は「より想像力に富んでいない」。ここから工夫して解答のようにする。grow older については，〈grow＋形容詞〉という形で用いられた場合，grow は become の意味となる。

（関西外国語大）

(2) **音楽は私たちの心の健康を高めうるとしばしば言われる。とりわけ，音楽を聴くことは苦痛を軽減する傾向がある。**

≫〈It is said that ～〉は，**Lesson 1** の **2** の(2)で既習。この may は「推量」（かもしれない）よりも，「可能性」（ありうる）の意味で取ったほうが適切な訳になる。（成城大）

(3) **彼女は自分のすべての借金を完済すると自分自身に約束した。そして11月に，なんとか最後の支払いをした。**

≫〈promise ... that S V〉は「…に SV だと約束する」。（金城学院大）

(4) **どのようにして彼はそのような大きな魚をどうにか捕まえることができたのか。**

≫ 本冊 p. 30の **1歩進んで** で述べたとおり，〈manage to *do*〉の過去形で「どうにか～できた」の意味を表すことができる。またこの how は，直後に形容詞，副詞が存在しないので，「どのように」の意味。

2 (1) (**People tend not to listen to the advice of others as they get**) older.

≫「～しない［しなくなる］傾向がある」を〈tend not to *do*〉で表現できるかがポイント。get を become の意味で用いることができるかも問われている。〈get＋形容詞〉の get は「～になる」という意味をもつ。

(2) (**We have managed to be successful in this business**).

≫「どうにかして～できた」の部分は，have managed to *do* とする。また，「成功する」の意味を，動詞 succeed を用いずに be successful で表現できるかもポイント。この be は become の意味（この意味の be は，**Lesson 1** の **1** の(4)で既習）。よって be successful は「成功した状態になる」→「成功する」となる。

(3) (**She tends not to talk about her personal life in**) interviews.

≫ (1)と同じく，〈tend not to *do*〉を組み立てられるかがポイント。

3 (1) **I managed to get a good job.**

≫「どうにか～することができた」の部分は managed to *do* もしくは could manage to *do* で表現できるが，「７語」という指定があるので，前者を用いる。「仕事に就く」は get a job でよい。

(2) **This town tends to be avoided by tourists.**

≫ 受動態の「避けられる」なので，tends to の後ろは〈be 動詞＋過去分詞〉となる。なお，町に来る観光客は１人ではないので tourist は複数形にする。

(3) **Why do cats tend to like warm places[spots]?**

≫〈tend to *do*〉を用いた文を why 疑問文にする。ネコ一般に関する話なので（1匹のネコに関する話ではないので）cat は複数。温かい場所も1つではないので，複数形の places（spots も可）とする。「温かい」は warm。hot を用いると「暑い場所」になってしまう。

4 **和訳** 下線部参照。

≫ in fact は「実際（は）」という意味の成句。

≫ tend to have higher brand recognition の直訳は「より高いブランドの認知を得る傾向がある」。このままでも問題ないが，やや不自然なので工夫する。

≫ この which は前節（の一部）を受ける用法。ここでは「ブランドの認知度が高くなる」という内容を受ける。このような用法では，which 以下は訳し下す（☞構文**091**）。

≫ この help は〈help O (to) *do*〉の型（☞構文**027**）で用いられている。「O が～するのを助ける」「O が～する手助けとなる」という意味。which 以下の直訳は「このことが，広告により少なく支払う手助けとなり，売り上げを上げる」だが，これもやや不自然なので工夫する。

英文解釈

〈Over the past decade〉, investors and customers have come to expect the highest standards of moral and ethical behavior from companies. 〈In fact〉, companies (that make the effort) **tend to have** higher brand recognition, which helps them to pay less 〈for advertising〉 and increases their sales.

（Over：…の間　investors：投資家　investors and customers：S　have come to expect：V（☞構文**010′**）　the highest standards of moral and ethical behavior：O　ethical behavior：倫理的行動　In fact：実際（は）　companies：S（= them）　tend to have：V　higher brand recognition：O ブランド認知度　which：S′ ＝前節の一部（☞構文**091**）　helps：V′①（☞構文**027**）　them：O′　to pay：C′　increases：V′②）

和訳 過去10年の間に，投資家や顧客は，企業に対して最高水準の道徳的かつ倫理的行動を期待するようになった。実際，そのような努力をしている企業は，ブランドの認知度が高くなる傾向があり，これにより広告宣伝費が少なくて済み，売上も増加する。（獨協大）

[第1文]（Over the past ...）

≫〈come to *do*〉は構文**010′**で既習。「～するようになる」の意。

≫ expect A from B は「B に A を期待する」。

≫ the highest standards of moral and ethical behavior は「A of B」という型だが，B から（後ろから）訳すと「道徳的で倫理的な行動の最高水準」となり不自然になるので，逆に A から（前から）訳す。

Lesson 9 used to *do* / would (often) *do* / be about to *do*

1 (1) **この都市では，空は以前ほど青くない。**

》現在の空の青さと，以前の空の青さを比較している文。現在形の is が〈現在〉を表し，used to be が〈以前〉を表す。なお，否定文である場合の比較表現は，〈not as ～ as ...〉ではなく，〈not so ～ as ...〉になることが多い。本問でも so が用いられている。

（金城学院大）

(2) **彼らは，かつては午前9時から午後5時まで働いていた。**

》they は「彼らは」と訳してあるが，仮にこの they が女性であれば「彼女らは」となる。また男女混合であれば「その人たちは」などと訳すことになる。they は文脈がないかぎり，正しく和訳しようのない語である。（大阪学院大）

(3) **私たちは学生のころ，よく北海道に行ったものだった。**

》「昔は（よく）～した」という意味の would は，このように直後に often を伴うことが多い。解答中の「よく」は「しばしば」などでもよい。（京都学園大）

(4) **今，あなたの仕事について話し合う［議論する］時間がありますか，それともこれからお帰りになるところですか。**

》後半は，〈S＋be 動詞＋about to *do*.〉の型の文を yes-no 疑問文にして，〈be 動詞＋S about to *do*?〉「まさに［これから］～するところですか」としたもの。（大谷大）

2 (1) (**I would often buy flowers here**).

》would often の連なりを誤らずに組み立てる。

(2) (**There used to be a big house here**).

》〈There＋be 動詞＋名詞 .〉という型の文の，there と be 動詞の間に，助動詞や助動詞に準じるものを置くのは意外に難しい。類例を挙げる。

ex. There may be bears in the woods.　その森には熊がいるかもしれない。

ex. There is going to be heavy rain.　大雨になりそうだ。

(3) (**The sun was about to set at that**) time.

》was about to の連なりを組み立てられるかがポイント。太陽の「沈む」は sink ではなく set を用いる。

3 (1) **When I was in Paris, I used to[would often] play tennis with John.**

［別解］**I used to[would often] play tennis with John when I was in Paris.**

》「よく～したものだった」は used to, would のいずれを用いてもよいが，would は単独だと11語になってしまうので would often とする。なお副詞節である when 節は，前後のどちらにも置ける。副詞節とその位置については，構文**060**で詳しく扱う。（東京国際大）

(2) **I used to be a member of a basketball team.**

》「メンバーだった」の「だった」は「（メンバーであるという）状態」を表すため，used to を用いる（動作動詞のみを後ろに置く would (often) は不可）。used to の後ろには「～である」という〈状態〉を表す be 動詞を置く。

(3) **I was just about to leave the room.**

》「ちょうど～するところだった」は〈be about to *do*〉を用いればよいが，8語という指定があるので，just を入れ，I was just about to leave ... とする。

4 about

» be 動詞と to の間に置かれうる語は数多くあるが，essays と my books の間にも置かれうるものという条件を考えた場合，「…に関するエッセー」「…についてのエッセー」なら自然だと考え，about を入れる。about であれば，①に入れた場合，〈be about to *do*〉「まさに［これから］～するところだ」の型となり，こちらも問題ない。

英文解釈

〈Like every other writer〉 I get letters 〈all the time〉 〈from young people (who **are about to write** theses and essays about my books) in various countries — but particularly in the United States〉. They all say: "Please give me a list of the articles about your work, the critics (who have written about you)."

（Like …と同じように（前置詞）／ I S ／ get V ／ letters O ／ all the time 常に ／ who 主格の関係代名詞 ／ are about to write これから～するところだ ／ theses 論文（theses<thesis） ／ particularly 特に ／ give V ／ me O_1 ／ a list … O_2 ／ articles 記事 ／ who 主格の関係代名詞）

和訳 他のすべての作家と同じように，私は常に，さまざまな国（特にアメリカ）で，これから私の本について論文やエッセーを書こうとしている若者から手紙をもらう。彼らは皆「あなたの作品についての記事，あなたについて書いた批評家のリストをください」と言うのだ。

（白百合女子大）

[第1文]（Like every other ...）

» like という語は，動詞のみならず，前置詞としても頻繁に用いられる。この場合は「…と同じように」という意味になる。

図解の記号：［ 名詞 ］（ 形容詞 ）〈 副詞 〉

Lesson

10 be said to *do*

1 (1) **彼はどんな病気でも治せると言われている。**

≫ is said なので，言われているのが現在。言われている内容も，that 節内の can が現在形なので現在。本冊 p. 34の①で示されている時間を示す。

(2) **彼は病気で入院していると信じられていた。**

≫ was believed と was sick の部分から，過去の時点に，同じ時点のことについて信じられていたという内容。本冊 p. 34の③で示されている時間を示す。

(3) **90％以上の鳥と魚が，胃の中にプラスチックの粒子が入っていると報告されている。**

≫ are reported to have ... より，本冊 p. 34の①で示されている時間を示す。reported の訳については，文内容を考えると「報道されている」よりも「報告されている」としたほうが，より自然な訳になる。More than 90% of all birds and fish の直訳は「すべての鳥と魚の90％以上が」。この訳でも問題ないが，解答ではよりシンプルな訳を採用した。

(立命館大)

(4) **そのビルはその火災によってひどい損傷を受けたと報道されている。**

≫ (3)と同じく report が用いられた文だが，is reported to の後ろが〈have＋過去分詞〉なので，報道の内容が過去の話となり，本冊 p. 34の②で示されている時間を示すとわかる。したがって「損傷を受けた」と過去形で訳す。

2 (1) (**The victim is thought to have taken a lot of poison by**) mistake.

≫「飲んだ」という過去の時点を示すために have taken とする。本冊 p. 34の②の内容。by mistake で「誤って」の意味となる。(湘南工科大)

(2) (**It is reported that many languages throughout the world are**) disappearing every year.

≫ 本冊 p. 34 の①の内容だが，「消えつつある」なので are を用いて進行形の are disappearing とする。

(3) (**Her daughter was believed to be a good doctor**).

≫ 信じられていた時点と，信じられていた内容に時間のズレがないので，本冊 p. 34の③の内容（to の後ろに have は不要）。

3 (1) **It is said that they value independence.**

彼らは自立を重んじると言われている。

≫ 本冊 p. 34の①の内容。〈It is said that ～〉を用いて，that 節の内部の動詞に現在形を用いる。(北海学園大)

(2) **It is thought that watermelon originated in Africa.**

スイカはアフリカに起源があると考えられている。

≫ 元の文に〈have＋過去分詞〉が存在するので，本冊 p. 34の②の内容。It is thought that ～ を用いたうえで，that 節内の動詞には過去形を用いる。

(3) **She was said to have moved to Osaka in the previous year.**

彼女はその前の年に大阪に引っ越したと言われていた。

≫ It was said that であり（be 動詞が過去形），that 節の内部に〈had＋過去分詞〉が存在するので，本冊 p. 34の④の内容。時間のズレがあるので，was said to have moved とする。この move は「引っ越す」という意味。文の内容から，単に「動く」ではおかしいとわかる。知っている単語であっても，少しでも違和感をおぼえたら，自分の知らない意味で用いられている可能性を疑う習慣をつけよう。そして英和辞典を引いて，意味を確認するようにしたい。もちろん，この「引っ越す」という意味についても，英和辞典で move を引けば見つけることができる。

4 It is said that the Morpho Butterfly, which lives in South America, is "the world's most beautiful butterfly."

≫ is said to be は，said の前の be 動詞が現在形で，to の後ろが〈have＋過去分詞〉ではない（つまり，本冊 p. 34の①の内容）。したがって it で始める場合の動詞の形は，it の直後の be 動詞も，that 節の中の S V の V も現在形を用いる。

≫ 文の主語である The Morpho Butterfly と，述語部分である is said to be の間に関係代名詞節が挿入されている。挿入されていても関係詞節はあくまで名詞に対する修飾語として訳し上げる（後ろから前へと訳す）のが原則だが，カンマで区切られている点を尊重して「モルフォ蝶は，南米に生息しており，～」のように訳し下してもよい。

英文解釈

The Morpho Butterfly, (which lives in South America), **is said to be** "the world's most beautiful butterfly." Japan's leading motor vehicle company has been selling a limited, special edition model of car (that uses a color (inspired by the blue of the butterfly's wings)).

- The Morpho Butterfly: S
- which: 主格の関係代名詞
- is said to be: V
- "the world's most beautiful butterfly.": C
- Japan's leading motor vehicle company: S 最大手の自動車会社
- has been selling: V ～し続けている
- a limited, special edition model of car: O
- inspired: インスピレーションを受けた

和訳 南米に生息するモルフォ蝶は，「世界で最も美しい蝶」と言われている。日本の最大手の自動車会社はこのモルフォ蝶の羽の青からインスピレーションを受けた色を使った限定特別仕様車を販売し続けている。（神田外語大）

[第2文]（Japan's leading motor ...）

≫ has been selling は〈現在完了進行形〉。「～し続けている」という意味になる。

≫ inspired は過去分詞。この語から wings までのまとまりが a color を修飾する。

図解の記号：[名詞]（ 形容詞 ）〈 副詞 〉

Lesson 11 may[might] well *do* / keep (on) *doing*

1 (1) **彼が彼女にプロポーズしたというのはたぶん本当だろう。**

≫文内容から，may well の意味は「～するのももっともだ［当然だ］」ではなく，「たぶん［おそらく］～だろう」だと判断する。文全体は形式主語構文（☞構文**001**）であり，that 以下が真主語となる。

(2) **ジョーは新しい職でたぶん成功するだろう。**

≫こちらも同じく，文内容から「たぶん［おそらく］～だろう」だと判断する。

(3) **君は会社のメンバーとして貢献し続けるだろう。**

≫as については，接続詞の場合の訳を **Lesson 8** の**1**の(1)で学習したが，本問の as は前置詞である。as の後ろが S V ... ではなく，名詞 a member（of the company）なのでこのように判断できる。前置詞の as は「…として（の）」と訳すのが基本。

(4) **ダイエットの計画に毎年数十億ドルも費やされているにもかかわらず，肥満の割合は上がり続けている。**

≫keep on rising は「上がり続ける」。despite は前置詞で「…にもかかわらず」の意味。the billions of dollars spent each year on diet plans の部分は，修飾される名詞（the billions of dollars）と，これを修飾する過去分詞句（spent each year on diet plans）という関係。たとえば a book written by Soseki「漱石によって書かれた本」の a book と written by Soseki などと同じ関係。したがって despite 以下の直訳は「ダイエットの計画に毎年費やされている数十億ドルにもかかわらず」となるが，これは不自然なので工夫して「数十億ドルも費やされているにもかかわらず」という訳に切り替える。

（慶應義塾大）

2 (1) (**You may well be praised**), seeing that you work so hard.

≫may well を「～するのももっともだ［当然だ］」の意味で用いる。「ほめられて」は受動態なので，その後ろは be praised とする。seeing that は「～を考えると」「～なので［だから］」という意味（☞構文**056**）。（愛知工業大）

(2) (**He may well be right**).

≫may well を「たぶん［おそらく］～だろう」の意味で用いる。

(3) (**She kept on swimming for five**) hours.

≫与えられた語の中に on があるので，keep swimming ではなく，keep on swimming とする。

3 (1) **We kept dancing** all night.

≫（3 語）という指定があるので，We kept dancing とする。（4 語）であれば We kept on dancing となる。

(2) You (**may[might]**) (**well**) think (**so**).

≫〈may[might] well *do*〉を「～するのももっともだ［当然だ］」の意味で用いる。

(3) **Did he keep running after** winning a gold medal in 2012?

≫〈keep *doing*〉を yes-no 疑問文で組み立てられるかが問われている。また，〈前置詞 after＋動名詞〉という連なりを組み立てられるかもポイント。

4 **和訳** 下線部参照。

» 文脈および文内容からこの may well は「たぶん［おそらく］～だろう」という意味だと判断する。

英文解釈

Organizations (S) are (V) not quite (部分否定 (☞構文**105**)) the emotional sum of their human parts (C).

Organizational apology impulses (S) are not powered (V 引き起こされない) by pure empathy (共感). The server (S 店員) (at the fast-food counter) **may well say** (V おそらく言うだろう) "sorry for your wait," but it's simply (単に) part (of the buying process (購買プロセス)).

和訳 組織とは，そこに属する人間の感情の完全な総和ではない。組織における謝罪の衝動は，純粋な共感によって引き起こされるものではない。ファストフードのカウンターにいる店員は，おそらく「お待たせして申し訳ありません」と言うだろうが，それは単に購買プロセスの一部である。（一橋大）

[第 1 文] (Organizations are not ...)

» not quite は「完全に～というわけではない」。これはいわゆる「部分否定」(☞構文**105**)。

» the emotional sum of their human parts の部分は，直訳すると「その（組織の）人間部分の感情の総和」。これでは不自然なので上記和訳では工夫してある。

[第 2 文] (Organizational apology impulses ...)

» この power は動詞。ここでは「…を引き起こす」という意味で用いられている。この語も「名詞かつ動詞」の一例。

助動詞＋have＋過去分詞

1 (1) **君はそんなに早く仕事を終えたはずがない。**

≫〈could not have＋過去分詞〉なので，過去の可能性を否定している。「(〜した可能性はない→) 〜したはずがない」と訳す。(立教大)

(2) **もしその物音が聞こえなかったのなら，君はそのとき寝ていたに違いない。**

≫must have の後ろが，been sleeping なので「〜したに違いない」ではなく，進行形のニュアンスを出して「〜していたに違いない」とする。(千葉商大)

(3) **君はそんな大きな家を買う必要はなかった。奥さんは，もっと小さい家でも十分満足しただろう。**

≫ここでの need は「〜する必要がある」という意味の助動詞なので，〈needn't have＋過去分詞〉は，過去のことについて「〜する必要はなかったのに（した）」という意味になる。〈would have＋過去分詞〉は「〜しただろう」。be happy in ... は「…に満足している」。

(玉川大)

(4) **書き言葉の起源を誰もはっきりとは知らない。それは取引を記録するために考案されたのかもしれない。**

≫may have の後ろが受動態なので，「考案されたのかもしれない」という訳になる。文末の to record trade は副詞的用法の to 不定詞句。「〜するために」という意味。

(早稲田大)

2 (1) I'm not sure about the tickets, but (**we might have left them at the hotel**).

≫この文では may ではなく，might が用いられているが，might have left は may have left とほぼ同義。them は「彼ら」「彼女ら」の意味ではなく，the tickets を受ける。

(神奈川大)

(2) This law has become quite out of date; (**it should have been abolished a long time**) ago.

≫「廃止されるべきだった」は〈should have＋過去分詞〉「〜すべきだったのに（しなかった）」を用いればよいが，「廃止される」は受動態なので，should have の後ろに〈be 動詞（been）＋過去分詞〉を置く。能動態に比べて受動態は作りにくいので注意。本問の解答の文と，**1**の(4)の文を繰り返し音読・筆写して，〈助動詞＋have＋been＋過去分詞〉のリズムに慣れよう。(関西学院大)

(3) (**She may have finished her work**) by now.

≫この文は過去のことに対する推量ではなく，現在完了の文である She has finished her work by now.「彼女は今頃はもう仕事を終えている」に対して，may で推量を加えている例。by now は「今頃はもう」「今までに」の意味。

3 (1) **I could have said so, but I don't remember.**

≫用いる語として could が指定されているので，「〜した可能性がある」は，could を用いて〈could have＋過去分詞〉で表す。これは〈may[might] have＋過去分詞〉とほぼ同意。

(2) **You must have left the door open.**

≫「〜したに違いない」は〈must have＋過去分詞〉で表す。〈leave O C〉(O は名詞，C は形容詞)「O を C のままにしておく」も表現できるようにしておきたい。

(3) **I should have bought that during the sale.**

≫指定語数が 9 語なら，「〜すべきだった」の意は〈ought to have＋過去分詞〉を用いて表現する。〈ought to have＋過去分詞〉が用いられた例文を 1 つ挙げておく。

ex. You ought to have sent the package by special delivery.
あなたはその小包を速達便で送るべきだったのに（送らなかった）。

4 (1) **和訳** 下線部参照。　(2) that the first 〜 been extremely dangerous まで。

≫(1)(2) 文全体は形式主語構文で，it は後方にある that 節を受ける。

≫commonly held view の直訳は「一般に抱かれている考え」。よりシンプルに「一般的な考え」などとできる。hold には「(考えなど) を抱く・もつ」という意味がある。当たり前のようになじんでいる語が，自分の知らない意味で用いられていることは実に多い。常に英和辞典で意味を確認する癖をつけたい。

≫ここでの around は about「約…，…ごろ」の意味。

≫when 節は直前の a time を修飾する，形容詞節の when 節。この when は「関係副詞」。(☞構文**087**)。

英文解釈

However, official "study abroad" (S) is (V) not only a recent phenomenon (C) (現象). 〈In the case of Japan〉, it (形式 S (☞構文**001**)) is a commonly held view (一般に抱かれている考え) [that the first official (真 S) overseas students (S′) were sent (V′) to China 〈around the 6th century (…ごろ)〉, 〈a time (when (関係副詞 (☞構文**087**)) long-distance travel (S″ 長距離の旅) **must have been** (V″ 〜だったに違いない) extremely dangerous (C″))〉].

和訳 しかし，公的な「留学」は最近に限った出来事ではない。日本の場合，最初の公的な留学生は 6 世紀ごろ，長距離の旅がきわめて危険だったに違いない時代に中国に派遣された，というのが一般的な考えである。(青森公立大)

[第 1 文] (However, official "study ...)

≫ここでの only は「…にすぎない」という意味（例：He is only a child.〔彼は子どもにすぎない〕)。したがって official "study abroad" is not only a recent phenomenon の直訳は「公的な『留学』は最近の現象にすぎないというわけではない」となる。ここから工夫したのが上の訳。

図解の記号：[名詞]（ 形容詞 ）〈 副詞 〉

Lesson
13 too＋形容詞／副詞＋to *do* / 形容詞／副詞＋enough to *do*

1 (1) **このケーブルは短すぎて使えない。**

≫ use する対象は主語の this cable だが，use this cable または use it とはせずに，use で文を終えていることに注意。本冊 p. 40の Her suitcase was too heavy to lift. と同じ。

(2) **いくつになっても新しいスポーツを始めることはできます！**

［別解］新しいスポーツを始めるのに年齢は関係ありません！

≫ この you は「あなた」という意味ではなく，人一般を表し，一般論を語る際に用いられる。文の直訳は「あまりにも老いて新しいスポーツを始められないということは決してない！」だが，このままでは不自然なので工夫する。

(3) **1800年代に，ピンホールカメラは持ち運びができるほど十分に小さくなった。**

≫ enough が形容詞 small を後ろから修飾している。（獨協大）

(4) **彼の給料は家族を養うのに十分だった。**

≫ この enough は修飾語ではなく，S V C の C としてはたらくものである。この場合は，文全体の訳は「S は～するのに十分だ」となる。類例を挙げる。

ex. Two hours was enough to read the book.

（2時間は→）2時間あればその本を読むのに十分だった。

2 (1) **(He was kind enough to show me the way to the station).**

≫ enough を形容詞 kind の後ろに置けるかということと，show me the way を組み立てられるかがポイント。この show は〈show＋人＋物〉の形で「人に物を示す［教える］」という意味。解答の文の直訳は「彼は私に駅までの道を教えてくれるほどに十分親切だった」。（駒澤大）

(2) **(Olivia walked slowly enough for her child to keep up with her).**

≫ enough を副詞 slowly の後ろに置けるかということと，意味上の主語の for her child を to 不定詞の前に置けるかが問われている。また「…についていく」という意味の成句 keep up with ... を使いこなせるかもポイント。（名古屋学院大）

(3) **(This story is too good to be true).**

≫ 解答の文の直訳は，「この話はあまりにも良く，本当ではありえない」。この直訳でなく，意訳された文が問題文となっているので難しい。語群に believe「…を信じる」が存在しないことなどをヒントに，問題文が意訳であることを見抜き，実際に組み立てる英文は「この話はあまりにも良く，本当ではありえない」という内容のものだと考える。並べ替え問題では，このような発想の転換が求められることが多い。（東京理科大）

3 (1) **I was too surprised to speak.**

≫〈too＋形容詞／副詞＋to *do*〉構文のシンプルな形。形容詞 surprised の前後に too と to を置く。

(2) **The house is too small for five people to live in.**

≫ 文の骨組みは The house is too small to live in.「その家は住むには小さすぎる」。live in の後ろに the house や it などを置いていないのは，**1**の(1)の use の後ろに this cable や it を置いていないのと同じ。忘れずに in を置き，骨組みとなるこの文を組み立てられるかということと，to 不定詞句の前に，意味上の主語 for five people を置けるかということが問われている。（東北工業大）

(3) **I don't have enough time to complete this work.**

≫「十分な時間」なので，enough を名詞 time に対する修飾語として用いる。名詞を修飾する場合は，〈enough＋名詞＋to *do*〉の語順となることに注意。

4 **和訳** 下線部参照。

≫〈too＋形容詞＋to *do*〉構文が存在する文。そして to manage に意味上の主語の for the family が加わっている。これは「家族が」と訳す。ここでの manage は他動詞で「…をうまく処理する・扱う」の意味だが，その目的語は文の主語の a person's illness に一致するため，省かれている（**1**の(1)や**3**の(2)と同じ）。下線部の直訳は「もしある人の病気があまりにも深刻で家族がうまく対処できない場合は」となるが，解答ではより自然になるよう工夫してある。

英文解釈

〈If a person wanted to open a business〉, the family raised the necessary money. 〈If a person wanted to marry〉, the family chose the husband or wife. However, 〈if a person's illness was **too grave for the family** 〈**to manage**〉, or a new business demanded too large an investment, or the neighborhood quarrel escalated to the point of violence〉, the local community came to the rescue.

（open：（商売など）を始める／raised：（資金）を集める／necessary：必要な／too grave：あまりに重篤で／for the family：意味上の主語／to manage：扱えない／too large an investment：あまりにも多くの投資／neighborhood quarrel：隣人のけんか／to the point of violence：暴力沙汰にまで／the local community：S／came：V 救援に駆け付けた）

和訳 もしある人が商売を始めたいと思ったら，その家族が必要なお金を集めた。もしある人が結婚したいと思ったら，その家族が夫や妻を選んだ。しかし，ある人の病状があまりにも重篤で家族の手に負えない場合，新しい商売にあまりにも多くの投資が必要な場合，または隣人のけんかが暴力沙汰にまでエスカレートした場合，地域の人たちが救援に駆け付けた。

（桃山学院大）

[第３文]（However, if a ...）

≫ too large an investment の語順に注意。〈a＋形容詞＋名詞〉（たとえば a tall boy）の語順は，形容詞に too が加わった場合は崩れる。形容詞が a の前に出て〈too＋形容詞＋a [an]＋名詞〉の語順となる（too tall a boy となる）。整序問題でも問われるこの語順に慣れよう。

図解の記号：[名詞]（ 形容詞 ）〈 副詞 〉

Lesson

14 in order to *do* / so as to *do* / cannot afford to *do*

1 (1) **早朝のラッシュアワーを避けるために，私たちは夜明け前に旅行に出発した。**

≫「〜するために」を意味する in order to が文頭にある形。rush hour traffic を「ラッシュアワーの交通」と直訳すると不自然になるので，traffic は訳さないほうがよい。dawn「夜明け」は重要語だが，未習の人が多い語。この問題を利用して覚えたい。(神奈川大)

(2) **彼女は誰にも気づかれないようにゆっくり歩いた。**

≫〈in order not to *do*〉「〜しないために［ように］」の型であることに注意。また，*do* が受動態なので in order not to be noticed は，「気づかれないように」と訳す。

(3) **彼はそこに長く滞在する余裕がなかった。**

≫過去形の couldn't が用いられているので，「余裕がない」ではなく「余裕がなかった」となる。

(4) **私はあなたを失うわけにはいかないのです！**

≫直訳は「私はあなたを失える状況にはない」。ここから工夫する。

2 (1) (**I want you to meet him in order to hear his**) opinion.

≫自分（A）が何かをしたい場合は〈A want to *do*〉という型で表現するが，他者（B）に何かをしてほしい場合は，〈A want B to *do*〉という型を用いる（☞構文**023**）。文末が opinion なので，〈in order to *do*〉は文の後半に置くのだと目星をつける。(拓殖大)

(2) You (**should work independently so as to be more creative**).

≫「創造的であるために」なので，so as to の後ろは be 動詞となる。to be ... という形は，やや出しにくいが，この形にもスムーズに対応できるようにしたい。

(3) (**We can't afford to buy a new computer**).

≫〈cannot afford to *do*〉の型。(南山大)

3 (1) I adjusted the camera angle so (**as**) (**to**) get a (**better**) view.

≫与えられた so から，so as to を確実に出す。「良い」ではなく，「より良い」なので，good ではなく better を用いる。

(2) You must hurry in (**order**) (**not**) to (**be**) (**late**) for the train.

≫「乗り遅れないように」なので，in order not to もしくは so as not to が使えるが，ここでは in が与えられているので前者。「…に遅れる」は，動詞 miss でも表現できるが，ここは for が与えられているので be late for ... を使う。(獨協大)

(3) **They cannot[can't] afford to pay** for medical costs.

≫〈cannot afford to *do*〉の型。pay for ... で「…の代金を支払う」の意味となる。

(龍谷大)

4 (1) **和訳** 下線部参照。　(2) **so as**

≫(1)(2)「～するために」という意味の〈in order to *do*〉が用いられた文。in order to は so as to に置き換えが可能。

英文解釈

Google, Nike and Samsung have 〈all〉 introduced nap pods for employees 〈**in order to boost** productivity and **protect** against the health risks (of sleep deprivation)〉. 〈Despite these innovations〉, sleep still often gets less attention 〈than exercise and diet〉 〈as a factor (that contributes to a healthy lifestyle)〉.

（Google, Nike and Samsung: S／have … introduced: V／nap pods: O 仮眠ポッド／boost: …を高める／productivity: 生産性／protect against: …を防ぐ／sleep deprivation: 睡眠不足／Despite: …にもかかわらず／innovations: 新しい取り組み／sleep: S／gets: V／less attention: O／diet: 食事／as: …として／that: S′／contributes: V′ 貢献する）

和訳 グーグル，ナイキ，サムスンはいずれも，生産性を高め，睡眠不足による健康リスクを防ぐために，従業員用の仮眠ポッドを導入している。このような新しい取り組みにもかかわらず，健康的なライフスタイルに貢献する要素として，睡眠は運動や食事よりも顧みられないことがまだ多いのである。（国際基督教大）

[第2文]（Despite these innovations, ...）

≫despite は「…にもかかわらず」という意味の前置詞（**Lesson 11** の**1**の(4)で既習）。

≫less は形容詞 little の比較級。gets less attention の直訳は「より少ない注目を集める」なので「注目されることがより少ない」とすれば自然な訳となる。ただし，この文では still「依然として，まだ」，often「しばしば～，～することが多い」があるため，「まだ注目されることがより少ないことが多い」となり，さらに工夫が必要。上記和訳では「顧みられないことがまだ多い」とした。

≫as は前置詞。前置詞の as は原則として「…として」「…としての」と訳す。as 以下が動詞を修飾する場合は前者で，名詞を修飾する場合は後者。本問では，as 以下は動詞 gets を修飾するので前者。

図解の記号：[名詞]（ 形容詞 ）〈 副詞 〉

Lesson

15 行動を促す動詞（tell / ask / encourage etc.）+O to *do*

1 (1) **その家具を動かすとき，私は彼に助けてもらった。**

≫〈get O to *do*〉には，「(説得して) Oに～させる」と「(説得して) Oに～してもらう」という訳語があるが，文脈から「してもらう」を選ぶ。なお，me を訳すと「私は彼に私を助けてもらった」となり不自然なのでカットする。（徳島文理大）

(2) **私はジョンを説得して医者の診察を受けさせた。**

≫〈persuade O to *do*〉は「Oを説得して～させる」。他者を説得して，何かをさせる場合に用いる。本問の to *do* の部分は to be examined であり，受動態の内容。

（岐阜聖徳学園大）

(3) **原則として，金曜日は午後6時半を過ぎて残業することは誰も許されていない。**

≫文全体は〈S allow O to *do*〉が受動態になった型。この past は「…を過ぎて」という意味の前置詞。なおこの past については苦手とする人が多いので，類例を挙げておく。
ex. He fell asleep past midnight. 彼は夜の12時過ぎに寝ついた。（西南学院大）

(4) **天気予報によれば，今日の午後，気温は30度を超えると予測されている。**

≫according to ... は「…によれば」という意味の成句（群前置詞。☞構文039）。文全体は〈S expect O to *do*〉が受動態になった型。この expect は文内容から，「期待する」ではなく「予期する，予測する」という意味だと判断する。above は「…より上に［の］」という意味の前置詞。（東邦大）

2 (1) **(My parents did not permit me to go to Tokyo).**

≫〈permit O to *do*〉を組み立てられるかが問われている。（駒澤大）

(2) **(The teachers were asked to comment on the quality of the new textbooks).**

≫〈ask O to *do*〉を受動態にして用いることができるかがポイント。comment on ... の on は about の意味。この意味の on は多用されるので，しっかり押さえておきたい。

（東京女子大）

(3) **(How can parents get their children to read more)?**

≫「子どもに読書をさせる」の部分に〈get O to *do*〉を用いる。**1**の(1)とは違い，ここでは「(説得して) Oに～させる」の意味。

3 (1) **Do you want me to stay here?**

≫**Lesson 14** の**2**の(1)で述べた通り，want を用いて他者に何かをしてもらいたいということを述べる場合は，〈A want B to *do*〉の型を用いる。ここでは You want me to *do* ... という型を組み立てられるか，そしてさらに，これを yes-no 疑問文にできるかが問いの主眼。

(2) **We were told to be more confident.**

≫〈S tell O to *do*〉の型を受動態にして用いる。問題は to 以下である。confident「自信をもっている」は形容詞なので，この語を to の直後に置くわけにはいかない。to be confident とする。また，「もっと」とあるので confident を比較級の more confident にする。

(3) **They were forced[compelled] to leave their country because of[due to] the war.**

≫「Oに～することを強いる」は〈force O to *do*〉もしくは〈compel O to *do*〉。よって

〈S force[compel] O to *do*〉の型を受動態にして用いる。「…のために」は because of ... でよいが，due to ... でも表せる。

4 (1) to，**和訳** 下線部参照。　(2) **和訳** 下線部参照。

≫(1) in fact は「実際（は）」（**Lesson 8** の **4** で既習）。

≫動詞 encourage は，「奨励する，促す，仕向ける」という意味で，〈行動を促す動詞＋O（促す相手）＋to *do*（促した行為）〉の型で用いられる語の1つ。したがって（　）には to を入れる。

≫(2) 同じく encourage を用いた文だが，こちらは受動態。〈S encourage O to *do*〉の O が主語となった文。

英文解釈

〈Though (〜だが) the teacher (S′) may be feared (V′) by the students〉, Chinese students (S) perform (V①) well 〈on tests (テストで)〉 and respect (V②) their teachers (O②). 〈In fact (実際（は))〉, 50% of Chinese parents (S) **encourage** (V) **their children** (O) **to become** teachers (C). 〈In the US and UK〉, teachers (S) provide (V) the means (O, 手段) (to learn). Their role (S) is (V) to help students (C). Students (S) **are encouraged** (V) **to be** curious (C).

和訳 教師は生徒から恐れられているかもしれないが，中国の生徒はテストの成績がよく，教師を尊敬している。(1)実際，中国人の親の50%は，自分の子どもが教師になることを奨励している。アメリカやイギリスでは，教師は学ぶための手段を与える。彼らの役割は生徒を助けることだ。(2)生徒は好奇心を持つよう奨励される。（佐賀大）

[第3文]（In the US ...）

≫means to *do* は「〜する（ための）手段」。means は文字通り「手段」という意味だが，何らかの行為の手段となる名詞の多くが，後ろからその行為を示す to 不定詞句によって修飾される。類例を挙げる。

ex. I have no money to buy a car. 私は車を買うお金がない。

※ money は車を買うという行為のための手段。

図解の記号：[名詞]（ 形容詞 ）〈 副詞 〉

Lesson 16

make O *do*

1 (1) **高校時代に陸上部で走っていた時，コーチはいつも私たちに丘を駆け上がらせた。**

≫ run up ... は，「…を駆け上がる」。(同志社大)

(2) **黒は必ず人を上品に見せる。**

≫ この文は無生物が主語であり，make は「～の状態・状況を作り出す」という意味となる。このyou は一般論を語る際に用いられるもの。文は「黒は人が上品に見える状態を必ず作り出す」という意味である。ここから工夫する。

(3) **彼はその契約書にサインさせられた。**

≫〈make O *do*〉を受動態にすると，〈be 動詞＋made to *do*〉と to が現れることに注意。

(4) **バスの運転手が来なかったので，私たちはそのバスに乗るのに30分以上待たされた。**

≫ (3)と同じく受動態。to get on the bus は不定詞の副詞的用法で，「～するために」「～するのに」の意味。「…以上」という意味の〈over＋数値〉は **Lesson 3** の**1**の(3)で既習。

(日本女子大)

2 (1) **(Are you going to make us wait here all)** day?

≫〈S be 動詞＋going to *do*〉という型の文を yes-no 疑問文にするには，be 動詞のみを S の前に出す。あとは〈make O *do*〉の型を用い，make us wait の連なりを誤らずに組み立てる。

(2) **(How can we make our customers feel more comfortable)**?

≫「どうすれば」や「どのように」は how を用いて表現する（**Lesson 7** の**3**の(1)で既習）。「お客さんにより快適だと感じてもらえる」は，「お客さんがより快適に感じるようにさせる」と考えて，〈make O *do*〉の型を用い，make our customers feel more comfortable と組み立てる。これは「強制」ではない make である。

(3) **(I was made to wait for over an hour)**.

≫〈make O *do*〉が受動態になった形を組み立てられるかがポイント。受動態になると *do* が to *do* となることに注意。つまり was made wait ではなく was made to wait となる。(専修大)

3 (1) **He made me drive his car.**

≫〈make O *do*〉の型を用いた基本的なパターンの文。語数制限があるため，構文**023**で学んだ〈get O to *do*〉や〈force[compel] O to *do*〉は使えない。

(2) **What should I make him do next?**

≫ 疑問文になる前の文は，次のものである。

I should make him do A next. 私は彼に次に A をさせるべきだ。

この文を組み立てられるかということと，A の部分を what に変えたうえで，正しく疑問文にできるかが問われている。

(3) **That story made me cry.**

≫ 用いるべき語に make があるので，「その話を聞いて私は泣いた」を「その話が私を泣かせた」のように，無生物が主語の文に変換したうえで，〈make O *do*〉の型を用いて文を作ることができるかが問われている。

4 **和訳** 下線部参照。

≫ 述部が〈make O *do*〉の型であり，主語が無生物の traveling and working so much なので，この make は「～の状態・状況を作り出す」という意味となる。したがって，traveling から lonely までの直訳は，「とてもたくさん移動することと仕事をすることが，彼が寂しいと思う状況を作り出した」となるが，ここから工夫する。

≫ 動詞 miss には多くの意味があるが，文脈から「…がいないのを寂しいと思う」「…を恋しがる」という意味だと判断する。

英文解釈

〈Between 1978 and 1982〉 all of his work (S) was (V) very popular (C), and he (S) made (V) a lot of money (O). However, [traveling and working so much] (S) **made** (V) **him** (O) **feel** (C) lonely, and he missed (…がいないのを寂しいと思う) his wife and daughter. 〈So, in 1983〉, he (S) decided (V) [to take a break (①休む) from music, and spend (②) more time with his family] (O).

和訳 1978年から1982年にかけて，彼の仕事のすべてが大評判で，多くの収入を得た。しかし，移動や仕事ばかりで彼は寂しい思いをするようになり，妻と娘が恋しくなった。そこで1983年に彼は音楽活動を休止し，もっと多くの時間を家族と一緒に過ごすことに決めた。

（九州産業大）

Lesson 17 have O *do* / let O *do*

1 (1) **私は彼らを自由に遊ばせてやりたい。**

≫ would like to *do* は「～したい」。この let は〈許可〉の意味。(関西大)

(2) **その先生は私に，私の名前の発音の仕方をクラスの皆に教えさせた。**

≫〈have O *do*（動詞の原形）〉は「O に～させる・してもらう」の意味だが，この文は先生が生徒に行為を命じた状況だと判断できる。したがって「させる」を選ぶ。teach 以下は，次のような文法構造。

teach(V) the whole class(O_1) how to pronounce my name(O_2)

teach は「O_1に O_2を教える」という意味で，第 4 文型で用いられている。the whole class は「クラスの全体」という意味であり，ここから工夫して「クラスの皆」とする。how to pronounce my name は構文**032**で扱う〈疑問詞＋to *do*〉の一例。how to *do* は「～の仕方」「～する方法」。(藤女子大)

(3) **私は自分の子どもたちがスマートフォンを持つことを許さない。**

[別解] 私は自分の子どもたちにスマートフォンを持たせない。

≫ don't let なので「不許可」の意味を出す。(跡見学園女子大)

(4) **秘書にデータを集めさせましょうか。**

≫ Shall I *do*? は「～しましょうか？」。have の O が「自分の秘書」なので，主語は命じることができる立場であり，ここも「してもらう」ではなく「させる」を選ぶ。

2 (1) (**He let the rain fall on him**).

≫「任せていた」の部分は〈黙認・放置〉を表す let で表現すると判断し，〈let O *do*〉で文を組み立てる。

(2) How about (**having your father take our picture**)?

≫ How about ... ? は「…はどうだろう」。「…」の部分に動詞からはじまる表現を置く場合は，動名詞にする（前置詞の後ろなので)。「あなたのお父さんに～撮ってもらう」は〈have O *do*（動詞の原形）〉を「O に～してもらう」の意味で用い，have your father take our picture を組み立てる。この表現の have を having にしたうえで about の後ろに置く。(広島経済大)

(3) Please (**let me know if you don't understand the words**).

≫ let を「O が～する状態を作り出す，O が～するのを可能にする」の意味で用いる。let me know の直訳は，「私が知っている状態を作り出す」。これを自然な訳にすると「私に知らせる」となる。〈let O know〉「O に知らせる」は多用される表現なので，1 つのまとまりとして覚えておきたい。なお，the words は，単に「言葉」と訳すよりも，「言葉の意味」としたほうが自然になるので，問題文では「言葉の意味がわからなければ」となっている。このように，問題文と英文の間にズレがあることは少なくない。並べ替え問題ではこのようなズレに気づき，対応する力も求められている。(中央大)

3 (1) **You shouldn't let your son use a knife.**

≫「ナイフは危険だから，息子さんに使うことを許可してはならない」という意味の文だと判断する。「不許可」なので，shouldn't let とする。son は sons でもよいが，この場合は息子が複数いることになる。

(2) **Let me be your secretary.**

≫「私をあなたの秘書にしてください」を「私があなたの秘書であることを許可してください」という意味だと考え，let を用いる。「～である」の意味を出すために be 動詞を用いることを思いつくか，そしてこれを原形の be で用いられるかがポイント。

(3) **This tool lets you draw parallel lines easily.**

≫問題文を，「この道具はあなたが簡単に平行線を引くことを可能にする」と無生物が主語の文に置き換えれば，「O が～する状態を作り出す，O が～するのを可能にする」という意味の〈let O *do*〉が使えると判断できる。

4 和訳 下線部参照。

≫Let me ～ . は命令文であり，「私が～することを許可してください」という意味。「～させてください」と訳す。

和訳 イノベーションに関する話をさせてください。ホーンビーという会社の話です。この会社は鉄道模型を作っており，とてもとても長い間そうしてきました。10年前，同社は破産寸前でした。コストを削減しようとして，中国に生産を委託することに決めました。

（青山学院大）

[第5文]（In an attempt ...）

≫in an attempt to *do* は「～しようとする試みにおいて」が直訳であり，これはつまり「～しようとして」「～することを試みて」という意味である。

Lesson **18**

help O (to) *do* / 知覚動詞＋O *do*

1 (1) **彼は彼女がそのベッドを組み立てるのを手伝わなかった［助けなかった］。**

≫〈help O *do*〉の型のシンプルな文。

(2) **トウモロコシはアメリカが外国産の石油への依存を減らし，空気をきれいにする助けになるかもしれない。**

≫これも〈help O *do*〉の型だが，*do* に当たるものが reduce と clean の 2 つであることに注意。（明治大）

(3) **私があなたの名前を呼ぶのが聞こえなかったのですか。**

≫Did you ～? ではなく，Didn't you ～? であり，否定文の疑問文であることに注意。hear me call の部分が〈知覚動詞＋O *do*（原形動詞）〉。

(4) **私が彼女の部屋のドアをノックすると，彼女が英語で「お入りください」と言うのが聞こえた。**

≫and は以下のように，knocked 以下と heard 以下を結ぶ。

I knocked on her room door
and
heard her say in English

heard her say の部分が〈知覚動詞＋O *do*（原形動詞）〉。（広島修道大）

2 (1) (**Could you help me check this data**)?

≫Could you ～? は「～してもらえますか。」。これに〈help O *do*〉の型を組み込む。

(2) (**Have you ever watched a bird build a nest**)?

≫相手に経験を尋ねる際は，〈Have you ever＋過去分詞 ?〉「～したことがありますか。」によって表現する。本問では，この表現の「過去分詞」の部分に watched を置き，ここから〈知覚動詞＋O *do*〉の型を組み立てる。

(3) (**I heard someone knock on our front door late last**) night.

≫hear を用いて〈知覚動詞＋O *do*〉の型を組み立てる。「昨晩遅くに」は late last night。（京都産業大）

3 (1) **I will help my daughter write a letter to Bob.**

≫仮に指定語数が11語であれば，I will help my daughter <u>to</u> write a letter to Bob. となる。help は，O の後ろに to が置かれた〈help O to *do*〉でも用いられる。なお，「ボブに手紙を書く」は write to Bob と書くこともできるが，いずれにせよ語数制限に合わない。

(2) **We saw a bear swim across the lake.**

≫「…を泳いで渡る」は「…を泳いで横切る」ということであり，swim across ... で表現する。また，問題文からはクマの頭数はわからないが，指定語数が 8 語なので，それに合うように，a bear とする（指定語数が 7 語であれば bears となる）。これらを〈知覚動詞＋O *do*（原形動詞）〉の型に組み込む。

(3) **I didn't notice him leave the room.**

≫see, watch, hear などだけでなく，「感じる」の feel，「気づく」の notice，「匂う」の smell なども知覚動詞であり，これらも〈知覚動詞＋O *do*（原形動詞）〉の型で使えるようにしておきたい。

4 (1) (2) **和訳** 下線部参照。

≫ (1) 〈hear O *do*〉は「Oが～するのを聞く」。また，この文の完了形には「経験」の意味がある。つまり had never heard は「それまで聞いた経験がなかった」という意味。

≫ the moment と he の間には，関係副詞の when が省略されている（これについては構文087で扱う）。when 節は文末の Toshie までであり，このまとまりが the moment を修飾する。

≫ (2) (1)と同じく〈hear O *do*〉が用いられている文。

≫ a language と he の間には目的格の関係代名詞 that［which］が省略されている。この関係代名詞は understand の目的語としてはたらく。

英文解釈

Atsuo(S) had never heard(V) **his wife**(O) **speak** Korean(C) 〈until(…まで（前置詞）) the moment (∧(when) he(S′) **heard**(V′) **her**(O′) **speak** Korean to Toshie(C′))〉. 〈Rationally(理性的に考えれば)〉, he thought [∧(that) it(形式S′（☞構文001）) was only right(至極当然の) [that Yun should speak her own language to her child(真S′)]], but he(S) felt(V) somewhat disconnected(C 疎外された) 〈when he(S′) **heard**(V′) **Yun**(O′) **speak** to Toshie(C′) 〈in a language (∧(that) he did not understand)〉〉.

和訳 (1)アツオは，妻がトシエに韓国語で話しかけるのを聞いたそのときまで，妻が韓国語を話すのを一度も聞いたことがなかった。理性的に考えれば，ユンが自分の子どもに対して自国語で話すのは至極当然だと思ったが，(2)ユンがトシエに対して自分にはわからない言葉で話しかけるのを聞いて，彼はいくぶん疎外感を覚えたのだ。（福島大）

［第2文］（Rationally, he thought ...）

≫ thought の後ろには that が省略されている。この that からはじまるまとまり（to her child まで）は thought の O としてはたらく。そしてこの that 節の中に形式主語構文が存在する。真主語が that 節なので，that 節の中に that 節が存在するということになる。

≫ only right は「（当然のことにすぎない→）至極当然の」。このように判断を示す語の後ろにある that 節の中に should が置かれることがあるが，この should は訳さない。「～すべきである」と和訳しないことに注意。

Lesson

19 only to *do* / never to *do*

1 (1) **彼はその窓を開けようとしたが，結局できなかった。**

≫ fail は「失敗する，うまくいかない」という意味。後半は「結局失敗しただけだった」あるいは「結局うまくいかなかった」としてもよい。(流通科学大)

(2) **その道路は日曜日の午後に再び通れるようになったが，結局，岩石崩落のために再び閉鎖された。**

≫ only to の後ろが受動態であることに注意。due to ... は「…のために，…のせいで」という意味の成句（「群前置詞」。☞構文**039**）。

(3) **その城はついにフランス軍の手によって焼け落ちて，二度と再建されることはなかった。**

≫〈never to *do*〉「…して，二度と～しない」の型が用いられた文。これも *do* の部分が受動態なので，「再建されることはなかった」と訳す。

(4) **彼は成長して強くハンサムな若者になった。**

≫ grow up to be ... は「成長して…になる」。(愛知学院大)

2 (1) **(We hurried to the airport(,) only to miss the plane).**

≫「結局その飛行機に乗れなかった」を〈only to *do*〉を用いて only to miss the plane と表現できるかがポイント。miss には「…に乗りそこなう，…を逃す」という意味がある。なお，語群では与えられていないが，only の前にはカンマを置くことが多い。

(2) **(The dynasty was crushed(,) never to revive).**

≫「二度と復活しなかった」は〈never to *do*〉を用いて never to revive とする。語群では与えられていないが，never の前にはカンマを置くことが多い。

(3) **(My grandmother survived her husband and lived to be 100 years old).**

≫ survive には「生き残る」という意味だけでなく，他動詞で「(家族など) より長生きする」という意味がある。本問では後者の意味で用いる。後半は live to be ...「…になるまで生きる」を用いることができるかが問われている。

3 (1) He (**worked**) (**hard**) (**only**) (**to**) (**fail**) in the enterprise.

≫「結局～失敗した」の部分に〈only to *do*〉を用いる。「失敗した」は**1**の(1)同様，fail でよいが，「…に失敗する」は fail in ... と in を用いることに注意。(関東学院大)

(2) He (**went**) (**to**) India, (**never**) (**to**) (**come**) back.

≫「二度と戻ってこなかった」の部分に〈never to *do*〉を用いる。never to return でも表せるが，back が与えられているので never to come back とする。

(3) The child (**grew**) (**up**) (**to**) (**be**) a politician.

≫〈結果〉を表す不定詞の副詞的用法を用いた，grow up to be ...「成長して…になる」を用いる。

4 **never**

» カッコ以下の部分を訳し下していること，そして「…して，二度と～ない」という内容から〈結果〉を表す to 不定詞の副詞的用法の〈never to *do*〉「…して，二度と～しない」の構文だと判断する。

英文解釈

〈During World War II〉, a great deal of art in Europe was stolen or destroyed in the fighting, 〈**never to be** seen again〉. Hitler and other top Nazis went so far as to make a list (of great works of art (that they wanted for themselves)).

（During …の間／a great deal of たくさんの…／a great deal of art in Europe S／was stolen V①／destroyed V②／Nazis ナチ党員／went so far as to ～しさえした／works 作品／wanted for themselves 自分たちが欲しい）

和訳 第二次世界大戦の間，ヨーロッパの多くの芸術作品が戦闘の中で盗まれたり破壊されたりして，二度と見られなくなってしまった。ヒトラーや他のナチスのトップ層は，自分たちが欲しい偉大な芸術作品のリストを作りさえした。(南山大)

[第 2 文] (Hitler and other ...)

» go so far as to *do* は「～しさえする」。これも重要な表現。例文を 1 つ挙げる。
ex. She went so far as to hit me.　彼女は私を殴りさえした。

» wanted for themselves は「自分たち自身のために欲しい」。シンプルに「自分たちが欲しい」と訳せる。

Lesson
20 be to *do*

1 (1) **授業料は最初のクラスの集まりで教官に直接お支払い願います。**

≫ 授業料の支払いについての文章。The fees ~ be paid directly to the instructor「授業料は，直接教官に支払う~」とあるので，受講生による授業料支払いの「義務」についての文だと判断できる。ただ「直接支払う義務がある」「直接支払うべきである」とするのは，「お客様」である受講生への告知の文として相応しくない。「要請」のニュアンスにやわらげたのが解答例。なお fees は通常「料金，納付金」の意味だが，ここでは教官に支払うものなので「授業料（=tuition fees）」と訳した。(明治学院大)

(2) **彼は二度と故郷に戻ってこない運命にあった。**

≫ この文の was to は「運命」の意味。なお，わざわざ「運命」という言葉を出さずに「彼は二度と故郷に戻ってこなかった［戻ってくることはなかった］」などとしても文意は伝わる。

(3) **この記念碑はその戦争で亡くなった人たちを追悼するためのものだ。**

≫ is to は「目的」の意味。「~するためのものだ」と訳す。killed は過去分詞形であり，killed in the war のまとまりが the people を修飾する。the people killed in the war の直訳は「その戦争で殺された人たち」だが，「殺された」は「亡くなった」にしたほうが自然な和訳になる。

(4) **私たちはあらゆるところを見た［探した］が，泥棒はどこにも見つからなかった。**

≫ look は「見る」だが，泥棒を探すために見たので，ここでは「探した」とも訳しうる。この was to は文脈から「可能」の意味だと判断できるが，この 2 語の間に否定語の副詞 nowhere「どこにも~ない」があるので「不可能」として訳す。be seen は受動態なので，the thief was nowhere to be seen の直訳は「泥棒はどこにも見られ得なかった」となるが，不自然なので工夫する。(大谷大)

2 (1) (**We are to obey our boss's commands**).

≫ are to を「義務」の意味で用いる。

(2) (**He was never to see his son**) again.

≫ was never to see の部分を組み立てられるかがポイント。この was to は「運命」の意味であり，never をはさむことによって，「二度と~しない運命にあった」という意味になる。

(3) (**The party is to be held at Tom's house the day after**) tomorrow.

≫「開かれる」は受動態なので，「予定」を表す is to の後ろは be held となる。「あさって」は the day after tomorrow。ちなみに「おととい」は the day before yesterday。セットで表現できるようになろう。(東京経済大)

3 (1) Lucas and I (**are**) (**to**) (**meet**) (**at**) the bus terminal (**at**) five this evening.

≫「予定」の意味で are to を用いる（are going to や will でも意味的には可能だが，語数が合わない）。主語が Lucas and I であり 2 人なので，is でも am でもなく are を用いることに注意。また，「5 時に」の「に」，「バスターミナルで」の「で」ともに，「時・場所の一点」を表す at で表現する。(京都産業大)

(2) If you (**are**) (**to**) (**succeed**), you (**must**) (**be**) (**more**) aggressive.

≫ if節の内部で「意志」の意味の are to を用いる。「…にならないと」の部分は，「…にならないといけない，ならねばならない」の意味だと考えれば must be とするのが最も適切。

(3) Not (**a**) (**sound**) (**was**) (**to**) (**be**) (**heard**) there.

≫ not a ... で「1つの…もない」の意味になる。可算名詞扱いで a sound とする（sound は可算名詞と不可算名詞の両方で用いられる）。not a sound が主語の文であり，音は「聞かれる側」なので，受動態を用いる。また，「聞こえなかった」には「聞くことができなかった」という「不可能」のニュアンスがあるので，これを was to を用いて表現する。

（自治医科大）

3 不定詞

4 運命：**和訳** 下線部参照。

≫ 第2文以降では，彼女の悲劇的な運命について記述されている。この文内容から，a series of tragedies was to befall her「彼女は一連の悲劇に見舞われる運命にあった」という意味だと判断する。ただ，実際の和訳の際には，わざわざ「運命」という言葉を置かずに「一連の悲劇が彼女に降りかかることになった」などとしてもよい。

英文解釈

〈In 1866〉 Sarah gave birth to（…を産んだ） a baby girl, Annie（a baby girl = Annie）. But a series of（一連の…） tragedies **was to befall**（…に降りかかる運命にあった） her. Her daughter died in infancy（幼児期に）; she had no other children. Sarah was heartbroken（悲しみに暮れた） and driven almost to madness（ほとんど狂乱状態に追いやられた） 〈by the loss.〉 〈Then, in 1881〉, her husband died of（（…の病気）で死ぬ） tuberculosis（結核）.

和訳 1866年にセーラは女の子の赤ちゃん，アニーを産んだ。だが一連の悲劇が彼女に降りかかることになった。彼女の娘は幼くして死んでしまったが，彼女には他に子どもがいなかった。娘を失ったことにより，セーラは悲嘆に暮れ，ほとんど狂わんばかりになってしまった。そして1881年に夫が結核で死んだ。（成蹊大）

図解の記号：[名詞]（ 形容詞 ）〈 副詞 〉

Lesson
21 疑問詞＋to *do*

1 (1) **私たちは見知らぬ土地で何をすべきかわからなかった。**

≫ what to do は「何をすべきか」のように，文脈から should の意味を補って解釈する。これは know の O としてはたらいている。「何をすべきかわからなかった」は，意訳して「途方に暮れてしまった」などとしてもよい。(亜細亜大)

(2) **入試のためにいつ勉強を始めればいいのか，私にはよくわからない。**

≫ when to start は「いつ始めるべきか，いつ始めればよいか」のように，文脈から should の意味を補う。sure は「…を確信して」の意味なので，be not sure だと「確信がない，よくわからない」。なお，この sure は形容詞でありながら，他動詞のように that 節や疑問詞節を後ろに伴う（こうした形容詞については，☞構文**072**）。

(3) **パーティーに誰を招待するかを決めましたか。**

≫ who to invite to the party は，前置詞 about の目的語としてはたらく。

(4) **私は誰の歌をカバーしようか選んでいる最中だ。**

≫〈疑問詞＋to *do*〉の疑問詞が whose や what，which のように後ろに名詞を従えることができるものである場合，この構文は当然〈疑問詞＋名詞＋to *do*〉の形となる。ここでは whose song to cover が，他動詞 selecting の目的語としてはたらいている。

2 (1) (**I can't think of what to say in English in this**) situation.

≫ think of ... には，「…のことを考える」という意味だけでなく，「…を思いつく」という意味もある。この表現を知っているかということ，そして what to say ... を，think of に後続させられるかがポイントとなる。(東京電機大)

(2) The doctor thinks (**carefully before deciding what medicine to give**).

≫「～する前に」は before を用いて表せばよいが，その際〈before S V〉(before は接続詞) と〈before *doing*〉(before は前置詞) の形が考えられる。与えられた語群から，ここでは後者を用いると判断する。「どの薬を投与すべきか」なので，what to give ではなく，what medicine to give とし，これを deciding の目的語とする。(龍谷大)

(3) (**We had no idea how much money to save each**) month.

≫ had no idea は didn't know とほぼ同じ意味で，この表現の後ろに〈疑問詞＋to *do*〉(how much money to save ...) を置くことができる。なお how much money は，how が much を修飾し，much が money を修飾するという関係にある。how many books なども同じ構造。

3 (1) "Excuse me, could **you tell[show] me how to get** to the station?"

≫「A に B を教える，示す」は〈tell[show] A B〉という型を用いる。この文で A に当たるのは，問題文では明示されていないが当然「私 (me)」である。B に当たるのが「どうやって駅に行けばいいか (how to get to the station)」。「駅に行けばいいか」は「駅にたどり着けばいいか」ということであるから，how to go to ... よりも how to get to ... とするほうが圧倒的に自然。このように日本語の言わんとすることを汲み取って英語に置き換える習慣をつけよう。(産業能率大)

(2) **How do you determine what book to read** next?

≫「どんな本」とあるので，まず what book という連なりを組み立てる。what には「何の」だけでなく，「どの」「どんな」の訳語があることを覚えておこう。そしてその後ろに

to read を置く。さらに「どのように…を決めますか」は how で表し（この意味の how は **Lesson 7** の**3**の(1)と **Lesson 16** の**2**の(2)で既習），How do you determine ～？とする。最後に determine の目的語として what book 以下を置く（determine は他動詞で「…を決める」)。この文では「どんな～どのように」と疑問詞が 2 つあるので難しく感じるが，上記のように 1 つ 1 つ着実に組み立てていけばよい。

(3) The **problem is where to go** in summer.

≫「どこに行くべきか」を where to go と表現できるかがポイント。「問題は～だ」の部分は The problem is ～となり，where to go 以下がその C（補語）となる。

4 (1) **和訳** 下線部参照。(2) **We were made to feel guilty** (3) **和訳** 下線部参照。

≫(1) we 以降の部分は，〈teach A B〉「A に B を教える」（文型は第 4 文型）の受動態。A が主語となり，〈A＋be 動詞＋過去分詞＋B〉「A は B を教えられる」の型になったもの。そして B の部分に，〈how to *do*〉「どのように～すべきか／～する方法」が置かれている。

≫(2) 構文**024**で扱った〈make O *do*〉が受動態になった形。この場合は to が現れて〈be made to *do*〉という型になることに注意（本冊 p. 46参照）。

≫ feel guilty for ... も，feel sinful for ... も「…に対して罪を感じる」という意味（本問では，sinful の前に，前にある feel を補って読む）。このように and の後ろでは，繰り返される語が省略されることが多い。

≫(3) lead は，本冊 p. 44のリストにはないが，構文**023**で扱った「行動を促す動詞」の一例。〈lead O to *do*〉で「O が～するよう導く・仕向ける」という意味。下線部(3)はこの型が受動態となり，〈S＋be 動詞＋過去分詞＋to *do*〉という型になっている。したがって We were led to believe ～の直訳は「私たちは～を信じるよう仕向けられた」だが，ここから工夫して，解答例のようにする。

英文解釈

〈In our own childhood〉, we (S) were not taught (V) **how to deal** with anger (O₂). We (S) were made (V) to feel guilty (C) 〈for experiencing anger〉(…に対して) and ∧(feel) sinful 〈for expressing it〉.
〈make O *do*〉（☞構文**027**）の受動態
We (S) were led (V) to believe (C) [that (believe の O) [to be angry] (S′) is (V′) [to be bad] (C′)].

和訳 (1)私たち自身が子どもだったころ，怒りへの対処法は教わらなかった。私たちは怒りを感じることに罪悪感を覚え，また，怒りを表すことに罪の意識を感じるよう強いられた。(3)私たちは怒ることは悪いことだと信じ込まされたのだ。（三重大）

図解の記号：[名詞]（ 形容詞 ）〈 副詞 〉

Lesson
22 have no choice but to *do* / have something to do with ...

1 (1) **私はそのケーキを作るのをあきらめざるを得なかった。**

≫〈have no choice but to *do*〉は「〜する以外の無の選択肢を持っている」より,「〜するほかない,〜せざるを得ない」という意味になる。give up *doing* は「〜するのをあきらめる」。(岩手大)

(2) **私が仕事を辞めざるを得なかったのは残念なことだった。**

≫文全体は It is 〜 that ... の形式主語構文。pity がこの構文の C(補語)の位置で用いられた場合は「残念なこと」という意味となる。It is a pity that 〜 で「〜は残念なことだ,〜とは残念だ」と成句的に覚えてしまうとよい。

(3) **彼らは,芸術は訓練や技術と何の関係もないと主張した。**

≫insist には「要求する」という意味と,「主張する」という意味がある。本問の例は,文内容から後者だと判断できる。なお「要求する」という意味で用いる場合は,後ろの that 節の内部の動詞を「should+原形」または「原形」としなければならない。これらの形になっていないことからも,後者の意味だとわかる。(中央大)

(4) **彼の助言は彼女の成功と大いに関係があった。**

≫have a lot[much] to do with ... で「…と大いに関係がある」。〈have O to do with ...〉の型では,O にさまざまな程度を表す語が入り,どの語が入るかによって関係の程度が変わる。

2 (1) Because (**of the bad weather, we had no choice but to postpone the**) picnic.

≫「延期するほかなかった」に〈have no choice but to *do*〉の構文を使う。また,because を用いて原因・理由を述べる際に,文を後続させる場合は〈because S′ V′〉となるが,名詞を後続させる場合は〈because of+名詞〉となる。of が必要であることに注意。(中京大)

(2) (**I had no choice but to be absent from school for one**) year.

≫「…を休む」は be absent from ... なので,これを I had no choice but to の後ろに置く。一般動詞ではなく be を置くことがポイント。

(3) (**This accident has nothing to do with me**).

≫「…とは何の関係もない」を,nothing を用いて has nothing to do with ... と表現できるかが問われている。(南山大)

3 (1) **My job has little to do with the Internet[internet].**

≫「ほとんど関係がない」なので,little を用い,has little to do with ... とする。has a little to do with ... のように a を入れると,「少し関係がある」の意味になるので注意。「インターネット」の英訳は,通常 the を用いて the Internet[internet] とする。

(2) **Do I have no choice but to wait?**

≫I have no choice but to wait.「私は待つよりほかにない」という文を組み立てたうえで,これを yes-no 疑問文にする。

(3) **Does Tom have something[anything] to do with Meg's death?**

≫Tom has something to do with Meg's death.「トムはメグの死と何らかの関係がある」という文を作り,これを yes-no 疑問文にする。疑問文であっても something, anythingのどちらを用いてもよく，意味の違いもわずかだが，somethingの場合はyesの可能性がより示唆される。

4 **和訳** 下線部参照。

≫〈have no choice but to *do*〉「〜するほかない，〜せざるを得ない」が用いられた文。

英文解釈

I learnt about the problem 〈a few months ago〉. 〈While ∧ shopping in town〉, (I was)（☞構文**133**）
I saw some people taking part in a fund-raising campaign. I spoke to (S V O C（☞構文**047**）; spoke to …に声をかけた)
the leader of the campaign, Katy, (who explained the situation). She (the leader of the campaign = Katy; who →訳し下す; She S)
thanked me 〈when I donated some money〉. She told me [that they had (V O S′ V′ O′; S V O_1 O_2)
asked the town mayor for financial assistance, but their request had been (asked 求めた; financial assistance 財政支援)
rejected]. They **had no choice but to start** fund-raising. (rejected 拒絶された; S V O 前置詞 前置詞butの目的語)

和訳 私は数か月前にその問題について知った。町で買い物をしている最中に，私は何人かの人たちが資金集めの運動に参加しているのを見た。私はその運動のリーダーのケイティに声をかけ，彼女は状況を説明してくれた。私が多少のお金を寄付したら彼女は感謝してくれた。彼女は私に，自分たちは町長に資金援助を求めたが，その要請は拒絶されたと教えてくれた。彼女たちは資金集めを始めるよりほかなかった。（大学入学共通テスト）

[第2文]（While shopping in ...）

≫Whileとshoppingの間にはI wasが省略されている（これについては構文**133**で「副詞節におけるS′+be動詞の省略」として扱う）。

≫saw some people takingの部分は，〈知覚動詞+O *doing*（現在分詞）〉の型（☞構文**047**）。知覚動詞がseeの場合は，「Oが〜しているのを見る」という意味になる。

[第3文]（I spoke to ...）

≫このwho節はKatyに対する修飾語として訳すのではなく，訳し下すのが原則。文末に関係代名詞あるいは関係副詞からはじまるまとまりがあり，その前後で時間の流れがある場合は，その流れに沿って訳し下す。本問においても，関係代名詞のwhoの前後で「声をかけた→状況を説明してくれた」という時間の流れがある。

Lesson

23 by *doing* / without *doing*

1 (1) **十分に厳しくしないことによって，多くの母親は自分の息子をだめにする。**

≫〈by *doing*〉は「～することによって」の意味なので，by not *doing* と not が入ると「～しないことによって」の意味となる。よって by not being strict enough の直訳は「十分に厳しくないことによって」となるが，「厳しくない」を「厳しくしない」とすると自然な訳となる。(東海大)

(2) **彼は誰にもひとことも告げずに会社［事務所］を去った。**

≫ without saying a word は，a のニュアンスを出して「ひとことも告げずに」とする。「何も告げずに」でもよい。(龍谷大)

(3) **私は不平さえ言わずに，上司のために懸命に働き続けている。**

≫ without even complaining の even は「～さえ，～すら」の意味なので，この部分は「不平さえ言わず，不平を言うことすらしないで」のようになる。また，have been *doing* は〈現在完了進行形〉。動作，出来事について「～し続けている」という〈継続〉の意味を表す。(成蹊大)

(4) **その荷物はあまりにも大きい。君はどうやって，誰にも知られずにそれを家から運び出せるのか。**

≫ without anybody knowing it の構造は，前置詞 without の目的語である動名詞句の knowing it に対して，「意味上の主語」である anybody が加わった形。意味上の主語は「…が」と訳すのが基本なので，without anybody knowing it の直訳は「誰もがそれを知ることなく」となるが，工夫して「誰にも（それを）知られずに」とする。(広島市立大)

2 (1) Olivia learned a (**little about television by listening to the people at**) the television station.

≫「…に話を聞くことによって」を〈by *doing*〉の型を用いて by listening to ... とする。listen to の後ろに「人」を表す語が置かれた場合は，「…の言うことを聞く，…の話を聞く」という意味になる（**Lesson 7** の**1**の(4)で既習)。なお，「テレビ局の人たち」については，「A の B」の英訳が必ず B of A になるとは限らないので注意（ex. a clock on the wall「壁の時計」／the key to the car「その車の鍵」)。「テレビ局の人たち」は「テレビ局で働いている人たち」という意味であり people at the television station とするのが正しい。

(2) (**She mastered English by reading newspapers and translating them**).

≫ これも「～することで」に〈by *doing*〉の型を用いればよいが，ここでは *doing* に当たるものが 2 つあることに注意。by reading newspapers and translating them とする。them は newspapers を受ける。

(3) You (**can't gain anything without losing something**) first.

≫〈without *doing*〉を用い，without losing something を組み立てられるかがカギ。なお，first という語は「最初の」という意味の形容詞であるのみならず，「最初に」という意味の副詞でもある。ここでは副詞として用いている。

3 (1) **I left the shop without buying anything.**

≫「何も買わないで」は〈without *doing*〉を用いて without buying anything とする。

(名古屋学院大)

(2) **She cannot[can't] move without being helped by her mother.**

≫これも〈without *doing*〉の型を用いるが，「助けられずに」は受け身なので，without の後ろは〈being＋過去分詞〉となる。

(3) **What do you mean by sending me such a long letter?**

≫「～するなんて，あなたはどういうつもりなの」は，What do you mean by *doing*? と表現する。「～することによって，あなたは何を意図しているのか」が直訳。定型表現として，このまま覚えてしまうとよい。なお，by 以下は by sending such a long letter to me ともできるが，これだと指定語数の「11語」に収まらなくなる。よって，第４文型（SVOO）を用いて前置詞なしで表現する。

4 和訳 下線部参照。

≫more は「より多くのこと」という意味。learn の目的語となる名詞。

≫〈by *doing*〉は「～することによって」。creating からのまとまりは文末の horse まで。

英文解釈

Lindsay Blatt (S) is (V) an American photographer (C) (who (S′) fell in love with (V′①) Iceland 〈when she was a child〉 and grew up (V′②) 〈with a great love for horses〉).

〈Once (ひとたび～すると) she became an adult〉, she (S) decided (V) [to learn (O) more (learn の O) (about Iceland and its horses) 〈**by creating** (…を作り出すことによって) a documentary about the Icelandic horse〉].

和訳 リンジー・ブラットは子ども時代にアイスランドに恋をして，馬への大きな愛とともに育ったアメリカ人の写真家だ。ひとたび大人になると，彼女はアイスランドの馬についてのドキュメンタリーを作ることによって，アイスランドとアイスランドの馬についてより多くを知ろうと決めた。(中央大)

[第１文] (Lindsay Blatt is ...)

≫and は，文法上は「fell 以下と grew 以下を結ぶ場合」と「was 以下と grew 以下を結ぶ場合」の２通りが考えられるが，意味から前者だと判断する。このように and あるいは or については，どの部分どうしが並列の関係にあるかを機械的に決めることができず，意味を考えて特定しなければならない場合が多い。

[第２文] (Once she became ...)

≫この once は接続詞で，「いったん［ひとたび］～すると」の意味。

図解の記号：[名詞] (形容詞) 〈 副詞 〉

Lesson **24**

in doing / on doing

1 (1) **世論の傾向を理解する際には，世論調査が不可欠だ。**

≫ in understanding the trends of public opinion は「世論の傾向を理解することにおいては」が直訳。ここから一歩進めて「世論の傾向を理解する際には」などとする。

(2) **私は射撃をするときにはいつも眼鏡をかける。**

≫〈when *doing*〉は「～するときには」の意味。〈in *doing*〉を「～するときには」と訳せるケースもあるが，動名詞を用いてこの意味を出すには〈when *doing*〉を用いるのがふつう。

(3) **その衝突音を聞いてすぐに，私は家から飛び出した。**

≫〈on *doing*〉については，*doing* で表される内容と，その次に現れる動詞の内容（この文では rushed）の間に緊密性があるかどうかを考える。緊密性があれば「～するとすぐに」のニュアンスを出し，特になければ単に「～して，～すると」でつなぐとよい。この文では「飛び出した」のだから，「すぐに」のニュアンスを出す。(長野大)

(4) **怒られて，その少女は泣き出した。**

≫(3)とは違い，こちらは単に「～して」でつないだほうが自然な訳になる。

2 (1) (**In doing anything, you should do your**) best.

≫「何をするにも」は「何をすることにおいても」「何をする際にも」の意味だと判断し，〈in *doing*〉を用いて in doing anything を組み立てる。「最善［ベスト］を尽くす」は do *one's* best。

(2) (**On opening the door, he saw a tall man standing there**).

≫「ドアを開ける」という行為と，「背の高い男を目にした」という行為が連続しているので，〈on *doing*〉で表現する。he saw a tall man standing は，〈知覚動詞＋O *doing*（現在分詞）〉の型（☞構文**047**）。

(3) (**On hearing the news, he was disappointed**).

≫ここでも，「ニュースを聞く」という行為と，「落胆した」という行為が連続しているので，〈on *doing*〉を用いる。「落胆した」は was disappointed。(福岡工業大)

3 (1) (**On**) (**pushing[pressing]**) (**the**) (**button**), water began to flow.

≫「ボタンを押す」という行為と「水が流れ出した」という事態は連続している。つまり 2 つの出来事が接しているので〈on *doing*〉を用いる。「ボタン」の綴りは弱い人が多い。確実にマスターしたい。

(2) Such exercises have much (**importance**) (**in**) (**learning**) (**English**).

≫「学ぶ際に」は「学ぶことにおいて」という意味なので，〈in *doing*〉を用いる。「大いに重要だ」については，have much の後ろには形容詞の important は置けないので，名詞の importance を置く。have much importance の直訳は「大きな重要性をもつ」。

(3) (**On**) (**seeing**) a cockroach, they ran away (**in**) all (**directions**).

≫「見るや否や」なので on seeing とする。「～の方向に」の「に」は，to ではなく，in を用いる。これは文法問題でも問われる重要事項なのでしっかり覚えたい。また「あらゆる方向」なので，direction を複数形で用いることにも注意。(中央大)

4 **和訳** 下線部参照。

» loss の後ろには目的格の関係代名詞（that / which）が省略されている。この関係代名詞は felt の目的語としてはたらく。

» felt on hearing ... は「…を聞いて感じた」「…を聞いたとき感じた」。「聞く」→「感じる」というように，この2つの行為は接している。hearing の後ろは，目的語である that 節だが，that は省略されている。この〈on hearing + that 節〉は felt を修飾するので，he felt ～ accident までが the loss を説明する関係代名詞節。

英文解釈

Road traffic accidents are, 〈for the most part〉, completely avoidable. They take the lives of young, healthy people. Nelson Mandela wrote of the loss (∧ he felt 〈**on hearing** [∧ his eldest son had been killed in a road accident]〉): "I do not have words (to express the sorrow or loss (∧ I felt))."

（S: Road traffic accidents / V: are / ほとんどは: for the most part / C: completely avoidable（避けられる）/ They = Road traffic accidents / take the lives of: (人命など) を奪う / of: …について / ∧ = (that) / on hearing: …を聞いたときに）

和訳 交通事故は，そのほとんどが完全に回避可能だ。事故は若くて健康な人の命を奪う。ネルソン・マンデラは，自分の長男が交通事故で死亡したと聞いたときに感じた喪失感についてこう書いている。「私には，自分が感じた悲しみや喪失感を表現する言葉がない」。

（名城大）

[第3文]（Nelson Mandela wrote ...）

» コロン（:）の後ろの to express 以下は words を修飾する。言葉は表現のための手段であり，**Lesson 15** の **4** で述べたように，何らかの行為の手段となる名詞の多くは，後ろからその行為を示す to 不定詞句によって修飾される。

Lesson
25 instead of *doing* etc.

1 (1) **彼女の気持ちを傷つけることを恐れて，私は彼女に真実を言えなかった。**

≫ for fear of ... は「…を恐れて」。この群前置詞の目的語が，動名詞句の hurting her feelings。

(2) **そこに家を建てる目的で［建てるために］，彼はその土地を買った。**

≫ for the purpose of ... は「…という目的で，…のために」。この群前置詞の目的語が，動名詞句の building a house on it。なお，文頭の「そこに」は，カットしても文意は伝わる。（愛知学院大）

(3) **いつも勉強ばかりしてないで，たまには外に出て楽しい時間を過ごしなよ。**

≫ instead of ... は「…のかわりに」。この群前置詞の目的語が，動名詞句の studying all the time。この動名詞句は，前に副詞の just があることに注意。この〈群前置詞＋動名詞句〉の部分の直訳は「単にいつも勉強するかわりに」となるが，工夫して「いつも勉強ばかりしてないで」とする。（九州産業大）

(4) **彼は捕らわれる危機にあった。**

≫ in danger of ... は「…の危険があって」。ここではこの群前置詞の目的語が受動態であることに注意。「捕らわれる」は「捕らわれの身になる」などとしてもよい。

2 (1) (**He went to Italy for the purpose of studying music**).

≫ 群前置詞の for the purpose of を組み立てられるかということと，その後ろに動名詞句 studying music を置けるかが問われている。

(2) (**He came to inspect the house with a view to buying**) it.

≫ 難問。まず「その家を調べに来た」の部分を「その家を調べるために来た」と解釈して，came to inspect the house を組み立てる。そして「買おうと思って」は「(それを) 買うことを視野に入れて」のように置き換え，群前置詞を用いて with a view to buying (it) と表現する。（北海学園大）

(3) (**In addition to hiring me, he gave me a piece of advice**).

≫ 群前置詞 in addition to ... は「…に加えて」。in addition to の to は前置詞の to なので，to hire me とはならずに，動名詞句の hiring me が続く。advice は不可算名詞であることに注意。「1つのアドバイス」「2つのアドバイス」は，それぞれ a piece of advice, two pieces of advice となる。（姫路獨協大）

3 (1) Why did he go to film school **instead of becoming a lawyer**?

≫ 群前置詞 instead of が出せるか，そしてその後ろに動名詞の becoming を後続させられるかが問われている。

(2) **For fear of losing her job**, she said nothing.

≫ 群前置詞の for fear of ... 「…を恐れて」に，その目的語となる動名詞句 losing her job を後続させる。なお問題文は「彼女の仕事を」となっていないが，job の前に her を置くことに注意。

(3) **He is in the habit of** talking with his arms folded.

≫ in the habit of ... 「…の習慣［癖］があって」を使う。この表現は，本問のように〈S＋be 動詞〉の後ろで用いられることが多い。S is in the habit of *doing*.「S は～する習慣［癖］がある」という型で覚えてしまうとよい。なお with his arms folded は，〈付

帯状況の with〉（☞構文059）を用いた表現。（東京医療学院大）

4 (1) **paying**　(2) **和訳** 下線部参照。

≫(1) 前置詞や群前置詞の後ろに動詞を置く場合は，動名詞（*doing* 形）にする。

≫(2) 群前置詞〈instead of *doing*〉は「〜するかわりに」という意味になる。

英文解釈

I (S) didn't have (V) a lot of money (O) saved (C（☞構文051）) for my trip, so I (S) had to find (V) different ways (O) (to cut costs). 〈Because it (＝主節の内容) was the cheapest way (to travel)〉, I (S) took (V) the night train (O) (from Tokyo to Sapporo). 〈**Instead of paying** (…の代金を支払うかわりに) for hotel rooms〉, I put up my tent (テントを張った) in campgrounds and cooked my own food (自炊をした).

和訳 私は旅行のために多くのお金を貯めてはいなかったので，費用を削減するための別の方法を見つけなければならなかった。私は東京から札幌まで夜行列車に乗ったが，それはそれが一番安い旅行手段だったからだ。ホテルの部屋代を払うかわりに，私はキャンプ場でテントを張って自炊をした。（大東文化大）

[第1文]（I didn't have ...）

≫ have a lot of money saved は，構文051で扱う〈have[get] O *done*〉の型だが，この例は本冊 p. 78の **1歩進んで** で扱っている「（O が〜された状態にする→）O を〜する・してしまう」〈完了〉の意味。つまり，「（多くのお金が貯められた状態にする→）多くのお金を貯める」という意味になる。

≫ way to *do* は「〜する（ための）方法」。to 以下が way を修飾する。

[第2文]（Because it was ...）

≫ it は後ろにある主節の内容（「東京から札幌まで夜行列車に乗った」）を指す。

図解の記号：[名詞]（ 形容詞 ）〈 副詞 〉

Lesson
26 look forward to *doing* / A is worth *doing*

1 (1) **彼女はもっと多くのオンライン授業を取ることを楽しみにしている。**

≫look forward to の後ろは名詞相当語句を置く。ここでは動詞を含む内容なので，動名詞句となっている。（宮城学院女子大）

(2) **彼は家族のためにもっと多くの時間を過ごすことを楽しみにしている。**

≫こちらも(1)と同じく〈look forward to＋動名詞句〉の形。（京都先端科学大）

(3) **どの言語が学ぶ価値があるだろうか。**

≫名詞を修飾する what は，「何の」だけでなく「どの」「どんな」という訳語も出せるようにしておきたい（「どの」と訳す例は **Lesson 21** の**2**の(2)，**3**の(2)で既習）。「どんな」の例を 1 つ挙げる。

ex. What food do you like?　どんな食べ物が好きですか。

(4) **あのお寺は少なくとも 1 度は行く価値がある。**

≫〈It is worth *doing* A〉の型。この英文は，〈A is worth *doing*〉の型を用いて，That temple is worth going to at least once. と書き換えることができる。（京都産業大）

2 (1) (**I'm really looking forward to working with**) you.

≫really の位置は，looking forward to の前が最も自然。to の後ろは動名詞。

(2) (**My children are looking forward to your concert**).

≫look forward to の to は前置詞なので，後ろには名詞も置かれる。楽しみにしているものが動詞を含む内容ではなく，単なる名詞である場合は，〈look forward to＋名詞〉となる。本問では名詞 your concert が置かれている。

(3) (**This novel is worth reading over and over again**).

≫reading の対象は主語である this novel なので，reading は目的語が欠けた状態で用いる。over and over again は「繰り返し」という意味の成句。（日本大）

3 (1) **Are you looking forward to going to Spain?**

≫You are looking forward to going to Spain. という文を用意して，これを yes-no 疑問文にする。

(2) **This museum is worth visiting.**

≫visit「…を訪れる」を visiting とすることと，これの目的語を置かないまま文を終えることがポイント。worth going to とすることもできるが，to を省略することはできないので語数が合わない。（中京大）

(3) **The city is worth living in.**

≫「…に住む」は live in ... なので，worth の後ろは living in として，この前置詞 in の目的語を置かないまま文を終える。

4 (1) **opening** (2) **和訳** 下線部参照。

≫(1)〈by *doing*〉の形は構文**035**で既習。

≫(2) worth keeping は「保管する価値がある」。keeping の後ろに主語である the jeans を入れて理解する。

≫A rather than B は「B というよりもむしろ A」という意味の表現（☞構文**099**）。ここでは A に当たるものが keeping であり，B に当たるものが throwing 以下である。

英文解釈

〈By opening up its doors〉, Blackhorse Lane Ateliers (S) is able to show (V) potential customers (O_1) [that its factory is clean] ($O_2$①), [∧(that) the 20 employees are happy] ($O_2$②), and [that the jeans are worth keeping (保管する価値がある) — rather than throwing away (捨てるよりもむしろ（☞構文**099**）) 〈at the end of each season〉] ($O_2$③).

和訳 そのドアを開くことによって，ブラックホース・レーン・アトリエは潜在的な客に対して，自分たちの工場が清潔だということ，20人の従業員が幸せだということ，そして(2)ジーンズは，各シーズンの終わりに捨てるのではなく，保管しておく価値があるということを示すことができる。(長野県立大)

[第 1 文] (By opening up ...)

≫show ... that ～ は「…に～ということを示す」。文型としては，potential customers が O_1であり，O_2が that 節。つまり第 4 文型（SVOO）の表現である。1 つ目の that 節（that its factory is clean）の直後にある the 20 employees are happy の前にも that が省略されていると考えられる。したがって show には that ...，(that) ...，and that の計 3 つの that 節が連結していることになる。最後の that を省略しないのは，最初の that から離れているので，この部分も that 節であることを改めて明示するため。

Lesson

27 be＋形容詞＋前置詞＋*doing* / get etc.＋形容詞＋前置詞＋*doing*

1 (1) **私は英語で小論文［レポート／エッセー］を書くことに慣れていない。**

» be used to ...「…に慣れている」に動名詞句（writing essays 以下）が接続した形。essay には「エッセー」だけでなく，「小論文，レポート」という意味がある。

（関西学院大）

(2) **私はギターを弾くのが自然に得意になった。**

» be good at ... は，「…が得意だ」だが，この be の位置に become が置かれると，「…が得意になる」という意味に変わる。得意になったものとして示されているのは，名詞ではなく動名詞句（playing the guitar）。

(3) **彼女は飛ぶことに興味をもち，パイロットの免許を取った。**

» be interested in ... は「…に興味がある」。be 動詞の位置に become が置かれると「（…に興味がある状態になる→）…に興味をもつ」となる。この earn は「…を稼ぐ」という意味ではなく「…を得る・取る」。（日本大）

(4) **私たちは彼が戻ってくることを確信している。**

» sure も〈be＋形容詞＋前置詞＋*doing*〉の型を取りうる形容詞。ここでは be sure of ...「…を確信している」に動名詞句が接続した形となっているが，この動名詞句に意味上の主語 his が加わっていることに注意。of 以下の構造は，〈of（前置詞）his（意味上の主語）coming back（動名詞句：前置詞の目的語）〉である。動名詞の意味上の主語については，**Lesson 23** の**1**の(4)で扱ったが，意味上の主語が代名詞である場合は，所有格または目的格になる。意味上の主語なので，この his は「彼が」と訳す。

2 (1) **(The farmer wasn't interested in keeping a bull).**

» be interested in ...「…に興味がある」に動名詞句（keeping a bull）が接続した形を組み立てる。（立命館大）

(2) **(I was worried about being late for school because of the)** snow.

» 〈be worried about＋動名詞句〉「～することを心配している」を組み立てる。「…に遅れる」は be late for ... なので，この be を being にして about に後続させる（be late for ... は，**Lesson 14** の**3**の(2)で既習）。〈because of＋名詞〉は原因・理由を表す表現。

(3) **(He is afraid of being scolded by his father).**

» 〈be afraid of＋動名詞句〉「～することを恐れている」を組み立てる。動名詞句の内容が受動態なので，of の後ろは〈being＋過去分詞〉。

3 (1) **Are you proud of being a citizen of this city?**

» まず You are proud of being a citizen of this city. という文を組み立て，これを yes-no 疑問文にする。「～することを誇りに思う」は〈be proud of＋動名詞句〉。動名詞句は，「市民であること」という内容なので，be 動詞を動名詞にする。

(2) **I am satisfied with being a teacher at this school.**

» 「～することに満足している」は〈be satisfied with＋動名詞句〉。これも動名詞句の内容が「教師であること」なので，with の直後は being となる。「…の教師」（「…」は勤務先）は「…という場で教えている教師」という意味なので，of ではなく at を用いることに注意。「…の教師」（「…」は科目）ならば of を用いる。たとえば「物理の教師」は a teacher of physics となる。

(3) She got (**used[accustomed]**) (**to**) (**driving**) a car.

≫ be used[accustomed] to ... は「…に慣れている」という意味だが，この be 動詞の位置に get や become を置くと「(…に慣れた状態になる→) …に慣れる」という意味になる。慣れる内容が動詞からはじまる drive a car なので，drive を動名詞にして前置詞 to の後ろに置く。

4 (1) (c)　(2) **和訳** 下線部参照。

≫ (1) 構文**009**で扱った〈seem to *do*〉「〜するようである」を用いれば，文法上も意味上も適切な文になる。

≫ (2) a day は per day の意味で，「一日につき」。

≫ get used to ... は「…に慣れる」。本問では「...」に当たるものが動名詞句の walking five kilometers a day。

英文解釈

[Walking for five kilometers 〈a day〉] might seem to be a challenge for some people. However, 〈if you start out walking two kilometers 〈a day〉 and extend the distance 〈each week〉〉, you will 〈eventually〉 **get used to** [**walking** five kilometers 〈a day〉].

- [Walking for five kilometers 〈a day〉]：S
- might seem to be：V　seem to *do*（☞構文**009**）
- a challenge：C
- for：…にとって
- you：S′
- start out：V′①
- walking two kilometers 〈a day〉：O′①
- extend：V′②
- the distance：O′②
- you：S
- will：V
- eventually：最終的に
- get used to：…に慣れる
- walking five kilometers 〈a day〉：前置詞 to の目的語

和訳 1日に5キロ歩くことは，人によっては困難なことに思えるかもしれない。<u>しかし1日に2キロ歩くことから始めて，その距離を毎週延ばしていけば，最終的には1日に5キロ歩くことに慣れるだろう。</u>(南山大)

[第1文] (Walking for five ...)

≫ for some people の for は「…にとって」という意味。したがって for some people の直訳は「何人かの人にとっては」だが，ここから工夫して「人によっては」とする。

Lesson
28 prevent[keep / stop] A from *doing* / cannot help *doing*

1 (1) **私は昨晩その騒音のために眠れなかった。**

≫直訳は「その騒音が昨晩，私が眠ることを妨げた」だが，ここから工夫する。この工夫については構文**147**の「無生物主語構文」で扱う。(関西学院大)

(2) **ネイティブスピーカーでない人が単純化された表現を使わざるを得ない場合，ネイティブスピーカーは彼らを見下すことがある。**

≫when 節から訳す。when 節中の they は non-native speakers を受けるので，この they を「ネイティブスピーカーでない人」と訳す。このあとに non-native speakers の部分を訳すことになるが，これを逆に「彼ら」と訳す。このような「代名詞が指す名詞と代名詞の間での訳の入れ替え」は英文和訳の基本テクニックの 1 つである。look down on ... は「…を見下す」。simplify は「…を簡単［平易］にする」という意味で，この動詞の過去分詞形 simplified が expressions を修飾する。このような〈過去分詞＋名詞〉においては，過去分詞を受動態の意味で解釈するのが原則である（ex. a forgotten memory〔忘れられた記憶〕)。(成城大)

(3) **そのニュースを聞いたとき，私は泣かずにはいられなかった。**

≫〈cannot help *doing*〉の型だが，cannot ではなく，couldn't が用いられているので，過去の話である。

(4) **私はサリーがたった一人でハイキングに行くのは悪い考えだと思った。だから私は彼女を説得してそれをやめさせようとした。**

≫〈talk A out of *doing*〉で「A を説得して～するのをやめさせる」の意味となるが，ここでは out of の後ろには it が置かれている。it は前半の to go hiking all alone を指しているので，talk her out of it は talk her out of going hiking all alone の意味であるとわかる。なお I thought の後ろには that が省略されていて，that 節は all alone までとなる。that 節の内側は，〈It is ... for A to *do*〉の形式主語構文（☞構文**002'**）であり，for Sally が意味上の主語となっている。(南山大)

2 (1) **(I cannot stop that noisy cat from getting into my garden).**

≫〈stop A from *doing*〉「A が～するのを妨げる，防ぐ」の型を用いて文を組み立てる。

(東京経済大)

(2) **(The serious accident prevented the event from taking place).**

≫解答の文の直訳は「その重大な事故が，イベントが行われるのを妨げた」(take place は「(行事などが) 行われる」という意味の成句)。この文においても直訳と，問題文として提示されている文との間にズレがある（無生物主語構文。☞構文**147**)。そのことを見抜いたうえで，〈prevent A from *doing*〉「A が～するのを妨げる，防ぐ」の型を用いて文を組み立てる。(青山学院大)

(3) **(I couldn't help being shocked)** when I saw the terrible car accident.

≫過去の話なので，〈cannot help *doing*〉を過去形で用いる（cannot を couldn't とする)。また動詞 shock は「…に衝撃を与える」という意味なので，問題文中の「…は衝撃を受ける」は「…は衝撃を与えられる」，つまり受動態の be shocked とし，これを動名詞として help の後ろに置く。(愛知淑徳大)

3 (1) **I couldn't help laughing.**

≫〈cannot help *doing*〉「～せずにはいられない」を用いればよいが，過去の話なので，couldn't を用いる。（駒澤大）

(2) **Are you going to keep me from going?**

≫keep を用いて，You are going to keep me from going. を組み立て，これを yes-no 疑問文にする。「8語」という指定があるので，「つもり」を will ではなく，be going to で表現できるかがカギとなる。

(3) **We discouraged our son from buying a motorbike.**

≫「A が～するのを思いとどまらせる」は，〈discourage A from *doing*〉で表現できる。この問題文の「息子」は，「私たちの息子」という意味なので，our を加えることにも気づけなくてはならない。なお，〈talk[persuade] A out of *doing*〉「A を説得して～するのをやめさせる」でも近い意味が表せるが，これを用いた場合は語数制限を超過する。

4 (1) **become common practice to use**　(2) **和訳** 下線部参照。

≫(1) it's は it is の短縮形であり，また it has の短縮形でもある。(　　) 内に *doing* 形の語がなく，it's (＝it is) common ～ としてもあとが続かない。よって it has だと判断し，直後に過去分詞形の become を置く。to use から文尾の places までが真主語となる。文全体は〈It is ... to *do*〉の形式主語構文（☞構文**002**）。

≫(2)〈discourage A from *doing*〉は「A が～するのを思いとどまらせる」。

≫to discourage 句は，動詞 employ を修飾する不定詞の副詞的用法。

英文解釈

〈In cities and towns〈across the world〉〉, it's become common practice [to use surveillance cameras〈to monitor public places〉]. Large department stores,〈for example〉, employ security cameras〈to **discourage** **shoplifters** **from** **stealing** merchandise〉.

（it = 形式S（☞構文**002**）／ to use … = 真S／ surveillance cameras = 監視カメラ／ to = ～するために／ Large department stores = S／ for example = たとえば／ employ = V …を使う／ security cameras = O／ discourage = …を思いとどまらせる／ shoplifters = 万引き犯）

和訳 世界中の都市や町で，公共の場所を監視するために監視カメラを使うのが一般的なこととなっている。(2)たとえば大型デパートでは万引き犯が商品を盗むのを思いとどまらせるために，防犯カメラを利用している。（龍谷大）

Lesson
29 There is no *doing* / It is no use[good] *doing*

1 (1) **マイクがいつ着くかはわからない［見当がつかない］。**

≫〈There is no *doing*〉は「～することはできない」。tell には「…を話す，…を伝える」という意味だけでなく，「…ということがわかる，判断できる」という意味もある。

（亜細亜大）

(2) **私を納得させようとしても無駄だ。**

≫〈It is no use[good] *doing*〉は「～しても無駄だ」。try to *do* は「～しようとする」。convince は「…を納得させる，…に確信させる」。

(3) **ジョージのミスを強調しても無駄だ。それは単に状況を悪化させるだけだ。**

≫〈It is no use[good] *doing*〉「～しても無駄だ」と同義の表現として，〈There is no use[point] (in) *doing*〉も押さえておきたい。なお，後半の it は emphasizing George's mistakes を指す。解答例の「それは単に状況を悪化させるだけだ」は「そんなことをしたって単に状況を悪化させるだけだ」などとも訳せる。（東海大）

(4) **彼にどなっても無駄だ。**

≫〈There is no use[point] (in) *doing*〉「～しても無駄だ」が問われている。(3)とは異なり，この文では in が用いられていないが，There is no use in shouting at him. としても文意は同じ。（会津大）

2 (1) **(There is no telling what will happen in the future).**

≫〈There is no *doing*〉「～することはできない」の構文を使う。この tell も，**1**の(1)と同様に「…ということがわかる，判断できる」という意味。There is no telling ...「…はわからない」は頻出の表現。（名古屋学院大）

(2) **(There is no leaving you).**

≫(1)と同様に，〈There is no *doing*〉の構文を用いて文を組み立てる。

(3) **(It was no use talking to her).**

≫〈It is no use[good] *doing*〉の構文を用いて文が組み立てられるかが問われている。〈There is no *doing*〉と〈It is no use[good] *doing* = There is no use[point] (in) *doing*〉は混同しやすいので，**1**の(4)と**2**の(2)と(3)の英文と和訳を暗記するとよい。いずれもシンプルな文なので記憶しやすい。（明海大）

3 (1) **(There) (is) (no)** fixing this computer.

≫〈There is no *doing*〉「～することはできない」の構文を使う。

(2) **(There) (was) (no)** persuading him and I had to compromise.

≫これも〈There is no *doing*〉「～することはできない」の構文を使えばよいが，こちらは過去の話なので，There was no persuading ... とする。

(3) **It is no use[It is no good / There is no use / There is no point] trying to talk[persuade]** her out of that foolish plan.

≫「～しても無駄だ」は〈It is no use[good] *doing*〉または〈There is no use[point] *doing*〉のいずれをも用いることができる。なお，talk[persuade] her out of ... は構文**043**で学習した〈talk[persuade] A out of *doing*〉「A を説得して～するのをやめさせる」の *doing* のかわりに名詞（that foolish plan）が置かれた形。（関西医療大）

4 (1) **explaining** (2) **和訳** 下線部参照。

≫(1) (2) explain を *doing* 形にすることによって，〈There is no *doing*〉「～することはできない」の構文を完成させる。

英文解釈

〈During that brief period of time〉, this injured animal and I (S) had (V) somehow (何らかの方法で) penetrated (…に入り込んだ) each other's worlds (O), 〈bridging (→訳し下す（☞構文053）) barriers (that were never (決して～するはずのない) meant to be bridged)〉. **There is no explaining** (…を説明することはできない) experiences (like this (このような)). We (S) can only accept (V①) them (O①) and —〈because they're mysterious〉— perhaps treasure (V②) them (O②) all the more (よりいっそう～（☞構文102）).

和訳 その短い期間に，この傷ついた動物と私は何らかの方法でお互いの世界に入り込み，決して橋渡しされることがないはずの障壁に橋をかけた。このような経験は説明することができない。我々はそのような経験をただ受け止めることしかできない。そしておそらく，神秘的なものであるがゆえ，いっそうそれを大事にするのである。（関西大）

[第1文]（During that brief ...）

≫この bridging は，and bridged の意味で解釈すれば意味が通る。構文**053**で扱う分詞構文の「結果」の用法。

[第3文]（We can only ...）

≫all the more は構文**102**で扱う構文。「ある原因・理由があるからこそ，より［それだけ］いっそう～」という意味。この文では，「原因・理由」に当たる内容は直前の because 節。つまり，「神秘的だからこそ，それだけいっそう大事にする」ということ。

Lesson
30 知覚動詞＋O *doing* / 知覚動詞＋O *done*

1 (1) **彼女は有名な俳優とディナーを共にしているところを見られた。**

≫〈see O *doing*〉「O が〜しているのを見る」が受動態の〈主語＋be＋知覚動詞（過去分詞形）＋*doing*（by ...）〉になった形。この例のように by 以下は省略されることが多い。

(2) **隣の部屋で何かが焦げているにおいがしませんか。**

≫〈smell O *doing*〉は「(O が〜しているのをにおう→) O が〜しているにおいがする」。問題文は疑問文で否定文なので，「〜しませんか」と訳す。(久留米大)

(3) **その歌が日本人の歌手に歌われるのを聞いたことがありますか。**

≫〈Have you ever＋過去分詞？〉は相手に経験を尋ねる表現（**Lesson 18** の**2**の(2)で既習）。heard 以下は〈知覚動詞＋O *done*（過去分詞）〉の型。(湘南鎌倉医療大)

(4) **彼女は後ろから力強い腕でつかまれるのを感じた。**

≫ felt herself seized は〈知覚動詞＋O *done*（過去分詞）〉の型。直訳は「自分自身がつかまれるのを感じた」となるが，「自分自身が」はカットしたほうが自然な訳になる。

(法政大)

2 (1) When (**I told the story, I noticed him smiling**).

≫知覚動詞の notice「…に気づく」を〈知覚動詞＋O *doing*（現在分詞）〉の型で用いる。〈notice O *doing*〉で「O が〜しているのに気づく」となる。(江戸川大)

(2) (**I was heard talking to myself**).

≫〈知覚動詞＋O *doing*（現在分詞）〉を受動態で用い，〈主語＋be＋知覚動詞（過去分詞形）＋*doing*（by ...）〉の型を組み立てられるかが問われている。talk to oneself で「独り言を言う」の意味となる。

(3) (**My grandfather liked to watch us playing baseball**).

≫〈知覚動詞＋O *doing*（現在分詞）〉の型。知覚動詞には watch を用いて〈watch O *doing*〉とし，これを like to *do*「〜することが好きだ」の *do* に組み込む。

3 (1) **I saw Tom going** into the new restaurant across the street.

≫ saw Tom going の部分が〈知覚動詞＋O *doing*（現在分詞）〉。(学習院大)

(2) **I heard my name called.**

≫ heard my name called の部分が〈知覚動詞＋O *done*（過去分詞）〉。(立教大)

(3) **We saw houses destroyed by** the invading army.

≫ saw houses destroyed の部分が〈知覚動詞＋O *done*（過去分詞）〉だが，この文では誰によってなされたかの情報も示す必要があるので，by 以下が必要になる。

4 **和訳** 下線部参照。

» saw it packed ... の部分が，〈知覚動詞＋O *done*（過去分詞）〉。O と *done* の間に be 動詞を補うと，it（＝the Fushimi Inari shrine）was packed with tourists ... という文が成立する。pack A with B で「A を B でいっぱいにする，A に B を押し込む」という意味なので，この部分は「それ（伏見稲荷大社）が旅行客でいっぱいにされている（のを見た）」という意味となるが，それだと不自然なので，「そこが旅行客でいっぱいになっているのを見た」のようにすれば自然な訳になる。

» taking photographs から文末までは，tourists を修飾する *doing*（現在分詞）。〈名詞＋名詞を修飾する *doing*〉は「～している名詞」という訳（＝「写真を撮っている旅行客」）になる。

英文解釈

Joanna (S), a 29-year-old tourist from the U.K., was astonished (V) 〈when she (S′) visited (V′①) the Fushimi Inari shrine (O′① 伏見稲荷大社) 〈with her boyfriend〉 and **saw** (V′②) **it** (O′②) **packed** (C′②) with tourists (taking photographs 〈in front of (…の前で) its thousands of beautiful red gates (鳥居)〉)〉. “〈Although we wanted to go see (…を見に行く) the forest 〈at the end (先) of the gates〉〉, we (S) decided (V) [not to go] (O). We just couldn’t walk because of (…が原因で) the crowds,” she says.

和訳 イギリスから来た29歳の旅行客であるジョアンナは，ボーイフレンドと伏見稲荷大社を訪れ，何千もの美しい赤い鳥居の前で写真を撮っている旅行客でそこがいっぱいになっているのを見たとき，すっかり驚いてしまった。「私たちはその鳥居を出たところにある森を見に行きたいと思ったけど，やめることにしました。私たちは人ごみで歩けもしなかったのです」と彼女は言う。（中央大）

Lesson
31 keep[leave] O *doing* / keep[leave] O *done*

1 (1) **私は息子を庭で遊ばせっぱなしにしておいた［遊ばせ続けた］。**

≫ be動詞を補うことにより，my son以下からはMy son was playing in the yard.という文が成立する。leaveは「放っておく」という意味なので，「私は，息子が庭で遊んでいる状態のまま放っておいた」というのが文全体の内容。これをふまえて自然な和訳にする。

(2) **私は駅で約30分待たされ続けた。**

≫ 〈keep O *doing*〉「(Oがしている状態を保つ→) Oに～させ続ける」の受動態。「私は駅で約30分間，待っている状態に保たれ続けた」という内容を自然な日本語にする。

（中部大）

(3) **私はいつも自分の携帯電話のスイッチを切ったままにしてある。**

≫ be動詞を補うことにより，my以下からはMy cellphone is turned off.という文が成立する。keepは「保つ」の意味なので，「私はいつも携帯電話のスイッチが切られている状態を保っている」というのが文全体の内容。これをふまえて自然な和訳を完成させる。

（名城大）

(4) **彼はいつも自分の仕事を中途半端なままにする。**

≫ be動詞を補うことにより，his work以下からは，His work is half done.という文が成立する。half doneは「半分でき上がった」から「(仕事などが) 未完成の，中途半端な」という意味になる。よってleaveに接続した文全体の内容は，「彼はいつも自分の仕事が中途半端な状態で放っておく」となる。ここから自然な日本語にする。（大阪国際大）

2 (1) (**I felt sorry to have kept him waiting for so long**).

≫ feel sorry to *do*で「～して申し訳なく思う」の意となる。語群にhaveがあるので，toの後ろを完了形のhave kept O *doing*とする（私が「申し訳なく思った」時点よりも，私が「彼を待たせ続けた」時点の方が前であることを示す)。（大阪学院大）

(2) (**They usually keep the door locked during the**) day.

≫ **Lesson 2** の**2**の(2)で述べたように，頻度を表す副詞は「一般動詞の前，be動詞の後ろ」で用いる。よってusuallyはkeepの前に置く。問題文の「ドアにカギをかけておく」は「ドアにカギがかけられた状態を保つ」と置き換え，keep the door lockedという連なりを組み立てる。〈keep O *done*〉で「(Oがされた状態を保つ→) Oが～されたままにしておく」の意。

(3) (**He left the picture exposed to the sun for an**) hour.

≫「その絵を日光にさらしておいた」は「その絵を日光にさらされたまま放置しておいた」という意味だと考え，〈leave O *done*〉「Oを～された状態のまま放っておく」を用い，left the picture exposed to the sunという連なりを組み立てる。

3 (1) **Don't leave the engine running.**

≫「エンジンをかけっぱなしにしておくな」を「エンジンがかかっている状態のまま放置しておくな」という意味だと考え，〈leave O *doing*〉「Oが～している状態のまま放っておく」の型を用いる。また，engineは可算名詞なので，裸のまま用いることはできず，an engineあるいはthe engineとする必要があるが，本問では話者と相手との間でどのエンジンについて話しているかがわかっている状況なので，the engineとする。「(エンジンが) かかっている」は，run「(機械などが) 作動する」を用いてrunningとする。

(2) (We) (kept) our (dog) (tied) to a tree.

»「イヌを木につないでおいた」を「イヌが木につながれた状態に保っておいた」という意味だと判断し,〈keep O *done*〉の型を用いる。「つなぐ」の英訳として tie を思い浮かべられるかということ,そしてこれを過去分詞形で用いることができるかということも問われている。

(3) **She kept me waiting for half an hour** at the station.

»〈keep O *doing*〉を用いた keep O waiting は頻出表現。half an hour「30分」も表現できるようにしたい。(日本大)

4 (1) **this would encourage the public to** (2) **和訳** 下線部参照。

» (1) 本冊 p. 44のリストにある通り,〈encourage O to *do*〉は「Oに〜することを奨励する・仕向ける」(☞構文**023**)。この型を用いて組み立てる。This would encourage the public to conserve more. の直訳は「このことが,一般の人がより(水を)大切に使うよう仕向けるだろう」。this は前文の内容を指す。

» (2) be likely to *do* は「〜しそうである,〜する可能性が高い」という意味だが,本問では likely の前に less が加わっているので,「より〜しそうにない,〜する可能性がより低い」という意味となる。

» keep the water running は「水を流し続ける」。この run は「(液体が) 流れる」の意味。

英文解釈

〈If water costs more〉, it (S) would become (V) more valuable (C) 〈to consumers〉.

〈Logically〉, this (S =前文の内容) would encourage (V) the public (O) to conserve more (C) (☞構文**023**). 〈In other words,〉(言い換えれば) 〈if water is more expensive〉, a person (S) would be less likely to (V 〜する可能性がより低い) **keep** **the water** (O) **running** (C) 〈while he brushes his teeth〉.

和訳 もし水がもっと高値なら,水は消費者にとってより貴重なものとなるだろう。こうなれば必然的に,一般の人たちは水をもっと大切に使うだろう。(2)言い換えれば,もし水がより高価であれば,歯を磨いている間,人が水を流しっぱなしにする可能性はより低くなるだろう。(立教大)

図解の記号：[名詞] (形容詞) 〈 副詞 〉

Lesson **32**

have[get] O *done*

1 (1) **私は今，家を塗装してもらっているところだ。**

≫〈have[get] O *done*〉には，大別して〈使役・依頼〉，〈被害・災難〉，さらに〈完了〉の意味があるが，文内容より，ここでは〈使役・依頼〉「Oを〜させる・してもらう」の意味だと判断する。家の塗装は，通常，業者に頼んでしてもらう行為なので，訳語としては「してもらう」を選ぶ。

(2) **私は明日の朝までにそれを終えてしまうつもりだ。**

≫文内容から「(Oが〜された状態にする→) Oを〜する・してしまう」〈完了〉の意味だと判断する。(愛知学院大)

(3) **私はサッカーをしている最中に脚を折ってしまった。**

≫サッカーのプレー中にケガをした，という内容なので，〈被害・災難〉の「(Oが〜された状態になってしまう→) Oを〜される・してしまう」の意味だとわかる。while playingは，while I was playingの意味（これについては☞構文**133**）。(愛知医科大)

(4) **彼はドアに傘をはさまれてしまった。**

≫こちらはgotではなくhadが用いられているが，(3)と同じく〈被害・災難〉の意味。また，catchには「…をひっかける，…をはさむ」という意味がある。

2 (1) (**I want you to get this work done**) now.

≫「してしまう」という問題文から，〈完了〉の意味でget this work doneを組み立てる。これをwant A to *do*「Aに〜してほしい」に組み込む。(東京電機大)

(2) (**They had their requests ignored**) completely.

≫「無視された」なので，〈被害・災難〉の意味でhad their requests ignoredを組み立てる。

(3) (**I will get the room cleaned by them**).

≫語彙の中にbyとthemがあることから，「私は，彼らによって（by them）部屋が掃除された状態にしてもらう（get the room cleaned）つもりだ」という意味の文を組み立てるのだと考える。〈get O *done*〉は〈使役・依頼〉。

3 (1) **You should get your hair cut.**

≫「切ってもらう」と問題文にあるので，〈get O *done*〉を〈使役・依頼〉の意味で用いればよい。「髪を切ってもらう」という日本語からは，「受動態っぽさ」は感じられないが，髪は切られる側であることをふまえて，get your hair cutと組み立てる。このcutは過去分詞形であり，your hairとcutの間にbe動詞を補うと，Your hair is cut.という受動態の文が成立する。(青山学院大)

(2) **She had her report checked by the teacher.**

≫これも「してもらった」とあるので，〈使役・依頼〉の〈have O *done*〉を使う。レポートはチェックされる側のものなので，had her report checkedと組み立てる。本問では「その先生に」という行為主の情報も必要なので，文末にby the teacherを加える。

(大阪歯科大)

(3) **I had my umbrella stolen while I was shopping.**

≫問題文では「盗まれた」とあることから，〈被害・災難〉の〈have O *done*〉を使う。この「SはOを盗まれた」は頻出表現。hadを用いて，スムーズにS had O stolen.と表

現できるようにしたい。(江戸川大)

4 (1) (b)　(2) **和訳** 下線部参照。

≫ (1) 文全体は〈It is ... to *do*〉「～することは…だ」の形式主語構文（☞構文**002**）。anyone の後ろに修飾語 with access to the Internet が加わっているが，その後ろが to do shopping online という to 不定詞句，つまり真主語であることを見抜き，anyone は意味上の主語だと判断する。(b)の for が正解。

≫ (2) still は「それでもなお」の意味なので，can stay home but still order は「家にいるが，それでもなお注文ができてしまう」ということ。これをもとに工夫して解答例では「家にいながらにして注文ができる」とした。

≫ have them delivered は〈have O *done*〉の構文。「それらが配達された状態にしてもらう」，つまり「それらを配達してもらう」ということ。

英文解釈

It（形式S（☞構文**002**）） has increasingly become common for anyone（意味上の主語） (with access to（…が利用可能な） the Internet) [to do shopping online（オンラインで）]（真S）. One of the obvious（明らかな） advantages is its convenience; that is（つまり）, you（S） can stay（V①） home but still order（V②） your desired（欲しい） items（もの）（O②） and **have**（V③） **them**（O③） **delivered**（C③） 〈to you〉. This is becoming a trend（潮流） 〈in all areas of the world〉.

和訳 インターネットを利用できる人の誰にとっても，オンラインで買い物をすることはますますふつうのことになった。明らかな利点の１つはその便利さである。つまり，家にいながらにして欲しいものを注文でき，自分のところに配達してもらえる。このことは世界のすべての地域で潮流となりつつある。(神田外語大)

[第1文] (It has increasingly ...)

≫ online は「オンラインの」という意味の形容詞であり，また「オンラインで」という意味の副詞でもある。ここは後者。動詞 do を修飾する。

図解の記号：[名詞]（ 形容詞 ）〈 副詞 〉

Lesson **33** **make O *done***

1 (1) **カギとなるのは，どのようにこれを潜在的なユーザーに知らせる［知ってもらう］かということだ。**

≫ The key is ～は，そのまま「カギは～だ」と訳しても問題ないが，少し工夫して「カギとなるのは～だ」とした。how to *do* は構文**032**で既習。make this known は「これが知られた状態を作り出す」という意味で，ここから工夫して「これを知らせる」あるいは「これを知ってもらう」などとする。

(2) **あなたはフランス語で理解してもらえますか。**

≫ 文全体の直訳は「あなたは，自分がフランス語で理解される状態を作り出せますか？」であり，ここから工夫する。

(3) **私のめいはいつも部屋をきれいにしている。**

≫ makes the room tidy は，〈make O＋形容詞〉の型のシンプルな例。「部屋がきれいな状態を作り出す」ということで，「部屋をきれいにする」となる。なお，「めい」は niece だが，「おい」は nephew。セットで覚えよう。(東京慈恵会医科大)

(4) **毎日これらの花の手入れをすると，生活はとても楽しいものとなる。**

≫ take care of ... は「…の世話をする」。直訳は「毎日これらの花の世話をすることが，生活をとても楽しいものとする」。このままでも問題はないが，より自然なものにしたのが解答例の訳。なお，この文は構文**147**で扱う「無生物主語構文」の一例である。(桜美林大)

2 (1) **(I managed to make myself understood with gestures).**

≫「どうにかして～する」は manage to *do* を用いればよい（☞構文**012**）が，「～する」の部分が「理解してもらう」という内容なので，**1**の(2)と同じ make *oneself* understood を使って文を組み立てる。なお，「身ぶり」「手まね」という意味での gesture は可算名詞。ここで gestures と複数形になっているのは，2つ以上のジェスチャーを用いたということ。(東京歯科大)

(2) **(How can I make myself recognized in my job)?**

≫「自分を認めてもらえる」を「自分自身が認められる状態を作り出す」と考え，〈make O *done*〉を用いて make myself recognized と組み立てる。

(3) **(It made him happy to see the tourists enjoying diving).**

≫ やや難問。S made him happy.「(S が彼を幸せにした→) S によって彼は幸せになった」が文の骨格だが，S を形式主語の it として，〈It is ... to *do*〉「～することは…だ」の構文を用いて文を組み立てなければならない（☞構文**002**)。さらに，真主語となる to see 以下は，構文**047**で扱った〈知覚動詞＋O *doing*（現在分詞)〉の形。(成城大)

3 (1) **Julia had to shout to make her voice heard.**

≫ 難問。「自分の声が聞こえるように」を「自分の声が聞かれる状態を作り出すために」と解釈して，to make her voice heard という連なりを作る（この to 不定詞句は〈目的〉を表す副詞的用法)。「～せねばならなかった」には，must に過去形がないため，have to の過去形 had to を用いる。なお，「9語」という語数指定がなければ，her voice に herself を用いて make herself heard としても同意が表せる。(実践女子大)

(2) **This experience made me strong.**

≫〈make O＋形容詞〉の基本的な型。

(3) **When I went abroad, I couldn't make myself understood in English.**
≫「理解してもらうことができなかった」なので，make myself understood の前に couldn't を置く。（中央大）

4 (1) **growing** (2) (b) (3) **和訳** 下線部参照。
≫(1)〈look forward to *doing*〉の型（☞構文040）。この to は前置詞であり，後ろには名詞相当語（句）を置く。動詞であれば動名詞にする。
≫(2) seem to *do* は appear to *do* で言い換え可能（☞構文009）。
≫(3) that made me sad の that は文の前半の内容を指す。this と同様に，that にも前出の内容を指す用法がある。that made me sad の直訳は「そのことが私を悲しませた」だが，これも「無生物主語構文」（☞構文147）。直訳でも文意は通じるが，解答例のように工夫すると，より自然な和訳となる。「それで悲しくなった」などとしてもよい。

英文解釈

〈When I was a child〉, I didn't look forward to growing up. I thought [(that) becoming an adult would be boring and stressful]. I didn't know any adults (who seemed to really enjoy life). 〈Of course〉, I knew [that I could not remain a child forever], and that **made me sad**.

- look forward to：…を楽しみに待つ（☞構文040）
- growing up：大人になる
- becoming an adult：S′／would be：V′／boring and stressful：C′
- who：S′／seemed to：V′ ～のようだ（☞構文009）／life：O′
- I：S／knew：V／that I could … forever：O
- remain：…のままでいる
- that：S ＝前節の内容／made：V／me：O／sad：C

和訳 自分が子どもだったころ，私は大人になるのが楽しみではなかった。大人になるということは退屈でストレスの多いものだろうと思っていたのだ。人生を本当に楽しんでいるように見える大人を，私は１人も知らなかった。(3)もちろん，ずっと子どものままではいられないということはわかっていたし，そのことで悲しくなるのだった。（至学館大）

Lesson **34**

分詞構文（現在分詞）

1 (1) **彼は昔のビートルズの歌を歌いながらその道を歩いていった。**

≫ 文の後半が分詞構文。文内容から「～しながら」という訳語を選ぶ。本冊 p. 82の〈② 付帯状況［同時動作］〉の例。along は前置詞で「…に沿って」という意味だが，「その道に沿って歩いた」とするよりむしろ，「その道を歩いていった」あるいは単に「その道を歩いた」としたほうが自然な日本語となる。（東京女子大）

(2) **1866年に，ダイヤモンドが南アフリカのキンバリーで発見され，世界で最初のダイヤモンドラッシュを引き起こした。**

≫ 分詞構文が文の後半にあるが，前半と後半で起こったことが順に述べられている。このような場合は，〈④ 結果〉の用法だと判断して訳し下す。なお「ダイヤモンドラッシュ」とは，ダイヤモンドが発見された場所に採掘者が殺到することを指す。（駒澤大）

(3) **仕事を終えて，私たちは家に歩いて帰った。**

≫ 文内容から「～て」でつなぐのが自然。〈③ 時・連続動作〉の例。our を訳して「私たちの仕事を終えて」「自分たちの仕事を終えて」としても間違いではないが，むしろ訳さないほうが自然。このように所有格の代名詞は，訳出しないほうが適切である場合が少なくない。

(4) **多額の借金があるが，彼はそれについて気にしていないようだ。**

≫ 分詞構文の前に though が置かれているので，「～けれども，～が」と訳す。〈⑥ 譲歩〉の意味。〈seem to *do*〉は構文**009**で既習。

2 (1) (**Not feeling well, I decided to stay at**) home.

≫ 否定の分詞構文では，not[never] を分詞の直前に置く。またここでは，「～ので」という日本語が与えられているので，〈① 原因・理由〉の意味で分詞構文を用いると判断する。

(2) (**Opening the bottle, she took out one**) pill.

≫「～て」という日本語より，文の前半部分に〈③ 時・連続動作〉の意味で分詞構文を用いると判断する。

(3) (**The train leaves Kyoto at six, arriving at Tokyo at nine or**) so.

≫〈④ 結果〉用法の分詞構文を使いこなせるかが問われている。起こる順番通りに文の前半と後半を並べ，分詞構文は後半部分に置く。「9時ごろ」は at nine or so とする。

（大阪国際大）

3 (1) **Not knowing what to do,** I telephoned the police.

≫「わからなかったので」とあるので，〈① 原因・理由〉の意味で分詞構文を用いたうえで，分詞構文の先頭に not を置く。what to do は構文**032**で既習。（立教大）

(2) The boy is lying on the sofa comfortably, **reading a magazine.**

≫「読みながら」とあるので，〈② 付帯状況［同時動作］〉の分詞構文を後半に置く。magazine は可算名詞なので，前に a が必要。（獨協大）

(3) **We enjoyed dinner(,) watching a beautiful** sunset.

≫ これも「見ながら」とあり，〈② 付帯状況［同時動作］〉の分詞構文を後半部分で用いるパターン。「入り日」という意味の sunset は可算名詞なので，a を忘れずに置く。なお，seeing ではなく watching であることに注意。see は「…が目に入る」，watch は「…を注意して見守る」が基本となる意味。

4 **和訳** 下線部参照。

≫ contribute は通常 contribute A to B の形で「A（量・程度など）の分だけ，B に貢献［寄与］する」の意味になるが，ここではこの形から to B が省略されていると考えられる。contribute 8 per cent を直訳すると「８％分貢献［寄与］する」となるが，ここから工夫して「８％を占める」や「８％に相当する」などとする。

≫ 後半（polluting 以下）に２つの分詞構文があるが，rivers までの前半と，分詞構文から成る後半の間に時間の流れがある。つまり「前半の内容→後半の内容」の順に事実が起こる。したがって，この分詞構文は〈④ 結果〉と判断して訳し下す。

英文解釈

A report (published by Earth Day Network (2018)) ranked Bangladesh 〈in 10th position〉 〈out of the top 20 plastic polluting countries of the world〉.
（A report = S，ranked = V，Bangladesh = O，out of = …のうち，plastic polluting countries = プラスチック汚染国）

Plastics contribute 8 per cent (of the country's waste), and much (of this) goes 〈into the oceans and rivers〉, 〈**polluting** the water and **destroying** marine resources〉.
（Plastics = S，contribute = V …を占める，8 per cent = O，waste = 廃棄物，much = S，this = plastics，goes = V，polluting = 分詞構文（〈結果〉訳し下す。），destroying = 分詞構文（〈結果〉訳し下す。））

和訳 アースデイネットワーク（2018年）が発表した報告書によると，バングラデシュは世界のプラスチック汚染国トップ20のうち10位にランクインした。プラスチックは同国の廃棄物の８％を占め，その多くが海や川に流れ込み，水を汚し，海洋資源を破壊している。

（学習院大）

［第１文］（A report published ...）

≫ A report published by Earth Day Network（2018）の部分の直訳は「アースデイネットワーク（2018年）によって発表された報告書」。このままでも問題ないが，ここでは受動表現（…によって発表された）から能動態（…が発表した）に切り替えたほうが自然な和訳になる。

≫ rank は名詞かつ動詞で，動詞の場合は自動詞かつ他動詞だが，ここでは他動詞として〈rank A in B〉という型で用いられている（意味は「A を B に位置づける」）。ranked Bangladesh in 10th position の直訳は「バングラデシュを10位に位置づけた」。ここから工夫する。

Lesson 35 分詞構文（過去分詞）

1 (1) **一人ぼっちにされて，その少年は泣き出した。**

≫Left alone の部分が，過去分詞からはじまる分詞構文。意味は〈③ 時・連続動作〉だが，〈① 原因・理由〉だとも考えられ，「一人ぼっちにされたので」とも訳せる。過去分詞からはじまる分詞構文が理解しにくい場合は，being を補って考えるとよい。本問の分詞構文に being を補うと Being left alone, ... となる。**Lesson 12** の**3**の(2)で扱った〈leave O C〉（O は名詞，C は形容詞）「O を C のままにしておく」の受動態が分詞構文になった形。

(2) **何百人もの警官に付き添われながら［付き添われて］，彼らはその道をパレードした。**

≫過去分詞からはじまる分詞構文が後半にある文（accompanied 以下が分詞構文）。分詞構文の意味は〈② 付帯状況［同時動作］〉。along the street は **Lesson 34** の**1**の(1)で解説した通り，「道を」と訳せばよい。hundreds of ... は「何百もの…」。

(3) **字が読めないので，彼はその手紙に何が書いてあるのかが理解できなかった。**

≫Unable to read の部分が，形容詞からはじまる分詞構文。意味は〈① 原因・理由〉。形容詞からはじまる分詞構文が理解しにくい場合も，being を補ってみるとよい。補うと，この例では Being unable to read, ... となる。be unable to *do*「～することができない」を分詞構文にした形。what the letter said の直訳は「その手紙が何を言っていたのか」だが，ここから工夫する。

(4) **18世紀後半から19世紀にイギリスは最初の工業国となり，ドイツとアメリカがこれに続いた。**

≫文末にある followed by ... が過去分詞からはじまる分詞構文。これは「…がこれに次ぐ」「…があとに続く」という意味の頻出表現で前から訳し下す。なお the late eighteenth and nineteenth centuries は，and を「…と」と訳すと「18世紀後半と19世紀に」となるが，これは不自然なので，文内容をふまえて「…から」と意訳する。（成城大）

2 (1) (**A handsome boy was singing surrounded by a**) crowd.

≫文の後半部分に，過去分詞からはじまる分詞構文を置けるかが問われている。この分詞構文は〈② 付帯状況［同時動作］〉の意味。なお crowd「群衆」は可算名詞であり，前に a が必要であることに注意。

(2) (**Compared with life in Tokyo, life in Oklahoma is inconvenient in many**) ways.

≫「東京での生活と比べると」を，与えられた語群から「東京での生活と比較されると」という意味だと判断し，過去分詞からはじまる分詞構文を用いて Compared with life in Tokyo, ... と組み立てられるかがポイント。この分詞構文の意味は〈⑤ 条件〉だと考えられる。なお，この例のように way には「点，面」という意味がある。盲点になりやすいので，しっかりモノにしよう。（明星大）

(3) (**Reluctant to ask for help, I decided to do it by**) myself.

≫形容詞からはじまる分詞構文 Reluctant to ask for help, ～を組み立てる。これは be reluctant to *do*「～したがらない，～することに気が進まない」を分詞構文にしたもの（つまり Being reluctant to ask for help, ～）から Being が落ちたもの。

3 (1) **Addressed to the wrong house**, the letter never reached them.

≫ address という語は，名詞のみならず動詞でもある。「A（手紙など）を B に宛てる」という意味で address A to B という型で用いる。本問は「宛てられて」という受け身の表現なので，この表現を受動態にしたうえで，分詞構文として用いることに注意。

（東北工業大）

(2) **Seen from the plane, the islands looked** very pretty.

≫ 文の主語は「その島々」である。島々は見られる側なので，問題文は「飛行機から見ると」となっているが，「飛行機から見られると」という意味だと解釈して，see の過去分詞形を用いて Seen from the plane, ... という表現を組み立てる。もちろん island は複数形にする。（慶應義塾大）

(3) **Ignored by all[everyone / everybody], he got angry.**

≫ 問題文が「無視されて」なので，ignore「…を無視する」を過去分詞形で用いる。「みんな」は単に all でよいが everyone[everybody] でもよい。

4 **和訳** 下線部参照。

≫ 前半（science まで）が，過去分詞からはじまる分詞構文。後半との意味関係を考えて，「～て」でつなぐのが適切。意味は〈① 原因・理由〉。

≫ concern for ... は「…に対する関心」。このように，for は「…に対する，…に対して」と訳す場合も多い。for 以下は，〈A, B, and C〉「A, B，そして C」の形。この B の部分に clarity and balance が相当する。

英文解釈

〈By the mid-eighteenth century〉 the dramatic music of the baroque period had become unfashionable. 〈**Influenced** by the forces of reason and science〉, music showed a new concern 〈for form, clarity and balance, and the principle of harmony〉.

（By：…までに　the dramatic music of the baroque period：S　had become：V　unfashionable：C　Influenced：分詞構文　reason：理性　music：S　showed：V　a new concern：O　for：…に対する　clarity：明快さ　principle：原理）

和訳 18世紀の半ばまでに，バロック期の劇的な音楽は流行遅れのものとなった。理性と科学の力に影響されて，音楽は形式，明快さと均衡，そして調和の原理に対して新たな関心を示した。（関西外国語大）

図解の記号：[名詞]（ 形容詞 ）〈 副詞 〉

Lesson 36 独立分詞構文

1 (1) **霧がとても濃かったので，誰も山頂を見ることができなかった。**

≫分詞構文 being very thick の前に，意味上の主語 the fog が加わっている。これにより，とても濃いものが霧だということを示す。この分詞構文の意味は〈① 原因・理由〉。

（駒沢女子大）

(2) **右手で岩をつかみながら，彼はその花を取ろうとして左手を伸ばした。**

≫分詞構文 grasping the rock の前に，意味上の主語 his right hand「彼の右手が」が加わっている。この his right hand grasping the rock の部分の直訳は「彼の右手が岩を握りながら」だが，これは不自然なので工夫する。分詞構文の意味は〈② 付帯状況［同時動作］〉。前半部分の直訳は「彼は左手でその花に手を伸ばした」だが，「手」という訳語が 2 つあり理解しにくいので，解答例のようにする。（南山大）

(3) **その試合が終わったので［終わって］，多くの観客は駅に急いだ。**

≫分詞構文の部分は being over。be over は「終わった状態である」という意味。この分詞構文の前に，何が終わった状態なのかを示すために，意味上の主語の the match が置かれている。分詞構文の意味は〈① 原因・理由〉。〈③ 時・連続動作〉の意味で取って「その試合が終わって」としてもよい。（駒澤大）

(4) **月が昇ったので，私たちは散歩に出かけた。**

≫分詞構文の部分は having risen だが，これは完了形の have risen が分詞構文になった形（完了形を用いることにより，分詞構文の内容が we went の部分の表す時点よりも前であることを示す）。分詞構文の前の the moon は意味上の主語。昇ったものが月だということを明示する。分詞構文の意味は〈① 原因・理由〉。

2 (1) (**The sun having set, we hurried**) home.

≫「日が暮れた」のは「家に急いだ」時点よりも前。よって **1** の(4)と同じく，完了形の分詞構文を用い，having set とする。ここに意味上の主語の the sun を加える。

(2) (**Other things being equal, he will win the**) race.

≫成句の (all) other things being equal「他の（すべての）条件が同じであれば」を組み立てる。語群には all がないので，Other things being equal, ... とする。

（跡見学園女子大）

(3) (**It being terribly cold outside, I stayed at**) home.

≫「ひどく寒かった」を分詞構文で表現するが，この部分の主語は，文の主語となる「私」と異なるため，独立分詞構文とする必要がある。寒暖について述べる場合，主語は it となるので，It を文頭に置き，It being terribly cold outside, ... と組み立てる。

3 (1) (**The**) (**summer**) (**being**) (**over**), the students came back to school.

≫ **1** の(3)で見たように，「終わったので」の部分は being over という分詞構文で表せる。この分詞構文の前に，意味上の主語である the summer を置く。

(2) (**Such**) (**being**) (**the**) (**case**), the meeting has to be postponed.

≫such being the case「そういうわけで」も成句。（法政大）

(3) A fireworks show will take place one hour before the end of the festival, (**weather**) (**permitting**).

≫weather permitting「天気が許せば」も成句。確実に記憶しよう。（大阪工業大）

4 (1) **和訳** 下線部参照。　(2) (a)

≫(1) all things considered は独立分詞構文を用いた成句的表現。意味は「すべてのことを考慮すると」。

≫(2) 構文**010**で学習した〈learn to *do*〉「(自ら学んで) ～する［できる］ようになる」を当てはめれば，意味上も文法上も適切な文となる。enjoy, avoid は後ろに to *do* をとらない。

英文解釈

〈**All things considered**〉, [learning a foreign language in your own country] will be a safer (and cheaper) option 〈than going abroad〉, 〈assuming you can motivate yourself and can find opportunities (to speak in the language (you're learning))〉. 〈After you've learned to speak the language fluently〉, you can go abroad 〈to improve your listening skills and make your vocabulary a bit more native-like〉.

(All things considered: すべてのことを考慮すると／[learning … country]: S／will be: V／a safer (and cheaper) option: C／assuming: ≒if (☞構文**056**)／you: S′／can motivate: V′①／yourself: O′①／can find: V′②／opportunities: O′②／language ∧(that) you're learning／learned to (☞構文**010**)／fluently: 流暢に／you: S／can go abroad: V／to: ～するために／make your vocabulary a bit more native-like: make O＋形容詞 (☞構文**052′**))

和訳 自分でやる気を起こすことができて，自分が学んでいる言語で話す機会を見つけることができるのなら，すべてのことを考慮すると，海外に行くよりも，自分自身の国で外国語を学ぶことはより安全で（そしてより安価な）選択肢だろう。その言語を流ちょうに話せるようになったあとは，リスニングのスキルを磨き，語彙をもう少しネイティブらしくするために［もう少しネイティブに近づけるために］，海外に行くとよい。(宮崎公立大)

[第1文] (All things considered, ...)

≫〈assuming (that) S′ V′〉は分詞構文の慣用表現で，〈if S′ V′〉と同等の意味をもち，「…だと仮定して，…だとすると」の意味（分詞構文の慣用表現については，☞構文**056**)。

≫opportunities to *do* は「～する機会」。このような to 不定詞句については構文**136**で扱う。

≫the language you're learning では，language の後ろに目的格の関係代名詞 that [which] が省略されている。この関係代名詞は learning の目的語としてはたらく。

[第2文] (After you've learned ...)

≫to improve ... は不定詞の副詞的用法。「～するために」と訳す。後ろの and は improve と make を結ぶ。

Lesson
37 分詞構文の慣用表現 / spend＋時間＋*doing*

1 (1) **一般的に言うと，夏の風邪と冬の風邪は異なるウイルスによって引き起こされる。**

≫ 成句 generally speaking「一般的に言うと」の generally と speaking の部分を分けて，「一般的に，夏の風邪と冬の風邪は異なるウイルスによって引き起こされると言われる」などとしてもよい。(東京慈恵会医科大)

(2) **看護師になるための勉強に何年費やしましたか。**

≫ この文の骨格は，〈spend＋時間＋*doing*〉の構文を，年数を尋ねる How many years ～？に組み込んだもの。また，how to be a nurse は，構文032で扱った〈疑問詞＋to *do*〉の一例。「どうやったら看護師になれるか」が直訳だが工夫が必要。解答例のように，「どうやったら看護師になれるかを学ぶ」→「看護師になるための勉強」などとすると自然。「勉強」を「学び」「修練」などとしてもよい。

(3) **若いことを考えれば，彼はどんどん向上できるよ。**

≫ considering (that) ... は「…を考慮すると［しても］」の意味（ここでは that は省略されている）だが，この例では文内容から「…を考慮すると」を選ぶ。また improve *oneself* は直訳の「自分自身を向上させる」でも文意は通じるが，単に「向上する」とした方が自然な訳になる。

(4) **彼の経験が浅いことを考慮に入れると，彼はすばらしい仕事をした。**

≫ given (that) ... は，「…が与えられると［与えられたとして］」という直訳から，「…だと仮定すると」「…を考慮に入れると」「…があれば」などの意味になるが，文内容から「…を考慮に入れると」だと判断する。

2 (1) (**Frankly speaking, I think this project is not likely to succeed**).

≫ frankly speaking「率直に言うと」を組み立てられるかが問われている。「成功しそうにない」は be likely to *do*「～しそうである，～する可能性が高い」を否定形で用いて is not likely to succeed とする。なお，think の後ろには接続詞 that が省略されている。

(東北福祉大)

(2) (**Judging from his appearance, he seems sick**).

≫ judging from ...「…から判断すると」を用いる。「～のようだ」は〈seem C〉（C は補語で，主に形容詞。名詞であることもある）で表現する。

(3) (**He spent too much time playing video games**).

≫〈spend＋時間＋*doing*〉は，特に多用される表現。難なく組み立てられるようにしたい。

(神奈川大)

3 (1) **Strictly speaking**, these two words do not have **the same meaning**.

≫ 前半は成句 strictly speaking「厳密に言えば」を用いる。後半の「同じ意味である」は，have the same meaning や mean the same thing などと表現できるが，ここでは have が与えられているので前者。「同じ」は the same のように the が必要であることに注意。(日本大)

(2) **Speaking[Talking] of travel, have you ever been** to Australia?

≫ 成句 speaking[talking] of ...「…について言うと，…と言えば」を用いる。また，「今まで…に行ったことはありますか」は have you ever been to ... ? と表現する（×have you ever gone to ... ? としないことに注意）。(東京情報大)

(3) **Taking his age into consideration**, the stamina he showed was remarkable.

≫ taking ... into consideration「…を考慮に入れると［入れて］」も成句。taking と into consideration の間に，「...」の情報をはさむことに注意。(立教大)

4 **和訳** 下線部参照。

≫〈spend＋時間＋*doing*〉は「～するのに…の時間を費やす」。本文では「時間」の部分が hours。**Lesson 5** の **4** で years「何年も」と decades「何十年も」を扱ったが，この hours は「何時間も」。

英文解釈

〈Five years ago〉, Mrs. Sabine Rouas lost her horse. She had spent 20 years with the horse 〈before he died of old age〉. 〈At that time〉, she felt [that she could never own another horse]. 〈Out of loneliness〉, she **spent hours watching** cows 〈on a nearby milk farm〉. 〈Then, one day〉, she asked the farmer [if she could help look after them].

(her horse ＝ he；the horse ＝ he；died of …が原因で死ぬ；she S, felt V, [that…] O；she S′, could never own V′, another horse O′；Out of loneliness 孤独感から；hours 何時間も；nearby 近くの；milk farm 乳牛農場；she S, asked V, the farmer O_1, if ＝whether, [if…] O_2, look after …の世話をする)

和訳 5年前，サビーヌ・ルアスさんは自分の馬を失った。その馬が老齢で死ぬまで，彼女は20年を一緒に過ごした。その時彼女は，自分はもう二度と他の馬を所有することはできないと感じた。孤独感から，彼女は近くの乳牛農場で何時間も牛を見て過ごした。そしてある日，彼女はそこの農夫に牛たちの世話を手伝えるかどうか尋ねた。(大学入学共通テスト)

[第 5 文] (Then, one day, ...)

≫ ask ... if ～ は「…に～かどうかを尋ねる」。この if は whether と同じ意味をもつ。

≫ help (to) *do* は「～するのを手伝う」の意味。help の後ろの to は本問の場合のようにしばしば省略される。

Lesson

38 with A *doing* / with A *done*

1 (1) **そのイヌは尻尾を振りながらそこに座っていた。**

» his tail と waving の間に be 動詞を補うと，His tail was waving.「そのイヌの尻尾が揺れ動いていた。」という文が成立する。これを含む文全体の内容は「そのイヌは，尻尾が揺れ動いていた状態で，そこに座っていた」ということであり，和訳はここから工夫する。

(2) **彼は急に振り向くと，目に涙をためて，部屋から走り去った。**

» この文の大まかな構造は次の通り。

Turning suddenly, with tears in his eyes, he ran out of the room.
分詞構文　付帯状況の with 構文　S　V

この分詞構文の意味は，「③時・連続動作」（本冊 p. 82）。with から eyes までは，〈with A＋前置詞句〉の型。tears と in his eyes の間に be 動詞を補うと，Tears were in his eyes.「涙が彼の目の中にあった。」という文が成立する（この were は「ある」という意味）。これをふまえると，with 以下の文内容は「涙が目の中にある状態で，彼は部屋から走り去った」ということであり，和訳はここから工夫する。（徳島文理大）

(3) **彼は腕を組んでそう言った。**

» his arms と folded の間に be 動詞を補うと，His arms were folded.「彼の腕が組まれていた。」という文が成立する。これを含む文全体は，「腕が組まれた状態で，彼はそう言った」という意味であり，これをもとに工夫する。

(4) **彼女は肩に鳥を乗せてその部屋に入ってきた。**

» 〈with A＋前置詞句〉の型。a bird と on her shoulder の間に be 動詞を補うと，A bird was on her shoulder.「彼女の肩の上に鳥がいた。」という文が成立する（この was は「いた」という意味）。その状態で彼女が部屋に入ってきたという内容をふまえたうえで，自然な訳にする。

2 (1) Meg (**listened to me with her eyes shining**).

» with her eyes shining は「目が輝いている状態で」という意味であり，これが「目を輝かせながら」に当たる。これを組み立てられるかがポイント。

(2) (**With the air-conditioner broken, we couldn't keep the room**) cool.

» この broken は「壊れた」という意味の形容詞（英和辞典参照）。〈with A＋形容詞〉の型を用いて with the air-conditioner broken とすれば「エアコンが壊れた状態で」の意味となる。これが部屋を涼しくしておくことができない理由なので，問題文は「エアコンが壊れていたので」となっている。このように，付帯状況の with 以下を「～ので［から］」と訳すことは少なくない。

(3) (**Don't speak with your mouth full when you are at the**) table.

» with *one's* mouth full「口を（食べ物で）いっぱいにして」は，〈with A＋形容詞〉の型。ひとまとまりの表現としてスムーズに出せるようにしたい。at the table は「食卓に着いて」の意味。（獨協大）

3 (1) (**With**) (**you**) (**sitting**) (**here**), I can't concentrate on my work.

» With you sitting here「君がここに座っている状態で」は，後半部分に対する理由になっているので，問題文の和訳は「君がここに座っているから」となっている。

(2) Because he was very tired, he was lying on the sofa (**with**) (**his**) (**eyes**) (**closed**).

≫ with his eyes closed の直訳は「目が閉じられた状態で」。頻出する表現なので，「目を閉じて」をスムーズに with *one's* eyes closed と英訳できるようにしたい。（獨協医科大）

(3) (**I**) (**always**) (**drive**) (**with**) the windows (**open**).

≫「窓を開けて」という問題文は，with the windows open「窓が開いた状態で」と表現するのだと思いつけるかがカギ。この open は形容詞であり，〈with A＋形容詞〉の型。

4 **和訳** 下線部参照。

≫ 文頭に付帯状況の with がある。growth の後ろに is を補うと，rapid から category までの部分から，Rapid growth is occurring in this product category.「この製品の分野で急速な成長が起こっている。」という文が成立する。これは後半部分に対する理由になっているので，「ので」という言葉で後半とつなぐ。

英文解釈

Amazon (S) was (V) the first (C) (to introduce (…を売り出す) a smart speaker in 2014). Amazon (S) is (V) 〈currently (現在)〉 the leading brand for smart speakers (C) (with (…を持つ) over 70% market share). 〈**With rapid growth occurring** (付帯状況の with) in this product category〉, competitors (S) are entering (V …に参入している) the field (O).

和訳 アマゾンは2014年にスマートスピーカーを売り出し，その先駆けとなった。アマゾンは今，70パーセント以上の市場占有率を誇るスマートスピーカーのトップブランドである。この製品分野は急速に成長しているので，競合他社がこの分野に参入してきている。

（青山学院大）

[第 1 文] (Amazon was the ...)

≫ この first は「最初の」という形容詞ではなく，「最初のもの」という意味の名詞。

≫ to 不定詞句は first を修飾する。主格の関係代名詞節に相当するもの (that[which] introduced ... と同意)。

Lesson 39 whether A or B

1 (1) **その事業が成功するかどうかは多くの外的要因による。**

≫ 文頭に whether 節があり，その後ろが〈V ...〉なので，whether 節は S としてはたらく名詞節。「〜かどうか」と訳す。be successful or not は，not を明示して「成功するかしないか」と訳してもよい。（亜細亜大）

(2) **あなたが賛成しようとするまいと，私は自分の考えを変えられない。**

≫ 文頭に whether 節があり，その後ろが主節の〈SV ...〉である。ここに S があるので，whether 節は S にはなりえず副詞節。よって「A だろうとなかろうと」と訳す。（四天王寺大）

(3) **私は彼が家にいるかどうかを知らない。**

≫ or not は，このように whether の直後に位置することもある。この whether 節は，know の目的語としてはたらく名詞節。or not をはっきりと訳出し，「家にいるかいないか」としてもよい。（東京家政大）

(4) **何か特別な技術があろうとなかろうと，インターネットはお金を儲けるための多くの機会を与えてくれる。**

≫ 文の後半に副詞節の whether 節が存在する。一般論であり，この you は「あなた」と訳出しないほうがよい。for making money は，opportunities を修飾する。

2 (1) (**Whether you succeed or fail, you have to do your**) best.

≫ 問題文の「あなたが成功しようと失敗しようと」は，「A だろうと B だろうと」という内容なので，whether 節は副詞節として用いると判断する。best が文末にあるので，この副詞節（whether 節）を前に出し，〈副詞節（whether 節）+ SV ...〉とする。

(2) (**Whether he will marry her or not is**) none of my business.

[別解] (**Whether or not he will marry her is**) none of my business.

≫ 問題文の「彼が彼女と結婚するかどうか」は，「A か B か（ということ）」という内容なので，whether 節は名詞節として用いるのだと判断する。whether 節を S として用いて，〈whether 節 + V ...〉という構造の文を組み立てる。or not の位置は，whether 節の末尾でも，whether の直後でもよい。none of *one's* business は，「〜には関係のないこと」「〜の知ったことではない」の意味。（東北工業大）

(3) (**Whether she cooks well or not, I**) don't mind either way.

≫ (1)と同様に，問題文の内容から〈副詞節（whether 節）+ S′V′...〉という文を組み立てるのだと判断する。カンマの位置から，or not は whether 節の末尾に置く。don't mind either way は「どちらでもよい」という意味。

3 (1) **Whether Maria wins or loses[not]**, she always enjoys the competition.

≫「勝とうが負けようが」から，whether 節は副詞節として用いると判断する。whether 節内の主語 Maria は三人称単数なので，win, lose ともに -s が必要になる。（南山大）

(2) He **asked me whether I** would **choose money or** honor.

≫ 動詞 ask を第 4 文型（ask O_1 O_2〔O_1に O_2を尋ねる〕）で用いることができるかということと，O_2の位置に whether 節を置けるかがポイントとなる。

(3) You can enjoy your holidays **whether you go abroad or not[whether or not you go abroad]**.

≫〈SV ... + 副詞節の whether 節〉の組み立てが問われている。**1**の(4)と同様にこの文も一般論であり，you は「あなた」という意味ではない。

4 **和訳** 下線部参照。

» whether A or B は「A だろうと B だろうと」（本問では B が not）。

» aware of it の it は後ろにある主節の内容を指す。

» 前置詞の as は，ほぼ「～として［の］」という訳になるが（「～のとき」と訳す場合もある），接続詞の as（後ろに S′V′... が後続する as）は，意味が多様である。これについては **Lesson 8** の **1** の(1)で述べた。「て・と［とき］・ら・ながら・ので・まま・が・ように・つれて」の中から，適切なものを選ぶ。ここでは「～とき」の意味。したがって as we go about our lives の訳は「私たちは生活をするときに」となるが，**和訳** では少し工夫をして「私たちは生活をする中で」とした。

英文解釈

Insects (S) are (V) so (☞構文073) commonplace (C) that we (S) scarcely (ほとんど～ない) pay (V) them (O1 ＝insects) notice (O2) 〈in the same way ((that) we are rarely (めったに～ない) conscious (意識している) of our breathing)〉. 〈**Whether** we are aware of it (＝主節の内容) **or not**〉, we (S) intermingle with (V …と関わり合う) insects (O) 〈every day〉 〈as (～のとき) we go about (（生活など）をする) our lives〉. They (S) are (V いる) always 〈underfoot (足元に), overhead, in our homes, 〈where (～の場所に) we play and work〉, and, 〈although we might not wish to think about it (＝後続の内容)〉, in our food and waste (廃棄物).〉

和訳 昆虫はとてもありふれたものなので，私たちが自分の呼吸をめったに意識しないのと同様に，昆虫にほとんど注意を払わない。そのことを私たちが意識していようとしていまいと，私たちは生活をする中で，毎日昆虫と関わり合っている。昆虫は常に足元に，頭の上に，私たちの家の中に，私たちが遊び，働く場所に，そして，これは考えたくないかもしれないが，私たちの食べ物や廃棄物の中にいるのである。（早稲田大）

[第 1 文]（Insects are so ...）

» 文全体は構文**073**で扱う so ～ that ... 構文。「とても～なので…」という意味。

» way の後ろには that が省略されており，that 以下が way を修飾する（☞構文**087**）。

[第 3 文]（They are always ...）

» この where 節は副詞節。「～の場所に［で］」という意味で動詞（あるいは主節全体）を修飾する。副詞節の where 節は苦手とする人が多い。1 つ類例を挙げる。

ex. We camped where there was enough water.
　私たちは水が十分にある場所でキャンプをした。

» think about it の it は後ろの内容，つまり食べ物や廃棄物の中に昆虫がいることを指す。

Lesson

40 so that S′ can[will / may etc.] *do*

1 (1) **私が忘れないように，スタッフの人がそのホテルの名前を書いてくれた。**

≫「Sが〜しないように」と否定の〈目的〉を表す場合は，この例のように助動詞の後ろに not を加える。また，write down ... は「…を書きとめる」。ここではそういう行為をしてもらったという内容なので，「書きとめて［書いて］くれた」などとしたほうが，自然な日本語になる。(立命館大)

(2) **とても暑かったので，彼はコートを脱いだ。**

≫文内容より，〈so (that) ...〉が〈目的〉ではなく，〈結果〉の意味であることを見抜く。so that の前にカンマがあること，so that の後ろの S′ と V′ の間に助動詞がないことからも確認できる。

(3) **彼女は家族と夕食がとれるように，少し前に会社［事務所］を出た。**

≫a while ago は「少し前に」。(関西学院大)

(4) **早く成長するように，彼女はその花に必ず水をやった。**

≫この文では，so that の that が省略されていることに注意。このような場合は，so を「だから」「そして」と解釈してしまいがちだが，文内容と，後ろに助動詞 would があることをヒントに，この so は so that の so だと判断する。この判断は難しいが，so を「だから」「そして」と解釈して意味が不明であり，後ろに助動詞が存在する場合は，that の省略を疑うとよい。なお，ここでの water は to の後ろで用いられており，動詞である。動詞 water には「水をやる」「水で薄める」などの意味がある（**Lesson 4** の**1**の(4)の解説で述べた通り，英語は「名詞かつ動詞」の語がきわめて多い)。

2 (1) (**Put the milk in the refrigerator so that it won't spoil**).

≫〈命令文+so that 節〉を組み立てる。won't は will not の縮約形［短縮形］。問題文は「その牛乳」となっていないが，the は milk の前に置くほかない。**Lesson 5** の**2**の(3)の解説で述べたように，the や所有格に当たる言葉は，問題文に反映されていないことも多いので注意が必要になる。(甲南女子大)

(2) (**I sent him out of the room so that he couldn't hear my conversation with**) Meg.

≫send 〜 out of ... は「〜を…の外に送り出す」，つまり「〜を…から（追い）出す」ということ。この部分を組み立てるのが難しい。conversation with ... は「…との会話」。

(3) (**Let's take a plane so that we can get there one hour**) earlier.

≫(1)同様，これも〈命令文+so that 節〉の構造。there は「そこに」という意味の副詞であり，「に」の意味が含まれているため，get to there とはしないことを確認しておこう。

(松本歯科大)

3 (1) **What should I do so that I can speak English?**

≫〈what を用いた疑問文+so that 節〉の組み立てが問われている。

(2) **She had to skip breakfast so that she wouldn't miss the train.**

≫must には過去形が存在しないので，「しなければならなかった」は have to の過去形である had to を用いる。「電車に乗り遅れる」は miss を用い，miss the train とすればよい（**Lesson 19** の**2**の(1)で既習)。be late for the train としても誤りではないが，ここでは語数制限に合わない。

(3) **I will support you so that you can practice every day.**

»「毎日の」という意味で，名詞に対する修飾語として用いる場合，every と day は分かち書き（every day と分けて書くこと）をせずに everyday とする（例：his everyday task〔彼の毎日の仕事〕）。一方，動詞に対する修飾語として用いる場合，解答例のように every day とする。

4 **和訳** 下線部参照。

» so that S′ can *do* は「S′が〜するために・〜するように」。

英文解釈

〈During Ramadan〉, the day starts early 〈**so that** people **can** eat a pre-fast meal 〈before dawn〉〉. This meal, (called Suhoor), is important 〈as it will keep them going 〈through the day〉〉. 〈During daylight hours〉, fasting Muslims cannot eat food or drink water or any other drinks.

（so that：〜するために　people：S′　can eat：V′　a pre-fast meal：O′　dawn：夜明け　This meal：S　is：V　important：C　as：〜ので　it：S′　will keep：V′　them：O′　going：C′（☞構文 **049**）　fasting：断食をしている　Muslims：S　cannot eat：V①　food：O①　drink：V②　water or any other drinks：O②）

和訳 ラマダーンの期間中は，夜明け前に断食前の食事をとるため，一日が早く始まる。スフールと呼ばれるこの食事は，一日の活動の原動力になるものなので重要である。日中は，断食中のイスラム教徒は食べ物を食べられないし，水もほかのどんな飲み物も飲めない。

（高知工科大）

[第 2 文]（This meal, called ...）

» called Suhoor は前の名詞を修飾するので，**和訳** では「スフールと呼ばれるこの食事」としたが，カンマで区切られていることを考慮に入れて「この食事は，スフールと呼ばれており，…」としてもよい。

» as 節は理由を述べているので，この接続詞 as は「〜ので」と訳す。

» keep them going は構文 **049** で扱った〈keep O *doing*〉「O に〜させる・させておく」。この go は「動く」「活動する」の意味。よって as 以下の直訳は「それが，一日を通して彼らが動いているままにさせ続けるので」だが，不自然なのでここから工夫する。

[第 3 文]（During daylight hours, ...）

» fasting は動詞 fast（断食をする）の現在分詞。「〜している」の意味で，Muslims を修飾している。

Lesson 41　suppose[supposing] (that) ～

1 (1) **雨が降ったら，私たちは試合を延期する予定だ［つもりだ］。**

» 「もし雨が降ったら」というのは未来のことだが，条件を表す副詞節においては，未来のことを述べる場合であっても，述語動詞に will や be going to を用いないのが原則。問題文が it will rain あるいは it is going to rain となっていないのを確認のこと。

(2) **宝くじに当たったら，そのお金で何をしますか。**

» 宝くじに当たる可能性は低いので，仮定法を用いている。つまり，win ではなく過去形の won が用いられている（仮定法についての詳細は☞構文**115**，構文**116**）。また，この with は「…といっしょに」ではなく，「…で」〈手段〉。(杏林大)

(3) **あなたが美しい村に住んでいるとしましょう。**

» 〈suppose (that) S′V′ ... のみ〉で終わる文は，「もし S′V′ ならどうする？」「仮に S′V′ としてみよう」という意味になる。この場合は supposing は用いない。

(4) **たとえそのような深刻な事故が二度と起こらないにしても，私たちは核廃棄物を数十万年も管理しなければならない。**

» even は「たとえ」という意味なので，even supposing that ～ は「たとえ（もし）～でも」(=even if ～) と訳す。were never to happen の部分は，構文**031**で扱った be to *do*。これは「⑤運命」の一例だといえるが，「二度と起こらない運命にあるにしても」では少し大げさなので，少しやわらげて「二度と起こらないにしても」とする。

(横浜国立大)

2 (1) (**Supposing you had one million yen, what would you do with**) it?

» supposing 節の後ろに主節を置く構造を組み立てる。語群に that がないので，that を省略したケースだと判断する。have が過去形で用いられているので仮定法過去の文である。主節には助動詞の過去形 (would) が用いられる。(中央大)

(2) (**Supposing he came back and found her, what would he**) say?

» (1)と同じ構造で，こちらも仮定法過去。(成城大)

(3) (**Suppose she cannot come, who will do the**) work?

» (1)(2)同様の構造だが，過去形が用いられていない。つまり直説法の文である。語り手は彼女が来られないことを，可能性があることだと考えている。

3 (1) (**Suppose[Supposing]**) (**you**) were the president of this university, (**what**) (**would**) (**you**) (**do**)?

» suppose 節の動詞が過去形なので，仮定法が用いられているとわかる。主節の述語動詞の先頭には過去形の助動詞を置く（つまり will ではなく would を用いる）ことに注意（詳細は☞構文**115**，構文**116**）。

(2) (**Suppose[Supposing]**) (**we**) miss (**the**) (**last**) (**train**), (**how**) would we get home?

» ここでは miss が現在形で用いられているので，語り手は終電を逃すことをありうることだと考えている。なお「乗り遅れる」という意味の miss は **Lesson 19** の**2**の(1)と **Lesson 40** の**3**の(2)で既習。「終電」は the last train。1 つしかないと決まっているものは the ... で表現する。太陽が the sun となるのも同じ理由による。また「どのように」は how。

(3) (Suppose[Supposing]) (that) (you) had (more) (money), what would you do?

» had の前にカッコが 3 つあるので戸惑ったかもしれない。suppose that, supposing that というように that が置かれることもあり，この点が問われている。主語については問題文に明示されていないが，相手に対する問いかけなので，you を用いるのだと判断する。また「もっとお金があるのなら」は「現実に持っているよりも」ということなので，非現実のことを述べている。したがって，動詞は過去形の had が用いられている（仮定法）。

4 **和訳** 下線部参照。

» supposing that S′V′ は「もし S′V′ なら」。本問では V が過去形となっている。構文**115**で扱う仮定法過去であり，現実味のない仮定であることがわかる（確かに森がすべて破壊されるというのは現実味がない）。

» some reason の some は「何らかの」「何かしらの」という意味。reason が複数形でないことからこう判断する（これについては **Lesson 7** の**4**で既習）。

» この as 節は理由を述べているので，「～ので」と訳す。

英文解釈

What(S) would happen(V) 〈if there were(仮定法過去（☞構文115）) no forests on Earth〉? 〈**Supposing that**(もし～なら) forests were(仮定法過去（☞構文115）) all destroyed for some(何らかの) reason〉, the air(S) would become(V) hotter and drier(C) 〈as(～ので) water vapor(水蒸気) was lost〉. 〈As a result(結果として)〉, many regions(S 地域) (of the world) would become(V) deserts(C). Then agriculture(S 農業) would become(V) impossible(C).

和訳 もし地球上に森がなかったら，どんなことが起こるだろうか？ もし何らかの理由で森がすべて破壊されたら，水蒸気が失われるために，大気はより熱く，より乾燥することになるだろう。結果として，世界の多くの地域が砂漠になるだろう。そして農業が不可能になるだろう。（杏林大）

Lesson 42 provided[providing] (that) ~ / now (that) ~

1 (1) **時間内に戻るなら，彼女は子どもたちがどこに行くのか疑問をもつことはない。**

≫ in time までが provided 節で「もし～なら」と訳す。in time は「間に合って」「時間内に」という意味と，「やがて」「そのうちに」という意味があるが，本問では文内容から前者だと判断する。また，ここでの question は名詞ではなく動詞であることに注意。繰り返し述べている通り，英語は「名詞かつ動詞」の語が多い。動詞の question は「…に疑問を抱く」という意味であり，これの目的語が where they are going 全体（これは構文 **081** で扱う「間接疑問文」)。(青山学院大)

(2) **懸命に勉強すれば，君は良い成績がとれるはずだ。**

≫ (1)とは逆に，provided 節が後半にある。また，本問の should は「はずだ」〈当然〉と訳す。should は「べきだ」〈義務〉の意味のみならず，この〈当然〉の意味もあることをしっかりと押さえたい。(立教大)

(3) **今や私の妻はショートヘアーなので，2 か月に一度，美容院で髪を切ってもらっている。**

≫ now that 節が文の前半に置かれた構造。後半の has her hair cut の cut は過去分詞（構文 **051** で扱った型）で，ここは「～してもらう」と訳すのが適切。あるいは単に「切っている」「切る」と訳してもよい。every other ... は「1 つおきの…」なので，every other month は「1 か月おきに」「2 か月ごと」の意味。(関西学院大)

(4) **あなたの言うことが正しいとしても，私たちはそれをするつもりはない。**

≫ granted[granting] that ～ で，「仮に～だとしても」の意味。

2 (1) (**I'll lend you this book, provided you return it**) tomorrow.

≫ tomorrow が文末にあるので，主節の後ろに provided 節を置く構造の文を組み立てる。また，返すのは明日のことだが，you will return としないことに注意。suppose 節と同様に，provided 節も条件を表す副詞節なので，未来のことを述べる場合であっても述語動詞には現在形を用いるのが原則（will や be going to を置かない)。(國學院大)

(2) (**Providing you work hard, you can earn a great deal of**) money.

≫ こちらは逆に，providing 節を主節の前に置く構造の文。どちらのパターンにも対応できるようにしたい。a great deal of ... は「多くの…」(**Lesson 19** の**4**で既習)。

(3) (**Now the exam is over, I feel**) relaxed.

≫ now (that) ～「今やもう～なので」の型を用いればよいが，語群に that がないので Now the exam is ... とする。be over は「終わった状態である」という意味（**Lesson 36** の**1**の(3)で既習)。

3 (1) You can use this room (**provided[providing]**) (**that**) (**you**) (**keep**) (**it**) (**clean**).

≫ provided 節の後ろに〈keep A（名詞）B（形容詞)〉「A を B の状態にしておく」の型を正しく置けるかがポイント。そしてそれ以外の空所の数から，provided[providing] that の that を省略せずに出すと判断する。

(2) (**Provided[Providing]**) the (**rain**) (**stops**), the game won't (**be**) cancelled.

≫ 冒頭のカッコの後ろが the なので，provided[providing] (that) の that が省略されているケースだと判断する。また，「雨がやむ」のはこれからのことだが，条件を表す副詞節である provided 節の内側なので，rain stops とする（will や be going to は置かない）ことに注意。問題文は「中止になる」という日本語文だが，試合は「中止にされる側」なので，受動態を用いて be cancelled と表現できるかも問われている。

(3) (**Now**) (**that**) you have (**passed**) your test, you can drive on your own.

»「試験に合格したからにはもう」は，「今や君は試験に合格したので」という意味だと判断して〈now (that) ～〉を用いる。on *one's* own は「自分で」「ひとりで」。(千葉商科大)

4 **和訳** 下線部参照。

» now (that) ～は「今やもう～なので」。around the world までが now that 節で，その後ろが主節。

» 言い換え表現の間に置かれた or は「つまり」と訳す。

» この for は「…にとって（の）」という意味（**Lesson 27** の**4**で既習）。

» 主節（the important thing 以下）は〈S＋be 動詞＋to 不定詞句〉という構造。この to 不定詞句は SVC の C（補語）としてはたらき，「～すること」と訳す。

» measure to *do* は「～する（ための）手段」。

英文解釈

Kyoto Mayor Daisaku Kadokawa said, "The key (S) is (V) [to (C) disperse (…を分散させる) crowds 〈in crowded times, crowded areas or crowded seasons〉]. 〈**Now that** (今やもう～なので) sustainable (持続可能な) development goals (開発目標), or (つまり) SDGs (S′), have become (V′) a major theme (C′) 〈for (…にとって) countries or cities around the world〉〉, the important thing (S) is (V) [to (C) combine SDGs and measures (to (～するための) develop Kyoto and promote its tourism (観光業))]."

和訳 京都市長の門川大作は，「カギとなるのは，混雑する時と場所，そして季節において，人ごみを分散させることだ。今や，持続可能な開発目標，つまり SDGs が世界中の国や都市にとっての主要なテーマとなっているので，大切なことは，SDGs と，京都を発展させ，京都の観光業を促進させるための手段とを統合することだ。」と言った。(都留文科大)

図解の記号：[名詞]（ 形容詞 ）〈 副詞 〉

Lesson
43 even if ～ / even though ～

1 (1) **たとえ夫がそのコンテストで優勝しなかったとしても，彼はそれでも私にとってナンバーワンだ。**

≫〈even if ～〉は「もし～でも」「たとえ～でも」という【譲歩】の意味。この文は述語動詞が現在形なので直説法の文。書き手は夫がコンテストで優勝できない可能性もあると考えている。なおこの still は「それでも（やはり）」という意味。

(2) **たとえ住む家がなくても，すべての人は敬意をもって扱われるべきだ。**

≫(1)と同様に直説法の文。with respect は「敬意とともに」→「敬意をもって」。

(関西外国語大)

(3) **雨が降っていて少し寒かったが，私たちのグループはスケジュール通りに登山を続けた。**

≫〈even though ～〉は〈even if ～〉とはニュアンスが異なり，「たとえ（事実は）～だとしても」「(事実）～だが」のように「事実」について述べる表現。climbing には目的語がないが，文脈から登山をしていると考えるのが最も自然。(獨協医科大)

(4) **私は良くなってきているが，医者は少なくとも金曜日までは寝ているよう命じた。**

≫〈get＋形容詞〉の get は become の意味（**Lesson 8** の**2**の(1)で既習)。また，ここでの tell は構文**023**で扱ったもの。本冊 p. 44にある通り，〈tell O to *do*〉は「O に～するよう言う［命じる］」という訳になる。「命じる」とも訳しうることを改めて押さえよう。stay in bed は「寝ている」「安静にしている」。at least は「少なくとも」(**Lesson 26** の**1**の(4)で既習)。(慶應義塾大)

2 (1) (**Even though Ken tried hard, he could not make himself understood in**) German.

≫make himself understood は構文**052**で扱った表現。(津田塾大)

(2) Even (**if she forgives you for that, she is never going to forget it**).

≫〈forgive A for B〉は「A を B のことで［のことに関して］許す」。forgive に関するこの語法を使いこなせるかも問われている問題。is going to の否定表現は，is not going to と is never going to があるが，後者は組み立てにくい。正しい位置に never を置けるようにしたい。なお，この文の be going to は〈予定〉でも〈意志〉でもなく〈予測・予想〉の意味（これについては **Lesson 3** の**1**の(3)の解説を参照のこと)。文末の it は that を指す。このように it は that や this を受けることもできる。

(3) (**Even if I could help him, I wouldn't do**) it.

≫could を用いているので，仮定法だとわかる（詳しくは☞構文**115**・**116**)。なお，上の(2)は forgive が現在形なので，直説法で書かれた文である。許すということがあり得る，現実味があるという判断のもとに，直説法が用いられている。

3 (1) They went to the party **even though they had a test** the next day.

≫even though は though を強調した形。「(事実）～だが」の意。(立命館大)

(2) He wouldn't have gone to the movie **even if he hadn't been tired**.

≫主節が wouldn't have gone to ... と〈助動詞＋完了形〉の形なので，仮定法だと判断し，even if を用いる。主節の形に応じて，even if 節内でも仮定法過去完了を用いる。

(3) (**Even**) (**though**) he (**had**) (**little**) money, he insisted (**on**) (**paying**) for my lunch.

≫「ほとんどお金を持っていなかった」は，little を用いて表現する。「払うと言って譲らなかった」は，「払うことを主張する」と置き換え，insist on paying とする（on が必要であることに注意）。このように，前置詞の目的語が，動詞を含む内容である場合は動名詞となる（〈前置詞＋*doing*〉については，☞構文**035**）。（日本大）

4 (1) (a)　(2) **和訳** 下線部参照。

≫(1)〈allow O to *do*〉は「O が～することを許す・可能にする」（構文**023**のリストで既習）。ここは「可能にする」という意味であり，第 1 文の直訳は「オンラインストリーミングサービスは，あなたがいつでも望むときに映画やテレビのシリーズを視聴することを可能にする」となるが，この文は一般論。一般論の you は無理に訳さなくてよい。また「オンラインストリーミングサービスは～を可能にする」も不自然なので「オンラインストリーミングサービスを使えば［のおかげで］～できる」などとする。

≫選択肢のうち，let にも「可能にする」という意味があるが（☞構文**026**の**1歩進んで**を参照），〈let O *do*〉の形で用いられるので，ここではあてはまらない。force は〈force O to *do*〉の型で用いられるが（構文**023**のリスト参照），意味の上で正解となりえない。

≫(2)〈even if～〉は「たとえ～でも」。

≫due to ... は原因・理由を表す群前置詞（**Lesson 19** の**1**の(2)で既習。☞構文**039**）。「…のために」「…のせいで」「…によって」などと訳す。

英文解釈

Online streaming services (S) allow (V) you (O) to view movies and TV series (C) (☞構文**023**) 〈whenever you want〉(～するときはいつでも（☞構文**075**）). But this (S) does not mean (V) [(that) (O) you (S′) are able to watch (V′) the same media (O′) 〈wherever you are〉(～する場所はどこでも（☞構文**076**）)]. 〈**Even if** (たとえ～でも) you (S′) are using (V′) the same service (O′)〉, some content (S) may be blocked (V) 〈due to (…のために) user location〉.

和訳 オンラインストリーミングサービスを使えば，いつでも望むときに映画やテレビのシリーズを視聴することができる。しかしこれは，どこにいても同じメディアを見ることができるという意味ではない。<u>たとえ同じサービスを使っていても，一部のコンテンツはユーザーの所在地のせいでブロックされるかもしれない。</u>（法政大）

[第 1 文]（Online streaming services ...）

≫whenever S′ V′は「いつ～しようとも」「～するときはいつでも」（☞構文**075**）。

[第 2 文]（But this does ...）

≫wherever S′ V′は「どこで～しようとも」「～する場所はどこでも」（☞構文**076**）。

Lesson **44** as[so] long as ～ / as[so] far as ～

1 (1) **私に関する限り，学校は単に子どもが日中いなければならない場所だった。**

≫ 前半部分は成句的表現の，〈as[so] far as A is concerned〉「A に関する限り」。後半は S is simply ...「S は単に…である」が文の骨格。この文では，「…」に相当する the place が，関係副詞の where が形成する節（☞構文**087**）に修飾されている。また，had to be の be は「いる」の意味。**Lesson 1** の**1**の(2)の解説で述べた通り，be 動詞の訳語として，常に「ある」「いる」を用意できるようにしたい。（大阪府立大）

(2) **その男は，20年もの間刑務所で過ごした。**

≫〈as long as＋数値〉は時間の長さを強調して「～もの間」という意味。

(3) **明日本を 1 冊持ってきてください。面白くさえあればどんな本でもいい。**

≫ この文の as long as は，文脈から〈期間〉ではなく〈条件〉だと判断できる。S will [would] do. の do は「用が足りる」「役に立つ」「間に合う」という意味。よって Any book will do の部分は「どんな本でもよい」という訳になる。（日本大）

(4) **私が見る限りでは，彼女は何も間違ったことをしていない。**

≫ この see は「見る」と訳されているが，視覚に関する意味ではなく，「事がわかる」「理解する」という意味での「見る」。本問の can は，訳出するとむしろぎこちなくなるのでカットする（「私が見ることができる限りでは」は不自然）。wrong は後ろから名詞 nothing を修飾する。名詞が -thing で終わるものである場合は，〈形容詞＋名詞〉ではなく，〈名詞＋形容詞〉の語順となる。以下に類例を示す。

ex. Give me something cold.　何か冷たいものをください。（桜美林大）

2 (1) (**As far as I can tell, my classmate's story is**) true.

≫ この tell は「わかる」という意味。can を伴って用いられることが多い。can tell のセットで「わかる」と訳す（can を訳して「わかることができる」とすると，むしろ不自然になる）。as far as の後ろに I can tell を置けるかがカギ。（立命館大）

(2) (**You can go out as long as you promise to be back by 10**) o'clock.

≫〈条件〉の意味の as long as を組み立てられるか，その後ろに promise to *do*「～すると約束する」を置けるか，そして be back「戻ってくる」を使えるかがカギ。o'clock が文末にあるので，as long as 節を後半に置くのだと判断する。（中央大）

(3) (**Can you swim as far as that white boat**)?

≫ as far as の後ろに文ではなく，名詞（that white boat）を置く。〈as far as＋名詞（場所）〉は，「(到達点）まで」という意味になる。

3 (1) **As[So] far as I know**, this is the latest edition.

≫「私の知る限り」は，「私の知識の範囲では」という意味なので，〈範囲〉を表す〈as[so] far as ～〉を用いる。As[So] far as I know は頻出表現。（桃山学院大）

(2) There's not another house in any direction **as[so] far as the eye can see[reach]**.

≫「見渡す限り」を物理的な〈距離〉を表す〈as[so] far as ～〉で表現する。eye が与えられているので，「見渡す限り」→「目に見えている［目が行き届く］限り」と置き換え，as[so] far as the eye can see[reach] とすればよい。

(3) **I will love you as[so] long as I am** alive.

≫「生きている限り」は，「生きている間は」という意味なので，〈期間〉の意味で〈as[so] long as ～〉を用いる。

4 (1) **to**　(2) **being**　(3) **和訳** 下線部参照。

≫(1) 構文**023**のリストで学んだ〈want O to *do*〉「Oが～することを望む」を思い出せるかがカギ。

≫(2) 前置詞の後ろに動詞を置く場合は動名詞にする。without *doing* は構文**036**で既習。

≫(3)〈as long as ～〉は「～する間は〈期間〉」と「～する限りは〈条件〉」の2つの意味があるが，文脈からここは後者だと判断する。

英文解釈

My mother (S) had (V) several business trips (O) so she (S) couldn't take care of (V …の手入れをする) the garden (O). I (S) didn't want (V) my father (O) to worry (C), so 〈without being asked〉(頼まれることなく), I (S) said (V) [that (O) I (S′) would take care of (V′) his garden (O′) 〈until (…まで) he recovered〉]. I (S) assumed (V) [that (O) the little plants (S′) would continue (V′) to grow (O′) 〈**as long as** (～する限りは〈条件〉) they had water〉], and luckily it rained 〈fairly (かなり) often〉 so I (S) didn't think (V) much (O 多くのこと) (about the garden).

和訳 母は何度か出張旅行があったので，庭の手入れができなかった。私は父を心配させたくなかったので，頼まれることなく，父が回復するまで自分が庭の手入れをすると言った。(2)小さな植物は，水さえあれば成長し続けるだろうと私は思った。そして幸運なことにかなり頻繁に雨が降ったので，私は庭についてあまり考えずにすんだ。(大学入学共通テスト)

図解の記号：[名詞]（ 形容詞 ）〈 副詞 〉

Lesson

45 as soon as ～ / by the time ～

1 (1) **私が車で家に戻る［帰り着く］までには，あなたの飛行機は目的地に着いているでしょう。**

» will have reached の部分は，構文018で扱った〈助動詞＋have＋過去分詞〉の一例だが，この表現は，過去に対する推量ではなく，1歩進んでのところで扱った「未来時の完了の内容に対する推量」である。この文の未来時は，自分が帰宅する時点であり，「その時には飛行機の到着は完了しているだろう」と類推している。(南山大)

(2) **そのおかしな考えが思い浮かぶとすぐに，私は声を出して笑いたい気がした。**

» 〈as soon as ～〉と同義の〈the moment ～〉が用いられた文。動詞 strike には「～が…の心に思い浮かぶ」という意味がある。feel like *doing* は「～したい気がする」。

(関西学院大)

(3) **彼女は30歳になるまでに，最高財務責任者の地位にまで達していた。**

» by the time she was 30は，「30歳であるまでに」と訳すと不自然になるので，この was は「なる」と訳す。be 動詞の訳語の候補として，常に「なる」も準備できていなければならない（**Lesson 1** の**1**の(4)で既出）。前半部分は，過去の一時点での完了を表すために，have reached ではなく had reached となっている。(自治医科大)

(4) **試験の結果が発表されると，全学生は掲示板に駆け寄った。**

» (2)と同様に the moment が用いられた文。exam は名詞だが，形容詞のように直後の名詞 results を修飾している。名詞がこのように用いられる例はきわめて多い。たとえば He is a history teacher.「彼は歴史の先生だ。」という文の history なども同じ。

(鹿児島大)

2 (1) We'll (**give you a call as soon as we arrive at the airport**).

» 空港に着くのは未来の時点だが，as soon as は時を表す副詞節を形成するので，未来のことを述べる場合であっても，will や be going to を置かない（×we will arrive あるいは×we are going to arrive としない)。「電話を入れます」は，call you とするのではなく，与えられた語群から give you a call としなければならない。(日本大)

(2) (**Let me know as soon as the package**) arrives.

» **Lesson 17** の**2**の(3)で述べた通り，〈let O know〉「O に知らせる」は多用される表現。この as soon as 節も未来のことに言及しているが，述語動詞はやはり現在形。

(長崎県立大)

(3) (**By the time I got home, I was completely**) exhausted.

» **1**の(1)と(3)では by the time 節が文の後半に存在しているが，ここでは文末が exhausted なので，by the time 節を文の前半に置く。

3 (1) We will leave **as soon as you are[get] ready**.

» as soon as you are ready の直訳は「あなたが準備ができている状態になったら」で，この are も「である」ではなく「なる」の意味（get と同じ意味)。なお，the moment you are ready でも同意を表せるが，「6語」という語数指定から〈as soon as ～〉を選ぶ。

(2) **As soon as she read the letter**, she began to cry.

≫(1)とは異なりas soon as節を前半に置くパターン。ここも語数制限から〈the moment ～〉は不可。

(3) I will **have returned to Japan by the time this letter reaches** you.

≫「未来時の完了の内容に対する推量」であるwill have returnedが組み立てられるかということ，またby the time節を使いこなせるか，そして節の内側にwillやbe going toを置かずに，reachを現在形で用いてthis letter reaches youとできるかということが問われている。「着く」の意味ではreachは他動詞なのでreach to ... としないこと。

(名古屋経済大)

4 (1) **the man asked me to fly in**　(2) **和訳** 下線部参照。

≫(1)構文**023**のリストにある〈ask O to *do*〉「Oに～するよう頼む」が記憶できているかがカギとなる。

≫(2)〈as soon as ～〉は「～するとすぐに」。challengeまでがas soon as節。

≫how to *do*は構文**032**で既習。

英文解釈

〈When the man asked me to fly 〈in a hot-air balloon across the Atlantic〉〉, I decided to do it. This was actually something (that no one had done before). I always tell people [that 〈if they want to do anything well〉, they must plan and prepare]. And so, 〈**as soon as** I accepted the challenge〉, I decided [to go to Spain and learn [how to fly in a balloon]].

(When節: S′ the man / V′ asked / O′ me / C′ to fly（☞構文023）; it = 前文の内容; something ← that節; I: S / tell: V / people: O_1 / that節: O_2; as soon as: ～するとすぐに; I: S / decided: V / to go ... : O ① ... learn ② / how to: ～の仕方（☞構文032）)

和訳 その男が私に熱気球で大西洋を横断するよう要請したとき，私はそうしようと決めた。これは実際，それまでに誰もしたことのないことだった。私は常々，もし何か事をうまくしようと望むのなら，計画と準備をしなければならないと人に言っている。(2)だから，その挑戦を受けるとすぐに，私はスペインに行って気球での飛行の仕方を学ぼうと決めた。(名城大)

Lesson 46 in case ～ / for fear (that) S′ will etc. *do*

1 (1) **雨が降った場合に備えて［雨が降るといけないから］，傘を持っていったほうがいいと思うよ。**

≫この〈in case ～〉は「～する場合に備えて」「～するといけないから」という意味。had better は「～したほうがいい」の意味。（東邦大）

(2) **自分の身に何か恐ろしいことが起こるのを恐れて，メアリーは夜にひとりで歩きたがらなかった。**

≫〈for fear (that) S′ will[would / may / might / should] *do*〉「S′が～することを恐れて／S′が～するといけないから」が用いられた文。節中の述語動詞の形は〈will[would / may / might / should] *do*〉という形になるが，ここでは would が用いられている。一方，in case 節の内側には助動詞が置かれないことが多い（上の(1)でも it rains となっている）。**Lesson 44** の**1**の(4)と同様に，ここでも〈-thing で終わる名詞＋これを後ろから修飾する形容詞〉という連なりが見られる（something terrible）。on *one's* own は「自分で」「ひとりで」（**Lesson 42** の**3**の(3)で既習）。（慶應義塾大）

(3) **忘れるといけないから，その名前を書きとめておきなさい。**

≫for fear の後ろに that 節ではなく，〈of＋動名詞〉が続く形。主語を繰り返し述べない場合，別の主語に切り替えない場合はこの形になることが多い。仮にこの文を for fear that 節を用いて書くと次のようになる。

＝Write down the name for fear that you will[would / may / might / should] forget it.

write down ... は「…を書きとめる」。（徳島文理大）

(4) **彼に会った場合は［もし彼に会ったら］これを彼に渡してもらえますか。**

≫「～する場合に，もし～なら」という意味で〈in case ～〉が用いられている。

2 (1) You (**should write down your password in case you forget it**).

≫「～する場合に備えて，～するといけないから」という意味の in case が使えるかが問われている。write down は**1**の(3)で既出。なお，問題文では「あなたのパスワード」となっていないが，文内容から your は password に対する修飾語として用いると判断する。

（國學院大）

(2) In (**case of an emergency, please follow your teacher's instructions for**) safety.

≫〈in case of＋名詞〉の使いこなしが問われている。ここでも「あなたの教員」となっていないが，やはり文脈から your は teacher's の前に置くのだと判断する。（津田塾大）

(3) (**The children ran away for fear the dog might bite them**).

≫for fear that の that が省略された for fear 節を使えるかということと，節内の述語動詞を might bite という形にできるかがカギとなる。

3 (1) His mother would (**not**) allow (**him**) (**to**) (**speak**) (**for**) (**fear**) (**that**) he would say something stupid.

≫構文**023**で既習の〈allow O to *do*〉「O が～することを許す・可能にする」を使いこなせるかということと，文の後半に for fear that 節を置けるかが問われている。

(2) Bring your computer with you in **case you have to give[make] a presentation** in class.

≫ in が与えられていることから，in case 節を用いる。「プレゼンテーションする」は give［make］a presentation。(南山大)

(3) **In case of fire, leave** the building immediately.

≫「～の場合」の「～」の部分が名詞の「火事」なので，in case of fire とする。「ビルを離れる」はここでは「ビルを出て建物から離れる」ということ。語数制限より 1 語で表現する必要があるので，leave を用いる。

4 **和訳** 下線部参照。

≫ この in case は **1** の(1)と同様に，「～する場合に備えて」「～するといけないから」という意味。主節の中の動詞 confirm（あるいは主節全体）を修飾する。

≫ You want to *do* で「～したほうがいい」という意味になりうるが，ここではこの表現に表現を和らげる may が加わっている。

英文解釈

Today, anyone (S) can set up (V …を創業する) an online shop (O) 〈under almost any name〉, so you may want to (～したほうがいいかもしれない) confirm the online seller's physical address (実際の住所) and phone number 〈**in case** (～する場合に備えて) you have questions or problems〉. And 〈if (=even if) you get an email or pop-up message (that asks for (…を求める) your financial information) 〈while you are browsing〉〉, don't reply or follow the link (リンクにアクセスする).

和訳 現在では，誰でも，ほとんどどんな名前でもオンラインショップを立ち上げることができるので，質問や問題が生じた場合に備えて，オンライン販売者の実際の住所と電話番号を確認したほうがいいかもしれない。そしてネットを閲覧中に，金銭的な情報を求めるメールやポップアップメッセージを受け取ったとしても，返信したりリンクにアクセスをしたりしてはいけない。(神田外語大)

[第 2 文]（And if you ...）

≫ if には「もし～なら」だけでなく，「たとえ～でも」という〈譲歩〉の意味もあり，この文の if はこの用法（この意味を明示する場合，構文**065**で扱った〈even if ～〉を用いる)。

Lesson **47** 形容詞＋(that) ～

1 (1) **カナダで［カナダにいたとき］あなたに手紙を書かなくて本当にごめんなさい。**

≫形容詞 sorry の後ろに that 節が存在する（that 節の that は省略されている）。sorry には「気の毒に思って」「残念に思って」などの意味もあるが，文内容からこの sorry は「申し訳なく思って」という意味だと判断する。（大東文化大）

(2) **その学生は，自分が試験でよくできた［試験がうまくいった］と確信していた。**

≫形容詞 sure の後ろに that 節が存在し，sure の対象となっている（he から文末までが，確信している内容）。ここでも that が省略されていることに注意。このように，形容詞に後続する that 節の that はきわめて頻繁に省略される。（東京経済大）

(3) **彼はそのイヌが彼にかみつくのではないかと恐れていた。**

≫afraid は「心配して」「恐れて，怖がって」という意味であり，その後ろに that 節がある。これを afraid の対象，つまり心配している内容だと判断する。なお，I am afraid (that) ～. には「残念ながら～ではないかと思う，あいにく～であるようだ」という意味もある。文内容からどちらなのかを判断する。例を挙げる。

ex. I'm afraid she won't accept the offer.
　残念ながら彼女はその申し出を受け入れないだろう。

(4) **右腕に重傷を負ってしまうとは，私は不運だった。**

≫自分のことを unlucky「不運だ」と判断した根拠が，後ろの that 節で示されている。

2 (1) (**We are certain that our proposal will be approved by the end of this**) month.

≫be certain that ～は，be sure that ～「～を確信している」と同義。（長浜バイオ大）

(2) (**Some people are afraid that immigrant workers might deprive them of their jobs**).

≫「～する人もいる」「～な人もいる」という文を英訳する際には Some people を主語にするとよい。deprive は〈deprive A of B〉の型で用い，「A から B を奪う」という意味になる。（佛教大）

(3) Since you're fond of science fiction, (**I'm sure you will find this book interesting**).

≫「きっと～に違いない」の部分に，be sure that ～を用いる。なお語群に that がないので，that を省略した形で表すことに注意。find 以下は第 5 文型。〈find O C〉で「O を C だと思う」「O が C だとわかる」という意味。（同志社大）

3 (1) **I was disappointed[discouraged] that you** didn't call me.

≫まず「私はがっかりした」を I was disappointed[discouraged] と組み立て，その後ろにその原因となる文を that 節で置く。仮に語数制限が「4 語」であれば，that を省略する。

(2) **Are you proud that you are a nurse?**

≫be proud of ...「…を誇りに思う」（…は名詞か動名詞）は易しいが，〈be proud＋that 節〉はやや難。誇っている内容が文である場合は proud の後ろに that 節を置く。

(3) **I was sad that my husband** couldn't continue his job.

≫悲しかった原因が「夫が仕事を続けられない」という内容なので，この内容を that 節で表し，sad の後ろに置く。

4 **和訳** 下線部(1), (2)参照。

≫(1) 形容詞 angry に that 節が続いている。この that 節は怒った原因を示している。

≫be about to *do*「まさに［これから］～するところだ」は構文**014**で既習。

≫(2) beg は本冊 p. 44のリストにはないが，構文**023**で扱った「行動を促す動詞」の一つで，〈動詞＋O（促す相手）＋to *do*（促した行為）〉の型で用いられる動詞。

≫saying 以下は分詞構文（☞構文**053**）。前半とのつながりから「～と言って」と訳す。

≫it could be of help to it の部分は，it が 2 つありわかりにくいが，be of help は「役に立つ」「力になる」という意味なので，「生かしてくれれば，私があなたの役に立ちます」と述べたのだと考え，最初の it はネズミであり，2 つ目の it がライオンだと判断する。なお could は可能性を表す。

英文解釈

A lion was fast (ぐっすりと) asleep in the jungle 〈when (≒then) a mouse started running all over him〉. The lion was **angry** 〈**that** the mouse disturbed its sleep〉 and was about to (今にも～しようとした（☞構文**014**）) kill it with its paw. The mouse begged the lion to pardon (…を許す) it, 〈saying (☞構文**053**) [it could be of help (役に立つ) to it one day (いつか)]〉. The lion (S) laughed at (V①) that thought (考え) and walked away (V②). 〈Soon after that, (☞構文**149**)〉 the lion was trapped in a hunter's net. The little mouse (S) was passing by (V① 通りかかった) and saw (V②) the lion. It (S) immediately tore (V① …を引きちぎった（tore<tear）) the net 〈with its sharp teeth〉 and rescued (V②) the lion.

和訳 ジャングルでライオンがぐっすり寝ていたら，ネズミが彼の体の上をあちこち走り始めた。(1)そのライオンはネズミが自分の睡眠のじゃまをしたことに怒り，足で殺そうとした。(2)ネズミは，いつか自分がお役に立てるかもしれないと言って，ライオンに許しを乞うた。ライオンはその考えに笑って立ち去った。そのすぐあとに，そのライオンは猟師の網にかかった。その小さなネズミが通りかかり，そのライオンを見た。ネズミはすぐにその鋭い歯で網を引きちぎり，ライオンを助けた。（成城大）

［第 1 文］（A lion was ...）

≫〈S V when S′ V′.〉という構造の文は，「S′が V′のとき，S は V」と訳すのが基本だが，S V と S′ V′の間に場面の展開が感じられる，または S′ V′ に「ハプニング性」が感じられる場合は，「S が V していたら S′が V′」と訳し下す。

［第 5 文］（Soon after that, ...）

≫soon は直後の前置詞句を修飾する。「そのすぐ後に」の意味（構文**149**で扱う項目）。

図解の記号：［ 名詞 ］（ 形容詞 ）〈 副詞 〉

Lesson

48 so＋形容詞[副詞]＋(that) ～

1 (1) **とても蒸し暑くなったので，ボブは朝早くに散歩をしている。**

≫ 仮に It's の後ろが becoming であれば，It's は It is の短縮形だが，本問では become なので，It has の短縮形だと判断する（この become は過去分詞）。hot and humid はセットで「蒸し暑い」と覚えるとよい。early in the morning は，【early in the morning（朝早く）⇔ late at night（夜遅く）】のセットで覚えたい。（早稲田大）

(2) **彼は早起きにすっかり慣れていたので，始発に乗ることに何の苦労もなかった。**

≫ 前半部分は倒置の形。本来の語順に戻すと He was so accustomed to getting up early となる。so accustomed を「とても慣れている」と訳すとやや不自然なので，「すっかり慣れている」などとする（be used[accustomed] to ... は **Lesson 27** の**3**の(3)の解説部分で既習）。have trouble[difficulty]（in）*doing* は「～するのに苦労する」という意味の重要表現。構文**057**〈spend＋時間＋*doing*〉とセットで覚えたい。（川崎医科大）

(3) **その本は，私が楽しむことができないほどに難しくはなかった。**

≫ so ～ that ... 構文だが，that が省略されている。that が省略された文は，so と that の間が離れている文よりも，さらに読みにくい。〈so＋形容詞［副詞］〉があり，その後ろに突然 SV ～ が出てきた場合は，that の省略を疑う。また，この文は，so ～ that ... 構文の 2 つの訳し方（「とても～なので…」と「…するほどに～」）のうち，後者で訳す。常に 2 通りの訳を出せるようにしておきたい。なお，解答例の訳から工夫して「その本は難しすぎて私が楽しめないということはなかった」などとしてもよい。

(4) **彼がギャンブルであまりに多くのお金を失ったので，彼の家族はパン 1 斤すら買うことができなかった。**

≫ 形容詞［副詞］の部分に〈形容詞＋名詞〉が置かれたパターン。gambling は分詞構文の「付帯状況［同時動作］」（☞構文**053**）で，「ギャンブルをしてお金を失った」と訳せばよいが，解答例のように「ギャンブルでお金を失った」とするとより自然。

2 (1) (**The fog was so thick that the bridge could hardly be seen**).

≫ so ～ that ... 構文。橋は見られる側のものなので，受動態で表現する。（獨協大）

(2) (**His appearance has changed so much that you may well not recognize him**).

≫ 本問の much は動詞 changed を修飾している。たとえば much water や much money などの much のように，後ろの名詞を修飾する much（形容詞の much）は用いやすいが，本問のように「とても」「たいそう」という意味で，動詞に対する修飾語としてはたらく much（副詞の much）はやや使いにくい。so と that の間に much1 語を置けるかがポイント。また構文**016**で扱った may[might] well *do* には，「たぶん［おそらく］～だろう」と「～するのももっともだ」という 2 つの意味があったが，問題文の「無理はない」は後者の意味だと判断する。これを否定形にする場合は，well の後ろに not を置く。

（東京電機大）

(3) (**He worked so hard he did not have time to read**).

≫ やや難問。so ～ that ... 構文を，that を省略したうえで用いることができるかが問われている。また動詞 read は，これ 1 語のみで「読書をする」という意味になりうる。

3 (1) **She was so attractive that he fell in love with** her instantly.

≫ so ～ that ... 構文を用いる。与えられた fall から，「…と恋に落ちる」という表現の fall in love with ... を思いつけるかがカギ。(立正大)

(2) **He walks so fast that I cannot[can't] keep up with him.**

≫ こちらも so ～ that ... 構文だが，「～」の位置に置かれるものが(1)とは異なり，形容詞ではなく副詞の fast。また keep up with ...「…に（遅れずに）ついていく」は，ぜひアウトプットできるようにしたい。

(3) **The building is so high[tall] that I[we / you] cannot[can't] see the top of it.**

≫「…するほどに～」〈程度〉の意味を so ～ that ... 構文で表現する。

4 **和訳** 下線部参照。

≫ used は過去分詞。名詞 words を修飾するまとまりを作る（まとまりの最後は emotions)。この used を後ろから to 不定詞句が修飾する。これは「～するために」という意味の副詞的用法。words から emotions までの訳は「感情を表すために使われる言葉」となる。

≫ 文全体は〈so＋形容詞＋that ～〉の型。「とても…なので～」と「～するほどに…」の 2 通りの訳があるが，ここはいずれにも訳しうる。和訳では前者を採用した。

英文解釈

Sometimes words (used to describe emotions) are **so** unique **that** it seems [they are rooted exclusively in a particular culture]. The German word "Sehnsucht," (referring to a strong desire for an alternative life), has no translation 〈in English〉.

(words: S / are: V / unique: C / it seems (☞構文009) / ∧(that) / exclusively in a particular culture (☞構文149) / The German word "Sehnsucht,": S / referring to: …を意味する / for: …に対する / has: V / no translation: O)

和訳 感情を表すために用いられる語はとても独特なので，それらは特定の文化にのみ根ざしていると思われることが時折ある。別の人生への強い願いを意味するドイツ語の「Sehnsucht」に当たる語は英語にない。(亜細亜大)

[第 2 文]（The German word ...）

≫ referring から life までのまとまりは，直前の名詞に対する修飾語句なので **和訳** では訳し上げたが，カンマで区切られていることを考慮に入れて，「ドイツ語の『Sehnsucht』は，別の人生への強い願いを意味するが～」と訳し下してもよい。このように，文法上は「被修飾語＋修飾語」という関係にあっても，前から順に「被修飾語→修飾語」の順で訳せることも多い。他の例も挙げる。次の文を見てほしい。

I went to Kyoto to see my father.

下線部は動詞 went を修飾する。通常，このような文は，修飾語を先に訳して「私は父に会うために京都に行った」と訳すが，実際に会ったのだから，「私は京都に行って父に会った」と訳し下しても間違いではない。

図解の記号：[名詞]（ 形容詞 ）〈 副詞 〉

Lesson
49 such a[an]＋形容詞＋名詞＋(that) ～

1 (1) **彼らは20人の人が住めるほどの大きな家を所有している。**

≫ 解答例は，such ～ that ... 構文の 2 つの訳（「とても～な―なので…」と「…するほどに～な―」）のうち，後者で訳したもの。前者で訳すと「彼らはとても大きな家を所有しているので，20人の人がそこに住める」となるが，やや不自然。(立命館大)

(2) **彼はとても大きなミスをしたので，私たち全員に謝罪しなければならなかった。**
［別解］彼は，私たち全員に謝罪しなければならないほどの大きなミスをした。

≫ such ～ that ... 構文だが，that が省略されている。この文は，解答例で示した 2 通りの訳が可能。なお apologize は自動詞であり，前置詞 to が必要となる。

(3) **この会社はとても大きな組織となり，今や10万人を雇用している。**
［別解］この会社は，今や10万人を雇用するほどの大きな組織になった。

≫ この文も 2 通りで訳せる。この文の grow は意味としては become と同じだが，become とは異なり，「…になる」の「…」が名詞である場合は，本問のように grow into ... と表現する。(同志社女子大)

(4) **教室内の学生の騒ぎ声は，教師が声を通せないほどのものだった。**
［別解］教室内の学生の騒ぎ声はとてもうるさく，教師は声を通せなかった。

≫ such と that が隣接した〈S＋be 動詞＋such that ～〉の型。**［別解］**では，訳し下す際に「うるさく」という言葉を補っていることに注意。make *oneself* heard は構文**052**で既習。この部分は意訳して，「教師の声が聞こえないほどのものだった」「教師の声が聞こえなかった」などとしてもよい。(清泉女子大)

2 (1) (**It was such a hard test that we did not have time to finish**).

≫ such ～ that ... 構文の基本の形を正しく組み立てる。such の後ろには〈a[an]＋形容詞＋名詞〉を置く。time to *do* は「～する（ための）時間」。(関西外国語大)

(2) (**That experience made such an impression that he decided to study**) psychology.

≫ such の後ろに名詞のみが置かれた，〈such＋a[an]＋名詞＋(that) ～〉の型が組み立てられるかが問いの主眼。本問では，問題文の「その体験に大きな感銘を受けたので」を，「その体験が大きな感銘を与えたので」と読み替えられるかが第一のポイント。さらに，「大きな感銘」は「大きな」が補われている（「大きな」に当たる語が存在しない）と考えて，such an impression と表現できるかが第二のポイントとなる。

(3) (**Her anger was such that she lost control of herself**).

≫〈S＋be 動詞＋such that ～〉の型。なおこの文は，「彼女はとても腹を立てたので，自制心を失ってしまった」とも訳せる。(芝浦工業大)

3 (1) **He was such a shy boy that he couldn't talk[speak]** to the lady.

≫ such ～ that ... 構文を自ら生み出せるかが問われている。「…に話しかける」は，talk to ... または speak to ...。なお，上記解答例のほかにも，that を省略し，He was such a shy boy he could not talk[speak] to ... とすることも可能。

(2) Running a **business is such hard work that it's so important to** step away from time to time.

≫「とても大変な仕事なので～だ」の部分に such ～ that ... 構文を使えばよいが，「仕事」を意味する work が不可算名詞であることに気づけるかどうか（×such a hard work としない）。また，後半は構文002で学んだ形式主語構文（真主語が句であるもの）。なお，本問でも that を省略し，Running a business is such hard work it is ... としてもよい。

(3) **The wind was such that we couldn't open** the window.

≫〈S＋be 動詞＋such that ～〉の型。この場合の that はふつう省略しない。なお，such を用いるという指定がなければ，so ～ that ... 構文を用いて The wind blew so hard we couldn't open the window. としてもよい（that は省略）。

4 **和訳** 下線部参照。

≫ even は「～さえ」。後ろの前置詞句を修飾する（構文149で扱う）。

≫ 文全体は〈such a[an]＋形容詞＋名詞＋(that) ～〉の構文。訳は「とても…な―なので～」と「～するほどに…な―」の2通りがありうるが，本問では，that 以下が長いこともあり，前者で〈結果〉として訳し下すほうがよい。

≫ caused は過去分詞。ここから始まるまとまり（minerals まで）が，直前の名詞（illnesses と deaths）を修飾する。

≫〈by *doing*〉は構文035で既習。not で否定する例は，**Lesson 23** の**1**の(1)で既習。

英文解釈

Work (to develop better foods) began seriously 〈in the 1930s〉. 〈Even in wealthy, developed countries in the 1930s〉, many people had **such** a poor diet 〈**that** serious illnesses and even deaths (caused by not having enough vitamins and minerals) were common〉. So, vitamins and minerals were added to foods (such as bread and breakfast cereals).

Work: S　(to ...): 同格の to（☞構文136）　began: V　Even: （☞構文149）　many people: S　had: V　such a poor diet: O　serious illnesses and even deaths: S′　were: V′　common: C′　vitamins and minerals: S　were added: V　foods: O　such as: …のような（☞構文145）

和訳 よりよい食料を開発しようという取り組みは1930年代に本格的に始まった。1930年代は，裕福で進んだ国においてさえ，多くの人がとても粗末な食事をしていたので，十分なビタミンとミネラルを摂取しないことによって引き起こされる深刻な病気や，あるいは死さえもがよくあることだった。そこで，ビタミンとミネラルがパンや朝食のシリアルといった食品に添加された。（東京理科大）

[第1文]（Work to develop ...）

≫ work to ～ は，to 以下が名詞 work を修飾する（構文136で扱う）。

[第3文]（So, vitamins and ...）

≫ foods such as bread and breakfast cereals は，〈A such as B〉「B のような A」の型（構文145で扱う）。

Lesson

50 no matter when ～＝whenever ～ / no matter where ～＝wherever ～

1 (1) **彼は散歩をするときはいつも，あの喫茶店に立ち寄る。**

≫〈whenever ～〉は「いつ～しようとも」〈譲歩〉と，「～するときはいつでも」〈時〉の 2 つの意味があり，この文では後者で訳すほうがより自然。take a walk は「散歩をする」。（亜細亜大）

(2) **私がその店に行くといつも，彼に出くわす。**

≫「～するときはいつでも」という意味をもつ〈every time ～〉が用いられた文。（津田塾大）

(3) **どこで勉強しようとも，外国語をマスターするのには長い時間がかかる。**

≫ no matter where は「どこで～しようとも」という〈譲歩〉の意味を表す。it takes a long time to *do* は構文**003**で既習。本冊 p. 20で以下の文を扱った。（拓殖大）

It took a long time to rebuild the city after the war.
その戦争のあと，街を再建するのに長い時間がかかった。

(4) **夜の12時までに帰ってくるのであれば，どこでも好きなところに行っていいよ。**

≫ wherever については，「どこで～しようとも」〈譲歩〉と「～する場所はどこでも」〈場所〉のいずれの訳をも用意できる必要がある。文脈から判断して，本問では後者がふさわしい。なお，so long as は構文**067**で既習。〈期間〉〈条件〉の 2 つの意味のうち，本問は後者の例。（武蔵大）

2 (1) (**No matter when I go to the library, I start feeling sleepy**) there.

≫問題文の「いつ～行っても」という言葉から，〈譲歩〉の意味の no matter when 節を組み立てると判断する。start *doing* で「～し始める」。（福岡大）

(2) (**Every time I meet him, I feel so**) happy.

≫「～するときはいつでも」の意味の〈every time ～〉を用いる。（関西外国語大）

(3) (**The baby followed her mother wherever she**) went.

≫問題文の「お母さんがどこに行くにも」は「お母さんが行く場所はどこへでも」と置き換え，「～する場所はどこでも」〈場所〉の〈wherever ～〉を用いる。「ついて行く」は follow。went が文末にあるので，wherever 節は後半に置く。

3 (1) **We need fire wherever we are.**

≫問題文の「どこにいても」〈譲歩〉の意味は〈no matter where ～〉と〈wherever ～〉の両方が可能だが，語数制限から wherever を用いる。文頭が we なので，wherever 節は後半に置く。「いる」は be 動詞を用いて表せばよい。（杏林大）

(2) **Whenever I see[watch] this movie, I remember my high school** days.

≫「～するときはいつでも」〈時〉の意味では whenever を用いる（問題文を「いつこの映画を見ても」〈譲歩〉と読み換えて no matter when を用いても誤りではないが，語数制限に合わない）。days が最後に与えられていることから，whenever 節を前半に置く。（活水女子大）

(3) **No matter where he goes,** he doesn't stand out.

≫(1)と同様に〈no matter where ～〉と〈wherever ～〉の両方が可能だが，語数制限より前者を選択する。

4 (1)・(2) **和訳** 下線部参照。(3) (c)

» (1) so ～ that ... 構文の文（構文**073**で既習）。that 以下の直訳は「ネコは人間によって所有されることができなかった」だが，**和訳**では「人間が所有することはできなかった」とした。受動態の文を必ず「される」「されている」と訳す必要はない。

» (2) no matter where 節が，主節の S（all cats）と V（belonged）の間に挿入されている形。（この形は構文**132**で扱う）。

» (3) 構文**020**で扱った〈形容詞／副詞＋enough to *do*〉「～するのに十分…だ」の構文。enough は形容詞／副詞の後ろに置く。enough と to の間に，形容詞 high によって修飾される名詞 status が置かれている。この部分の修飾関係を図示すると以下のようになる。

a high enough status to own a cat

英文解釈

There is evidence (that every cat was considered to be a god-like being).
同格の that（☞構文**135**）　S′　V′　C′　存在

Cats were so special that they could not be owned by humans. Only the
so ～ that 構文（☞構文**073**）

pharaoh (the king) had a high enough status to own a cat. 〈Therefore〉,
enough to 構文（☞構文**020**）　それゆえに

all cats, 〈**no matter where** they lived〉, belonged to the pharaoh. [Harming
S　挿入されている副詞節　V　O　S

a cat] was a crime (against the pharaoh).
V　C

和訳 すべてのネコが神のような存在であると考えられていた証拠がある。(1)ネコはとても特別なものだったので，人間が所有することはできなかった。ファラオ（王）だけがネコを所有するのに十分高い地位を有していた。(2)それゆえに，すべてのネコは，どこに住んでいてもファラオの所有物であった。ネコに危害を加えることはファラオに対する犯罪だった。

（西南学院大）

[第 1 文]（There is evidence ...）

» that は構文**135**で扱う〈同格の that〉。that 節は evidence の具体的な内容を示す。同格の that 節は，名詞節として扱われるのが一般的だが，一方で「同格の to 不定詞句」（☞構文**136**）は，一般に「形容詞的用法」に分類される。同格の that 節を，「同格の to 不定詞句に対して，主語の情報が加わったにすぎないもの」と考えれば，本質的には to 不定詞句と同じ性質のものだということになり，同格の that 節も形容詞的なものだと考えられる。また，同格の that 節は名詞に対してかけて訳すものだが，この点も形容詞としての性質を有していると考えられる。これらの点を考慮し，本書では，同格の that 節は形容詞節を示す（　）に収めた。

» that 節の中の文は〈consider O to be C〉「O を C だと考える」の受動態。

図解の記号：[名詞]（ 形容詞 ）〈 副詞 〉

Lesson 51 no matter how ～＝however ～

1 (1) **何回見ても，私はこの映画には決して飽きない。**

≫本問の no matter how の直後には形容詞 many がある。したがって，この no matter how は「どれほど～でも」という意味。no matter how many times I see it の部分の直訳は，「どれほど多くの回数，私がそれを見ても」だが，ここから工夫する。また，be tired of ... は「…に飽きている」の意味だが，この be の位置に become の意味をもつ get が置かれると「…に飽きている状態になる」，つまり「…に飽きる」という意味になる。

(2) **どんなふうに試しても[どんなに頑張っても]，私はその窓を開けられなかった。**

≫直後に形容詞も副詞も存在しないので，この no matter how は「どのように～しても」という意味。「どのように」は「どんなふうに」としてもよい。前半部分を少し意訳して「どんなに頑張っても」としてもよい。

(3) **どれほど容易に見えても，君たちの目標を達成することは難しい。**

≫前半は形式主語構文で，it は to 以下を受ける（☞構文**002**）。however の直後には形容詞 easy が存在するので，however は「どれほど～でも」という意味。they は your goals を受ける。ただし，この they は訳さないほうが自然な和訳となる。（南山大）

(4) **どれだけたくさんのお金を持っていても，そのお金で愛を買うことはできない。**

≫no matter how の直後に形容詞 much が存在するので，この no matter how は「どれほど～でも」という意味。with は手段を表し「…を使って，…で」。なお，和訳の「たくさんの」はカットしても意味は伝わる。（秋田県立大）

2 (1) (**No matter how much I study, I can't improve my grade in**) science.

≫no matter how の後ろに，副詞の much を置けるかが問われている。この much は動詞 study を修飾する（動詞に対する修飾語としてはたらく副詞の much については，**Lesson 48** の**2**の(2)で既習）。「（私の）科学の成績」は my grade in science。「…の」の英訳として，必ずしも of を用いるとは限らないことに注意。（南山大）

(2) (**However busy you are, you must find time for**) studying.

≫However you are <u>busy</u> の語順ではなく，However <u>busy</u> you are の語順である。busy は however の直後に置く。（昭和薬科大）

(3) Do (**it however you prefer**).

≫問題文の「何でも～な方法で」は，however の訳語。本冊 p. 116の You can do it however you like.「何でも君の好きな方法でそれをしてよい。」も考慮に入れつつ，however you prefer の部分を組み立てる。

3 (1) **However carefully you drive**, accidents can still happen.

≫〈however＋副詞 carefully〉を組み立てられるかがまずポイントとなる。その後ろは you drive を置く。一般論なので，主語は you を用いるのが最も自然。

(2) **No matter how I tried, I couldn't remember her** face.

≫「どんなに頑張っても」は，No matter how[However] hard I tried（本冊 p. 116の①の用法）もしくは，No matter how[However] I tried（本冊 p. 116の②の用法）とすることができるが，「9語」という語数制限を満たせるよう，後者を用いる。

(3) **No matter how tired she is**, she is always cheerful.

≫制限語数が「6語」なので，however ではなく no matter how を用いる。（日本女子大）

4 (1) **和訳** 下線部参照。 (2) **Schoolteachers are urged to say such**

≫(1) 直後に形容詞があるので，この no matter how は「どれほど〜でも」という意味になる。it は第 1 文の pain を指す。come to an end は「終わりが来る」。

≫(2) urge は，本冊 p. 44のリストにはないが，「促す」という意味であり，構文**023**で扱った「行動を促す動詞」の一例。〈urge O to *do*〉「O に〜するよう促す」が基本の形だが，この受動態を組み立てられるかが問われている。

英文解釈

"Everyone has times (when they feel pain in their heart)." "〈**No matter how** painful it might be〉, it will always come to an end." These are the messages (written on a handout (produced by the city government of Kitakyushu 〈to prevent children from committing suicide〉)). Schoolteachers are urged to say such words to children (who look sad), 〈to help soothe them〉.

come to an end：終わりが来る　These：S　are：V　messages：C　(☞構文**043**)　committing suicide：自殺する　Schoolteachers：S　are urged to say：V <urge O to *do*　such words：O　soothe：…を和らげる

和訳「誰もが心に痛みを感じるときがある。」「(1)どんなにそれがつらいものでも，常に終わりが来るものだ。」これらは，子どもたちが自殺をするのを防ぐために，北九州市によって作られたプリントに記されているメッセージである。学校の先生たちは，子どもたちの心の痛みを和らげる一助となるよう，悲しみを抱えているように見受けられる子どもたちにそのような言葉をかけるよう促されている。(三重大)

[第 3 文] (These are the ...)

≫ prevent children from committing の部分は，構文**043**で扱った形。〈prevent [keep / stop] A from *doing*〉で，「A が〜するのを妨げる」の意味。

[第 4 文] (Schoolteachers are urged ...)

≫ help soothe them は〈help (to) *do*〉「〜するのを助ける，〜する手助けとなる」の型。構文**027**で扱った〈help O (to) *do*〉とは異なる用法であることに注意。

Lesson
52 no matter who ～＝whoever ～

1 (1) **誰が私たちの案に反対しようとも，私はこれを実行するべきだと思う。**

≫ no matter who が opposes の S としてはたらくので，「誰が～しようとも」と訳す。be carried out は，carry out ...「…を実行する」という成句の受身表現だが，解答例のように受動態として訳さないほうが和訳としては自然。なお後半の it は「それを［は］」と訳すよりも，「これを［は］」と訳すほうが自然な和訳になる。（青山学院大）

(2) **あなたが誰に会うのであれ，感謝の気持ちを持ちなさい。**

≫ no matter who が meet の O としてはたらくので，「S が誰を［に］～しようとも」と訳す。なお you may meet の may は，no matter when［where / how］同様，「～かもしれない」と訳出する必要はない。

(3) **今晩ここにいる人は誰でも，大統領に会う機会があるだろう。**

≫ whoever 節（evening まで）は，直後が will have という述語なので，名詞節であり，この文の S である。名詞節の場合は，節全体を「～する人」と訳したうえで，文中のどこかで any「誰でも」の意味あいを出す。「any の訳は必ずこの位置に置く」ということはない。本問に関しても，whoever 節は「今晩ここにいる人は」という意味であり，この「人」に any の意味を加えて訳せばよく，「誰だって今晩ここにいる人は」「今晩ここにいる人はどんな人でも」などとも訳せる。be here は「ここにいる」という意味（**Lesson 1** の**1**の(2)で既習）。a chance to *do* は「～する機会［チャンス］」（このような〈名詞＋to *do*〉については☞構文**136**）。（立命館大）

(4) **民主主義とは，誰でも自分が望む人に投票をする自由を意味する。**

≫ whoever 節は前置詞 for の直後にあるので，この節全体が for の目的語だと判断できる。つまりこの whoever 節も名詞節である。whoever you want は「自分が望む人」であり，この「人」に対して，文全体の訳の中で any のニュアンスを出す。また，この文は一般論なので，you は「あなたが」とせずに「自分が」などとする。freedom to *do* は「～する自由」（これも構文**136**で扱う項目の一例）。

2 (1) (**No matter who says so, I still don't believe**) it.

≫「誰がそう言おうとも」なので，no matter who を says の S として用いて，no matter who says so という節を組み立てる。（姫路獨協大）

(2) (**No matter who you work with, you should be**) professional.

≫「あなたが誰と働くのであれ」なので，no matter who を前置詞 with の O として，no matter who you work with という節を作る。

(3) (**Whoever works here must be positive**).

≫ 問題文の「ここで働く人は誰でも」のうち，中心部分は「ここで働く人は」であり，これが「積極的でなければならない」の主語だと判断する。さらに，「誰でも」の any の意味あいを whoever で出すと考え，whoever works here と組み立て，これを文の主語の位置に置く。

3 (1) I (**can't［cannot］**) (**talk**) now (**whoever**) (**you**) may be.

≫「あなたが誰であろうと」なので，no matter who または whoever を C として用いればよいとわかる。「私は今話せません」は I can't［cannot］talk now となるので（この場合は「(人と) 話す」の意味なので speak は不可。speak は音を出す，音声を発するということに重点のある語)，残った空所の数を考えると whoever しか使えない。

(2) (**Don't**) (**open**) the (**door**) (**whoever**) may come.

»「誰が来ても」なので，no matter who または whoever を S として用いる。これも与えられた空所の数より whoever を使う。

(3) (**Whoever**) wishes to (**join**) (**our**) (**club**) will (**be**) welcome.

»「私たちのクラブに参加したいと願う人」に「誰でも (any)」のニュアンスを加えるために whoever を用い，whoever wishes to join our club と表現し，これを主語の位置に置く。「A が歓迎される」は A is welcome. と表現すること（本問では A に当たるものは whoever 節）もポイント。(関西学院大)

4 **和訳** 下線部参照。

» no matter who の後ろが you are なので，no matter who は SVC の C。したがって，この no matter who 節は「S が誰であろうとも」という意味になる。文全体は一般論なので，you は一般の人を指す。

» force は本冊 p. 44のリストに挙げられている「行動を促す動詞」の 1 つで，〈force O to *do*〉で「O に～することを強いる」の意味（☞構文**023**)。ただしここでは主語が無生物（writing）であるため，「書くことがあなたに～することを強いる」とするとやや不自然。解答例のように，「書くことによって～することを強いられる」などと工夫が必要（無生物主語の訳し方については，☞構文**147**)

英文解釈

[Writing the first draft of a column or an essay] (S) is (V) an expression of self-knowledge (C; self-knowledge 自己認識). 〈**No matter who** (C′) you (S′) are (V′) — a politician, a businessperson, a lawyer, a historian, or a novelist —〉 writing (S) forces (V①) you (O①) to make choices (C①) (☞構文**023**) and brings (V②) clarity and order (O②) 〈to your ideas〉.

和訳 コラムやエッセーの最初の草稿を書くことは，自己認識の現れとなる。自分が何者であれ――政治家であれ，ビジネスパーソンであれ，法律家であれ，歴史家であれ，小説家であれ――書くことによって選択をすることを強いられるし，自分の考えに明晰さと秩序をもたらすことになる。(日本大)

Lesson

53 no matter what ～＝whatever ～

1 (1) **リサは何を着ても可愛く見える。**

≫ no matter what は wears の目的語。したがって no matter what 節全体は「S が何を～しようとも」という訳になる。(徳島文理大)

(2) **どんな方法を使おうとも，私たちは英語を 4 週間で習得することはできない。**

≫ no matter what は直後の名詞 method を修飾している。したがって「何の」「どんな」「どの」と訳す。method は動詞 use の目的語なので，これは「方法を」と訳す。この結果，no matter what 節全体は「私たちがどんな方法を使おうとも」となる。このように，no matter what が直後の名詞を修飾する場合，その名詞がどうはたらいているかも見極め，適切な言葉（ここでは「を」）を添えて訳す必要がある。(芝浦工業大)

(3) **出身国がどこであれ，私たちは皆，同じ感情を感じる。**

≫ (2)と同様に，この no matter what も，直後の名詞 country を修飾する。country は前置詞 from の目的語なので，これは「国から」と訳す。この結果，no matter what 節全体の直訳は「私たちがどの国から来たのだろうとも」となるが，一般に come from ... は「…出身である」と訳すので，解答例のようにする。(専修大)

(4) **もし君が息子さんが望むものを何でも与え続けるのなら，彼は決して独り立ちするようにはならないだろう。**

≫ 〈learn to *do*〉「(自ら学んで) ～する［できる］ようになる」は構文**010**で既習。〈keep *doing*〉「～し続ける」は構文**017**で既習。giving 以下の構造は次の通り。

giving	him	whatever he wants
V	O_1	O_2

第 4 文型なので，「O_1 に O_2 を与える」と訳す。whatever 節が O_2 である。O_2（目的語）ということは名詞節なので，「彼が望むもの」と訳す。すると if 以下の訳は「もし君が彼が望むものを与え続けるのなら」となるが，この「もの」には any（何でも）の意味あいが入っているので，「もし君が彼の望むものを何でも与え続けるのなら」とする。この結果，文全体の訳は「もし君が彼が望むものを何でも与え続けるのなら，息子さんは決して独り立ちするようにはならないだろう」となるが，このままだと代名詞の「彼」が「息子さん」より先に位置するので，入れ替える（このテクニックについては **Lesson 28** の **1** の(2)の解説で扱った）。(東海大)

2 (1) **(No matter what the weather may be, we will start at eleven).**

≫「天気がどうであれ」は「天気が何であろうとも」ということなので，no matter what を C として用いると判断する。「私たちは11時に出発する」の部分に未来を表す will を用いるので，残った may は no matter what 節に用いる（この may は訳さない）。

(2) No **(matter what book you may read, you will learn something new)**.

≫「あなたがどんな本（＝何の本）を読もうとも」なので，no matter what は直後の名詞 book に対する修飾語として用いるのだと判断し，まずは no matter what book を組み立てる。そして「あなたがどんな本を読もうとも」なので，この book は read に対する目的語としてはたらくのだと考える。語群に may があるので，これを read の前に置く。something new の部分は，**Lesson 44** の **1** の(4)や **Lesson 46** の **1** の(2)と同様に，〈-thing で終わる名詞＋これを後ろから修飾する形容詞〉という連なり。

(3) (**His speech is always full of wisdom no matter what he talks**) about.
»「(彼が) 何について話しても」から，no matter what は前置詞（about「…について」）の目的語として用いると判断する。「…に満ちている」は be full of ....

3 (1) **No matter what you say, I won't change my** mind.
»「あなたが何を言おうとも」なので，no matter what は say の目的語だと判断し，no matter what you say とする。「考えを変える」は change *one's* mind.（成城大）

(2) **I will do whatever you wish.**
»「あなたの望むことを何でも」のうち，中心部分は「あなたの望むことを」であり，これが，「する」の目的語であることを見抜く。そして〈do＋whatever you wish〉を組み立てる。（聖学院大）

(3) Don't **be late for school no matter what happens.**
»「何が起こっても」なので，no matter what を S として用いる。（東洋大）

4 和訳 下線部参照。
» 全体は〈主節＋副詞節の no matter what 節〉という構造。speaks の目的語は language であり，what はこれを修飾する。目的語なので language は「言葉を」と訳す。

英文解釈

Our pursuit of knowledge (in mathematics, the purest of the sciences), is conducted 〈in a single common written language, the language of mathematics〉. This written language is comprehensible 〈everywhere in the world〉, 〈**no matter what** language a person speaks〉. Mathematical language, (which isn't anyone's mother tongue), is the purest form (of universal language).

(S: Our pursuit of knowledge / V: is conducted / S: This written language / V: is / C: comprehensible 理解できる / O′: no matter what language / S′: a person / V′: speaks / S: Mathematical language / V: is / C: the purest form / universal 普遍的な)

和訳 最も純粋な科学である数学における我々の知識の追求は，1つの共通の書き言葉，つまり数学の言語によって行われる。この書き言葉は，人がどんな言語を話すのであれ，世界中のどこでも理解可能である。誰の母語でもない数学の言語は，普遍的な言語の最も純粋な形である。（早稲田大）

[第1文]（Our pursuit of ...）
» the purest of the sciences は，直前の mathematics の言い換え。
» the language of mathematics も，直前の a single common written language の言い換え。

Lesson
54 no matter which ～＝whichever ～

1 (1) **2つのうちのどちらの道を行っても，湖に出ますよ。**

≫前半の骨組みは no matter which you take「あなたがどちらを選んでも」(本冊 p. 122 の③の例。no matter which が O)。ここに of the two paths「2つの道のうち」という情報が付加されている。このように，no matter which[whichever] は「どちらの…を～しても」のように「…」(名詞) の情報を伴うケースのほうがはるかに多い。

(2) **どちらの側（がわ）につこうとも，彼は難しい立場に置かれるだろう。**

≫whichever は直後の名詞 side を修飾しているので，この whichever は「どちらの」と訳す。そして side は takes の目的語。この side は「側」という意味であり，この take は「(～側) につく」という意味である。したがって，この side は「側に」と訳す。つまり whichever side he takes は「彼がどちらの側につこうとも」と訳す。(成城大)

(3) **京都に行くには，普通列車ではなく急行に乗るほうがいいよ。**
― どちらでも先に来た方に乗るよ。

≫ 2文目は本冊の①の例 (no matter which が S)。2文目を直訳すると「どちらが最初に来ても，私はそれに乗ります」だが，やや不自然なので工夫する。なお，ここでは文脈があるため which が「どちら (の電車)」の意味であることがわかるが，文脈がなければ which train と明示する必要がある。no matter which[whichever] において，直後の名詞を修飾する用法が圧倒的に多いのはこの理由による。

(4) **どちらでも重い方のバッグを持ちます。**

≫この whichever 節は carry の目的語であり，名詞節。名詞節なので，whichever bag is heavier は，まずは is heavier を「より重い」と訳し，次に bag を訳す。つまり「より重いバッグ」とする。そしてこの bag には，any の意味が加わっているので，このニュアンス (=「どちらでも」) を文全体の訳の中で出す。

2 (1) You'll (**get to the train station no matter which bus you take**).

≫「どちらのバスに乗っても」なので，no matter which は名詞に対する修飾語として用いる。つまり，no matter which＋bus と組み立てる。文頭が You'll なので，no matter which 節は後半に位置する。(中央大)

(2) (**No matter which player wins, I want everyone to have a good**) time.

≫「どちらの選手が」なので，no matter which＋player と組み立てる。そして「選手が」なので，player を主語として用いる。後半は構文**023**で扱った〈want O to *do*〉「O が～することを望む」の形。

(3) (**Whichever college I attend, I will study English hard and advance to**) a graduate school.

≫「どっちの大学」なので，whichever＋college と組み立てる。advance to ... で「…に進む」。graduate school は「大学院」。これが文末にあるので，whichever 節は前半に置く。(芝浦工業大)

3 (1) (**Whichever**) (**team**) (**wins**), the Commissioner will offer the toast.

≫「どっちのチームが勝っても」なので，whichever を team に対する修飾語として用いる (no matter which team とすることもできるが，ここでは空所の数より whichever を選択

する）。そして「チームが」なので，team は主語として用いる。（南山大）

(2) (**No**) (**matter**) (**which**) (**you**) (**buy**), the quality would be the same.

» 「どちらを買っても」なので，本冊の③の例。与えられた空所の数を勘案し，no matter which を buy に対する目的語として用いて no matter which you buy を組み立てる。

(3) (**Whichever**) (**you**) (**decide**) on, I hope you have fun.

» 本冊の④の例（whichever が前置詞の O）。decide on ... で「（複数の選択肢の中から）…に決める」という意味になる。no matter which もしくは whichever をこの on の目的語として用いればよいが，与えられた空所の数から whichever を選ぶ。

4 (1) **和訳** 下線部参照。 (2) **what laughter is for**

» (1) no matter which は culture を修飾するので「どちらの，どの」と訳す。また，前置詞 in の目的語がないままカンマで途切れているので，culture が前置詞 in の目的語としてはたらいていると考え，「どの文化の中で」と訳す。

» or の後ろには no matter が省略されている。(no matter) which は language を修飾する。前置詞 with の目的語がないままカンマで途切れているので，language が with の目的語。「どの言語で」と訳す。この with は「手段」の意味。

» (2) it は形式主語で，真主語は後ろの what 節（☞構文**001′**）。この what 節は次の構文**081** で扱う間接疑問文。この間接疑問文の元の形は What is laughter for?「（笑いは何のためなのか→）笑いは何のためのものなのか？」

英文解釈

〈**No matter which** culture you grow up in, or ∧ **which** language you grow up with〉, you will laugh 〈before you start to use language〉. However, 〈despite its universal nature〉, and 〈despite the fact (that an average person does it 〈a couple of dozen times 〈a day〉〉)〉, it's not obvious [what laughter is for]. What function does it have; why do we laugh?

(culture: in の O′ / you: S′① / grow up: V′① / ∧: (no matter) / language: with の O′ / you: S′② / grow up: V′② / you: S / will laugh: V / despite: …にもかかわらず / universal nature: 普遍的な性質 / that: ＝同格の that（☞構文**135**） / a couple of dozen times: 数十回 / it: 形式 S（☞構文**001′**） / what: 真 S / for: …のため / function: 機能)

和訳 (1)どの文化の中で育つのであれ，どの言語で育つのであれ，言語を使い始める前に人は笑うものだ。しかし，この普遍的な性質にもかかわらず，そしてふつうの人は一日に数十回笑うという事実にもかかわらず，笑いが何のためのものなのかということは明らかではない。笑いはどんな機能を有しているのだろうか。なぜ我々は笑うのだろうか。（龍谷大）

[第 2 文]（However, despite its ...）

» fact that の that は「同格の that」で，that 節は fact の内容を表す（同格の that は構文**135** で扱う）。

Lesson

55 間接疑問文

1 (1) **どれくらいの頻度で台所を掃除すべきかは，どれくらい台所を使うかによる。**

≫ 1つの文中に間接疑問文が2つ存在する。文頭の how often から kitchen までと，how much から文末の it までの2か所。それぞれが間接疑問文になるプロセスは次の通り。

How often should you clean you kitchen? … 疑問詞疑問文（疑問詞を用いた疑問文）
↓should を you の後ろに戻す。
how often you should clean your kitchen … 間接疑問文

How much do you use it? … 疑問詞疑問文
↓do を消去する。
how much you use it … 間接疑問文

これらの間接疑問文は，文の中で次のようにはたらいている。

How often you should clean your kitchen depends on how much you use it.
S　V　前置詞 on の目的語

how often は「どれくらいしばしば」と訳すと少し不自然なので，「どれくらいの頻度で」とする。一方の how much の直訳は「どれくらいたくさん」だが，「たくさん」は削除しても意味が通じる。なお，depend on ... は「…に頼る」という意味だけでなく，「…による」という意味もある。したがって「…に（た）よる」と覚えればよい。本問は後者の意味。

(2) **私たちの主な疑問は，イヌがどのようにして自分の周りの環境を認識［知覚］し，理解するのかということだ。**

≫ how から文末の them までが間接疑問文。SVC の C として用いられている。疑問詞疑問文が間接疑問文になるプロセスは次の通り。

How do dogs perceive and understand the environment around them?
↓do を消去する。
how dogs perceive and understand the environment around them

この how は，直後に形容詞も副詞もないので，「どのように」という意味。

(3) **私は日本の銀行システムは本当に改革する必要があるのかと思う。**

≫ whether 節が O として用いられている。S, C, O，前置詞の O としてはたらく whether 節（つまり名詞節の whether 節）は，構文**060**で副詞節の whether 節とあわせて扱ったが，実は名詞節の whether 節は，間接疑問文（疑問文が名詞節になったもの）である。まずは次の文を見て欲しい。

Is he busy?　彼は忙しいですか？　… yes-no 疑問文

これは疑問詞疑問文（疑問詞が用いられた疑問文）ではなく，yes-no 疑問文である。yes-no 疑問文を名詞節にするためには，本冊 p. 124の青ワクの中の手順を踏んだうえで，文頭に whether を置く。すると，上の文は次のようになる。

whether he is busy　彼が忙しいのかということ　… 間接疑問文

なお，or not を文末か whether の直後に置いて，次のようにしてもよい。

whether he is busy or not

whether or not he is busy

これらは名詞節であり，S, C, O，前置詞のOとして用いることができる（Oとして用いる場合は，whetherではなくifを用いることもできる）。

本問のwhether節は，元は次の疑問文である。

Does the banking system in Japan really need to be reformed?

日本の銀行システムは本当に改革する必要があるのか。

この文のdoesを消去し，needをneedsとしたうえで，文頭にwhetherを置いたものが以下である。

whether the banking system in Japan really needs to be reformed

本問では，これがwonder「～かと思う」のOとして用いられている。また，needs to be reformedの部分の直訳は「改革される必要がある」だが，受動態として訳さないほうが自然な訳になる。

なお疑問文には，次のように選択肢を与えて選んでもらう「選択疑問文」もある。

Is he American or English?　彼はアメリカ人かイングランド人か？

このような選択疑問文も，yes-no疑問文と同じ手段で名詞節にする。この文が名詞節となったものは次の表現である。

whether he is American or English

これがSとして用いられているのが，本冊p. 92の下から3つ目の例文である。

以上のように，名詞節のwhether節は，yes-no疑問文または選択疑問文を名詞節にした結果のものなのである。だからこそ「～かどうか（ということ）」または「AかBか（ということ）」と訳す（本冊p. 92参照）。（南山大）

(4) 彼らは，運転者のいない車の衝突事故に対して，誰が法的に責任を負うべきなのかと思っている。

≫ whoから文末までが間接疑問文。元の疑問文は次のものである。

Who should be legally responsible for a driverless car crash?　…①

運転者のいない車の衝突事故に対して，誰が法的に責任を負うべきなのか？

この疑問詞疑問文は，疑問詞であるwhoがSとしてはたらく。つまり，Sの部分を尋ねる疑問文なのだが，Sを尋ねる際には助動詞やbe動詞，あるいはdo, does, didがSの前に出ることはない。シンプルな例で説明する。

Tom came here.　トムがここに来た。
↓Sである Tom を尋ねる。Tom を Who に変えるだけで疑問文が完成する。
Who came here?　誰がここに来たのですか。

このように，Sを尋ねる疑問文はそもそも疑問文にする際に語順が変わらないので，そのままで名詞節として用いられる。つまりWho came here?が名詞節となった形は，who came hereである。上の①も同様に，Sを尋ねる疑問文であり，そのままの形で名詞節となる。そして本問では，これがwonderのOとして用いられている。（北海道大）

2 (1) (**Can you tell me what this is**)?

≫ What is this? を間接疑問文にした what this is を，〈tell O_1 O_2〉「O_1 に O_2 を話す・教える」の O_2 の位置に置けるかが問われている。

(2) (**I want you to explain why you couldn't come**) yesterday.

≫〈want O to *do*〉「O が～することを望む」という型を用いることができるか（この型については，☞構文023のリスト参照。**Lesson 14** の**2**の(1)，**Lesson 15** の**3**の(1)，**Lesson 54** の**2**の(2)で既習），そして to *do* の部分に〈to explain＋間接疑問文〉を置けるかが問われている。なお，この間接疑問文の元の疑問文は次の通り。

Why couldn't you come yesterday?　あなたは昨日なぜ来られなかったのですか。

否定文の疑問詞疑問文を間接疑問文にする際には，否定語（not）も，S（you）の後ろに戻す。（姫路獨協大）

(3) (**I have no idea when he will come next**) time.

≫ I have no idea は，実質的に I don't know の意味。この部分を組み立てたうえで，後ろに間接疑問文の when 節を置ければ正解に至ることができる。この when 節の元の疑問文は次のものである。

When will he come next time?

この文の will を，S である he の後ろに戻すと間接疑問文となる。（玉川大）

3 (1) **We don't know where she comes from.**

≫〈We don't know＋間接疑問文〉という流れを組み立てるのは難しくないが，「彼女がどこ出身なのか」を意味する間接疑問文を作れるかがカギとなる。「…出身である」を意味する come from ... は，**Lesson 53** の**1**の(3)で既習。「A はどこ出身ですか？」は，Where does A come from? とする。これを間接疑問文にすると次のようになる。

where A comes from　A がどこ出身なのかということ

この表現の A の部分に she を入れたものを know の後ろに置く。

(2) **Who painted this picture is a mystery.**

[別解] It's a mystery who painted this picture.

≫「誰がこの絵を描いたか」は Who painted this picture? だが，これは**1**の(4)と同じく S を尋ねている疑問文である。したがって，このままの形で間接疑問文として用いられる。文全体の構造は，この間接疑問文が S であり，後ろに is a mystery が続く。なお，形式主語構文（☞構文001'）を用いて［別解］のように表現することもできる。

(3) **Do you know where the police station is?**

≫ Do you know の後ろに間接疑問文を置く。「A はどこにあるか？」の英訳は Where is A? であり，これを間接疑問文にしたものは where A is となる。本問では A の位置に the police station を置く。（東京薬科大）

4 (1) **would they**（これを they would とする）　(2) 和訳 下線部参照。

≫(1) how 以下は前置詞 on の目的語としてはたらく名詞節である。つまり間接疑問文なので，主語の前にある助動詞は主語の後ろに戻す。

≫(2) rules on の on は about の意味。on＋how 節は the rules を修飾する。

英文解釈

European nations (S) 〈gradually〉 colonized (V …を植民地化した) most of the African continent (O アフリカ大陸) 〈over (…の間に) a period of hundreds of years〉. 〈In 1884〉, they (S) organized (…を催した) the Berlin Conference (O) 〈to lay down (…を定める) the rules on (…に関する) [**how they would finish dividing Africa 〈among themselves〉**]. These colonies (S) lasted (V 続いた) 〈until the middle of the 20th century〉.

和訳 ヨーロッパ諸国は，数百年の間にアフリカ大陸の大半を徐々に植民地化した。自分たちの間でのアフリカ分割にどうけりをつけるかについてのルールを定めるために，ヨーロッパ諸国は1884年にベルリン会議を開催した。これらの植民地は20世紀の半ばまで残り続けた。

（法政大）

Lesson **56**

形式目的語構文

1 (1) **私は彼女がそんなふうに感じるのは当然だと思う。**

≫ it は形式目的語であり，to 不定詞句が真目的語。これに対して意味上の主語が加わっている。意味上の主語は「…が」と訳す。(福島大)

(2) **あなたは自分が来られるかどうかをはっきりとさせなければならない。**

≫ こちらは真目的語が whether 節。名詞節の whether 節なので，訳は「～かどうか（ということ)」となる。

(3) **私は毎晩 1 時間読書をするのを習慣にしている。**

≫ it が形式目的語で，to 以下が真目的語だが，これについては本冊 p. 126で示した，make it a rule to *do*「～するのを習慣に［常と］している」という成句として記憶すればよい。

(日本大)

(4) **彼女が決して自分の夫のことについて言及しなかったのをみんなが少しおかしいと思った。**

≫ it が形式目的語で，that 節が真目的語である。(東海大)

2 (1) (**I think it true that he is going to college in France**).

≫ it が形式目的語で，真目的語が that 節である文。that 節の内部は進行形。進行形は be going to *do* と同様に，「予定」「意志」の意味を表すことができる。なお，「大学に行く」の「大学」は，go to school などと同様，特定の大学を話題にするのでなければ不可算名詞扱いで，×a[the] college とはしない。

(2) (**The typhoon made it impossible for the ship to**) leave port.

≫ 問題文の日本語と解答の英文の直訳にズレがあることに注意。解答の英文の直訳は「その台風は，船が出港することを不可能にした」だが，ここから意訳したものが問題文となっている（このような，「無生物主語」の訳し方については☞構文**147**)。このズレを見抜いたうえで，it が形式目的語で，真主語が to 不定詞句であり，これに対して意味上の主語が加わっている文を組み立てる。(女子栄養大)

(3) (**We should make it clear what we will do next**).

≫ it が形式目的語で，真目的語が間接疑問文である文を組み立てられるかが問われている。間接疑問文 what we will do next の元の疑問文は，What will we do next? である。

3 (1) The translator (**found**) it (**impossible**) (**to**) (**explain**) what he meant.

≫ **Lesson 47** の**2**の(3)でも扱った〈find O C〉「O は C だと思う」「O が C だとわかる」の型を用いることができるか，さらに，O を形式目的語としたうえで，真目的語の位置に to 不定詞句を置けるかがカギ。なお，what he meant の what は「～もの」「～こと」という意味の関係代名詞であるが，これについては構文**089**を参照。(京都産業大)

(2) You (**must**) (**make**) (**it**) (**clear**) (**when**) to start the project.

≫ **1**の(2)と類似の構造の文だが，ここでは真目的語が when to start the project である。「べき」という言葉をヒントにして，構文**032**で扱った〈疑問詞＋to *do*〉を用いると思いつけるかがカギ。

(3) (**I**) (**think**) it (**possible**) (**that**) (**he**) will not (**return**).

≫ it が形式目的語で，真目的語が that 節である文を組み立てられるかが問われている（真目的語が句である I think it possible for him not to return. も可能ではあるが，与えられた空所に合わない)。

4 **和訳** 下線部参照。

≫ 最初の to 不定詞句は country を修飾し，主格の関係代名詞節に相当する。つまり to make it ... は，that[which] made it と同意。

≫ it は形式目的語。後ろにある to 不定詞句が真目的語。

英文解釈

Iceland (S) has become (V) the first country (C) (to make (V′) **it** (形式O′) illegal (C′) [**to pay** (真O′) women 〈less than men〉]). The new law (S), (which took effect (施行された) on January 1), imposes (V …を科す) a fine (O) 〈on companies and government organisations (employing more than 25 workers)〉 〈if they pay men 〈more than women〉〉. The Scandinavian country (S ＝Iceland) wants to eliminate (V …を除く) the pay gap (O 賃金格差) (between the sexes) completely 〈within (…以内に) the next four years〉.

和訳 アイスランドは，女性の賃金を男性より低くすることを違法とする初めての国になった。1 月 1 日に施行されたこの新法は，25人を超える労働者を雇用する企業や政府機関に対し，男性に女性より多くの賃金を支払った場合，罰金を科す。この北欧国家は，むこう 4 年以内に男女間の賃金格差を完全になくしたいと考えている。(高知工科大)

[第 2 文] (The new law, ...)

≫ employing more than 25 workers は，companies and government organisations を修飾する。その後ろの if 節は imposes を修飾する。

図解の記号：[名詞] (形容詞) 〈 副詞 〉

Lesson
57 make sure that ～ / take it for granted that ～

1 (1) **あなたにこの本を貸しましょう，しかし確実に今週末までに返してください。**

≫ make sure that ～ の that が省略された表現。make sure (that) ～がもつ 2 つの意味，つまり「～であることを確かめる［確認する］」と「確実に～するようにする」のうち，本問は文内容から後者だと判断する。(立教大)

(2) **それが正しい電話番号であることを確認させてください。**

≫ 〈let O *do*〉「O が～するのを許す」は構文**026**で既習。本文では O が me であり命令文なので，「私が～するのを許してください」という意味となる。つまり許可を求めている文である。また，make sure that's ～となっているので，sure の後ろの that は代名詞であり，その前に that が省略されているとわかる（省略されない元の形は，make sure that that's the right phone number)。そして make sure (that) ～ の意味は，文内容から「～であることを確かめる［確認する］」だと判断できる。

(3) **現代の西洋世界では，私たちは旅行する自由を当然のことと思うようになったが，以前はそれは例外的なことだった。**

≫ come to *do*「(自然に) ～するようになる」は構文**010**で既習。本問ではその後ろに take A for granted「A を当然［当たり前］のことと思う」が存在する。A に当たるものは the freedom to travel「旅行する自由」。この to 不定詞句は，freedom の具体的内容を示している（このような to 不定詞句の用法は，☞構文**136**)。but の後ろにある it は，この the freedom to travel を受ける。(青山学院大)

(4) **今日，私たちは地球の反対側にいて瞬時に話し，姿を見ることができることを当然のことと考えている。**

≫ (3)の take A for granted の A の部分に形式目的語の it が置かれて，真目的語である that 節が文末に移動している形。talk to each other and see each other の直訳は「お互いに話し，お互いを見る」だが，やや不自然なので「お互い」はカットしてよい。on opposite sides of the earth は「地球の反対側で［にいて］」。(九州大)

2 (1) (**I took it for granted she would study abroad**).

≫ take it for granted that ～を用いて文を組み立てればよいが，that が語群にないことから，that 省略のケースだと判断する。なお「考えていた」なので take は過去形で用いる。(中京大)

(2) (**I will make sure I don't make the same mistakes**) again.

≫ 本問でも語群に that がないので，make sure that ～ の that を省略したうえで用いるとわかる。この make sure の意味は，「確実に～するようにする」。文全体は「今後は同じミスをしないように確実を期すつもりだ」ということであり，これを砕いた訳にしたのが設問の文。

(3) (**Make sure that you have locked the doors**)!

≫ make sure that ～を「～であることを確かめる［確認する］」の意味で用いる。本冊 p. 128の類例 (Always make sure that you lock the doors.「いつでも確実にドアに鍵を掛けるようにしなさい。」) は，ほぼ同じ単語で構成されているが，make sure that ～は「確実に～するようにする」の意。always「いつでも」といった語や，時制（完了形か？現在形か？）といった手がかりに着目し，どちらの意味であるかを判断する必要がある。

3 (1) Please **make sure that you bring your[the] ticket with** you.

≫解答例の文の直訳と問題の日本語文のズレを見抜きながら，make sure that ～を「確実に～するようにする」の意味で用いる（語数制限より，that は省略しない）。「持ってくる」は bring。「持ってくる」あるいは「持っていく」を意味する bring, take を用いる際には，しばしば〈with＋人〉が伴う（この句があるとフォーマルな表現になる）。本問では，bring と〈with＋人〉をセットで用いることができるかも問われている。

(2) **I took it for granted that she would agree with me.**

≫take が与えられているので，take it for granted that ～を用いると判断する。「当然のことと思った」なので，take は過去形の took。さらに，「彼女が私に賛成する」は，その過去の時点から見た未来のことなので，will も過去形の would にする。「(人) に賛成する」は agree with ...。(関東学院大)

(3) **Make sure you write down whatever happens** during the experiment.

≫make が与えられているので，「確実に～するようにする」という意味の make sure that ～を用いた命令文を作ればよいが，語数制限より that は省略する。また「何でも」の意味あいは構文**079**で扱った whatever で出す。whatever 節は write down の目的語としてはたらく名詞節。whatever 自体は happens の S。happen とせずに，忘れずに -s をつけて happens とする。(大東文化大)

4 **和訳** 下線部参照。

≫make sure that ～は「～であることを確かめる［確認する］」と「確実に～するようにする」の 2 つの意味があるが，本問では文脈から後者だと判断する。第 2 文以下，後続する文の内容から，この第 1 文の意味を確認する。

英文解釈

Scandinavian governments (S) do (V) a lot (O) 〈to **make sure** (確実に～するようにする) [**that** their people (S′) are (V′) equal (C′)]〉. Taxes are very high 〈on wealthy people〉 — 〈in Sweden〉, the highest earners (S 最も所得が高い人たち) pay (V) 57％ of their income (O) 〈in tax〉 — and the standard sales tax (売上税) is 25％. However, there is generous (惜しみない) support for people (who do not have much money) : 42％ of Swedish taxation (S) is spent (V) 〈on social security〉.

和訳 スカンジナビア諸国の政府は，国民が確実に平等になるように多くのことを行なっている。富裕層に対する税金は非常に高く，スウェーデンでは最も所得が高い人たちは所得の57％を税金として納めており，標準的な売上税は25％である。しかし，あまりお金を持っていない人への支援は手厚く，スウェーデンの税収の42％は社会保障に使われている。

(中央大)

図解の記号：[名詞]（ 形容詞 ）〈 副詞 〉

Lesson
58 This[That] is because ～ / The fact is that ～

1 (1) **困ったことに，私たちは授業の準備にとても忙しいので，クラブ活動をするための十分な時間がない。**

≫The trouble is that ～「困ったことに～だ」を用いた文。ただし，that は省略されている。「～」の部分には構文**073**で扱った〈so＋形容詞［副詞］＋(that) ～〉「とても…なので～」の構文が存在する。〈busy *doing*〉は「～するのに忙しい」。(青山学院大)

(2) **子どもたちを楽しませるためには，子どもたち自身の家で彼らの世話をするのが有効だ。これは子どもたちが自分自身のおもちゃで［おもちゃを使うことに］満足するからだ。**

≫文頭の to 不定詞句は副詞的用法で「～するために（は)」。it's helpful to ～ の部分は形式主語構文。helpful には「役立つ」「有用だ」「有効だ」などの意味があるが，この文では「有効だ」が文意に合う。第 2 文が This is because ～「これは～だからだ」が用いられた文。will は「習性」を表すが，わざわざ「習性がある」という言葉を出さなくても意味は伝わる。(南山大)

(3) **1900年頃に登場した最初期のアニメ映画は，作るのに長い時間がかかった。これは当時，技術がとても限られていたからだ。**

≫第 1 文の which 節は主格の関係代名詞節。挿入の形になっていても，あくまでも形容詞節なので，先行詞に対する修飾語として訳すのが基本だが，関係代名詞の前でカンマで区切られていることを尊重して，「最初期のアニメ映画は，1900年頃に登場したのだが，…」のように訳してもよい。第 2 文が This was because ～「これは～だったからだ」が用いられた文。(2)とは異なり，be 動詞が過去形であることに注意。(獨協大)

(4) **おそらく［ひょっとして］君のバッグはクローゼットの中にあるだろう［かもしれない］。**

≫The chances are that ～「おそらく［ひょっとして］～だろう」が用いられた文だが，冒頭の the が省略されている。

2 (1) (**The fact is my wife is pregnant**).

≫The fact is that ～「実は～だ」を，that を省略したうえで組み立てられるかが問われている。

(2) I don't like him. (**That is because he is always speaking ill of others**).

≫That is because ～「それは～だからだ」を組み立てられるかということと，speak ill of ...「…を悪く言う」を知っているかどうかがカギとなる。

(3) (**The chances are that you will be invited to the ceremony**).

≫The chances are that ～「おそらく［ひょっとして］～だろう」を組み立てられるかが問われている。(東京理科大)

3 (1) (**The**) (**trouble**) (**is**) (**that**) we don't know his name!

≫「困ったことに」という問題文を見て，The trouble is that を思いつけるかが問われている。

(2) (**The**) (**truth**) (**is**) (**that**) we need more help.

≫「実は～だ」という文内容。これに相当する表現としては，The fact[truth] is that ～ があるが，２つ目のカッコを t で始めるという指定があるので，The truth is that ～ を用いる。(岐阜協立大)

(3) I hate commercials. **This is because they always try to make** me buy unnecessary things.

≫「これは～からだ」を This is because ～ と英訳できるかがまず問われている。また，「私に…を買わせようとする」の部分は，まず「～ようとする」に try to *do* を用いると判断する。さらにこの *do* の部分が「私に…を買わせる」に相当するので，これを〈make O *do*〉「O に（強制的に）～させる」(☞構文**024**) を用いて表現する。(獨協医科大)

4 **和訳** 下線部参照。

≫ this is because ～ は，「これは～だからだ」。前文の理由を述べている。

≫ benefits と they の間には，目的格の関係代名詞 that[which] が省略されている。この that[which] は receive の O としてはたらく。

英文解釈

Many people (S) neglect (V) [to get enough sleep] (O). **This is because** they (S′) do not truly understand (V′) the benefits (O′) (∧ they could receive from sleep) (∧ = that[which]). What is sleep 〈to begin with〉(そもそも)? And why is it important? [Defining sleep] (S) is (V) like (…のようだ) [trying to figure out (…を理解する) [what life is]]. No one (誰も～ない（全体否定。☞構文**105′**）) completely understands it.

和訳 多くの人が十分な睡眠を取ることを怠る。これは彼らが睡眠から得られる利点を真に理解していないからだ。そもそも睡眠とは何だろうか？　そしてなぜ睡眠は大切なのだろうか？　睡眠を定義することは，人生が何かということを知ろうとするようなものだ。完全に睡眠を理解している人は一人もいないのだ。(関西学院大)

Lesson
59 形容詞節を形成する関係副詞 where, when, why

1 (1) **ここが私たちが美しい景色を楽しみながら冬を過ごす山荘だ。**

» cottage を where 節が修飾する。spend the winters enjoying ～の部分は，構文**057**で扱った〈spend＋時間＋*doing*〉の形。ただしここでは「～するのに…の時間を費やす」という訳語ではやや不自然になるので，解答例のように「楽しみながら冬を過ごす」などと工夫する。（京都女子大）

(2) **あなたがこの仕事を成し遂げられる唯一の方法は，プロのコンサルタントからアドバイスを得ることだ。**

» 文のおおまかな構造は次の通り。

The only way [that you can accomplish this task] is to ….
S　名詞に対する修飾語（way を修飾）　V　C

that は関係副詞で，task までのまとまりが way を修飾する。is の後ろの to 不定詞句は C としてはたらく名詞的用法。from professional consultants は advice を修飾するとも考えられる。この場合は「プロのコンサルタントからのアドバイス」と訳す。

(3) **彼女の話し方は私に彼女のお母さんを思い出させる。**

» way の後ろには関係副詞の that が省略されている。(that) she speaks が関係副詞節であり，way を修飾する。〈remind A of B〉は「A に B を思い出させる」。（関西医科大）

(4) **その映画の中の，警官が強盗を見つけるシーンを覚えていますか？**

» where 節は「場所」「場」に関する語を修飾するので，この where 節によって修飾される語は，直前の movie ではなく scene「場面」だと判断する。関係代名詞節（関係代名詞が形成する節）や関係副詞節（関係副詞が形成する節）に修飾される語（先行詞）は，直前に存在するとは限らないので注意が必要になる。常に意味を考えながら文を読むよう努めよう。（関西学院大）

2 (1) (**I am looking for a house where I can live with my family and two dogs**).

» 〈a house＋関係副詞の where 節〉を組み立てる。「…を探す」は look for ….

（青山学院大）

(2) (**I was born in the year when my father was transferred to Osaka**).

» 主に〈the year＋関係副詞の when 節〉が組み立てられるかが問われているが，transfer の用法も問題となる。この動詞は〈transfer A to B〉「A を B に転勤させる」という型で用いる。これが受動態になった表現が〈A is transferred to B〉「A が B に転勤させられる」だが，日本語では転勤の辞令を受けることを，通常「転勤させられる」ではなく，「転勤になる」「転勤する」と表現する。これをふまえて問題文の「父親が大阪に転勤になった」を，my father was transferred to Osaka と表現する。

(3) (**She didn't tell me the reason why she was so busy**).

» tell を第 4 文型として用いて，〈tell O_1 O_2〉「O_1 に O_2 を告げる」を組み立て，O_2 である the reason に関係副詞節の why 節を後続させる。

3 (1) The restaurant **where I had[ate] lunch was near[by]** the station.

≫ restaurant は場所に関する名詞なので，where 節を後続させる。「昼食を取る」は have [eat] lunch（×have[eat] a lunch としない）。「…の近くに」は near[by] ...。この用法の near は前置詞。「ある」は be 動詞で表す。

(2) Please **tell me the day[date] when** you'll be back.

≫ tell を第 4 文型で用いて，O_2 である the day の後ろに関係副詞の when 節を置く。仮に語数指定が「 4 語」であれば，when を省略する。

(3) **I want to know the reason why she didn't come.**

≫ reason の後ろに関係副詞節の why 節を置く。仮に語数指定が「 9 語」であれば，why を省略する。

4 **和訳** 下線部参照。

≫ meant は，「…を意味する，…と言おうとする」という意味の mean の過去形。この動詞は that 節を目的語にとることができるが，本問では that が省略されている。

≫ that 節の内部の way「方法，仕方」は，後ろから関係副詞の that 節によって修飾されているが，この that も省略されている。

≫ 文全体の直訳は，「彼は，人はお金を使う方法で判断されるべきだということを言おうとした。」だが，ここから工夫する。

英文解釈

"〈If a man is proud of his wealth〉, he should not be praised 〈until it is known [how he employs it]〉," said the Greek philosopher Socrates. He meant [∧(that) a person should be judged 〈on **the way** (∧(that) he or she spends money)〉].

（is proud of：…を誇りに思う／he：S／should not be praised：V／it：形式 S′／how he employs it：真 S′（☞構文 001′）／employs：…を使う／it = his wealth／said：V／the Greek philosopher Socrates：S／He：S／meant：V／a person should be judged ...：O／on：…で）

和訳「もし人が自分の富を誇る場合，その人がその富をどう使うかが知られるまでは，その人はほめられるべきではない」とギリシャの哲学者であるソクラテスは語った。彼は，人はお金の使い方で判断されるべきだと言おうとしたのだ。（上智大）

[第 1 文]（"If a man ...）

≫ until は副詞節を形成する従位接続詞。意味は「S′が V′するまで」。

≫ until の後ろの it は構文 **001′** で扱った形式主語。真主語は後ろにある how 節で，これは間接疑問文（元の疑問文は How does he employ it?）。

図解の記号：[名詞]（ 形容詞 ）〈 副詞 〉

Lesson
60 名詞節を形成する関係副詞 where, when, why

1 (1) **ジョンソン氏は的確な決断をするのが早く，それが彼が友人たちから尊敬されている理由だ［そういう訳で彼は友人たちから尊敬されている］。**

≫ be quick to *do* は「～するのが早い」。後半の that is why ～ は，関係副詞の why を用いた表現。型通りの「それが～の理由だ」という訳も，工夫した「そういう訳で～」も可。look up to ... は「…を尊敬する」の意だが，この表現を用いた文を受動態にすると次のようになる。

A looks up to B.「A は B を尊敬する。」

↓受動態。look up to はひとまとまりの動詞として処理する。

B is looked up to by A.「B は A から尊敬されている。」

why 節内に，この受動表現が存在する。(早稲田大)

(2) **その美術館は，私たちが滞在していた場所から遠くないところにあった。**

≫ A is far from ... には次の 2 つの意味がある。

①「A は決して…ではない」

ex. He is far from a genius.　彼は決して天才ではない。

②「A は…から遠いところにある（距離）」

本問は美術館の場所について述べている文なので後者。「…」の部分が関係副詞の where 節。前置詞 from の目的語としてはたらく名詞節なので，訳は以下のいずれかとなる。

・「どこに／で／へ～かということ」(where が疑問詞の場合の訳〔間接疑問文〕)

・「～場所」(where が関係副詞の場合の訳)

本問は文内容から後者だと判断する。

(3) **ここが，私が子どもだったときに地元の図書館があった場所だ。**

≫ where 節が SVC の C としてはたらく。(2)と同様に名詞節であり，これも関係副詞として訳す。used to *do*「昔は～したものだ」は構文**013**で既習。(日本大)

(4) **こんなふうにしてその爆発は起こった。**

≫ 関係副詞の how を用いた This is how ～ は，型通りに「これが～の方法だ」としても，また工夫して「このようにして～」としてもよいが解答例では後者とした。なお前者で訳したい場合，この文では「～方法」とするよりも「～様子」のほうが，訳語としてふさわしい。つまり「これがその爆発が起こった様子だ」とする。(名古屋学院大)

2 (1) My wife was sick and I needed to take care of her. (**That's why I couldn't attend the party**).

≫ **1**の(1)で見たように，「そんなわけで～」という日本語に対応する表現は，関係副詞の why を用いた That's why ～ である。

(2) (**This is how Mr. Jobs succeeded in the personal computer business**).

≫ **1**の(4)で見たように，「こんなふうにして～」という日本語に対応する表現は，関係副詞の how を用いた This is how ～ となる。succeed in ... で「…に成功する」。(松山大)

(3) (**Where he lives is a small town**).

≫「彼が住んでいる場所」は，名詞 place を用いて the place where he lives とも表現できるが，語群に place が存在しないので，where 節を名詞節として用いると判断する。

3 (1) Meg **showed me a picture[photograph / photo] of when she** was a little girl.

≫「A に B を見せる」は〈show A B〉と表現する。of の後ろは，the time when she とすることも可能だが，語数制限に合わないので，関係副詞 when 節を名詞節として用いる。when 節は前置詞 of の目的語としてはたらく。

(2) **This is how I drink my coffee in the morning.**

≫「こんなふうにして～」は関係副詞 how を用いた This is how ～。

(3) Yumiko is very kind to everyone. **That is why I like her.**

≫「そんなわけで～」は関係副詞 why を用いた That is why ～。仮に語数指定が 5 語であれば That's why ～と短縮形を用いる。(京都女子大)

4 (1) **carrying** (2) **和訳** 下線部参照。

≫(1)〈by *doing*〉は構文**035**で既習。

≫(2) 関係副詞 why を用いた This is why ～は，「これが～の理由だ」または「こういうわけで～だ」と訳す。

英文解釈

Some bees might prefer yellow flowers (with a particular scent). Others might prefer purple ones (with a different scent). Bees help flowering plants to reproduce 〈by carrying pollen from one plant to the next〉. This is **why** bees are necessary. Many plants depend completely on insects like bees 〈to survive〉.

Some ... others ～ (☞構文**140**)　特定の（particular）　におい（scent）　ones = flowers
Bees（S） help（V） flowering（O 花を咲かせる）plants　(☞構文**027**)　to reproduce（C 繁殖する）　〈by carrying ...〉～することによって (☞構文**035**)
This is why こういう訳で～だ　depend 頼る　on …に　insects like bees ハチのような昆虫

和訳 ある特定のにおいをもつ黄色い花を好むハチもいるかもしれないし，別のにおいのする紫の花を好むハチもいるかもしれない。ハチは花粉を植物から植物に運ぶことで，花を咲かせる植物が繁殖する手助けをする。(2)これがハチが必要な理由だ［こういうわけでハチは必要なのだ］。多くの植物は生きていくのに，ハチのような昆虫にすっかり頼りきっている。

(神奈川大)

[第 1・2 文] (Some bees might .... Others might prefer ...)

≫ some ～ , others ... は「…なものもあれば，～なものもある」(☞構文**140**)。some と others はカンマで区切られ，同一文にある場合が多いが，本問のようにピリオドで区切られ，2 文に分かれることもある。

[第 3 文] (Bees help flowering ...)

≫〈help O (to) *do*〉「O が～するのを助ける・手伝う」の型 (☞構文**027**)。

図解の記号：[名詞] (形容詞) 〈 副詞 〉

Lesson
61 関係代名詞 what / what is＋比較級

1 (1) **これが私が最も必要としているものだ。**

≫ what 節が SVC の C。この what 節を間接疑問文だと考えて，what を疑問詞として「何を」と訳すと，文全体の訳が「これは，私が何を最も必要としているかということだ」となる。これでは意味が通らないので，what は関係代名詞として訳す。関係代名詞の 2 つの訳（「〜もの」「〜こと」）のうち，本問については内容から前者がふさわしいと判断する。

(2) **私はあなたが言ったことの大部分に賛成するが，全部には賛成できない。**

≫ what 節が前置詞 of の目的語としてはたらいている。文内容より，この what も関係代名詞だとわかるが，こちらは(1)とは異なり，「〜もの」ではなく「〜こと」。なお〈not ... every〉の組み合わせは「部分否定」。「100％…というわけではない」という意味を表す（☞構文**105**）。（梅光学院大）

(3) **彼は本当に魅力的で，さらに良いことに，お金持ちだ。**

≫「〜なことに（は）」と訳す what 節の例。本構文は，このように文中に挿入して用いられることが多い。比較級の形容詞 better が節の内部にあるので，「さらに良いことに（は）」と訳す。

(4) **とても遅い時間になってきていて，さらに悪いことに，風が吹き始めた。**

≫ (3)と同様に，「〜なことに（は）」と訳す what 節の例。ここでは比較級の形容詞 worse が節の内部にあるので，「さらに悪いことに（は）」と訳す。（名城大）

2 (1) **(He showed no interest in what was happening outside his country).**

≫ 形容詞 interested には，be interested in ...「…に興味がある」というように前置詞 in が後続するが，名詞 interest「興味」の後ろにも in が続く。これをふまえて，まずは He showed no interest in ...「彼は…に（無の興味を示した→）何の興味も示さなかった」を組み立て，「…」の部分に what 節を置く。「…の外で」「…の外の」は，前置詞 outside を用いて outside ... と表す。（日本大）

(2) **(I want to read all of what he wrote).**

≫「彼が書いたものを全部」は，語群に of があることから，「彼が書いたもののすべて」と表現するのだと考える。「…のすべて」は all of ...。what 節を「…」の位置に置く。つまり，what 節を前置詞 of の目的語として用いる。

(3) **(She won the prize, and what is more honorable, the king himself gave her a medal).**

≫「さらに名誉なことに」を what is more honorable と表現する。

3 (1) **You only have to[have only to] repeat what I say.**

≫「〜しさえすればよい」は have to *do*「〜すればよい」に only を加え，only have to *do* もしくは have only to *do* とする。この表現を知っていることがまず問われている。「私の言うこと」は，「〜こと」を関係代名詞 what で表して what I say とし，これを repeat の目的語として用いる。（昭和女子大）

(2) **What I want to eat is sushi.**

≫「私が食べたいもの」を関係代名詞 what「〜もの」を使って what I want to eat と表現し，これを S として用いる。

(3) It was (**getting[becoming / growing]**) (**dark**), (**and**) (**what**) (**was**) (**worse**), we couldn't find our hotel.

≫「さらに悪いことに」を what was worse と表現するのは**1**の(4)と同じ（過去の内容なので is ではなく was を用いることに注意）。また，what の前には and を置く。この構文では本問のように，〈, and what is＋比較級〉の形で文中に挿入されるケースが多い。

（学習院大）

4 **和訳** 下線部参照。

≫この what を「何が」と訳したのでは文脈に合わないので，「〜もの」と訳す。〈S distinguish A from B〉は「S が A と B の違いを示す」「S は A と B を区別する目安となる」の意味なので，what 節の直訳は「日本式のポテトサラダと世界中の多くのポテトサラダの違いを示すもの」だが，これでは硬いので工夫する。

≫generous は「気前のよい，寛大な」の意味なので，generous amount of ... は「気前のよい量の…」から，「たっぷりの…」と訳せる。

≫used は後ろから 1 語で前の名詞（mayonnaise）を修飾する。mayonnaise used で「使用されるマヨネーズ」。このように過去分詞形の動詞が 1 語で後ろから名詞を修飾する例は多い。他の例を挙げる。

ex. Nearly all of the people interviewed said that they were happy.
　インタビューされた人のほぼ全員が自分は幸せだと言った。

≫以上より，is より後ろの部分の直訳は，「ジャガイモの柔らかさとたっぷりの使用されるマヨネーズ」だが，これを**和訳**のように工夫する。

英文解釈

〈By the 1950s〉(…までに), potato salad (S) had become (V) a home kitchen favorite (C, favorite: お気に入りの物), and 〈in 1972〉 a cooking magazine (S) called (V) it (O) Japan's "most familiar and loved salad." (C, familiar: なじみ深い, loved: 愛されている)

[**What** distinguishes Japanese-style potato salad from a number of (多数の…) potato salads (around the world)] (S) is (V) the softness of the potatoes (C①) and the generous amount of mayonnaise (used) (C②, generous amount of: たっぷりの).

和訳 1950年代までに，ポテトサラダは家庭の台所で人気を得て，1972年にある料理雑誌がポテトサラダを日本で「最も親しまれ，愛されているサラダ」と呼んだ。日本式ポテトサラダが世界中の多くのポテトサラダと異なるのは，ジャガイモが柔らかいことと，マヨネーズがたっぷりと使われていることである。（神田外語大）

図解の記号：[名詞]（ 形容詞 ）〈 副詞 〉

Lesson 62 前節（の中の一部）を受けるwhich「それは～」

1 (1) **デイビッドは，自分はその事件と何の関係もないと言ったが，それは信じがたい。**

≫ have nothing to do with ...「…とまったく関係がない」は構文**034**で既習。which は前節（の中の一部）を受けるwhichであり，ここではthat節（saidの後ろにthatが省略されている）の内容を受ける。（日本女子大）

(2) **朝に私は自分のイヌを公園で散歩させたが，それは私が予想していたよりも楽しかった。**

≫ 英語は「自動詞かつ他動詞」が多い。たとえばstopは自動詞「止まる」であり，他動詞「…を止める」でもある。walkもその一例。本問のwalkは「歩く」という意味の自動詞ではなく，「…を散歩させる」という意味の他動詞。そしてwhichは前節の内容「朝に自分のイヌを公園で散歩させたこと」を指す。なおhad expectedはいわゆる「大過去」の形。expectした時点が，was more funの時点よりも前だということを示す。

（大東文化大）

(3) **私は健康状態が悪くなり，このため私は仕事を辞めることになった。**

≫ **Lesson 8** の**2**の(1)の解説で述べた通り，〈get＋形容詞〉のgetは「～になる」の意味。そしてwhichは前節の内容を指す。〈cause O to *do*〉は「Oに～させる，Oが～するのを引き起こす」（☞構文**023**）なので，which以下の直訳は「そのことは私に仕事を辞めさせた／私が仕事を辞めることを引き起こした」となるが，不自然なので解答例のようにする。この文はいわゆる「無生物主語構文」であり，構文**147**で詳しく扱う。

(4) **彼女は彼に，あなたとは結婚したくないと言ったが，私に言わせれば，そんなことを言うなんて彼女は浅はかだった。**

≫ whichは前節の内容（彼女が彼に結婚したくないと言ったこと）を指す。このwhichは，直後にin my opinionがあるためわかりにくいが，wasに対するS。また，silly of herは，〈性格・性質を表す形容詞＋of＋人〉「（～するなんて）人は…だ」の型であり，構文**002′**の**1歩進んで**で見たのと同様のケースである。（拓殖大）

2 (1) (**I talked to her in her language, which pleased her a**) lot.

≫「…に話しかける」はtalk to ...（**Lesson 49** の**3**の(1)で既習）なので，まずはI talked to her in her languageを組み立て，この内容を指すものとしてwhichを用いる。さらにwhichに対するVとしてpleasedを置く。このpleaseは「どうぞ」という意味ではなく，「…を喜ばせる」という意味の動詞である。

(2) (**Jack passed the entrance exam, which made his mother very happy**).

≫ 問題文の後半は「このことで彼のお母さんはとても幸せになった」だが，語群にmakeがあるので，直訳した場合に「このことは彼のお母さんをとても幸せにした」という意味になる英文を組み立てるのだと判断する（〈make O＋形容詞〉の型。☞構文**052′**）。「このこと」は非制限用法のwhichを用いて表す。

(3) (**My neighbor's dog kept barking all night, which kept me awake**).

≫ keep barkingは構文**017**で扱った〈keep (on) *doing*〉「～し続ける」の例。また，「このため私は眠れないままだった」は，語群にもう1つkeptがあることから，〈keep O C〉「OをCの状態にする［しておく］」を用いてkept me awake「私を目が覚めた状態のままにした」と表現すると判断する。そして前半の内容を指す非制限用法の which を kept の主語として用いる。

3 (1) The king told one of the farmers to come to the castle, (**which**) (**surprised**) everyone.

≫「このことは皆を驚かせた」とあるが，カッコの前がカンマなので，非制限用法の〈, which〉を用いると判断する。which は前節の内容を指す。(駒澤大)

(2) He said that he was a doctor, (**which**) (**was**) (**not**) (**true**).

≫(1)と同じく非制限用法の〈, which〉で「それは」を表す。

(3) Many people tend to skip breakfast, (**which**) (**is**) (**not**) (**good**) (**for**) their (**health**).

≫こちらも非制限用法の〈, which〉を用いて「このことは」を表す。「健康に」は「健康にとって」という意味であり，「…にとって」を意味する for を出せるかも問われている。

(立教大)

4 和訳 下線部参照。

≫ argue には「…を議論する」「…だと主張する」などの意味があるが，ここは後者の意味。that 節は文末まで。

≫ the improvement から skills までの直訳は「自動運転車の技術の向上が，私たちの運転技術を低下させるだろう」だが，この文は「無生物主語構文」であり工夫するのが望ましい（☞構文**147**）。

≫ which は前の内容，つまり「運転技術が低下すること」を受ける。

≫ some reason の some は「いくつかの」ではなく「何らかの」。reason が複数形でないことから，このように判断できる（**Lesson 41** の**4**で既習）。

英文解釈

〈In addition〉, they believe [that driverless vehicles will improve the mobility of citizens (who are disabled)]. 〈On the other hand〉, critics are less optimistic. They argue [that the improvement of autonomous vehicle technology will deteriorate our driving skills, **which** could be fatal 〈if the vehicle's autopilot cuts out 〈for some reason〉〉].

(In addition: さらに / they: S / believe: V / that…: O / driverless vehicles: S 自動運転車 / will improve: V / the mobility: O / On the other hand: 一方で / critics: 批判する人 / They: S / argue: V …だと主張する / that…: O / autonomous vehicle: 自動運転車 / deteriorate: …を低下させる / fatal: 致命的な / cuts out: 突然止まる / some: 何らかの)

和訳 さらに，彼らは自動運転車によって，体の不自由な市民の移動がしやすくなると考えている。一方，批判的な人たちはそれほど楽観的ではない。彼らは自動運転車の技術が向上すれば私たちの運転技術が低下することになり，何らかの理由で車の自動運転が突然止まった場合にこのことが致命的になりうると主張している。(北海道大)

図解の記号：[名詞]（ 形容詞 ）〈 副詞 〉

Lesson
63 主節を先行詞とする特殊な関係詞 as

1 (1) **ケンにはよくあることだが，彼は締め切りまでに宿題を提出しなかった。**

≫ as は is の S としてはたらく。as はカンマ以下の主節を指す。the case は「実情，よくあること」という意味だが，as is often the case with ... については，ひとまとまりで「…にはよくあることだが」という意味の成句として記憶すればよい。(岡山理科大)

(2) **彼のなまりから明らかなように，彼は大阪出身だった。**

≫ A is from ... . は「A は…出身だ」という意味。as は was の S であり，文の前半部分の主節を指す。accent には「なまり」という意味があることも押さえよう。

(3) **この例からわかるように，文化の違いは異なる国出身の 2 人の関係において，大きな障害になりうる。**

≫ as は see の O としてはたらき，カンマ以下の主節を指す。differences in culture は「文化における違い」→「文化の違い」。can は「可能」ではなく「可能性」の意味（この意味の can は **Lesson 4** の **1** の(4)などで既習）。two people from different countries の直訳は「異なる国からの 2 人」だが，これでは不自然なので「異なる国から来た 2 人」「異なる国出身の 2 人」などとする。

(4) **よく言われてきたことだが，社会から切り離された個人は，言葉が話せないし，思考能力もなくなるだろう。**

≫ as は has been well said の S であり，カンマ以下の主節を指す。has been well said は現在完了の形。「これまでよく言われてきた」という履歴（「経験」の一種ととらえられる）のニュアンスを出すとよい。the individual から would be までの部分の構造は次のとおり。

> the individual apart from society would be ...
> S　前の名詞を修飾。　V

apart from ... は，「…から離れた」という意味の群前置詞であり，この〈群前置詞＋群前置詞の目的語（society）〉が，前にある名詞 individual を修飾している。would は推量の意味。(津田塾大)

2 (1) **(As is known to everybody, global warming is getting)** worse.

≫ as を is known の S として用いる。この as は主節の内容（地球温暖化は悪化しつつある）を指す。worse が文末にあるので，as 節は前半に置く。

(2) **(Cancer is the leading cause of death, as is obvious from this)** chart.

≫ as を is obvious に対する S とする。これは主節の内容（がんは第一位の死亡原因だ）を指す。chart が文末にあるので，as 節は後半に置く。

(3) **(As you can see from his face, he isn't)** happy.

≫ as を see の O として用いる。これは主節の内容（彼は幸せではない）を指す。**Lesson 44** の **1** の(4)の解説で述べた通り，see には「事がわかる」「理解する」という意味がある。happy が文末にあるので，as 節は前半に置く。

3 (1) Yesterday, (**as**) (**is**) (**usual**) with (**her**), Helen got angry with some of her co-workers.

≫ カッコの数と with をヒントに，**1**の(1)で既習の as is often the case with ... と同様の意味をもつ定型表現の as is usual with ... を出す。as は is の S。（獨協大）

(2) (**As**) (**is**) (**shown**) (**in**) (**this**) (**graph**), the number of tourists to this city is on the decline.

≫「示す」は show だが，「示されている」は受け身なので，is shown とする。as は is shown の S。

(3) (**As**) (**you**) (**know**), the number of bookstores is decreasing.

≫ as が know の目的語であり，かつ主節の内容（本屋の数は減少しつつある）を指すという構造だが，as you know のひとまとまりで「ご存じの通り」の意味の成句として覚えてしまうとよい。

4 **和訳** 下線部(1)，(2)参照。

≫ (1) 分詞構文の慣用表現（☞構文**056**）。本冊 p. 88のリスト参照。

≫ (2) **1**の(1)で述べた通り，as is often the case with ... は，ひとまとまりで「…にはよくあることだが」という意味の成句としてとらえる。

≫ ones は前文にある umbrellas を受け，直後の they は ones を受ける。

英文解釈

〈Generally speaking〉(一般的に言えば), Japanese people do not really (あまり〜ではない) like to get wet (ぬれる) 〈when it rains〉. Many people buy new umbrellas 〈when it suddenly rains〉. 〈**As is often the case with** (…にはよくあることだが) the newly bought ones〉, they end up being (ついには〜ということになる) left in various places.

（umbrellas = ones）

和訳 (1)一般的に言えば，日本人は雨が降るときにぬれるのをあまり好まない。突然の雨に見舞われたら，多くの人は新しい傘を買う。(2)新しく買った傘にはよくあることだが，それらは結局あちこちに置き去りにされることになる。（法政大）

Lesson
64 as ～ as possible[A can] / not so much A as B

1 (1) **私は大学で，できるだけ多くの友達を作りたい。**

≫「できるだけ多くの～」ということを述べる場合，〈as ～ as possible[A can]〉の「～」の位置に，〈many＋可算名詞〉または〈much＋不可算名詞〉を置く。friend は可算名詞なので，本問では many が用いられている。(長崎県立大)

(2) **そのオアシスに着いたとき，彼らは可能な限り多くの水を飲んだ。**

≫(1)と同じく「できるだけ多くの～」という内容の文だが，water は不可算名詞なので much が用いられている。また，ここでは〈as ～ as possible〉ではなく〈as ～ as A can〉の型が用いられているが，過去の内容なので they could となっている。

(3) **幸せは所有することよりもむしろ分け合うことにある。**

≫ S lie in ... . で「S は…にある」という意味。この表現の in 以下と，〈not so much A as B〉「A というよりもむしろ B」が結びついた文。つまり A が in having であり，B が in sharing である。(学習院大)

(4) **スミス先生は，クラスメイトと可能な限り効果的に意思疎通ができる学生を評価する。**

≫〈as ～ as possible〉の「～」に，副詞 effectively が置かれている。(愛知大)

2 (1) (**I would like to have this car repaired as soon as possible**).

≫ まず「～したい」を would like to *do* で表現する。*do* は「この車を修理してもらう」に相当するので，構文**051**で扱った〈have O *done*〉「O を～させる・してもらう」の型を用いて have this car repaired とする。そして「できるだけ早く」を as soon as possible と表現する。(獨協大)

(2) (**The oceans do not so much divide the world as unite it**).

≫ the oceans を S とする文の V 以下と，〈not so much A as B〉「A というよりもむしろ B」を結びつけて用いられるかが問われている。A に当たるものが divide the world であり，B に当たるものが unite it である。not の前に動詞 divide を否定するための助動詞 do が必要になる。つまり，The oceans do not so much divide ... とすることに注意。この点がやや難しい。

(3) (**We are doing this not so much for profit as for fun**).

≫ **1**の(3)と同様に，〈not so much A as B〉の A, B が前置詞句である文。

3 (1) She is (**not**) (**so**) (**much**) (**a**) (**teacher**) (**as**) (**an**) entertainer.

≫ SVC の C の部分に，〈not so much A as B〉を組み込む。A が a teacher で B が an entertainer。「教師」も「エンターテイナー」も可算名詞なので，冠詞が必要になることに注意。なお，〈not so much A as B〉の同意の表現に〈B rather than A〉があるが，A と B の順序が逆になるためここでは使えない。(名古屋学院大)

(2) **Speak as clearly as you can.**

≫「はっきり（と）」は副詞 clearly で表現する。仮に語数指定が「 5 語」で can を使うという指定がなければ，Speak as clearly as possible. が正解となる。

(3) **Try to meet as many people as possible.**

≫「～しようと努める，～しようとする」は，try to *do*。**1**の(1)(2)と同様に「できるだけ[可能な限り] 多くの～」という内容だが，people は many で修飾する。なお，本問の

「会う」は「初めて会う，知り合いになる」の意味なので，see よりも meet がふさわしい。

4 **和訳** 下線部参照。

» is to be measured の部分は，構文**031**で扱った〈be to *do*〉。文内容から，ここは〈義務〉「～するべきだ」と訳す。

» その後ろは〈not so much A as B〉の構文。A, B に当たるものが by ～ の前置詞句だが，A の「～」が，関係代名詞節によって修飾されているため長くなっている。B の「～」も，過去分詞の overcome からはじまるまとまりによって修飾されている（overcome の活用は overcome — overcame — overcome であり，過去分詞は原形と同じ）。obstacles overcome の部分の直訳は「乗り越えられた障害」だが，「乗り越えた障害」としたほうが，より自然な日本語になる。

» while 以下は overcome を修飾する。while と trying の間には〈S + be 動詞〉（この場合は one is）が省略されている（この省略については構文**133**で扱う）。

英文解釈

The American educator（教育者） Booker T. Washington spoke about resilience（レジリエンス，回復力） when he said, "I(S) have learned(V) [that(O) success is to be measured（測られるべきだ（☞構文**031**））〈**not so much** by the position (that one has reached in life) **as** by the obstacles (overcome 〈while (one is) trying to（～しようとする） succeed.〉〉〉]"

和訳 アメリカの教育者であるブッカー・T. ワシントン氏が，「成功というものは，人が人生において辿り着いた地位よりもむしろ，成功すべく挑む中で乗り越えた障害によって測るべきだということを私は知った。」と言ったとき，彼はレジリエンスについて語っていたのだ。

（名古屋工業大）

Lesson 65 might as well A as B / may[might] as well A

1 (1) **お金をギャンブルに使うくらいなら，捨てたほうがましだよ。**

≫〈might as well A as B〉は「Bするのは A するようなものだ」または「Bするくらいなら A したほうがましだ［いい］」と訳しうるが，文内容から本問では後者を採用するとより自然。（成蹊大）

(2) **彼女が態度を変えるのを期待するのは，太陽が西から昇るのを期待するようなものだ。**

≫こちらは(1)で述べた 2 つの訳し方のうち，前者（「Bするのは A するようなものだ」）の例。〈expect O to *do*〉「O が～することを予期する／期待する」は本冊 p. 44のリストに記載がある〈行動を促す動詞＋O to *do*〉の一例。（防衛大学校）

(3) **天気がとても悪いので，私たちは家にいたほうがましだ［いたほうがいい］。**

≫文全体は構文**073**で扱った so ～ that ... 構文だが，that が省略されているので，この構文だと見抜くのが難しい。後半の〈might as well A〉は「A したほうがましだ［いい］」の意味。この文には「外に出かけるよりは…」の含みがある。（杏林大）

(4) **気分がすぐれないのなら，医者にかかったらどうか［かかったほうがいい］。**

≫〈may［might］as well A〉は，提案をする際にも用いられ，その場合は「(あなたは) A したらどうか」の意味になるが，ここでは「A したほうがいい」という訳でも可能。see a doctor は「医者にかかる，医者に診てもらう」。（女子栄養大）

2 (1) (**I might as well remain single as marry such a man**).

≫〈might as well A as B〉を「Bするくらいなら A したほうがましだ」の意味で用いる。A と B の位置に置くものを逆にしてしまいがちなので注意が必要になる。A と B の順番は和訳とは逆であり，「A したほうがましだ。Bするくらいなら」の順序で述べることに注意。「～のままでいる」を〈remain＋形容詞〉と表現できるかということ，「そんな…」を such a ... と表現できるかも問われている。

(2) (**You might as well talk to a stone as try to persuade him**).

≫これも〈might as well A as B〉を用いるが，「Bするのは A するようなものだ」の意味。この意味の場合も「A するようなものだ。Bするのは」の順番で置くことに注意しよう。「説得する」ではなく「説得しようとする」なので，try to persuade とする（try to *do* は **Lesson 64** の**3**の(3)で既習。同じ **Lesson 64** の**4**の文中にもあった）。（水産大学校）

(3) (**You may as well apologize to him**) again.

≫「A したらどうか」という〈提案〉の意味で〈may［might］as well A〉を用いる。might のみならず，このように may も用いられることに注意。「…に謝る」は apologize to ...（前置詞 to が必要になる）。

3 (1) We (**might**) (**as**) (**well**) (**walk**) (**as**) (**wait**) (**for**) the next bus.

≫「Bするくらいなら A したほうがいい」の部分に〈might as well A as B〉を用いて文を組み立てる。「…を待つ」は，wait for ...。

(2) You (**might**) (**as**) (**well**) (**close**) the shop (**as**) (**keep**) (**it**) (**open**) for (**a**) (**few**) customers.

≫(1)と同様に〈might as well A as B〉を用いる。customer（客）は可算名詞なので，「少数の」を表すには，a little ではなく a few を用いる。「店を開けておく」は「店を開けたままにしておく」ということなので，〈keep O C〉を用いる。

(3) We might **(as)** **(well)** **(walk)** **(to)** the station as it's not so far.

≫「～のも悪くない」という問題文と，might のヒントをもとに，「(私・私たちは) ～してもかまわない」の意味で〈might as well A〉を用いると判断する。

4 (1) **eating**　(2) **和訳** 下線部参照。

≫(1)〈without *doing*〉「～せずに」は構文**036**で既習。

≫(2)〈might as well A〉には「A するようなものだ」「A したほうがましだ［いい］」などの訳があるが，ここは文内容から「A したほうがいい」を選ぶ。

英文解釈

"〈When it comes to fruit〉, it is still a luxury item, 〈not like vegetables〉," says Hiroko Ishikawa, (who runs a fruit distribution business). "Vegetables you need 〈for daily life〉 but you can live 〈without eating fruit〉. So 〈if you must buy something〉, you **might as well** buy something (that looks good)."

（When it comes to：…に関して言えば／fruit = it／luxury：ぜいたくな／says：V／Hiroko Ishikawa：S／runs：…を経営する／distribution business：流通業／Vegetables：O／you：S／need：V（倒置）／you：S／can live：V／without eating：☞構文036／might as well buy：買ったほうがいい）

和訳「果物に関して言えば，いまだに贅沢品であり，野菜のようなものではありません」と，果物流通業を営むイシカワ・ヒロコは言う。「野菜は日常生活に必要ですが，果物は食べなくても生きていけます。(2)だから，何か買わなければならないのなら，見た目が良いものを買ったほうがいいですよ。」(神奈川大)

[第2文] ("Vegetables you need ...)

≫文頭の Vegetables you need の部分は，〈SVO〉が〈OSV〉の語順になっている。O を強調するための倒置構文。倒置については，構文**126～130**で扱うが，この〈OSV〉は含まれていないので，ここでもう1例挙げておく。

ex. Your kindness I will never forget.　※ your kindness が forget の O。
あなたの親切を私は決して忘れません。

Lesson
66 no more ～ than ... / no more than ...

1 (1) **彼は生後わずか6か月だ。私が飛べないのと同様に彼は歩くことができない。**
[別解] 彼は生後わずか6か月だ。彼が歩くことができないのは，私が飛べないのと同じだ。
≫〈no more ～ than ...〉は「…と同様に～でない」が基本の意味。than 以下には否定語が存在しないが，than 以下は「そうでない例」なので，必要に応じてこの部分に「ない」という否定の言葉を加えて訳す。本問でも「私が飛べない」としている。**[別解]** は訳し下したもの。文によって，このように複数の和訳が可能となる。(長野大)

(2) **トマトと同じく，スイカは果物ではない。**
[別解] スイカが果物ではないのは，トマトが果物でないのと同じだ。
≫(1)と同じ構文であり，同じように than 以下の部分を訳す際に「ない」を加えて，「トマトが果物でないのと同じく，スイカは果物ではない」と訳してもよいが，最後に1度述べるだけで伝わる場合は，解答のように「ない」という言葉を繰り返さなくてもよい。また本問でも訳し下すパターンが可能。(西南学院大)

(3) **彼に最初に会ったときと同じく，私は今でも彼についてちっとも知らない。**
≫「彼に最初に会ったときと同じく，私は彼について知らない」とするよりも，「ちっとも」という言葉を加えたほうが意味がつかみやすくなる。(2)と同様に，本問でも「ない」という訳語は一度で済ませている。

(4) **私たちは1,000円しか持っていないので，このお土産を買ったらその電車に乗れない。**
≫no more than は only の意味。(跡見学園女子大)

2 (1) (**A whale is no more a fish than a horse is**).
≫**1**の(2)と同じ構造の文。ただし，本問では語群に is があるため，最後を a horse is とする。これと同じように，**1**の(2)も，tomato の後ろに is を置いて tomato is とすることが可能。

(2) (**I no more believe in UFOs than you do**).
≫「…の存在を信じる」は，believe in ...。語群に do があるので，最後を you do とする。この do は believe を受ける。

(3) (**I have no more than 800 yen in**) cash.
≫語群に no と more と than があるので，「…しか」の意味を no more than で出す。in cash は「現金で」。(フェリス女学院大)

3 (1) My husband can (**no**) (**more**) speak (**French**) (**than**) (**I**) can.
≫〈no more ～ than ...〉を用いて「…と同様に S は～できない」という内容を表現する場合，no more は can と動詞の間に置く。**1**の(1)も参照のこと。

(2) (**My**) watch (**is**) (**no**) (**more**) (**expensive**) (**than**) (**yours**).
≫主語を「僕の腕時計」として，〈no more ～ than ...〉構文を組み立てる。「君の腕時計」は比較の対象（「そうでない例」）となるので than の後ろに置く。これを yours「君のもの」1語で表すことができるかもカギとなる。(桜美林大)

(3) I spend (**no**) (**more**) (**than**) 1,000 yen a day.
≫カッコが3つなので，「…しか」を no more than を用いて表す。

4 **和訳** 下線部参照。

» control over ... は「…に対するコントロール・統制（力）」。前置詞 over の目的語は間接疑問文（☞構文**081**）の how 節。

» 〈no more ~ than ...〉構文なので，than 以下は「そうでない例」。you do の do は前半の have（direct control）を受ける。したがって than 以下の内容は「血圧に対する直接のコントロールができない」ということ。そしてこれと同じように，教科書をどれくらい記憶できるかについても直接のコントロールができない，というのがこの文の内容。

英文解釈

Computers (S) store (V) [whatever (O ～するどんな…も（☞構文**079**）) information they are told to store]. A video camera is designed 〈with the sole purpose of (同格の of（☞構文**137**）) [capturing light and sound information (within (…の範囲内に) its field of view (視界))]〉. The brain (S), however, is (V) something (C) ((that) we have very little direct control over (…に対して)). So you have **no more** direct control over [how much of a textbook you can remember (直前の over の目的語)] 〈**than** you do (=have (direct control)) over your blood pressure (血圧).〉

和訳 コンピューターはそうするよう命じられたどんな情報でも保存する。ビデオカメラは，視界に入った光と音の情報をとらえることを唯一の目的として設計されている。しかし脳は，私たちがほとんど直接的にコントロールができないものだ。だから，血圧に対する直接のコントロールができないのと同様に，教科書をどれくらい記憶できるかについても直接のコントロールができないのである。（関西大）

[第 1 文]（Computers store whatever ...）

» この whatever は，store の O としてはたらく名詞節を形成する（☞構文**079**）。そして whatever 自体は直後の名詞を修飾する。

[第 2 文]（A video camera ...）

» purpose of の of は「同格の of」（☞構文**137**）。of の後ろの capturing 以下が，purpose の具体的な内容を示している。

[第 3 文]（The brain, however, ...）

» something の後ろには目的格の関係代名詞 that が省略されている。この関係代名詞は前置詞 over の目的語。なお，関係代名詞が前置詞の目的語としてはたらく場合，この前置詞は原則として和訳に反映されない。

ex. This is the house that he lives in.　これは彼が住んでいる家だ。

上記の訳では，in を「に」と訳していない。同じように上の over に対する訳語も **和訳** では表面に現れていない。

図解の記号：[名詞]（ 形容詞 ）〈 副詞 〉

Lesson 67 no less ～ than ... / no less than ... / other than ...

1 (1) **このことは，彼が25年前にそれを書いたときと同様に，今も真実だ。**

≫〈no less ～ than ...〉「…と同様に～である」が用いられた文。この構文の than 以下は「そうである例」である。than 直後の it was の後ろに true が省略されていることを見抜き，it was（true）twenty-five years ago を「25年前に真実だった」という意味だとつかむ。そのうえで，後半の内容と前半の内容をつないで全体の訳を完成させる。なお，「このことが今でも真実であるのは，25年前に彼がこれを書いたときと同じだ」のように訳し下すことも可能だが，やや言わんとすることがわかりにくいので，解答例として示した訳のほうがベター。

(2) **大気汚染は人間に害を与えるのと同様に，動物にも害を与える。**

[別解] 大気汚染が動物にとって害であるのは，人間にとってそうであるのと同様だ。

≫do harm の do は give の意味。2つ目の does は前半の does harm を受けると見抜いて，it（＝Air pollution）does（＝does harm）to human beings は「大気汚染は人間に対して害を与える」という意味だと判断する。これを前半の内容とつないで訳を完成させる。[別解] は訳し下した例。（東洋英和女学院大）

(3) **彼がこの課程を終えるのに5年もかかった。**

≫構文**003**で扱った〈It takes＋人＋時間＋to *do*〉「人が～するのに…の時間がかかる」の「時間」の部分に，no less than five years が置かれている。〈no less than ...〉は数の多さを強調し，「…も」「…ほども多くの」という意味となる。（東海大）

(4) **歴史の教師であるということ以外，彼については何も知られていない。**

≫〈other than ...〉は「…以外」という意味だが，「…」の部分には，単語のみならず，句や節などいろいろなものが置かれる。ここでは that 節が置かれている。

2 (1) (**My husband is no less handsome than that famous actor**).

≫「AはBに負けず劣らず～だ」は，「AはBと同様に～である」の意味なので，〈no less ～ than ...〉を用いて A is no less ～ than B（is）. とする。ここでは語群に is が1つしかないので，最後の is は省略する。

(2) (**There are no less than a hundred trees in the**) park.

≫「…もの」の意味を表すのに〈no less than ...〉を用いる。（京都女子大）

(3) (**He had no option other than to sleep in his car**).

≫「…以外」に〈other than ...〉を用いる。ここでは「～すること以外に」なので，other than の後ろには，動詞を含む内容が置かれるのだと判断し，to sleep in his car を置く。

3 (1) Sleeping (**is**) (**no**) (**less**) (**important**) (**than**) working.

≫**2**の(1)と同様に，〈no less ～ than ...〉のシンプルな形。（成城大）

(2) My brother (**spends**) (**no**) (**less**) (**than**) 10,000 yen on video games a month.

≫「1万円費やす」ではなく，「1万円も費やす」なので，10,000 yen の前に no less than を置く。

(3) As a high school student, **I didn't read books other than textbooks.**

≫than が与えられているので，〈other than ...〉「…以外」を用いて，「教科書以外の本」を books other than textbooks と表現する。（京都女子大）

4 **和訳** 下線部(1), (2)参照。

≫(1) 形式主語構文（真主語が句であるもの☞構文**002**）。it は to get 以下を指す。

≫〈get O to *do*〉は本冊 p. 44のリストにある get の用法で，「（説得して）O に〜させる／してもらう」の意味。ここは「他人が変わるようにさせる」，つまり「他人を変える」ということ。

≫(2) 文頭から them までが〈no less 〜 than ...〉構文。it は change を受け，is と for の間には difficult が省略されている。よって it から them までは，it（=change）is (difficult) for them となり，「変化は彼らにとって難しい」という意味となる。そしてそれと同様に，変化することは私たちにとっても難しいというのが文頭から them までの内容。

英文解釈

It is difficult [to get others to change], so we must change ourselves 〈to get along with our unchanging family members and friends〉. Change is **no less** difficult for us 〈**than** it is (difficult) for them〉, but it is possible. Let's explore [why change, even for us, is so difficult].

（It: 形式S / to: 真S / get: V′ / others: O′ / to change: C′ / we: S / must change: V / ourselves: O / get along with: …とうまくやっていく（☞構文**023**） / unchanging: 変わらない / family members and friends = them / for: …にとって / explore: V …を調べる / [why ... difficult]: O / even → for us）

和訳 (1)他人を変えるのは難しいので，変わらない家族や友達とうまくやっていくためには，自分たち自身が変わらなければならない。(2)彼らにとって難しいのと同様に，私たちにとっても変わることは難しいことだが，可能である。なぜ私たちにとってさえ，変わることがそんなにも難しいのか調べてみよう。（兵庫県立大）

[第3文]（Let's explore why ...）

≫explore には「…を探検する」という意味だけでなく，「…を探究する，…かを調べる」という意味もある。この動詞の目的語は，間接疑問文（☞構文**081**）の why 節である。元の疑問文は次の通り。

Why is change, even for us, so difficult?

≫even は後ろの前置詞句 for us を修飾する。このような〈修飾語+前置詞句〉については構文**149**で扱う。

図解の記号：[名詞]（ 形容詞 ）〈 副詞 〉

Lesson

68 A rather than B / would rather A than B

1 (1) **彼は学者というよりもむしろジャーナリストだ。**

≫〈A rather than B〉「B というよりもむしろ A」が用いられたシンプルな形の文。

(2) **ジャーナリストはありふれたことよりも珍しいことに焦点を当てる傾向がある。**

≫〈tend to *do*〉「～する傾向がある」は構文011で既習。focus on ... は「…に焦点を当てる」。この文でも〈A rather than B〉が用いられているが，A に当たるものが the unusual であり，B に当たるものが the common である。いずれも〈the＋形容詞〉の型。この形はたとえば，the rich「お金持ちの人」のように，「～な人」という意味で用いられることが多いが，「～なこと」という意味でも用いられる。本問の the unusual と the common はその例。(学習院大)

(3) **彼は賢いというよりはずるい。**

≫〈A rather than B〉と同意の表現である〈more A than B〉が用いられた文。(朝日大)

(4) **空港までタクシーに乗るよりもむしろ電車に乗りたい。**

≫〈would rather A than B〉「B するよりもむしろ A したい」が用いられた文。to the airport は ride a train の直後にあるので，「タクシーに乗るよりもむしろ空港まで電車に乗りたい」としてもいいが，「空港まで」は文頭に置くと文意が伝わりやすくなる。

(同志社女子大)

2 (1) (**I like to study early in the morning rather than late at night**).

≫early in the morning「朝早く」と late at night「夜遅く」は **Lesson 48** の**1**の(1)で既習。この 2 つの表現を，〈A rather than B〉の A と B の位置で用いる。(東京理科大)

(2) (**She would rather quit the job than work with him**).

≫〈would rather A than B〉の型を用いて文を組み立てる。A と B には動詞の原形もしくは動詞の原形から始まる句を置く。(千葉工業大)

(3) (**We would sooner die than live as slaves**).

≫こちらは〈would rather A than B〉ではなく〈would <u>sooner</u> A than B〉の型。どちらを用いても意味は同じだが，rather に比べて sooner のほうが用いられる頻度は低い。

3 (1) He is a writer **rather than a teacher**.

≫「…というよりはむしろ～」に〈A rather than B〉を用いる。「作家」も「教師」も可算名詞なので a を忘れないようにしよう。なお，〈not so much A as B〉を用い，He is not so much a teacher as a writer. としても同じ意味が表現できるが，問題文に He is a writer が与えられているのでここでは使えない。

(2) **I would rather[sooner] say nothing than tell a lie.**

[別解] I would as soon say nothing as tell lies.

≫〈would rather[sooner] A than B〉の型を用いる。「何も言わない」は say nothing,「うそをつく」は tell a lie[lies]。**[別解]** のように〈would as soon A (as B)〉を用いる場合は，語数を調節するために tell lies（複数形）とすればよい。I would を I'd として調節してもよい。

(3) **I would rather[sooner] write a letter than send an e-mail.**

[別解] I'd as soon write a letter as send an e-mail.

≫(2)と同じく〈would rather[sooner] A than B〉の型を用いる。「E メールを送る」は

send an e-mail。ここでも，〈would as soon A (as B)〉を使うのであれば，**[別解]** のように I would を I'd として語数を調節する。send an e-mail を send e-mails とすると前の a letter との対応関係が崩れるためここでは避けたほうがよい。

4 **和訳** 下線部参照。

≫ right は「まさに」「ちょうど」の意味。後ろの前置詞句を修飾する。「まさに誕生から」「ちょうど生誕から」とは，要するに「誕生の直後から」ということ。これは構文**149**で扱う修飾関係。

≫〈A rather than B〉は「B というよりもむしろ A」。ここでは A が to their native language で，B が to a foreign one（one は language を受ける）。これらが prefer listening に接続している。つまり，母語と外国語を比較して，「外国語よりも母語を聞くことを好む」と述べている。

9 比較

英文解釈

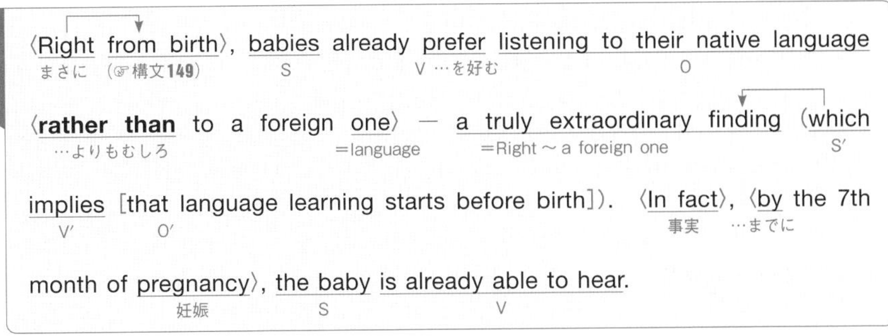

和訳 誕生の直後から，赤ちゃんはすでに外国語よりも母語を聞くことを好む――これは言語習得が生前から始まるということを暗に示す実に驚くべき発見である。事実，妊娠7か月までに，赤ちゃんはすでに耳が聞こえるようになっているのである。(金沢医科大)

[第1文] (Right from birth, ...)

≫ ダッシュ（―）以下の a truly extraordinary finding は，前文の内容を表す。日本語に訳す際は，「これは」「このことは」といった言葉を補ってやるとわかりやすくなる。

≫ language learning は「言語の習得」。名詞 language が形容詞のように，後ろの名詞 learning を修飾する。

Lesson
69 the＋比較級～，the＋比較級…

1 (1) **その国の歴史について知れば知るほど，私はそれをいっそう興味深いと思った。**

≫〈the＋比較級～，the＋比較級…〉「～すればするほど，いっそう…」が用いられた文。元の 2 文は次の通り。① I learned much about the history of the country. ② I found it interesting. ①②それぞれの下線部を比較級に変え，その前に the を加えたうえで文頭に出す。①の much は learned の目的語としてはたらき，「多くのこと」という意味の名詞であるが，この場合でも手順は同様である。(関西学院大)

(2) **ボブがボートをこげばこぐほど，彼は遠くに離れていった。**

≫元の 2 文は次の通り。① Bob rowed the boat much. ② He got far away. ①の much は副詞。「たくさん」という意味で動詞 rowed を修飾する（副詞の much については，**Lesson 48** の**2**の(2)と **Lesson 51** の**2**の(1)で既習）。②の get は「行く」の意味（この意味については，**Lesson 3** の**4**で既習）。far の比較級は farther だが，away も前に移動していることに注意。本構文において，比較級に変化させる副詞に修飾語が付随する場合，この修飾語も文頭に移動することがある。(南山大)

(3) **物体が重ければ重いほど，動かしたり止めたりするのにより多くの力が必要になる。**

≫元の 2 文は次の通り。① An object is heavy. ② Much force is required to start or stop its motion. ②の much は「たくさんの」という意味の形容詞で，名詞 force を修飾する。この much は，S としてはたらく名詞を修飾しているので文頭にあり，much を more に変えたあとの移動はない（もともと文頭にあるので，前に移動させようがない）。

(4) **旅が長ければ長いほど，チケットはより高額になる。**

≫前半，後半ともに is が省略されている。つまり本問の本来の形は，The longer the journey is, the more expensive the ticket is. となる。この文を元の 2 文に戻すと，① The journey is long. ② The ticket is expensive. となる。これらの下線部を〈the＋比較級〉にして文頭に出し，2 文をつなぎ，2 つの is をカットしたのが問題文。なお，この the journey，the ticket は「その旅」「そのチケット」という意味ではなく，旅一般，チケット一般を指す。〈the＋名詞〉には，このように「一般」を指す用法がある。

2 (1) (**The more I knew about him, the more I loved him**).

≫いきなり正解の文に至れない場合は，2 文を組み立てて，それをもとに本冊 p. 152で示した 4 つの手順を踏んで文を完成させればよい。「彼について知れば知るほど」は，「彼についてたくさん知れば知るほど」という意味であり，「私は彼をよりいっそう愛するようになった」は，「私は彼をよりいっそうたくさん愛するようになった」という意味なので，元の 2 文は，① I knew much about him. ② I loved him much. となる。①の much は「多くのこと」という意味の名詞で，knew の目的語。②の much は「たくさん」「多く」という意味の副詞。動詞 loved を修飾する。

(2) (**The more I studied computers, the more interesting I came to find them**).

≫① I studied computers much. ② I came to find them interesting. この 2 文を元に組み立てる。①の much は「たくさん」「多く」という意味の副詞。動詞 studied を修飾する。②の come to *do*「（自然に）～するようになる」は構文**010**で既習。(産業能率大)

(3) **(The busier we were, the harder we worked as a team).**
≫ 元のペアは，① We were busy. ② We worked hard as a team. となる。

3 (1) **The older we grow, the weaker** our memory becomes.
≫ ① We grow old. ② Our memory becomes weak. これらの2文をもとにして，〈the＋比較級～, the＋比較級…〉の文を組み立てる。

(2) **The larger a park is, the more species** will be able to live inside of it.
≫ 元のペアは，① A park is large. ② Many species will be able to live inside of it. となる。②の many は「たくさんの」という意味の形容詞であり，名詞 species を修飾する。この species は主語なので，the more としたあとの移動はない。

(3) **The higher I[we] went[climbed] up the mountain, the more snow there** was on the ground.
≫ 元のペアは，① I[we] went[climbed] high up the mountain. ② There was much snow on the ground. となる。①の high は「高い」という意味の形容詞ではなく，「高く」という意味の副詞。②の much は「たくさんの」という意味の形容詞で，名詞 snow を修飾する。snow は不可算名詞なので，many ではなく much を用いる。この much を more として，the を加えたうえで，名詞 snow とともに文頭に移動させる（名詞もいっしょに文頭に出ることについては，本冊 p. 152の 手順3 参照）。

4 和訳 下線部(1)，(2)参照。
≫ (1) 文頭の what は構文089で扱った関係代名詞の what。What is unexpected は「予想外であること」。is が現在形だが，訳のうえでは「予想外だったのは」としてよい。
≫ この文は全体が〈what 節＋is＋that 節〉という構造。文型は SVC の第2文型。that 節の内部は〈the＋比較級～, the＋比較級…〉。winter の後ろに is が省略されている。
≫ (2) これも同じ構文。ここでも前半（season の後ろ）に is が省略されている。

英文解釈

[What is unexpected]（S） is（V） [that（C） 〈**the colder**（寒ければ寒いほど） the previous（前の） winter ∧(is)〉, **the earlier**（より早い） the leaves unfold（芽吹く）]. Researchers（S） (from the Technical University of Munich) tested（V） this（O） 〈in a climate-controlled laboratory（温度や湿度が管理された実験室）〉. 〈**The warmer**（暖かければ暖かいほど） the cold season ∧(is)〉, **the later**（より遅れる） beech（ブナ） branches greened up（緑色になる）.

和訳 (1)予想外だったのは，前の冬が寒ければ寒いほど，葉が芽吹くのが早いということだ。ミュンヘン工科大学の研究者たちがこのことを，温度や湿度が管理された実験室で検証した。(2)寒季が暖かければ暖かいほど，ブナの枝が緑色に変わるのが遅れたのである。（神戸大）

図解の記号：[名詞]（ 形容詞 ）〈 副詞 〉

Lesson **70**

(all) the＋比較級＋原因・理由 / none the＋比較級＋原因・理由

1 (1) **彼に欠点があるからこそ，私はよりいっそう彼に引かれた。**
[別解] 彼の欠点のために，私はよりいっそう彼に引かれた。

≫〈all the＋比較級＋原因・理由〉「～だからこそ，それだけ［より］いっそう…」が用いられた文。本問では，原因・理由は for his faults で示されている。(関西学院大)

(2) **昨日，アルバイトの面接があった。礼儀正しく話さなければならなかったので，そのぶんいっそう緊張した。**

≫第 2 文が(1)と同じ構文だが，原因・理由が because 節で示されている。(玉川大)

(3) **若者の中には，大学教育を受けてもいっこうに賢くなっていない人もいる。**

≫〈none the＋比較級＋原因・理由〉「～だからといってそれだけ…というわけではない」の構文。原因・理由は for their university education で示されているが，「大学教育のために」ではなく，「大学教育を受けても」などとするとより自然な日本語になる。

(明治学院大)

(4) **私は海外留学中に大きな困難を経験したが，そのぶん賢くなったということはない。**

≫(3)と同様に〈none the＋比較級＋原因・理由〉が用いられた文だが，原因・理由が for it で示され，it が文の前半（I から abroad まで）を指す形。後半は「だからといって，いっこうに賢くなっていない」などとも訳せる。なお，while studying abroad は，while I was studying abroad の省略された形。このような〈主語＋be 動詞〉の省略については，構文**133**で扱う。(関西外国語大)

2 (1) (**She had to live alone but became all the stronger for it**).

≫〈all the＋比較級＋原因・理由〉の構文。原因・理由は for it（it は文の前半を指す）で示す。

(2) (**I was all the more excited because the game was really close**).

≫(1)と同じ〈all the＋比較級＋原因・理由〉の構文だが，こちらは原因を because 節で示す。

(3) (**She spent a month in hospital but she is none the better for it**).

≫**1**の(4)と同様に，〈none the＋比較級＋原因・理由〉の原因・理由を for it で示し，it が文の前半（She から hospital まで）を指す形。「1 か月入院した」は「1 か月を病院で過ごした」ということなので，spent a month in hospital とすればよい。建物そのものではなく，医療の場としての「病院」は（the）hospital と表現するが，ここでは語群に the がないため in hospital とする。(東洋大)

3 (1) She got (**all**) (**the**) (**angrier**) because (**he**) (**said**) (**nothing**).

≫〈all the＋比較級＋原因・理由〉の構文。原因・理由は because 節で示されている。

(2) I love him (**none**) (**the**) (**less**) (**for**) his faults.

≫〈none the＋比較級＋原因・理由〉を用いた文。この文の less は副詞の little の比較級で「より少なく」という意味であり，動詞 love を修飾する。したがって解答の文の直訳は，「私は彼の欠点のために，そのぶんだけ彼をより少なく愛するということはない」。「彼に欠点があっても私は変わらず彼が大好きだ」という問題文から，この内容への変換を思いつけるかどうかがカギとなる。(関西外国語大)

(3) He (**worked**) (**none**) (**the**) (**harder**) (**because**) he became a father.

» **102**基本例文とはほぼ逆の内容。「父親になったからといって，それだけ懸命に働く度合いが増すことはなかった」という内容なので，〈none the＋比較級＋原因・理由〉を用い，worked none the harder because を入れる。

4 **和訳** 参照。

» fact 直後の that 節は fact の具体的な内容を示す（この that は構文**135**で扱う「同格の that」）。that 節の中の with no connection to ... は「…と何の関係もない」。

» 文全体の述語動詞は makes であり，これは構文**052′**で扱った〈make O＋形容詞〉「O を～にする」の型で用いられている。O である it は構文**082**で扱った形式目的語であり，真目的語は文末の that 節。この that 節の内部の as は前置詞で「…としての」の意味であり，that 節の訳は「彼はデザイナーとしての職業［仕事］を選んだ」だが，「デザイナーとしての職業」は「デザイナーという職業」としたほうが自然な訳になる。

» all the more は「それだけいっそう」。「それだけ」の「それ」，つまり原因として示される部分は，ここまでのように because や for を用いて示されるのではなく，文の主語として前に示されている。〈the fact＋that 節〉の内容について，「こういう事実があるからこそ，それだけいっそう驚きだ」ということを述べている。

» 文全体の訳は「タカダが華やかなファッションの世界とは何の関係もないふつうの家庭で育ったという事実は，彼がデザイナーという職業を選んだことをそれだけいっそう驚くべきものにする」だが，ここから工夫する（このような，「無生物主語構文」の訳し方については，構文**147**で扱う）。

英文解釈

The fact (that Takada was raised 〈in a typical household (with no connection to the glamorous world of fashion)〉) makes it **all the more** surprising [that he chose a career as a designer].

- The fact: S
- that: 同格の that（☞構文**135**）
- typical: ふつうの
- household: 家庭
- with no connection to: …と何の関係もない
- glamorous: 華やかな
- makes: V
- it: 形式 O
- all the more: それだけいっそう
- surprising: C
- that he chose ...: 真 O
- as: …としての

和訳 タカダが華やかなファッションの世界とは何の関係もないふつうの家庭で育ったという事実があるからこそ，彼がデザイナーという職業を選んだことは，それだけいっそう驚くべきことだ。（東北医科薬科大）

図解の記号：［ 名詞 ］（ 形容詞 ）〈 副詞 〉

Lesson
71 比較級＋and＋比較級 / prefer A to B

1 (1) **その調査の結果によると，若者はインターネットで商品を購入したり交換したりすることにますます興味をもっている。**

≫ more and more が〈比較級＋and＋比較級〉。これは much interest「多くの興味」の形容詞 much の比較級 more を，and で重ねた形。したがって young people have more and more interest の部分の直訳は「若者はますます多くの興味をもっている」だが，「多くの」は無くても意味が伝わる（もちろん「多くの」を残してもよい）。according to ... は「…によれば」の意味（**Lesson 15** の**1**の(4)で既習）。interest in ... は「…への興味」（**Lesson 61** の**2**の(1)で既習）。本問では「…」が動詞を含む内容なので，その後ろは動名詞になっている。（北里大）

(2) **近頃ますます多くの人がショートヘアーにしている。**

≫ 本問の more は，元は many people「多くの人たち」の形容詞 many。この more を and で重ねて用いている。wear *one's* hair short は SVOC の型で，「O（髪）を C（短い）の状態にしている」→「ショートヘアーにしている」。（東京情報大）

(3) **いまだにワインよりビールが好きなの？**

≫〈prefer A to B〉「B より A を好む」を用いたシンプルな形の文。A に当たるものも B に当たるものも名詞。

(4) **彼らはしばしば引越しをするので，家を買うよりアパートを借りるほうを好む。**

≫ (3)と同じく〈prefer A to B〉を用いた文だが，A, B が動名詞である。また本問の move は「引越しをする」の意味（この意味の move は **Lesson 10** の**3**の(3)で既習）。文の後半の内容から，単に「動く」ではおかしいとわかる。（獨協大）

2 (1) (**It is getting warmer and warmer**).

≫ get warm で「暖かくなる」の意味となる。「ますます暖かく」という内容なので，この warm を比較級にして and で重ね，〈比較級＋and＋比較級〉の型とする。

(2) While (**I listened to his story, I became more and more convinced that he was lying**).

≫ 後半は，I was convinced that S′ V′.「私は S′が V′するのを確信していた。」が出発点（これは構文**072**で扱った〈形容詞＋(that) ～〉の型）。この was の部分に became を置き，convinced を〈比較級＋and＋比較級〉の more convinced and more convinced としたうえで，1つ目の convinced をカットする。（名古屋学芸大）

(3) (**I prefer staying inside to going out on**) weekends.

≫ **1**の(4)と同じく，〈prefer A to B〉の構文で A と B がともに動名詞である文を組み立てる。（十文字学園女子大）

3 (1) The rain **is getting heavier and heavier**[**harder and harder**].

≫「雨が激しい」の「激しい」は heavy もしくは hard を用いる。これを比較級にしたうえで and で重ねる。

(2) **More and more people are trying to leave this country.**

≫「ますます多くの人」は**1**の(2)と同様に，more and more people と表せる。「～しつつある」なので進行形を用い，「～しようとする」をこれまで多く扱ってきた通り，try to *do* で表現する。「(この国) を去る」は go out of this country などでも表現できるが，ここでは語数制限から leave を選択する。

(3) **Why do you prefer London to Paris?**

» 解答例は，〈prefer A to B〉の構文で A, B がともに名詞の文を疑問詞 why で尋ねた文。「パリよりロンドンのほうが好き」は，like London better than Paris などでも表現できるが，指定語に to があること，また「7語」という語数制限より，prefer London to Paris とする。

4 和訳 下線部参照。

» more and more concerned は，形容詞 concerned「関心をもって，気にかけて」の比較級である more concerned を and で重ねた形（1つ目の concerned はカットしている)。これで「ますます気にかけて」という意味になる。

英文解釈

〈Traditionally〉, people (who practiced veganism or vegetarianism) were mostly doing so 〈out of concern (for animal welfare)〉. However, 〈in recent years〉, people have become **more and more** concerned 〈about climate change, and their own personal health and eating habits〉.

（Traditionally：伝統的には／people：S／were：V／out of：…から（動機）／animal welfare：動物福祉／people：S／have become：V／more and more concerned：C ますます気にかけて）

和訳 伝統的に，完全菜食主義または菜食主義を実践する人たちは，たいてい動物福祉に対する関心がその動機だった。しかし近年，人々は気候変動と，自分たち自身の健康と食習慣についてますます気にかけるようになっている。（福岡教育大）

[第1文] (Traditionally, people who ...)

» out of concern for ... の out of は〈動機〉を表し，「…に対する関心から」の意味となる。よって were mostly doing so out of concern for animal welfare の部分は，「たいてい動物福祉に対する関心からそのようにしていた」となるが，和訳 ではここから工夫してある。

Lesson

72 部分否定

1 (1) **ネットサーフィンをすることは必ずしも悪いことではない。**

≫ not necessarily が部分否定。「(必ず～というわけではない→) 必ずしも～でない」と訳す。

(名城大)

(2) **ある言語の母語話者だということは，その人がその言語において効果的にコミュニケーションができるということを常に意味するとは限らない。**

≫ not always が部分否定で，「常に～だとは限らない」の意味となる。文頭から language までは動名詞句。文の主語としてはたらく。mean の後ろには that が省略されていて，mean (that) S′ V′ で「S′ が V′ するということを意味する」。are an effective communicator の部分は「効果的な伝達者だ」と訳すと不自然になるので，「効果的にコミュニケーションができる」とする。(慶應義塾大)

(3) **小説家レオ・トルストイは「誰もが世界を変えることを考えているが，誰も自分自身を変えようとは考えていない」と述べた。**

≫ nobody と同様に no one は全体否定を表し，「誰も～ない」という意味。ただし no one は分かち書きをすることに注意。(宮城大)

(4) **彼の主張は，進化の連なりは長く，また，始点がまったく明らかではないということだ。**

≫ no は全体否定を表す。S has no money. は「S はお金がまったくない」だが，同様に S has no clear beginning. も「S は明らかな始点がまったくない」となる。ただしこれだとややぎこちないので，工夫して「S は始点がまったく明らかではない」とする。文全体は SVC で，C が that 節。(早稲田大)

2 (1) (**Neither of the two applicants employed the designated**) style.

≫「どちらも～なかった」という内容なので，全体否定の文。neither of ... という形を組み立て，これを S として用いる。(成城大)

(2) (**I don't know both of the**) kids.

≫「両方は～ない」という部分否定を〈not + both〉で表す。「その子どもの両方」は，both the kids とも表せるが，語群に of があるので，both of the kids とする。なお，同様にたとえば「私の両親」は，both my parents とも both of my parents とも表現できる。

(3) You (**cannot bring any drinks into the**) library.

≫「どんな…も～ない」を全体否定の〈not ～ any ...〉で表す。(大学入学共通テスト)

3 (1) **Not all my friends came to the party.**

≫「すべての…が～というわけではない」という部分否定の内容を表すために，〈not + all〉を用いる。指定語数が「 9 語」であれば，Not all of my friends ～ となる。

(2) **He is not always (at) home on weekends.**

[別解] **He doesn't always stay (at) home on weekends.**

≫「いつも～というわけではない」という〈部分否定〉の内容を表すために〈not + always〉を用いる。「家にいる」は be[stay] (at) home。「週末に」の「に」は on を用いる。「週末に」は「週末の日々に」という意味なので，曜日に on を用いるのと同じ理由で on が用いられると考えればよい。また，ある 1 つの週だけに言及しているわけではないので，weekend は複数形にする必要がある。

(3) **Nobody lives on this floor.**

≫「誰も～ない」という全体否定を Nobody で表す（指定語数が「6 語」であれば，No one を用いる）。nobody[no one] は単数扱いであり，現在形の述語動詞には -s が必要となることにも注意。

4 (1) **和訳** 下線部参照。(2) **to raise animals for meat production**

≫(1)〈not + always〉は部分否定。「いつも～というわけではない」。

≫(2) 構文**002**で学んだ形式主語構文（真主語が句であるもの）。

英文解釈

〈Unfortunately for everyone else〉, the people (who produced olive oil) tended to keep the best oil 〈for themselves〉. It was **not always** easy [to produce olive oil] 〈because sheep and goats often damaged olive trees〉. Many farmers gave up on olive oil production 〈when it became popular [to raise animals for meat production]〉.

（for：…にとって　else：他の　tended to：～する傾向があった（☞構文**011**）　It：形式 S（＝to 以下）　not always：部分否定　[to produce olive oil]：真 S　sheep and goats：S′　damaged：V′　olive trees：O′　gave up on：…に見切りをつけた　it：形式 S（＝to 以下）　[to raise animals for meat production]：真 S）

和訳 他のすべての人にとって不幸なことに，オリーブオイルを製造していた人たちは一番良いものを自分たち用に取っておく傾向があった。ヒツジやヤギがしばしばオリーブの木を傷つけるため，オリーブオイルを製造するのは，いつでも簡単というわけではなかった。食肉生産のために動物を飼育することが流行したとき，多くの農民がオリーブオイルの製造に見切りをつけた。（都留文科大）

[第 1 文]（Unfortunately for everyone ...）

≫else は「他の」「別の」という意味だが，必ず「後ろからの修飾」となる。他にも 2 例ほど挙げる。

ex. I want to go somewhere else.　どこか別の場所に行きたい。

ex. What else can we do?　私たちに他に何ができるか？

10 否定

Lesson
73 二重否定

1 (1) **花を愛さない人は一人もいない。**

≫ not anyone は構文**105'** で学んだ全体否定であり，「一人も〜ない」。さらにこれに doesn't という否定語が加わり，二重否定となった文。事実上肯定（誰もが花を愛する）の意味となる。

(2) **日本人が電話中にお辞儀をしているのを目にするのは珍しいことではない。**

≫ uncommon は「めったにない」「珍しい」という否定語。not uncommon で二重否定となり「珍しくない」「よくあること」といった意味になる。see a Japanese person bowing の部分は，構文**047**で扱った〈知覚動詞＋O *doing*〉。while on the telephone は，while he/she is on the telephone の意味。下線部を補って理解する（これについては構文**133**で扱う）。（津田塾大）

(3) **真剣になり情熱を持てば，不可能なことなど何もないのではないでしょうか。**

≫ nothing is impossible の部分が二重否定。「無のものが不可能だ」ということは「不可能なことは何もない」ということ。I would say は断言を避けて自分の意見を言う場合に用いられ「〜ではないでしょうか」「私の意見では〜でしょう」などと訳す。「真剣になり」は，一歩進めて「真剣に取り組み」などとしてもよい。

(4) **私はこの写真を見ると必ず田舎での幸せな日々を思い出す。**

≫ この文の〈never 〜 without ...〉を「…なしで〜することはない」と訳すと，大まかな内容は「思い出さずに見ることはない」となり，やや不自然。「見ると必ず思い出す」とする。〈remind A of B〉「A に B を思い出させる」（**Lesson 59** の**1**の(3)で既習）を受動態にすると，A is reminded of B「（A は B のことを思い出すようにされる→）A は B を思い出す」となる。本問の being reminded of ... は，この受身表現の be 動詞以下を動名詞句にしたもの。（同志社大）

2 (1) (**I can never visit this place without thinking of my late grandmother**).

≫「〜すれば必ず…する」という内容なので，〈never 〜 without ...〉を用いて文を組み立てる。「…を思い出す」は think of ... と表現する。late ... に「亡くなった…」「故…」の意味があることは盲点になりがち。しっかり押さえたい。（文教大）

(2) (**There was nobody who wasn't in love with him**).

≫「〜ない人は一人もいない」という内容なので，〈nobody＋not〉の二重否定を用いる。**Lesson 23** の**4**と，**Lesson 48** の**3**の(1)で fall in love with ...「…に恋に落ちる」を扱ったが，ここでは be in love with ...「…に恋している，…を愛している」の組み立てが問われている。

(3) Since men and women often have very different viewpoints, (**it is not unusual for couples to differ in opinion about child-raising**).

≫ 冒頭の since は because の意（**Lesson 47** の**2**の(3)にも登場した）。後半は文全体が構文**002**で扱った形式主語構文（真主語が句であるもの）。問題文の「夫婦が」から，for couples を意味上の主語として用いることを考える。differ in ... の in ... は「…の点で」「…において」という意味なので，differ in opinion は直訳では「意見において異なる」。

（獨協医科大）

3 (1) Tom helped me. I (**could**) (**have**) never (**succeeded**) (**without**) him.

≫「…なしでは，決して～なかった」という内容なので，〈never ～ without ...〉を用いて二重否定を表す。過去への推量なので，構文**018**で扱った〈助動詞＋have＋過去分詞〉を用いる。ここでは「～できなかっただろう」なので，p. 38で学んだ〈could have＋過去分詞〉を否定の形（ここではneverを加えた形）で用いる。

(2) Bob (**never**) (**comes**) (**here**) (**without**) (**bringing**) (**me**) a nice present.

≫(1)と同様〈never ～ without ...〉の構文だが，こちらは「～するときはいつも…（＝～すれば必ず…)」という和文が与えられていることに注意。「持ってくる」のbringを出せるか，そしてこれを第4文型（SVO_1O_2）で用いられるかも問われている。

(3) There is (**no**) rule that (**doesn't**) have some (**exceptions**).

≫「～しない…はない」という問題文の内容から，noとnotを用いて二重否定の意味を出すと判断する。thatとhaveの間のカッコが1つなので，does notではなく，doesn'tを用いる。

4 **和訳** 下線部参照。

≫nothing unusualの部分は，**Lesson 44** の**1**の(4)や **Lesson 46** の**1**の(2)などで扱った〈-thing＋これを修飾する形容詞〉。unusualは「ふつうでない」という否定語。something unusualは「ふつうではないこと」だが，nothing unusualはこの反対の意味となる。つまり「ふつうのこと」「何も珍しくないこと」となる。

≫sinceは**2**の(3)同様，becauseの意味。

英文解釈

〈When dawn broke（夜が明けた）〈that chilly November morning in Paris〉〉, I (S) was driving (V) 〈to my office〉〈for a meeting (with an important new client)〉. I hadn't slept well, but that（＝前節の内容） was **nothing unusual**（二重否定）, 〈since（～なので） 〈before an important training session（研修会）〉 I often have a restless（眠れない） night〉.

和訳 その肌寒い11月のパリの朝，夜が明けたとき，私は重要な新規顧客との面会のため，車で自分の事務所に向かっていた。<u>私はよく眠れていなかったが，重要な研修会の前には眠れない夜を過ごすことがよくあるので，それは何も珍しいことではなかった。</u>（青山学院大）

Lesson 74

not A but B / not only A but (also) B

1 (1) **この観点からすれば，科学技術は脅威ではなく機会の源［機会を生み出すもの］だ。**

≫ technology 以下の文型は SVC。C の部分が〈not A but B〉「A ではなく B」の形になっている。(福島大)

(2) **お金が欲しいからではなく，自分の世界を表現したいから私は絵を描いている。**

≫〈not A but B〉の A, B に当たるものが because 節である文。「〜だからではなく…だから」という意味になる。

(3) **これらのマンホールのふたは地元の住人の注目を集めただけでなく，観光に訪れている人たちをも魅了した。**

≫〈not only A, but also B〉「A だけでなく B も」の構文。A と B に当たるものは，V 以下の長い内容。1 つの主語に 2 つの動詞がある文であり，caught と attracted が V となっている。(南山大)

(4) **コロナウイルスの発生は，人々の結びつき方だけでなく，消費者の買い物の仕方も変えた。**

≫〈not just A, but also B〉の構文が，SVO の O の部分で用いられている。O はともに how 節。この how 節は関係副詞 how が形成する名詞節であり，構文 **088′** で既習。p. 134 の②の訳「〜方法」を基本に，適宜「〜の仕方」などと訳すと自然な訳になる。またこの文の shop は「買い物をする」という意味の動詞であることに注意。(上智大)

2 (1) **(This diamond ring is genuine, not fake).**

≫「本物であって，模造品ではない」なので，〈B (,) not A〉「B であり A ではない」を用いる。(名古屋学芸大)

(2) **(He can play not just the guitar but also the piano).**

≫〈not just A but also B〉の構文を，SVO の O の部分で用いられるかが問われている。

(3) **(She did not answer but put the book on the table and left).**

≫ 問題文の内容から〈not A but B〉を，V 以下で用いるのだと判断する。ただし，A が answer 1 語であるのに対し，B は put the book on the table and left という動詞 2 つを含む長い句なので，この部分を組み立てられるかがカギとなる。(神奈川大)

3 (1) **This tool is not only[just / merely / simply / solely] useful(,) but also decorative.**

≫〈not only A (,) but also B〉を用いる。only 以外にも just, merely なども可。as well as を用いて This tool is decorative as well as useful. としても同意が表せるが，「9 語」という語数指定に合わない。

(2) **Restaurants in this town are closed not on Sundays but on Mondays.**

≫「日曜ではなく月曜に」の部分に〈not A but B〉を用いる（〈B (,) not A〉を用いて Restaurants in this town are closed on Mondays, not on Sundays. とすることもできるが，語数指定に合わない)。1 週だけの話ではないので Sunday も Monday も複数形にすることに注意。他にもたとえば「日曜日はふだん何をしていますか？」というような文を英訳する際も，同じように複数形を用いて What do you usually do on Sundays? となる。なお，**Lesson 51** の **2** の(1)の解説で，「…の」を英訳する際には，必ずしも of を用いるとは限らないということを述べたが，ここも同じ。「この町のレストラン」は「この町の中にあるレストラン」という意味なので，in を用いる。

(3) **She speaks French as well as English.**

≫ as を用いるという指定があるので，「英語だけでなくフランス語も」の部分に〈B as well as A〉を用いる。この指定がなければ，〈not only A (,) but (also) B〉を用い，She speaks not only English but French. とすることもできる。

4 **和訳** 下線部参照。

≫ 主節の V である harm の目的語が，〈not only A but also B〉の構文となっている。B に当たる the many other species は目的格の関係代名詞節によって修飾されている。この関係代名詞節は share A with B「A を B と共有する」という構造を下敷きとしており，that が文末の前置詞 with の目的語としてはたらく。つまり share this planet with the many other species の関係をつかみとる。the many other species that we share this planet with の部分の直訳は，「私たちがこの星を共有している，その他多くの種」となるが，**和訳** のように「私たちとともにこの星に生きている…」とすればより自然な日本語となる。

英文解釈

Another thing (S) ((that) nature can teach us) is (V) the importance of balance (C). For example, trees and plants take in (…を取り入れる) carbon dioxide and give out (…を発する) oxygen. [Animals — including us ([前] …を含む) —] take in oxygen and breathe out (…を吐き出す) carbon dioxide. We (S) upset (V) that balance (O) 〈when we destroy forests〉. 〈When we disturb the balance of nature〉, we (S) harm (V) **not only** ourselves (O①) **but also** the many other species (O②) (that we share this planet with).

（that）この that は teach の O_2

和訳 自然が私たちに教えてくれるもう一つのことは，バランスの重要性である。たとえば，木や植物は二酸化炭素を取り入れて酸素を放出する。動物（私たちを含む）は酸素を取り入れて二酸化炭素を吐き出す。私たちが森を破壊するとそのバランスを乱すことになる。私たちが自然のバランスを乱すと，私たちは自分たち自身だけでなく，私たちとともにこの星に生きているその他の多くの種をも害してしまうのである。（大阪医科薬科大）

図解の記号：[名詞]（ 形容詞 ）〈 副詞 〉

Lesson 75 hardly[scarcely] ever / hardly[scarcely] any

1 (1) **妻と私はめったに豚肉を食べない。**

≫〈scarcely ever〉は〈頻度〉を表し，「めったに～ない」の意味。rarely[seldom] を用いて，My wife and I rarely[seldom] eat pork としても同じ意味になる。

(2) **父は公務員でいつもとても遅く帰宅したので，私はめったに父と会話をしなかった。**

≫〈hardly ever〉も〈頻度〉を表し，「めったに～ない」の意味。have a conversation with ...「…と会話をする」はぜひ自分でも使えるようにもしておきたい。(関西大)

(3) **バスにはほとんど誰もいなかった。**

≫〈hardly any〉は〈数量〉を表し，「ほとんど～ない」の意味。people は単数形で複数扱いをするやや特殊な語だが，一般の可算名詞と同じように数詞や many などで修飾できる (ex. two people, many people)。よってこの hardly any は few に書き換えられる。

(4) **スミス氏は身勝手な人なので，彼はめったに妻の家事を手伝わない。**

≫(2)と同じく〈hardly ever〉が用いられた文。help については構文**027**で〈help O (to) *do*〉「O が～するのを助ける・手伝う」を扱ったが，〈help A with B〉「A の B を手伝う」も重要表現。(関西学院大)

2 (1) (**There were scarcely any students on campus on**) Saturday.

≫There were students が骨格で，この students の前に〈scarcely any〉が置けるかが問われている。「土曜日のキャンパス」は campus on Saturday。ここでも「…の」という日本語に対して，of ではない前置詞を用いている。(大阪電気通信大)

(2) (**He hardly ever drinks or smokes**).

≫「めったに～ない」という問題文より〈hardly ever〉を組み立て，動詞の前に置く。

(3) (**There is hardly any chance that the candidate will win the election**).

≫There is chance が骨格で，この chance の前に〈hardly any〉を置き「ほとんどない」の意味を出す。chance「可能性」の後ろに同格の that 節を置けるかどうかもポイント。同格の that については構文**135**で扱うが，ここまで **Lesson 50** の**4**，**Lesson 54** の**4**，**Lesson 70** の**4**でも扱っている。(長崎県立大)

3 (1) (**I**) hardly (**ever**) (**play**) (**the**) (**piano**) (**these**) days.

≫「最近ほとんど弾かない」は「最近めったに弾かない」ということ。問題文に hardly があるので，これの後ろに ever を置くことで「めったに～ない」〈頻度〉の意味を出す。「弾く」ということを述べる場合は，楽器名の前に the を置くのを忘れないようにする。また「最近」は these days。(青山学院大)

(2) (**I**) (**had**) hardly (**any**) (**time**) (**to**) (**sleep**).

≫問題文に hardly があるので，これの後ろに any を置くことで「ほとんど～ない」〈数量〉の意味を出す。「～をする（ための）時間」は time to *do* で表す（**Lesson 48** の**2**の(3)と **Lesson 49** の**2**の(1)などで既習)。なお time は不可算名詞なので，この〈hardly any〉は little で置き換えることができる。

(3) (**I**) (**have**) scarcely (**any**) (**interest**) (**in**) (**baseball**).

≫問題文に scarcely があるので，これの後ろに any を置くことで「ほとんど～ない」〈数量〉の意味を出す。「野球にはほとんど興味がない」は「野球への興味がほとんどない」と置き換え，interest in ... を用いる（この表現は **Lesson 61** の**2**の(1)と **Lesson 71** の**1**の

(1)で既習)。なお interest は可算名詞としても不可算名詞としても用いられるが，scarcely any のように「興味がない」ことを示唆する語句とともに用いられる場合は通常不可算名詞として用いられる。よってこの〈scarcely any〉は little で置き換え可能。

4 (1) **per capita income**　(2) **和訳** 下線部参照。

≫(1) この that は前出の名詞の繰り返しを避けるために用いられるもの。

≫(2)〈scarcely any〉は「ほとんど～ない」という意味だが，problem は可算名詞なので，この例では few に書き換えられる。

≫〈A such as B〉は「B のような A」という意味。A の具体例を B で示す（詳しくは☞構文**145**）。

英文解釈

〈Since its independence from Malaysia in 1965〉, Singapore (S) has surprised (V) the world (O) 〈with (…で) its economic development〉; today, the economy is expanding rapidly and per capita income (一人あたりの収入) now rivals (…に匹敵する) that (= per capita income) of the United States. But, 〈unlike (…とは異なり) Europe or the United States〉, Singapore (S) has (V) **scarcely any** (=few) social problems (O) such as (…のような（☞構文**145**）) slums, unemployment, children (living in poverty) and antisocial activities.

和訳 1965年のマレーシアからの独立以来，シンガポールは経済成長で世界を驚かせてきた。今日その経済は急速に拡大しつつあり，一人あたりの収入は今やアメリカに並んでいる。しかしヨーロッパやアメリカとは異なり，シンガポールはスラム，失業，子どもの貧困，反社会的活動といった社会問題をほとんど抱えていない。(群馬大)

[第 1 文]（Since its independence ...）

≫この文の rival は「ライバル」「好敵手」という意味の名詞ではなく，「…に匹敵する」という意味の動詞。英単語における「名詞かつ動詞」の多さについては，繰り返し指摘している通り。

Lesson
76 no sooner ~ than ... / hardly[scarcely] ~ when[before] ...

1 (1) **私たちが食事をするために座るとすぐに玄関のベルが鳴った。**

≫倒置形ではない〈no sooner ~ than ...〉「～するとすぐに…」の構文。倒置形で書けば No sooner had we sat down to eat than ... となる。to eat は副詞的用法で,「食べるために」の意味。(立命館大)

(2) **私たちが空港に着くとすぐに私たちの便は悪天候のために欠航になった。**

≫〈no sooner ~ than ...〉構文が倒置形で用いられた文。due to ... は「…のために,…のせいで」という意味（**Lesson 19** の**1**の(2)と **Lesson 43** の**4**で既習)。

(3) **夜が明け始めるとすぐに激しい嵐が起こった。**

≫〈hardly ~ before ...〉の構文。**Lesson 73** の**4**では dawn が名詞として用いられていたが（「夜明け」という意味),この dawn は「夜が明ける」という意味の動詞。The day dawns. は「夜が明ける」で,The day begins to dawn. は「夜が明け始める」の意味となる。この文の述語動詞に had hardly が加わり,文末に before が置かれたうえで,もう 1 つの文が連なっているという形。

(4) **その先生が教室に入るとすぐにすべての学生はおしゃべりをやめた。**

≫〈hardly ~ when ...〉の構文が倒置形で用いられた文。(福岡大)

※この 4 題を通じて,〈no sooner ~ than ...〉や〈hardly[scarcely] ~ when[before] ...〉を用いて過去のことを述べる場合,〈前半の文の述語動詞→過去完了形,後半の文の述語動詞→過去形〉とするということをしっかりと押さえたい。

2 (1) No (**sooner had I entered the room than the phone beeped**).

≫〈no sooner ~ than ...〉構文の倒置形の組み立てが問われている。前半は過去完了形であり,had を S である I の前に出す。beep はやや難単語だが,消去法的に「(電話が) 鳴る」に対応すると推定できる。(成城大)

(2) Scarcely (**had he run out before the building collapsed**).

≫〈scarcely ~ before ...〉構文の倒置形を組み立てる。(1)と同様に前半は過去完了形であり,had を S である he の前に出す。(駒澤大)

(3) We (**had scarcely checked in at the hotel when it began to rain**).

≫(2)同様,〈scarcely ~ when ...〉構文を組み立てればよいが,こちらは倒置形ではない形。scarcely を had と動詞の過去分詞の間に置くことに注意。なお,「ホテルにチェックインする」は,check in at the hotel のように,at が必要になることに注意。(桜美林大)

3 (1) No (**sooner**) (**had**) (**I**) (**finished**) my (**dinner**) (**than**) (**I**) got a call from an old friend.

≫ No で始まっているので,〈no sooner ~ than ...〉構文を倒置形で用いるとわかる。

(2) I (**had**) no (**sooner**) (**left**) (**the**) (**hotel**) (**than**) (**it**) began (**to**) (**snow**).

≫ no が文の途中にあるので,〈no sooner ~ than ...〉構文を倒置形にせずに用いる。hardly, scarcely と同様に,no sooner もまた,had と動詞の過去分詞の間に置くことに注意。**2**の(3)でも見た通り,「雪［雨］が降り出した」は,It began[started] to snow [rain]. と表現する。

(3) I had (**hardly[scarcely]**) (**gone**) to (**bed**) (**when[before]**) someone knocked at the door.

≫ 与えられた空所の数から,〈hardly[scarcely] ~ when[before] ...〉構文を倒置形にせずに用いると判断する。had の後ろに hardly[scarcely] を置き, その後ろに動詞の過去分詞を置く。「床に就く(→寝る)」は go to bed。

4 **和訳** 下線部参照。

≫〈no sooner ~ than ...〉構文が倒置形で用いられている。no sooner と than が離れているため全体の構造がつかみにくくなっている。

≫ この question は名詞ではなく動詞。as many as ... は重要な成句で, 数の多さを強調し「…もの」の意味。as to ... は about ... と同意。

英文解釈

No sooner had(V) the teachers(S) found(V) a photo(O) (of the boyfriend) 〈on her phone〉 〈**than** they(S′) started(V′) to question her(O′) 〈for as many as(…もの) four hours〉 〈as to(=about) the length and closeness of their relationship〉〉. 〈After gathering(前置詞+動名詞) such information〉, the school(S) requested(V) [that Student X and her mother visit(原形) the school](O).

和訳 教師たちは, 彼女の電話にそのボーイフレンドの写真を見つけるとすぐに, 2人の関係が続いている長さとその親密さについて, 彼女に4時間にもわたる質問をし始めた。そのような情報を集めたあと, 学校側は学生Xと彼女の母親に学校に来るよう要求した。(福島県立医科大)

[第2文] (After gathering such ...)

≫ **Lesson 22** の**1**の(3)で「要求する」という意味の動詞を用いる場合, 後ろの that 節内の述語を〈should+原形〉または〈原形〉としなければならないということを述べた。本問において, 過去の話でありながら visited となっていないのは, この規則による(visit を原形で用いている)。

図解の記号:[名詞](形容詞)〈 副詞 〉

Lesson 77 nothing but ～ / no longer ～ =not ... any longer

1 (1) **彼は自分の将来の計画が非現実的な幻想にすぎないと悟ったのであきらめた。**

≫〈nothing but ～〉は only の意味。for the future の for は「…に向けて」の意なので，plans for the future は「将来に向けての計画」だが，解答例のように「将来の計画」と訳してよい。(成城大)

(2) **私はその候補が自分の政策について語るのを聞いて，彼は理想的なリーダーからはほど遠いと思った。**

≫〈anything but ～〉は「～どころではない」「～からはほど遠い」。listened to the candidate talking about ... の部分は構文**047**で扱った〈知覚動詞＋O *doing*〉の例で，「その候補が…について語るのを聞いた」。(女子栄養大)

(3) **君のフライトは9時に出発だから，空港に向かうのをこれ以上遅らせないほうがいい。**

≫〈not ～ any longer〉は「もはや～ない」もしくは「これ以上～ない」。文内容から後者の訳を採用する。had better not *do* は「～しないほうがいい」。not が better の前ではなく後ろに置かれることに注意。delay は「遅延」という名詞の意味もあるが，ここでは，事実上の助動詞である had better not の直後にあるので「…を遅らせる」という意味の動詞だとわかる。leave for ... は「…に向けて出発する」だが，leave の用法は混乱しがちである。

・leave A「A を去る［出発する］」
・lave for B「B に向けて出発する」
・leave A for B「B に向けて A を去る［出発する］」

上記のようにしっかりと整理して覚えたい。(日本工業大)

(4) **私はこれ以上［もはや］歩けない。**

≫〈not ～ any more〉は〈not ～ any longer〉と同意だが，こちらは文内容から「もはや～ない」「これ以上～ない」いずれの訳も可能。なお，この英文は〈no longer[more] ...〉を用いて，I can no longer[more] walk. と書き換えることができる。

2 (1) (**My son does nothing but play mobile games from morning till**) night.

≫「…をしてばかりいる」を，does nothing but play ... と表現できるかが問われている。but は except「～以外」の意味なので，この部分を直訳すると，「…をすること以外の無のことをする」。ここから「…をしてばかりいる」の意味になる。(福岡大)

(2) (**I couldn't put up with the noise any longer**).

≫〈not ～ any longer〉を使いこなせるかということと，put up with ...（…を我慢する）を組み立てられるかが問われている。(大阪経済法科大)

(3) (**He is anything but a hero**).

≫与えられた語群より，「～どころではない」の意を〈anything but ～〉を用いて表すと判断する。同じ意味の文を，〈far from ～〉を用いて He is far from a hero. と書くこともできる。

3 (1) **You are no longer[more] my enemy.**

≫no を用いるという指定があるので，〈no longer[more] ～〉「もはや［これ以上］～ない」を用いる。

(2) **He is not my friend any longer[more].**

≫ こちらはnotを用いるという指定があるので，〈not ～ any longer[more]〉「もはや［これ以上］～ない」を用いる。

(3) I (**did**) (**nothing**) but (**sleep**) (**on**) the train.

≫「寝てばかりいた」は，**2**の(1)と同様の表現を用いて，did nothing but sleep とすればよい。「電車で」の「で」はonを用いるのが基本。

4 **和訳** 下線部参照。

≫ 文全体はSVC。Sであるthingの後ろには目的格の関係代名詞thatが省略されている。このthatはhearのO。no longer hearは「もはや聞かない」だが，one day「ある日，いつの日か」とともに用いられているので，「もはや聞かなくなる」とする。

英文解釈

〈Every year〉, students (all over the world) take exams 〈to enter university〉.
S: students / V: take / O: exams

But one thing (^(that) they might 〈one day〉 **no longer** hear) is "please put your pencils down".
S: one thing / no longer: もはや～ない / V: is / C: "please put your pencils down"

Instead, they might be hearing "please close your laptops".
Instead: 代わりに / S: they / V: might be hearing / O: "please close your laptops"

Several universities in the UK, (such as the universities of Edinburgh, Oxford, and Cambridge), are conducting experiments (on the practicality of replacing pencils with computers).
S: Several universities in the UK / such as: …のような（☞構文**145**） / V: are conducting / O: experiments / on: ＝about / replacing pencils with: AをBに取り替える

和訳 毎年，世界中の生徒が大学に入学するために試験を受ける。しかし彼らがいつの日か，もはや聞かなくなるかもしれないのが「鉛筆を置いてください」である。代わりに彼らは「ラップトップを閉じてください」と耳にするかもしれない。エジンバラ大学，オックスフォード大学，ケンブリッジ大学などのイギリスのいくつかの大学は，鉛筆をコンピューターに置き換えることの実用性についての実験を行なっている。(南山大)

[第3文] (Instead, they might ...)

≫ 構文**039**で群前置詞〈instead of *doing*〉「～する代わりに」を扱ったが，単独で用いられたinsteadは副詞で，「代わりに」の意。

Lesson **78**

仮定法過去

1 (1) **もしあなたが私の言うことにもっと注意を払えば，私がそのようなことを再び言う必要はないだろう。**

≫ 仮定法過去の文。what I tell you は構文**089**で扱った関係代名詞節。not have to *do* は「〜する必要はない」。本問では帰結節の助動詞として，〈推量〉の would が加わっているので，「〜する必要はないだろう」となる。(東北学院大)

(2) **もし人々が社会的に求められるルールに従わないのであれば，人の行動は耐えられないほど予測不能なものとなるだろう。**

≫ (1)と同様に，仮定法過去の文で帰結節の助動詞が would である文。socially expected rules の部分は，たとえば very beautiful girls と同じように，ABC という並びで「A が B を修飾し，B が C を修飾する」という関係。〈副詞＋形容詞＋名詞〉という品詞の並びだけでなく，本問のような〈副詞＋過去分詞形の動詞＋名詞〉のパターンも多いことに留意したい。completely destroyed houses「(完全に破壊された家→) 全壊家屋」などもこの例。(お茶の水女子大)

(3) **もし私にそんなにも多くの宿題がないのなら，君が大事なテストの準備をするのを手伝うのだが。**

≫ この文でも帰結節の助動詞は would だが，文内容から，この would には〈意志〉の意味が入っていると考えられるので，そのニュアンスを出す。help you with preparing ... の部分は，**Lesson 75** の **1** の(4)で扱った〈help A with B〉の型だが，B の部分が動名詞になっている。(中央大)

(4) **十分に時間があるのなら，私は水泳に行くのだが。**

≫ if 節が後半にある型。この would にも〈意志〉の意味がある。

2 (1) If (**I were the prime minister, I would make college free for everyone**).

≫ if が文頭にあるので，〈if 節 (条件節) →帰結節〉の順に組み立てる。make college free の部分は構文**052′**で扱った〈make O＋形容詞〉「O を〜にする」の型。college は，「制度としての大学」を表す場合は不可算名詞扱いなので，無冠詞でよい。(北里大)

(2) If (**I could swim, I might take part in the competition**).

≫ これも〈if 節 (条件節) →帰結節〉の順に組み立てる。「泳げるのなら」なので if 節内に助動詞 could を置く。非現実のことなので，can ではなく could を用いることに注意。

(3) If (**I was working in Paris, I would probably be working for a big bank**).

≫ 全体の構造はこの文も〈if 節 (条件節) →帰結節〉。if 節は「働いているのなら」なので，進行形にする。現実のことではないので，be 動詞は過去形にし，was working とする。帰結節も「勤めているだろう」なので進行形。〈過去形の助動詞＋動詞の原形〉の型に当てはめ，would be working とすればよいが，ここでは would の後ろに probably が挿入されている。「…に勤める」は work for ...。この表現は多用されるのでぜひ覚えておこう。

3 (1) **If it were[was] not raining, I could walk home.**

≫ if 節は「降っていなければ」なので進行形。be 動詞は過去形で用いる。条件節は「〜できる」という内容なので，助動詞は could を用いる。「歩いて帰宅する」を 2 語で walk home と表現できるようにしたい。この home は「家に [へ]」という意味の副詞。

(2) **If I knew her phone number, I would call her right now.**

≫帰結節は「電話するのに」なので，〈意志〉の意味を出すために助動詞 would を用いる。この right は now を強調する副詞で，right now で「今まさに，ちょうど今」もしくは「今すぐ」の意味になる。ここでは後者の意味。

(3) **If we lived in another country, we might be happier.**

≫帰結節は「〜かもしれない」なので，might を用いる。「もっと幸せ」の意味を出すために happy は比較級で用いる。

4 (1) **that**　(2) **和訳** 下線部参照。

≫(1) カッコの前が〈so＋形容詞〉なので，構文**073**で扱った so 〜 that ... 構文を完成させるのだと判断する。

≫(2) that 節内は仮定法過去。point out ...「…を指摘する」の目的語である that 節の中に，if 節（条件節）と，これに対する主節（帰結節）が存在する。

≫if 節内の hunters were restricted from killing の部分は，構文**043**で扱った〈restrict A from *doing*〉「A が〜するのを制限する」の受動態，つまり，A の部分を主語にして書き換えた形。

≫比較級の前に置かれている even は「よりいっそう」の意味。

英文解釈

Hunters favor killing off（…を駆除する） deer as（…として） a means of management. They（S） argue（V） [that the deer population is so large 〈that many deer would starve anyway, 〈as（＝because） there is not enough vegetation to accommodate the number of hungry deer （roaming around）〉〉]（O）（so 〜 that 構文（☞構文**073**））（enough to V 構文（☞構文**020**））. They（S） also point out（V …を指摘する） [that 〈if hunters **were restricted** from killing deer〉（仮定法過去）, even（いっそう） more people **would die** 〈in automobile accidents〉]（O）.

和訳 ハンターたちは管理の手段としてシカを駆除することに賛成している。彼らはシカの数がとても多いので，多くのシカがいずれにせよ餓死するだろうと主張している。歩き回っている飢えたシカの数を受け入れるだけの草木がないというのである。もしハンターたちがシカを殺すことを制限されたら，いっそう多くの人が自動車事故で死亡するだろうということも彼らは指摘している。（大分大）

[第 2 文]（They argue that ...）

≫enough vegetation to accommodate 〜 の部分は，構文**020**で扱った〈形容詞／副詞＋enough to *do*〉「〜するのに十分…だ」構文だが，enough が直後の名詞を修飾しているパターン。

図解の記号：[名詞]（ 形容詞 ）〈 副詞 〉

Lesson
79 仮定法過去完了

1 (1) **もし私がお金を持っていたら，その最新のスマートフォンを買うことができただろうに。**

≫ 前半は had の連続が奇妙かもしれないが，仮定法過去完了の条件節で，用いる動詞が have であればこの形になる。帰結節の助動詞が could なので〈可能〉の意味を出す。

（日本大）

(2) **もし自分のファイルを失くしていなかったら，私はその仕事を時間通りに終えただろう。**

≫ 条件節が否定文なので，「もし～なかったら」という訳になる。on time は「時間通りに」という意味の成句。（立命館大）

(3) **もしその地図を持っていったなら，ジョンは道に迷わなかっただろう。**

≫〈帰結節→ if 節（条件節）〉という順序の文。帰結節は否定文なので「～なかっただろう」と訳す。get lost は「迷う」。「持っていく」を意味する take を用いる際に，しばしば〈with＋人〉が伴うことについては **Lesson 57** の**3**の(1)で既習。（南山大）

(4) **もしロンドン行きの3時15分のバスに乗っていたら，私は今まさにその誕生日パーティーに参加しているところだろう。**

≫ 条件節が仮定法過去完了で，帰結節の述語動詞が仮定法過去と同じ〈過去形の助動詞＋動詞の原形〉の文。「もし（あのとき）～していたら，今頃は…だろう」という内容になる。right now は **Lesson 78** の**3**の(2)で「今まさに，ちょうど今」と「今すぐ」の意味があると述べたが，ここは前者の意味。（東海大）

2 (1) If (**I had exercised more, I could have run faster in the race last week**).

≫ if が文頭にあるので，〈if 節（条件節）→帰結節〉の順で組み立てる。the race last week は「先週のレース」。last week や this evening などの時を表す表現は，動詞のみならず，このように後ろから名詞を修飾することもできる。たとえば「今晩のパーティー」は the party this evening となる。（愛知学院大）

(2) If (**I had finished my homework yesterday, I wouldn't be so busy now**).

≫「もし（あのとき）～していたら，今頃は…だろう」という内容なので，条件節は仮定法過去完了として，帰結節の述語は〈過去形の助動詞＋動詞の原形〉とする。

(3) His (**life might have been saved if he had been wearing a helmet**).

≫ his が文頭にあるので，〈帰結節→ if 節（条件節）〉の順で組み立てる。帰結節は受動の内容なので，have の後ろは been saved とする。もう 1 つ been が存在するが，問題文の「着用していれば」と，wear が -ing 形であることをヒントに，had been wearing という進行形を組み立てる。

3 (1) **If I had known his phone number, I would have called him.**

≫ 過去の事実に反する仮定をしていて，帰結節の内容も過去のことなので，仮定法過去完了を用いる。条件節に過去完了形，帰結節の述語には〈過去形の助動詞＋have＋過去分詞〉を用いる。

(2) **If he had helped us, we could have succeeded.**

≫(1)と同じく，仮定法過去完了の文だが，「できただろう」を表すために帰結節の助動詞に could を用いる。

(3) **If I had taken[had] the medicine then, I might be fine now.**

≫「もし（あのとき）〜していたら，今頃は…だろう」という内容なので，条件節は仮定法過去完了となり，帰結節の述語動詞は〈過去形の助動詞＋動詞の原形〉となる。「〜かもしれない」という内容を表すために，帰結節では might を用いる。

4 **和訳** 下線部参照。

≫仮定法過去完了の文。帰結節が前に置かれている。

≫be content to *do* は，「〜することに満足する」。

英文解釈

Primitive man (S), 〈grossly superstitious though he may be (形容詞＋though S′ V′（☞構文125））〉, is (V) also scientist and technologist (C). He makes tools 〈based upon (…に基づいて) his verifiable observation of the simple forces around him (名詞構文（☞構文146））〉. Man (S) **would have vanished** (V) long ago 〈**if** he (S′) **had been** (V′) content to exist (C′) 〈in the wilderness〉〉.

和訳 原始人は，ひどく迷信深いかもしれないが，科学者でもあり科学技術者でもある。原始人は，自分の周りにある単純な力を検証可能な形で観察し，それに基づいて道具を作る。人間がもし荒野にいることに満足していたなら，とっくの昔に姿を消していただろう。

（慶應義塾大）

[第 1 文]（Primitive man, grossly ...）

≫grossly superstitious though he may be の部分は，〈形容詞＋though S′V′〉の形。本来の形は though he may be grossly superstitious となる。構文**125**で詳しく扱う。

[第 2 文]（He makes tools ...）

≫based upon ...「…に基づいて」は，事実上の群前置詞。based から him までの直訳は「自分の周りにある単純な力に対する検証可能な観察に基づいて」だが硬い。his から him までは名詞構文（☞構文**146**）であり，以下の文に戻せる。

→ He verifiably observes the simple forces around him.
原始人は自分の周りにある単純な力を検証可能な形で観察する。

和訳 では上記の訳を，based upon の目的語の位置に置いた。

Lesson **80** **if S′ were to *do*, ... / if S′ should *do*, ...**

1 (1) **仮に誰かが私にそんな風に話しかけてきたら，警察を呼びます。**

≫「警察を呼ぶ」という事態が起こるようなことなので，前半は望ましくない内容。そのことを示すために〈if S′ were to *do*, ...〉「(仮に) ～するなら，…」の構文が用いられている。(西南学院大)

(2) **たとえ地球の自転が止まったとしても，重力はまだ完全に働いているだろう。**

≫ 地球の自転が止まるということは，まずありえないことである。were to はこの「仮に」という意味あいを出すためのもの。if の前に even があるので if 節は「たとえ～でも」と訳す。in effect は「有効な」「効力がある」なので，in full effect は「完全に効力がある」。ここから「完全に働いている」と訳せる。

(3) **万が一彼が私たちのクラブを去ったら，それは大きな損失だろう。**

≫ 文の後半から，彼がクラブを去ることが望ましくないことだとわかる。そのニュアンスを出すために (あるいは，これに加えて去る可能性が低いことだということを伝えるために)〈if S′ should *do*, ...〉「(万が一) ～するなら，…」の構文が用いられている。なお帰結節の主語 it は if 節の内容を受ける。

(4) **万が一イベントの最中に気分が悪くなったら，すぐに医療スタッフに知らせてください。**

≫ (3)同様，〈if S′ should *do*, ...〉の構文だが，後半が命令文になっている。この構文は，ありうることについて言及することができ，主節には命令文や現在形の助動詞が用いられることが多い。

2 (1) If (**she should come late, give her this message**).

≫ 文頭が if なので〈if 節 (条件節) →帰結節〉の語順。語群の中に should があるので，これを if 節中の述語部分に置く。後半は「～してください」という内容なので，命令文にする。(同志社大)

(2) If (**she should abandon her job, I will do it**) instead.

≫ (1)とほぼ同じ組み立ての文だが，主節の助動詞に現在形の will を用いることに注意。**1** の(4)の解説で述べた通り，この構文では主節に命令文や現在形の助動詞を用いることが多い。〈if S′ should *do*〉に対する主節部分においては will が用いられることが多いということを再確認したい。

(3) We (**would have to consider cancellation of our trip if a war were to break out in the region**).

≫ 文頭が we なので，〈帰結節→ if 節 (条件節)〉の順で組み立てる。語群の中に were と to があるのを見極め，これを if 節の述語部分に置く。「戦争」は可算名詞であり a war とする。これにより cancellation には冠詞は不要 (つまり不可算名詞) だとわかる。(大阪教育大)

3 (1) (**If**) I were (**to**) (**go**) (**abroad**), I (**would**) (**go**) to France.

≫ were をヒントに，〈if S′ were to *do*, ...〉を用いると判断する。「フランスに行くだろう」という〈意志〉を表すために帰結節には would を用いる。go abroad は **Lesson 36** の**4**で学習している表現。アウトプットもできるようにしたい。(近畿大)

(2) (**If**) you (**were**) (**to**) become a millionaire, what (**would**) you (**buy**)?

≫ 可能性の低いことについて仮定している日本語の内容と空所の数をヒントに，これも〈if

S′ were to *do*, ...〉を用いると判断する。「何を買う意志があるか」を問うているので，帰結節で用いる助動詞は would となる。（日本女子大）

(3) **(If)** we **(should) (be)** late, **(don't) (wait) (for)** us.

≫「待たないでください」なので，後半は否定形の命令文となるとわかるが，これより，〈if S′ should *do*, ...〉の構文を用いればよいと判断できる（**1**(4)の解説で述べた通り，この構文では主節が命令文になることも多い）。「…を待つ」は wait for ...（**Lesson 65** の**3**の(1)で既習）。

4 **和訳** 下線部参照。

≫財布をなくすということは，あまりないことであり，また望ましくないことでもあるので〈if S′ were to *do*, ...〉が用いられている。

英文解釈

〈**If** you **were to lose** your wallet in public〉, you **might expect** to never see it again, 〈particularly if it contained a lot of cash〉. But this may be an ungenerous assumption (about human nature), 〈according to a large study (that found [people are more likely to try and return lost wallets with money 〈than those without 〉])〉.

（☞構文149）　ungenerous：度量の狭い　according to：…によれば　that：S′　found：V′　people：O′　are more likely to：より～する可能性がある　those：=wallets　without ∧ (money)

和訳 仮に公共の場で財布をなくしたとしたら，特に多くの現金が入っている場合は，二度とその財布にはお目にかかれないと思うかもしれない。しかしこれは，人間の本性についての狭量な思い込みであるかもしれない。ある大規模な調査によれば，人はお金が入っていない財布よりもお金の入った財布のほうを返そうとする傾向があることがわかっているのである。（中央大）

[第 2 文]（But this may ...）

≫according to ... は **Lesson 15** の**1**の(4)と，**Lesson 71** の**1**の(1)で既習。according to 以下が長いので，無理に訳し上げることはせずに，**和訳**では訳し下した。このほうが理解しやすく，また文意も問題なく伝わる。

≫try and *do* は try to *do* とほぼ同意で「～しようとする」。

≫lost wallets の lost は「失われた」「なくした」だが，わざわざ「なくした財布」とすると日本語としては不自然なので，訳す際はそのまま「財布」としてよい。拾得物についての話をしているので，ここでは「財布」だけでも「なくした財布」「落とした財布」の意味だと伝わる。

図解の記号：[名詞]（ 形容詞 ）〈 副詞 〉

Lesson 81 as if[though] S′＋仮定法の時制

1 (1) **彼はまるで自分がアメリカ政治学の専門家であるかのように話す。**

≫実際には専門家ではないので，as if 節内の述語は仮定法過去となっている。were は was でもよい。(立命館大)

(2) **彼は何もしなかったが，何か大きなことをしたかのように話す。**

≫これも(1)同様，as if 節の内容が事実とは異なるため，仮定法が用いられている。as if 節内の述語が過去完了なので，仮定法過去完了。talks の時点（つまり今）よりも過去のことについて話しているのだとわかる。(神奈川工科大)

(3) **ほとんどの人はそのロボットをやさしく扱った。中にはそれがまるで小さな生き物であるかのように扱った人さえいた。**

≫as though は as if と同義。実際は生き物ではないのに，まるで生き物であるかのように扱ったという内容なので，as if 節には仮定法が用いられている。manner は「やり方」「方法」(「行儀作法」という意味での日本語の「マナー」に当たる英単語は，複数形の manners なので注意)。したがって in a gentle manner の直訳は「やさしいやり方で」。ここから工夫して「やさしく」と訳す。and の後ろの some は some people の意味。2 つ目の treated は even によって修飾されているので「扱いさえした」とする。

(愛知工業大)

(4) **君は全然寝ていないように見えるよ。**

≫as if 節内の述語が直説法であり，現在形の have が用いられている。この形を用いることにより，寝ていないということに現実味を感じていることが伝わる。

2 (1) (**Why are you talking to me as though I were a child**)?

≫「私が子どもだ」ということは非現実のこと。よって as though の後ろは仮定法過去を用いる。

(2) (**He talked as if he had seen me before**).

≫「話した」の時点よりも，「会ったことがある」の時点の方が前である。時間が過去にズレるので，as if 節の述語の時制は仮定法過去完了となる。

(3) (**He looks as if he is going to be ill**).

≫〈予測・予想〉の意味の be going to *do* を用いる（これについては，**Lesson 3** の**1**の(3)，**Lesson 43** の**2**の(2)で既習)。語群の中に be 動詞が 2 つあるが，原形の be は going to の後ろで用いる。もう 1 つが as if 節の述語動詞となるが，was でなく is であるのは，彼が病気になりそうだということに現実味があるため。(北海学園大)

3 (1) **She treated me as if[though] I was[were] her son.**

≫「扱った」は treated。「私が彼女の息子である」ということは事実ではないので，be 動詞は仮定法過去を用いる。仮定法過去においては主語が単数の名詞，あるいは不可算名詞であっても，be 動詞に were が用いられることが少なくない。

(2) **He is acting as if[though] he hadn't read the article.**

≫今，ふるまっているので，主節の述語は現在進行形の is acting となる。「記事を読んでいない」というのは過去のことなので（時間のズレがあるので），as if 節内部の時制は仮定法過去完了となる。

(3) **You look as if[though] you were thinking about something else.**

» 〈S look as if[though] S′ V′... .〉は，as if[though] 節を用いた文の典型的な型としてマスターしたい。as if 節の述語は are（直説法）でも were（仮定法）でもよいが，are を用いるなら語り手はそのようなことが十分ありうると感じていることになる。were を用いれば，語り手が「別のことについて考えているはずはないが，あたかもそのように見える」とその可能性を低く見ていることになる。本問では were が指定されているので，were を用いる。「何か別のこと」は something else。else を something の後ろに置くことに注意。（京都女子大）

4 **和訳** 下線部参照。

» feel as if S′ V′は「S′はV′のように感じる」。本問では V′が直説法なので，仮定ではなく，実際に置き去りにされていると感じているニュアンスがある。

» the disabled は disabled people の意味。〈the＋形容詞〉は「～な人たち」の意味になりうる（例：the rich＝rich people, the young＝young people）。

» are being left out は受動態の進行形。このように受動態の進行形は述語部分が〈be 動詞＋being＋過去分詞〉となる。

英文解釈

One potential problem (with getting rid of plastic straws) has to do with the effects (of such a ban) (on physically disabled people). Representatives of this community feel **as if** the disabled **are being left out** of the discussion (regarding the regulations on straws).

S: One potential problem / with: …に関する / getting rid of: …を廃止する / has to do with: V …と関係がある / the effects: O / on: …に対する / Representatives of this community: S / feel: V / the disabled: S′ ＝disabled people / are being left out: V′ 置き去りにされている / regarding: …に関する

和訳 プラスチックストローの廃止に関する一つの潜在的な問題は，そのような禁止が身体障がい者に及ぼす影響と関連がある。この（＝身体障がい者の）コミュニティの代表者たちは，障がい者たちがストローの規制に関する議論から置き去りにされているように感じている。（甲南大）

[第 1 文]（One potential problem ...）

» the effects に対して，後ろから of 句と on 句が修飾している。effect of A on B で「A の B に対する影響」の意味となる。

Lesson
82 if it were not for ... / if it had not been for ...

1 (1) **あなたの助けがなかったら，私はその事業を完了させることができないだろう。**

≫〈if it were not for ...〉「もし（今）…が（い）なければ」が用いられた文。仮定法過去なので，帰結節の述語の形は〈過去形の助動詞＋動詞の原形〉となる。助動詞が could なので，「～できないだろう」と訳す。(和洋女子大)

(2) **あなたの親切な協力がなかったなら，この事業は失敗していただろう。**

≫〈if it had not been for ...〉「もし（あのとき）…が（い）なかったならば」が用いられた文。仮定法過去完了なので，帰結節の述語の形が〈過去形の助動詞＋have＋過去分詞〉となっていることを確認しよう。(武庫川女子大)

(3) **膝の問題がなかったなら，彼は偉大なマラソンランナーになっていただろう。**

≫これも〈if it had not been for ...〉「もし（あのとき）…が（い）なかったならば」が用いられた文だが，〈帰結節→if節（条件節）〉の順になっている。帰結節（主節）の would have become ... は「…になっていただろう」の意。(京都産業大)

(4) **私のトロフィーを見て。あなたの援助がなかったら，私は最後のスピーチコンテストで優勝していなかっただろう。**

≫この文の without は〈if it had not been for ...〉と同意。帰結節の述語の形（wouldn't have won）から，このように判断できる。(大阪教育大)

2 (1) If (**it were not for water, we would not be able to live**).

≫文頭が if なので〈if節（条件節）→帰結節〉の順に組み立てる。if節は〈if it were not for ...〉を用いる。(芝浦工業大)

(2) Most (**people could not live in this town, if it were not for his support**).

≫(1)と同じく〈if it were not for ...〉を用いる文だが，文頭が most なので〈帰結節→if節（条件節）〉の順に組み立てる。(立命館大)

(3) (**Without the goal that Brian made at the end of the game, his team wouldn't have**) won.

≫「…がなかったら」の意は語群の without で出す。「勝っていなかっただろう」は，wouldn't have won とする。この主節の時制から，この without は仮定法過去完了の〈if it had not been for ...〉と同意だとわかる。「ブライアンが試合の終盤に決めたゴール」は目的格の関係代名詞 that を用いて表現する。(獨協大)

3 (1) (**If**) (**it**) (**were**) (**not**) (**for**) (**your**) (**advice**), our project (**would**) (**fail**).

≫「…がなければ～だろう」という問題文の内容から，現在の事実に反する仮定，つまり仮定法過去を用いる。前半のカッコの数から，without ではなく，〈if it were not for ...〉を用いると判断する。(名古屋市立大)

(2) (**Without**) (**his**) (**help**), we (**couldn't**) start this plan.

≫問題文の内容より，こちらも仮定法過去に相当する内容だとわかるが，カッコの数から without を用いる（この without は〈if it were not for ...〉と同義）。「始められないだろう」なので，後半のカッコには wouldn't ではなく，couldn't を入れる。

(3) If (it) hadn't (been) (for) (you), I (should) have drowned.

≫〈if it had not been for ...〉は，「もし（あのとき）…がなかったならば」という意味だけでなく，「もし（あのとき）…がいなかったならば」の意味ももつ。つまり，不在だったものが「物・事」であった場合だけでなく，「人・生き物」であった場合にも用いられる表現。「～はずだ」は should。この意味の should は苦手とする人が多いので注意。

4 (1) **taking**　(2) **和訳** 下線部参照。

≫(1) 前置詞 for の後ろなので，動名詞にする。

≫(2) if 以下は仮定法過去完了の一形態で，「もし（あのとき）…が（い）なかったならば」。

≫ sale に対しては，直後の of 句のみならず，その後ろの at 句も修飾語としてはたらく。被修飾語と修飾語は隣接するとは限らないということを改めて意識したい。

英文解釈

This is the story (of an American street photographer (who kept her passion (for taking pictures) secret 〈until her death〉)). She lived her life as a caregiver, and 〈**if it had not been for** the sale (of her belongings) (at an auction house)〉, her incredible work might never have been discovered.

who: S′　kept: V′　her passion: O′　secret: C′　as: …として　caregiver: 介護士　might have＋過去分詞（☞構文018）

和訳 これは，写真を撮ることへの情熱を死ぬまで秘密にし続けたアメリカのストリート・フォトグラファーの物語だ。彼女は介護士として人生を送ったのだが，もしオークション会場で彼女の所持品の販売がなかったら，彼女の驚くほど素晴らしい作品は決して発見されなかったかもしれない。（大学入学共通テスト）

[第 1 文] (This is the ...)

≫ who 節の内側は〈keep A（名詞）B（形容詞）〉「A を B の状態にしておく」（これは **Lesson 42** の**3**の(1)と **Lesson 65** の**3**の(2)で既習）。

Lesson 83 S wish (that) S′＋仮定法動詞 / It's time ～

1 (1) **前もって２つ以上の店で価格を比較することができていればなぁ。**

≫〈S wish (that) S′＋仮定法動詞〉の構文。wish の後ろの動詞が仮定法過去完了なので，過去のことについての願望を述べている文だとわかる。been able to があるので，〈可能〉のニュアンスを出す。（大学入学共通テスト）

(2) **既婚男性は時々，自分が独身であればなぁと思う。**

≫これも〈S wish (that) S′＋仮定法動詞〉の構文。後ろの動詞が仮定法過去であり，現在のことについての願望を述べている。この構文では S が I であるケースが大多数だが，ここでは men が主語になっている。men を修飾する married は，本来は過去分詞の動詞だが，事実上の形容詞。英和辞典にも形容詞として記載されている。このように，形容詞として扱われている過去分詞の動詞は非常に多い。（鹿児島国際大）

(3) **彼が先生の助言を聞き入れていればなぁ。**

≫if only は I wish と同意の表現。後ろが仮定法過去完了なので，過去への願望を述べている文。（武蔵野大）

(4) **私は昼寝をする時間だと思う。**

≫〈It's time for ... to *do*〉の型は，せきたてる感じではなく，単に「…が～する時間だ」ということを述べる表現。（慶應義塾大）

2 (1) **(I wish I had learned about photography).**

≫過去への願望を述べている文なので，I wish の後ろは仮定法過去完了を用いて I had learned とする。（東海大）

(2) **(I wish I could forget her).**

≫こちらは現在への願望を述べているので I wish の後ろは仮定法過去。ただし，「忘れられれば」なので，〈可能〉の意味を出すために I forgot her ではなく，I could forget her となる。

(3) **(It's high time we started preparing for our presentation).**

≫「とっくに～する時だ」という内容なので，「とっくに」に high を用いて，〈It's high time ～〉とする。「～」の部分の時制は仮定法過去となる。prepare for ...「…の準備をする」は，**Lesson 58** の**1**の(1)で既習。

3 (1) **(It's) (about) (time)** we **(took[had])** a short break.

≫〈It's time ～〉の構文を用いればよいが，「そろそろ」のニュアンスを出すために，about を入れて〈It's about time ～〉とする。「～」の部分の時制は仮定法過去となり，take [have] を過去形で用いることに注意。（東海大）

(2) **I wish[If only] I was[were]** 10 years younger!

≫「(今) ～であればなぁ」という内容を〈I wish S′ V′ (過去形)〉もしくは〈If only S′ V′ (過去形)〉で表現する。「今」のことについての非現実的な願望を表すので，I wish [If only] の後ろの時制は仮定法過去。was でも were でもよい。

(3) **I wish[If only] I had known that[it] earlier.**

≫こちらは(2)とは違い，「過去」のことについての願望を述べる文なので，I wish[If only] の後ろの時制は仮定法過去完了。また「(今より) もっと早く」という意味を出すため，early は比較級にする。

4 和訳 下線部参照。

≫I wish を用いて願望を述べている文。wish の後ろが仮定法過去完了なので，過去への願望を述べているとわかる。

≫being a good communicator の直訳は「よい伝達者であること」だが，やや不自然なので，ここから工夫して 和訳 のようにする。なお，communicator という語の訳の工夫については，**Lesson 72** の **1** の(2)でも扱った。

英文解釈

〈If you are (V′①) the most brilliant (優秀な) researcher 〈in the world〉 but can't talk (V′②) or write (V′③) 〈about your discoveries〉〉, then no one (S 誰も～ない) will be able to benefit (V) 〈from your work〉. 〈For that reason〉, public speaking and writing are very important. **I wish** I **had paid** more attention in English class 〈in high school and college〉, 〈because [being a good communicator] (S′) is (V′) hugely important (C′) for (…にとって) scientists〉.

和訳 もしあなたが世界で最も優れた研究者で，けれども自分の発見について話したり書いたりできないのであれば，誰もあなたの業績から恩恵を被ることができないだろう。そんなわけで，公衆に向けて話したり書いたりすることはとても重要なのである。コミュニケーションが上手であるということは科学者にとって大いに大切なので，高校・大学時代にもっと英語の授業をしっかり聞いておけばよかったと思う。(岩手大)

11 仮定法

図解の記号：[名詞]（ 形容詞 ）〈 副詞 〉

Lesson 84 It is＋名詞＋that ...（強調構文：名詞を強調）

1 (1) **大事なのは結果だ。[別解] 結果こそが大事だ。**

≫ that の直後が動詞なので，主語が強調されている強調構文だとわかる。元の文は The results count. で，この文の下線部が強調されている。強調構文では，強調されている部分を最後に訳し，「～のは…だ」とするのが基本だが，この場合では「…こそが～だ」とも訳せる。また，動詞の count には「重要である」という意味がある。（杏林大）

(2) **人間が寒い北の地域に定住することを可能にしたのは，火を思い通りに扱えるようになったことと，衣服の着用だった。**

≫ この文も that の直後が動詞であり，主語が強調された強調構文。元の形は，The control of fire and the use of clothing allowed humans to settle in the cold northern areas. で，下線部が強調されている。またこの allow は p. 44のリストにあるもの。意味は「許す」ではなく，「可能にする」。なお human を用いて「人間」という意味を表す場合は，通常，複数形の humans にするか，human being という形にする。（文教大）

(3) **私がこれから話そうとしているのは，この車についてだ。**

≫ 前置詞 about の目的語がないので，強調されている this car が about の目的語だとわかる。元の文は I'm going to talk about this car. で，下線部が強調されている。

(4) **私に欠けているものは富だけだ。**

≫ lack「…を欠く」の O がないまま文が終わっているので，wealth が O だと判断する。元の文は I lack only wealth. で，wealth を修飾する only も含めて強調されている。

2 (1) **(It is my wife whom I owe a lot of my success)** to.

≫ 語群に it is と whom があることから，強調構文を組み立てると判断する。owe と文末の to より，owe A to B「A は B のおかげである」を用いるのだと見当をつければ，B に my wife が入るとわかる。ただし to の後ろに何もないまま文が終わっているので，この目的語にあたるもの（＝my wife）を強調するために It is と whom ではさむ。

(2) **(It's this picture which we treasure)** most.

≫ 語群に it's と which が存在することと，treasure が「…を大切にする」という他動詞であることを考慮に入れて，treasure の目的語を強調する強調構文を作る。強調されているものが人ではなく物事である場合は，which が用いられることがある。

(3) **(It was not you but the other driver who was responsible for the accident).**

≫ 問題文は「君ではなくもう一方のドライバーがその事故について責任があった」という文の下線部（主語）が強調された文だと判断できる。主語の部分は「A ではなく B」という内容なので，構文**107**で扱った〈not A but B〉を用いるのだと考え，It was not you but the other driver who was ～を組み立てる。「…について責任がある」は be responsible for ...（**Lesson 55** の **1** の(4)で既習）。（上智大）

3 (1) **It was an essay that he was writing.**

≫「彼が書いていたのはエッセイだった」は，「彼はエッセイを書いていた」という文の，「エッセイを」の部分（目的語）を強調した強調構文である。したがって，He was writing an essay. という文をもとに，下線部を強調した文にする。

(2) **It was my father that explained the traffic accident to me.**

≫問題文は「父がその交通事故のことを私に説明した」という文の，「父が」の部分（主語）を強調した強調構文である。My father explained the traffic accident to me. という文をもとに，下線部を強調した文にする。なお，主語を強調する場合は，本冊 p. 182の 手順1 のみで強調構文が完成する。(日本大)

(3) **It was John who broke this door.**

≫問題文は，「ジョンがこのドアを壊した」という文の，「ジョンが」の部分（主語）を強調したもの。John broke this door. という文を出発点にして，下線部を強調する。who を用いるという指定なので，John を It was と who ではさむ。

※なおこの 3 問において，was の代わりに is を用いることも可。

4 (1) **和訳** 下線部参照。 (2) (c)

≫(1) who を用いた強調構文。who の直後が動詞なので，S を強調している文だとわかる。and によって saw 以下と decided 以下が結ばれているので，まずはこの 2 つの部分を訳したうえで，「〜のは」でつなぎ，最後に強調されている Nancy Edison を訳す。

≫(2) 本冊 p. 44のリストにある，〈encourage O to *do*〉の型。

英文解釈

〈Despite [what others said]〉, Nancy Edison, (who was Thomas's mother),
…にもかかわらず（☞構文089）

was determined to provide her son with practical opportunities (for
〜しようと決意していた　provide A with B

learning). **It was Nancy Edison who** saw great potential in her son and
強調構文　V′①

decided [to take him under her own wing]. She patiently worked with
V′②　自分の保護のもとで→自分の手で　S　V①

Thomas and continued [to encourage him to learn and pursue his
V②　V′（☞構文023）　O′　C′

scientific interests].

和訳 他の人が何と言おうと，トーマスの母であるナンシー・エジソンは息子に実践的な学習の機会を与えようと決意していた。息子に大きな可能性を見いだし，自分の手で育てようと決意したのはナンシー・エジソンだった。彼女は辛抱強くトーマスの手助けをし，彼が科学的な関心事を学び，追及することを奨励し続けた。(亜細亜大)

[第 1 文] (Despite what others ...)

≫despite は前置詞（**Lesson 11** の**1**の(4)などで既習）。本問では，この目的語が関係代名詞の what 節（☞構文089）である。この部分の直訳は「他人が言ったことにかかわらず」だが，不自然なので **和訳** のようにした。

図解の記号：[名詞]（ 形容詞 ）〈 副詞 〉

Lesson **85**

It is＋副詞（句／節）＋that ...（強調構文：副詞（句／節）を強調）

1 (1) **鉄が初めて道具に用いられたのは西アジアにおいてだ。**

≫ 元の文は次の通り。Iron was first used for tools in West Asia. 下線部（「西アジアで」）は動詞 was used「使われた」を修飾する。動詞を修飾する句は副詞句である。問題文はこの部分を強調した文。（桜美林大）

(2) **1902年になって初めていくつかのイギリスの裁判所が指紋の証拠を使い始めた。**

≫〈It is[was] not until ～ that ...〉という型の文は，文法上は強調構文の一形式ではあるが，「～して初めて…する［した］」と訳す 1 つの型として処理すればよい。（東海大）

(3) **私が学校に遅れたのはその事故のためだ。**

≫ (1)は〈前置詞＋名詞〉が強調された強調構文だったが，本問では〈群前置詞（because of）＋名詞〉が強調されている。いずれも副詞句が強調された形。群前置詞については構文**039**で既習。（東邦大）

(4) **高校を卒業して初めて私は自分自身を愛し，受け入れ始めた。**

≫ (2)と同じく〈It was not until ～ that ...〉の型だが，(2)では「～」の部分が1902という 1 語のみだったのに対し，本問では I graduated from high school という文である。いずれのパターンにも対応できるようにしたい。

2 (1) **(It was not until I visited him that I realized how ill he was).**

≫「～して初めて…した」という内容の文なので，〈It was not until ～ that ...〉を用いる。realized の目的語は，構文**081**で学んだ間接疑問文（元の疑問文は How ill was he?）。ちなみにこの文を倒置構文で書くとすれば，Not until I visited him did I realize how ill he was. となる。（皇學館大）

(2) **(It was from my father that I learned the value of not wasting anything).**

≫ 問題文の「～のは父からだった」という部分から，「父から」（from my father）という副詞句を強調した強調構文を組み立てると判断する。「…の価値」は value of ... だが，本問は「…」の部分が動詞を含む内容であり，また否定の内容でもあるので，動名詞にしたうえで，前に not を置く。〈not＋any〉が全体否定［全部否定］になることについては，構文**105′**で既習。

(3) **(It was after I got home that I heard about the incident).**

≫ 問題文の「～のは帰宅後だった」という部分から，「帰宅後」（after I got home）という副詞節を強調した強調構文を組み立てる。「帰宅する」を get home と表現できるようにしておきたい。

3 (1) **It was yesterday that John broke a window.**

≫「～のは昨日だった」の部分から，「昨日」（yesterday）を強調する強調構文を作るのだと判断する。元の文は John broke a window yesterday. で，下線部を強調構文によって強調したものが解答例の文。（星槎道都大）

(2) **It was while I was sleeping that I came up with the idea.**

［別解］ It was while I was sleeping that the idea came into[to] my mind.

≫「～のは寝ている間だった」の部分から，「寝ている間」（while I was sleeping）という副詞節を強調する強調構文を作る。「…を思いつく」は，指定語に come があるので，

come up with ... と表現すればよいが come into[to] *one's* mind「(考えなどが) 人の頭に浮かぶ」を用いてもよい。元の文は I came up with the idea [The idea came into my mind] while I was sleeping. で，下線部を強調したものが解答例の文。

(3) **It was last year that my father passed away.**

≫「～のは去年のことだった」の部分から，「去年」(last year) を強調する強調構文を作る。「死ぬ」は die だが，婉曲表現の「亡くなる」は pass away。元の文は My father passed away last year. で，下線部を強調したものが解答例の文。

4 (1) **和訳** 下線部参照。 (2) (c)

≫(1)〈It was not until ～ that ...〉「～して初めて…した」が用いられた文。until の後ろは S′V′C′。

≫(2) society は一種の「場」であり，場所を表す名詞は where 節によって修飾される。構文**087**で扱った内容。

英文解釈

The transition (移行) to email was not instant. **It was not until** (～して初めて…した) computers became widespread **that** it (＝email) became the most common medium (媒体). 〈Of course〉, there are still many people (who prefer words on paper), 〈especially among the older generation〉 (☞構文**149**). But 〈in a society (where instant satisfaction has come to be valued) (☞構文**010**)〉, people are attracted to email.

和訳 Eメールへの移行は即座に進んだわけではなかった。コンピューターが普及して初めてそれ [Eメール] は最も一般的な媒体となった。もちろん，特に年配の世代には紙に書かれた文字のほうを好む人がまだたくさんいる。しかし即座に得られる満足感が重んじられるようになった社会においては，人々はEメールに惹かれるのである。(学習院大)

Lesson
86 形容詞［副詞］+as S′ V′

1 (1) **彼女は疲れていたが，それでも自分の仕事を終えることができた。**

≫ Tired as she was が〈形容詞＋as S′ V′〉の構文。Though she was tired の意味。

(松山大)

(2) **私たちは速く走ったが，その電車に乗り遅れた。**

≫ Fast though we ran は，〈副詞＋as S′ V′〉の構文の as が though になったもの。Though we ran fast という表現の fast が前に出た形だと考えればよい。

(3) **遅い時間だったが，私たちは友達のもとを訪れることに決めた。**

≫ Late as it was は，(1)と同様に〈形容詞＋as S′ V′〉の型。Though it was late の意味であり，この it は時間を表す。(福岡大)

(4) **彼は眠かったので，その問題を上手に説明することができなかった。**

≫〈形容詞［副詞］＋as S′ V′〉は，「～だが」〈逆接・譲歩〉ではなく「～ので」〈理由〉の意味である場合もあることに注意。どちらなのかは文脈から判断する。「眠かった」ということは，「その問題を上手に説明することができなかった」ことの理由になりうるので，ここは「～ので」の意味で取る。なお，この文では形容詞の前に as が置かれており，As sleepy as ～となっている。この形にも慣れたい。

2 (1) (**Much as I'd like to help you, I'm too**) busy.

≫「あなたを助けたいのはやまやまだが」は「あなたを大いに助けたいが」ということ。語群に as と much があることを見抜き，much as I'd like to help you を組み立てる。would like to *do*「～したい」は **Lesson 64** の**2**の(1)で既習。

(2) (**As difficult as the problem is, the reward for solving it is**) enormous.

≫ 前半に〈形容詞［副詞］＋as S′ V′〉の構文を用いればよいが，語群に as が 2 つあることから，前に as を置いて as difficult as the problem is と組み立てる。「…の報酬」は reward for ....。本問では「…」が動詞を含む内容なので，動名詞句（solving it）になる。

(3) (**Strange as it may seem, nobody was injured in the**) fire.

≫「奇妙に思われるかもしれないが」という問題文の内容と，語群に as があることをヒントに strange as it may seem の部分を組み立てる。

3 (1) (**Young**) (**as**) (**he**) (**is**), he is wise.

≫ 2 語目を a で始まる単語にする必要があるので，「(彼は) 若いが」という内容は〈形容詞［副詞］＋as S′ V′〉の構文で表現する。(長崎県立大)

(2) (**Hot**) (**as**) (**it**) (**is**) today, we must go out.

≫ (1)と同様に，「今日は暑いが」を，〈形容詞［副詞］＋as S′ V′〉の構文で表現する。〈寒暖〉を表すので，S′ V′は it is となる。(日本大)

(3) (**Careful**) (**though**) (**he**) (**was**), he made (**unexpected**) mistakes.

≫「彼は用心深くしていたが」に，(1)(2)同様〈形容詞［副詞］＋as S′ V′〉の構文を用いればよいが，2 つ目のカッコを t で始めるという指定があるので，as の代わりに though を用いる。「予期せぬ」は unexpected。本来は過去分詞の動詞だが，事実上の形容詞。英和辞典にも形容詞として記載されている。(名城大)

4 **和訳** 下線部参照。

» poor as this nation is は，〈形容詞［副詞］+as S′ V′〉の構文。文脈から〈逆接・譲歩〉の意味で取る。

» be rich in ... は「…が豊かだ，…に富む」。

英文解釈

The following sayings (S), for example, exist (V) 〈both in English and in Spanish〉: "A friend in need is a friend indeed" and "Great minds think alike." 〈Whenever I travel〉(☞構文075), I love learning the sayings (of other cultures and countries). I recently visited Haiti, and one of the things (S) (∧(that) I learned) is (V) [that 〈**poor as this nation is**〉, it is rich in (…が豊かだ) sayings] (C).

和訳 たとえば次のことわざは，英語にもスペイン語にもある。「まさかのときの友こそ真の友」「賢人は皆同じように考える」。私は旅行するとき，いつでも他の文化や国々のことわざを知るのが大好きだ。私は最近ハイチを訪れたのだが，学んだことの一つは，この国は貧しいが，ことわざが豊かだということだ。（聖心女子大）

［第1文］（The following sayings, ...）

» "A friend in need is a friend indeed" の need は「まさかのとき，困ったとき」。また indeed は〈強調〉を表し「本当に，確かに」の意味。したがって，このことわざの直訳は，「まさかのときの友人は，本当に友人だ」となるが，ここから少し工夫したのが上の **和訳**。

» "Great minds think alike." の mind は「精神」や「頭脳」の意味ではなく，「(聡明な)人」の意味。alike は副詞で「同じように」。よってこのことわざの直訳は，「偉大な（聡明な）人は同じように考える」。ここから工夫したのが上の **和訳**。

12 強調・倒置

Lesson
87 場所に関する副詞（句）+V S

1 (1) **川岸は砂地で，その奥にはうっそうとした森があった。**

≫ and のあとが〈場所に関する副詞（句）+V S〉の構造。was が〈存在〉の意味だということと，（dense）forest が主語だということを見抜く。behind them は「それらの後ろに」という意味で，〈場所〉に関する意味をもつ。これが動詞 was「あった」を修飾する。

（大阪経済大）

(2) **わずか20歩離れたところに大きなオオカミがおり，罠にかかっていた。**

≫ away は「離れたところに」という意味の副詞。そしてこの副詞に対して，no more than 20 steps という修飾語が加わって〈場所〉に関する副詞句を形成する（〈no more than ...〉は only の意味。☞構文**096′**）。本問の was も(1)と同じく〈存在〉の意味。caught 以下は，wolf に対する修飾語として処理することも不可能ではないが（つまり「罠にかかった大きなオオカミがいた」と訳すことも可能だが），ダッシュで一度区切られていることを考慮に入れて，解答例のように訳し下すとよい。（関西大）

(3) **雲の後ろから月が現れた。**

≫ from behind ... の部分は「二重前置詞」といい，前置詞が連続する形。この表現は「…→2つ目の前置詞→1つ目前置詞」の順に訳す。類例を挙げる。

ex. 1　from under the desk　その机の下から

ex. 2　until after the festival　そのお祭りのあとまで

したがって，from behind the cloud は「雲の後ろから」と訳す。動詞 appear については，構文**009**で appear to *do*「～するようである」という用法を扱ったが，この意味に加えて「現れる」という意味もある（この意味については **Lesson 6** の**1**の(2)の解説でも言及した)。本問では後ろに主語である the moon があるため，「月が現れた」という意味になる。from behind the cloud は動詞 appeared を修飾する。

(4) **美しい白猫が壁を登って越えていった。**

≫ over the wall は「壁を越えて」という意味で，動詞 climbed を修飾する。climb は「登る」「登っていく」という意味。「いく」は「往(い)く」であり，この動詞は p. 188の 条件2 で示した「〈往来〉に関するもの」の一例である。文の直訳は「美しい白猫が壁を越えて登っていった。」だが，このままではわかりにくいので工夫する。

2 (1) **(Here comes the fire engine).**

≫「ほら…だよ」は Here is ... . だが，「ほら…が来たよ」は Here comes ... . で表す。いずれも倒置に関する成句的表現として，セットで覚えたい。（早稲田大）

(2) On **(the table are three items).**

≫「～がある」という内容だが，文頭に on を用いるという条件から，倒置形の〈場所に関する副詞（句）+V S〉を用いるのだと判断する。（東京学芸大）

(3) In **(the Morgan Library in New York is a collection of medieval and renaissance books).**

≫ これも文頭が前置詞という条件なので，〈場所に関する副詞（句）+V S〉で表現する。「ニューヨークの」の「の」は，「ニューヨークというエリアの中にある」という意味で in を用いる。（玉川大）

3 (1) **(In)** this **(forest[wood(s)])** **(live)** **(hundreds)** of **(monkeys)**.

»「住んでいる」という〈存在〉の意味をもつ文。2語目がthisなので,「この森には」を前半で表現するのだと考え,〈場所に関する副詞（句）+V S〉の型を用いる。「何百匹もの…」はhundreds of ....。

(2) **(Among)** **(the)** audience was **(my)** **(future)** **(wife)**.

» 3語目がaudienceなので, my future wife「私の未来の妻」は後半で用いるのだと考え,〈場所に関する副詞（句）+V S〉で表現する。「…の中に（=…に取り囲まれて, …にまじって）」の意はamongで表す。

(3) **(On)** the surface **(of)** the **(water)** **(floated)** **(white)** **(flowers)**.

» 2語目・3語目がthe surfaceなので, white flowers「白い花々」は後半で用いるのだと判断し,〈場所に関する副詞（句）+V S〉の型を用いる。「浮かんでいた」なので用いる動詞はfloated。「浮かんでいた」は「浮かんで存在していた」ということであり,〈存在〉に関する語であるため, p. 188の 条件2 を満たし, この構文を用いることができる。

4 **和訳** 下線部参照。

»〈場所に関する副詞（句）+V S〉の構文。「場所に関する副詞句（=動詞修飾語）」は前置詞句。

英文解釈

〈Along the wall 〈opposite the check-in counter〉〉 are shops (selling newspapers and fast food). Still other objects around me are the usual wall clocks, telephones, ATMs, escalators to the upper level, and 〈of course〉 airplanes on the runway (visible through the terminal windows).

- 〈Along the wall 〈opposite the check-in counter〉〉: 動詞修飾語（areを修飾）
- are: V / shops: S
- Still other objects around me: まだ他にあるもの→その他のもの S
- are: V
- the usual wall clocks: C①, telephones: C②, ATMs: C③, escalators to the upper level: C④, airplanes on the runway: C⑤
- (visible through the terminal windows): （☞構文148）
- terminal windows: ターミナルビルの窓

和訳 チェックインカウンターの反対側の壁沿いに新聞とファストフードを売っている店が並んでいる。私の周りにあるその他のものは, ありふれた壁時計, 電話, ATM, 上階へのエスカレーター, そしてもちろんターミナルビルの窓から見える滑走路上の飛行機だ。

（青山学院大）

[第2文] (Still other objects ...)

» 第2文全体の構造はSVC。Stillからmeまでが S, areがV, the usual以下がC。Cにあたる部分はA, B, C, D, and Eの形で5つが列挙されている。

» visible以下は「形容詞から始まる名詞修飾語句」（☞構文**148**）。airplanes on the runwayを修飾する。

Lesson
88 否定語（＋α）＋疑問文の語順

1 (1) **私は彼が１等賞を取るとは思ってもみなかった。**

≫ little は think など，「思う」「考える」といった意味の動詞とともに用いられた場合は，「まったく～ない」という意味になる。little が文頭に出ているために SV の部分が疑問文の語順になっているが，疑問文ではないことを理解しつつ和訳する。（東京理科大）

(2) **帰宅して初めて私は事務所のドアにカギをかけ忘れたことに気づいた。**

≫〈only＋after 節〉が文頭に出ている形。「～のあとだけでしかない」ということは，「～のあとになって初めて」ということ。get home「帰宅する」は **Lesson 85** の**2**の(3)で既習。

(3) **父は何があっても私が父の車を使うことを許さないだろう。**

≫ under[in] no condition[circumstances] は，否定語の no が〈前置詞＋no＋名詞〉の3語で文頭に出たパターンで，「何があっても～ない」という意味。〈否定語（＋α）＋疑問文の語順〉に関する成句的表現として押さえておきたい。〈let O *do*〉「O が～するのを許す／O に～させてやる」は構文**026**で既習。

(4) **サルは数歳になって初めて母親から独立する兆しを見せはじめる。**

≫〈Not until ～＋疑問文の語順〉は，構文**124′**で扱った通り，〈It is not until ～ that ...〉「～して初めて…する」と同意。a monkey is の is は become の意味。several は「いくつかの」の意味だが，a few と違い「少数」の含意はなく，３以上，５，６までを指す場合が多い。（日本女子大）

2 (1) (**Seldom do we hear such a beautiful chorus from church**) choirs.

≫ 語群の中に do がある。seldom を文頭に出し，do we hear という疑問文の語順にしなければ do の使い道がなくなることを見抜く。such a ...「そのような…」は，**Lesson 1** の**1**の(1)や，**Lesson 2** の**1**の(1)などで既習。（奈良大）

(2) Only (**in this museum can you see the first space shuttle**).

≫「この博物館だけです」という問題文から，only＋in this museum を組み立てる。否定語 only を含む句が文頭にあるので，SV の部分は疑問文の語順となる。つまり you can see ではなく，can you see の語順となる。

(3) Not (**a word did he speak**).

≫ not を文頭に用いるという条件があるので，not と a word をセットにして文頭に出し，疑問文の語順 did he speak を続ける。このように，not は必ず何かを伴って文頭に出る。

3 (1) Never (**did**) (**I**) (**dream**) that (**such**) a (**lucky**) (**day**) would (**come**).

≫ I never dreamed ～ となるべきところだが，never が文頭にあるので，I dreamed は疑問文の語順とし，did I dream とする。such a ... は**2**の(1)で扱ったばかり。（駒澤大）

(2) (**No**) reply (**did**) I receive (**from**) (**her**).

≫ I received no reply from her. では，文頭から２語目が reply という条件に合わない。no reply を文頭に出して，I received を疑問文の語順，つまり did I receive とする。no の直後にある名詞は，必ず no とともに文頭に出る。

(3) Hardly (**can**) (**I**) (**believe**) (**this**) (**story**).

≫ 文頭が hardly なので，I can believe は can I believe の疑問文の語順となる。

4 (1) as　(2) **和訳** 下線部参照。

≫ (1) 前にある as と後ろにある possible をヒントに，構文**093**で扱った〈as ... as possible〉「できるだけ…」を完成させる。

≫ (2)〈否定語の only＋a few times〉と，times を修飾する in my life のセットが文頭に出ており，SV の部分が疑問文の語順になった文。

英文解釈

I sleep（V①） soundly most of the time（たいてい） and seldom need（V②） an alarm clock 〈to（～するために） wake up in the morning〉. My dreams are usually about work, and I try to forget them 〈as quickly as possible〉（☞構文**093**）. The dreams（O） (∧(that) I do（強調） want to remember) I（S） usually can't（V） ∧(remember). 〈**Only**（否定語） **a few times in my life**〉 **have I had**（疑問文の語順） a nightmare.

和訳 たいてい私はぐっすり眠り，朝起きるために目覚まし時計が必要なことはめったにない。私が見る夢はふだんは仕事に関するもので，私は可能な限りそれを早く忘れようとする。本当に覚えておきたい夢は，たいていそうできない。私は悪夢を見たことは人生で数回しかない。(高知大)

[第 3 文] (The dreams I ...)

≫ 難文である。まず dreams と I do want to remember という〈名詞＋SV〉の部分に目的格の関係代名詞 that（あるいは which）の省略を読み取る。do は強調のために置かれているもので，「本当に」「実際」などと訳す。よってこの部分の和訳は「私が本当に覚えておきたい夢」。the dreams は文頭にあるので，その後ろには，これに対する V が来ると思いきや，その後ろは I usually can't (remember) であり，主語は the dreams ではなく，I だとわかる。the dreams は省略されている remember に対する O，つまり全体が〈O S V〉の倒置構文なのである。〈O S V〉の倒置形は **Lesson 65** の **4** でも扱ったが，その文は Vegetables you need であり，シンプルな〈O S V〉であった。ところが本問では，O が関係代名詞節に修飾されており（しかも関係代名詞は省略されている），また can't のあとの V が繰り返しを避けるために省略されている。このような形にも対応できるようにしたい。

Lesson
89 neither[nor]＋疑問文の語順 / so＋疑問文の語順

1 (1) **彼らは自分たちの地域を誇りに思っていないし，自分たちの環境をより良くするために何もしていない。**

≫ nor do they do anything は，they don't do anything either の意味（この either は「～もまた」の意)。not と either が nor となって前に出て，SV の部分が疑問文の語順になったもの。take pride in ... は「…を誇り［自慢］に思っている」。文末の to 不定詞句は副詞的用法。「～するために」の意味。(東海大)

(2) **食べ物を分け合いたくない人もいるが，私もそうだ。**

≫ neither do I の後ろには，want to share my food が省略されている。省略を補い，neither を用いずに表現すれば，and の後ろは I don't want to share my food either となる。なお，(1)とは異なり，本問では前半と後半の間に and が置かれている。このように and は置かれることも置かれないこともある。(獨協大)

(3) **姉［妹］とその友達はパニックになったが，私もだった。**

≫ so did I は省略を補うと so did I panic となる。これは I panicked, too と同意。

(法政大)

(4) **「彼女は親切だね。」―「まったくだ。」**

≫ So she is のような，〈so S V〉の語順の場合は「その通りだ，まったくだ」という意味になる。本問の So she is の後ろには，kind が省略されている。

2 (1) (**This animal doesn't have a good sense of smell, nor can it see well**).

≫「嗅覚」を sense of smell で表し，「嗅覚が良くない」を doesn't have a good sense of smell と組み立てられるかが前半のポイント。後半は語群に nor があることから，nor の後ろを it can see とせずに can it see と倒置形にする。(清泉女子大)

(2) (**She has never been late for class and neither have I**).

≫ 語群に has と have がある。現在完了の意味の 1 つに「経験」があることを考慮にいれて，「遅れたことが一度もない」という「未経験」の意味を has never been late と組み立てる。語群に and があるので，前半と後半を and でつないだうえで，neither have I と倒置形を組み立てる。I have ではなく，疑問文の語順の have I とすることに注意。なお I の後ろには been late for class が省略されている。

(3) In the winter (**Russia is an extremely cold country, and so is Finland**).

≫ 前半の extremely cold country の部分は，たとえば very beautiful girl と同じように，ABC という並びで「A が B を修飾し，B が C を修飾する」という関係。品詞でいえば，A が副詞，B が形容詞，C が名詞である。この「副詞→形容詞→名詞」という並びは，よく見られるリズムである。スムーズに組み立てられるようにしたい。語群に and があるので，and でつないで後半を so is Finland とする。Finland の後ろには an extremely cold country が省略されている。(東京理科大)

3 (1) My wife (**can't**) (**swim**), and neither (**can**) (**I**).

≫ and のあとは前出の否定文の内容を受けて，「…もまた～でない」の意味を表す〈neither [nor]＋疑問文の語順〉の倒置構文とする（neither の後ろは，I can とせずに can I とする)。I の後ろには swim が省略されている。

(2) "I'm (**not**) (**interested**) (**in**) baseball." — "Nor (**am**) (**I**)."

≫「私もです」は「私も興味がない」ということ。よって2文目を(1)と同じ構文にすればよいが，こちらはnorを用いた例。Norの後ろは，I amとせずにam Iとする。Iの後ろにはinterested in baseballが省略されている。

(3) "Meg is really beautiful." — "So (**is**) (**her**) (**daughter**)."

≫2文目の「…もだよ」の部分に，前出の肯定文の内容を受けて，「…もまた〜だ，…も同じだ」の意味を表す〈so＋疑問文の語順〉の倒置構文を用いる（Soの後ろにisを先に置く）。daughterの後ろにはreally beautifulが省略されている。

4 **和訳** 下線部参照。

≫Neither do humans learn 〜は〈neither[nor]＋疑問文の語順〉の倒置構文。前の否定文の内容を受けて「…もまた〜でない」の意味を表す。ここでは主語が前文と同じhumans「人間」なので，「人間はまた，〜を学ぶということもない」と訳す。

≫asは「〜するにつれて」の意。**和訳** では少し工夫して「成長していく中で」とした。as in the case of ... は「…の場合のように」という意味。

英文解釈

Humans are not born 〈with the ability (to perform mathematical reasoning or do algebra, geometry, or calculus)〉. **Neither do humans learn** mathematics naturally 〈as they grow up〉, 〈as in the case of language〉. You acquire these skills 〈only if you study mathematics in school, for example〉.

同格（☞構文136）　…もまた〜でない　〜するにつれて　…の場合のように　（☞構文149）

和訳 人間は数学的な推論をしたり，代数，幾何，微積分をしたりする能力を持って生まれてはこない。また人間は，言語の場合のように，成長していく中で自然に数学を学んだりもしない。たとえば学校などで数学を勉強する場合にのみ，これらの技能を獲得するのである。

（日本医科大）

Lesson
90 ＣＶＳ倒置

1 (1) **彼女の体調が悪いのはとても明らかだった。**

≫plain (C) was (V) the fact (S) が文の骨格となるCVS倒置である。that節は同格のthat節で，factの内容を表す（詳しくは構文**135**で扱う）。直訳は「彼女の体調が悪いという事実はとても明らかだった」だが，この文では「事実」という言葉は出さずに，「彼女の体調が悪いのは」としたほうが，訳文として自然になる。(中京大)

(2) **このことに負けず劣らず重要なのは，その製品を広く宣伝することだ。**

≫元の語順は，To advertise the product widely is no less important than this. であり，この文は，**097**で扱った〈no less ～ than ...〉「…と同様に［に負けず劣らず］～である」の構文。文の訳は「その製品を広く宣伝することは，このことに負けず劣らず重要だ」となる。本問は，この文が〈C V S〉の構文になったものだが，Cは前後からnoとthan thisによって修飾されており，これらの全体が文頭に出ていることを確認したい。

(3) **ステージの上で歌っていたのは私の担任の先生だった。**

≫元の語順は，My homeroom teacher was singing on the stage. であり，進行形の文である。この文のbe動詞を中心にして，Sとsinging以下の前後が入れ替わった形が問題文。このように入れ替わった文は，前から順に訳すとよい。

(4) **アメリカのある大学の図書館の入口の上にこんな標語が刻み込まれている。「知識の半分はそれをどこで見つければいいかを知ることだ。」**

≫mottoまでの部分の元の語順は，This motto is engraved over the door of the library of an American university であり，受動態の文。この文のbe動詞を中心に，Sとengraved以下の前後が入れ替わった形が問題文。やはり前から順に訳すとよい。where to find itは構文**032**で扱った〈疑問詞＋to *do*〉。(東京学芸大)

2 (1) Clear (**to all was the importance of his existence**).

≫形容詞clearが文頭にあることと，問題文の内容から，〈S V C〉が〈C V S〉になった形だと判断する。Cであるclearを修飾するto allはclearの直後に置く。

(2) Happy (**is he who expects nothing**), for he will never be disappointed.

≫これも〈C V S〉の形。前半の元の形は，He who expects nothing is happy.「何も期待しない人は幸せだ」。問題文の日本語は倒置された語順ではなく，元の文と同じままだが，happyが文頭にあることから，〈C V S〉構文だと見抜く。those who ～「～な人たち」は頻出表現であり，thoseはpeopleの意味だが，he who ～「～な人」という表現も存在する（ただし堅い表現)。このheはa man［person］の意味。(中央大)

(3) Killed (**in the traffic accident was a girl named Meg**).

≫過去分詞のkilledが文頭にあることと，問題文の日本語の内容から，受動態の文の過去分詞以下が文頭に出た形だと判断する。killedを修飾するin the traffic accidentもいっしょに文頭に出すことに注意。

3 (1) Standing (**there**) (**was**) (**my**) (**mother**).

≫*doing*形の動詞が文頭にあることと，問題文の日本語の内容から，進行形の文の*doing*以下が文頭に出た形だと判断する。Sは文末に置く。

(2) Painted (on) the (wall) (was) a (map) (of) (the) (island).

≫ 過去分詞の動詞が文頭にあることと，問題文の日本語の内容から，受動態の文の過去分詞以下が文頭に出た形だと判断する。S は文末に置く。

(3) Faint (grew) the (sound) (of) (the) (bell).

≫ 文頭に faint があり，問題に「なった」とあるので，become の意味をもつ grow が用いられた〈S V C〉の文が〈C V S〉になった文だと判断する。

4 (1) **和訳** 下線部参照。 (2) **followed**

≫ (1)〈S V C〉が〈C V S〉となった形。

≫ else は後ろから anyone を修飾する。**Lesson 72** の**4**で everyone else という形を見たが，ここでは anyone なので「他の誰［どんな人］」。

≫ (2) followed by ... は過去分詞の分詞構文の一用法（☞構文**054**)。「…がこれに続く」という意味の成句としてとらえてよい。

英文解釈

Happy (C) are (V) the people (S) (of the Nordic nations) — happier, 〈in fact〉, 〈than anyone else (他の) in the world〉. And the overall happiness (S) (of a country) is (V) almost identical (C まったく同じ) to the happiness (of its immigrants). Those (＝前の2文の内容) are the main conclusions (of the World Happiness Report (世界幸福度報告) 2018). ∧(that) Finland (S′) is (V′) the happiest country (C′) in the world, it found (主節挿入（☞構文**131**)), 〈followed by Norway, Denmark, Iceland, Switzerland, the Netherlands, Canada, New Zealand, Sweden and Australia〉.

和訳 (1)北欧の国々の人たちは幸せである。実際，世界の他の誰よりも幸せだ。そして一国の全体的な幸福の度合いは，（その国に来た）移民の幸福の度合いとほぼ一致する。以上が「世界幸福度報告2018」の主な結論である。フィンランドが世界で最も幸福な国であり，ノルウェー，デンマーク，アイスランド，スイス，オランダ，カナダ，ニュージーランド，スウェーデン，オーストラリアがそれに続くことがわかった。(亜細亜大)

[第4文] (Finland is the ...)

≫ it found は主節（it は前文の the World Happiness Report を指す)。文全体の本来の形は It found that Finland is the ...。主節が that 節の中に入り込んだ形になっている（そして that は省略されている)。このような主節挿入については，構文**131** で扱う。

図解の記号：［ 名詞 ］（ 形容詞 ）〈 副詞 〉

Lesson 91

主節の挿入 / 副詞節の挿入

1 (1) **私たちは，彼のすべての作品は政府によって買い上げられたと告げられた。**

≫主節が挿入されている。本来の形は次のもの。

We were told that all his works were bought by the government.

be told ～ は「～を告げられる」。work は可算名詞では「作品」という意味になる。

(2) **おじいちゃんは，いつものことだったが，イヌを散歩に連れ出した。**

≫as is usual with ...「…にはよくある［いつもの］ことだが」という表現は構文**092**で既習。as が節内で S としてはたらくものだが，節全体は副詞節。この副詞節が本問では主節の S と V の間に挿入されている。(早稲田大)

(3) **アリスは，どこでその本を見つければいいかわからず，お母さんにその本がどこにあるかを尋ねた。**

≫S と V の間に分詞構文が挿入されている。where to find という表現（〈疑問詞＋to *do*〉の型）は，構文**032**で扱ったが，本問でもやはり can もしくは should の意味が感じられる。なお，分詞構文の意味は「理由」。(札幌大)

(4) **トムは，自分のしてしまったことに恐れをなして，最初は何も言えなかった。**

≫英語では，感情の多くは過去分詞で表されるが，ここではその過去分詞が分詞構文を形成しており（過去分詞からはじまる分詞構文は構文**054**で既習），この分詞構文が S と V の間に挿入されている。at first は「最初は」。助動詞 could と say の間に入り込んでいる。

(東海大)

2 (1) Your son, I (**firmly believe, will succeed in this field**).

≫「私は～と信じている」という内容の文でありながら，I が文中のカンマの後ろの位置に存在していることから，主節挿入だと考え，I の後ろに firmly believe, を置く。そして that 節中の S である your son の V となる will succeed をそれに続けて置く。

(2) Her mother, it (**seems, is sick in the hospital**).

≫seem を用いて「S は V ... のようだ」ということを述べる場合は，〈S seem to V ...〉または〈It seems that S V ...〉という形になるが（☞構文**009**），問題文では mother の後ろが「カンマ＋it」なので，主節である it seems（that は省略）が挿入された形だと判断する。

(3) My son, persuaded (**to stay home, gave up going outdoors**).

≫問題文の「説得されて」という訳語から，persuaded からはじまるまとまりを分詞構文として用いるのだと判断する（過去分詞の分詞構文については，構文**054**で既習）。冒頭が my son であり，その後ろに「カンマ＋persuaded」があるので，この分詞構文を S と V の間に挿入して用いる。persuaded to ～ は，構文**023**で扱った〈persuade O to *do*〉の O を主語にして書き換えた受動表現である〈S＋be 動詞＋persuaded to *do*〉の一部分。

3 (1) Paris is, (**it**) (**is**) (**said**), one of the most beautiful cities in the world.

≫「S は V ... だと言われている」という内容は，〈S is said to V ...〉または〈It is said that S V ...〉と表現するが（☞構文**015**），冒頭が Paris is で，次にカンマがあることから，後者を主節挿入の形で用いるのだと判断する。

(2) Tom and his wife, (**I**) (**am**) (**afraid**), wouldn't come here.

≫「残念ながら～ではないかと思う，あいにく～であるようだ」という意味の表現として〈I am afraid (that) ～.〉を **Lesson 47** の**1**の(3)で扱った。3つのカッコの両端にカンマがあることから，この表現を主節挿入の形で用いるのだと考える。

(3) My father, (**when**) (**I**) (**was**) (**a**) university (**student**), published a book on wildflowers.

≫カンマで挟まれた部分を除いた内容が，「父は野生の草花に関する本を出版した」なので，カンマで挟まれた部分は「私が大学生だったときに」という内容でなくてはならない。副詞節の when 節が，主節の S と V の間に置かれた形。

4 **和訳** 下線部参照。

≫本来の形は But I believe that adopting ... だが，主節の I believe が that 節の内側に入り込んだ形になっている（この際に that は省略されている）。

≫competitiveness は「競争力」だが，ここでは「競争力のために」よりも，「競争力向上のために」「競争力を高めるために」などとしたほうがよい。

英文解釈

〈Until recently〉, no major Japanese company (S) had ever changed (V) its official language (O 公用語). But adopting the English language (S′), **I** (S) **believe** (V) (主節挿入), is (V′) vital (C′) 〈to the long-term competitiveness (競争力) of Japanese business〉. Japan (S) has experienced (V) an enormous economic shift (O) 〈in recent decades〉, a shift (= an enormous economic shift) (driven by the forces of globalization).

和訳 最近まで，（社内の）公用語を変えた日本の大企業は1つもなかった。しかし英語を採用することは，日本のビジネスの長期的な競争力向上のためには不可欠だと私は信じている。日本はここ数十年で，大きな経済的変化を経てきたが，これはグローバル化の力によって引き起こされた変化である。（学習院大）

[第3文] (Japan has experienced ...)

≫an enormous economic shift が，カンマの後で言い換えられている。訳す際には「これは」という言葉を間に置くとうまくつながる。

≫driven by ... の drive は「…を駆り立てる，…を突き動かす」の意味。和訳では「グローバル化の力によって駆り立てられた［突き動かされた］変化」からひと工夫して「グローバル化の力によって引き起こされた変化」としてある。「～の力によってもたらされた変化」などでもよい。

Lesson
92 副詞節における S′＋be 動詞の省略

1 (1) **彼はバスを待っている間，新聞を読んで時間をつぶした。**

≫ while waiting for the bus は，元は while he was waiting for the bus であり，下線部が省略されている。by reading ～ は，〈by *doing*〉「～することによって」の型（☞構文**035**）。ここでは工夫して「(新聞を読むことによって→) 新聞を読んで時間をつぶした」とすると自然な訳になる。(西南学院大)

(2) **病気だろうと体調が良かろうと，彼女はいつも快活だ。**

≫ Whether sick or well の本来の形は，Whether she is sick or well であり，下線部が省略されている。この whether 節は副詞節（☞構文**060**）。(帝京平成大)

(3) **悪い癖は，一度つくと簡単には取れない。**

≫ この once は「いったん［ひとたび］～すると」という意味の接続詞（**Lesson 23** の**4**で既習）。once 節の本来の形は，once it was formed であり，下線部が省略されている。さらにこの once 節が，主節である A bad habit cannot easily be got rid of. という文の内側に挿入されている。構文**132**で扱った項目だが，単に挿入されているだけでなく，〈S′＋be 動詞〉の省略も起こっているのでいっそう難しい。(愛知工業大)

(4) **ティーンエージャーのとき，彼女は家族とともにリバプールに引っ越した。**

≫ when 節の本来の形は when she was in her teens。move に「引っ越す」という意味があるということについては **Lesson 10** の**3**の(3)で学んだ。teens は基本的には thirteen から nineteen までの年齢の人を指すが，「13歳から19歳までの人たち」とするのはぎこちないので，「ティーンエージャー」とするか，あるいは年齢的に少しズレるが「10代」と訳す。

2 (1) Visitors (**must fill in this form before permitted to enter the building**).

≫「入る許可を得る」という問題文から，「入ることが許可される」という内容を組み立てるのだと判断し，構文**023**で扱った〈permit O to *do*〉を受動態にした〈S＋be 動詞＋permitted to *do*〉という連なりを作ることを考える。しかし語群に be 動詞が存在しないので，before 節の〈S′＋be 動詞〉を省略する。before 以下の本来の形は，before they are permitted to enter the building で，下線部が省略されている。また「…に記入する」は fill in ....。頻出表現なので必ず覚えたい。

(2) The (**old woman was hit by a car while attempting to cross the road**).

≫ 語群に she も was もないので，この 2 語を省略して while attempting to cross the road という形を組み立てられるかがポイントとなる。本来の形は，while she was attempting to cross the road で，下線部が省略されている。(近畿大)

(3) I (**sleep only five hours a night even if tired**).

≫〈even if ～〉「たとえ～でも」は構文**065**で扱った接続詞。ただし語群に I も am も存在しないので，これらが省略されている文だと判断し，even if tired を組み立てる。なお，「一晩に」は a night と表現するが，これは per night「一晩につき」と同意（このような a の用法は **Lesson 27** の**4**で既習）。

3 (1) (**Though**) (**small**), my hotel room was clean and pleasant.

≫「小さくはあったが」の意味を 2 語で出すには，though 節を用いて，その内部の〈S′＋be 動詞〉を省略すればよい。(東京経済大)

(2) She never speaks (**unless**) (**asked**) a (**question**).

≫ 難問。「～しない限り」は〈unless S′ V′...〉である。まず unless を用いることが思いつくかどうかが問われる。次に「質問されない限り」に当たる表現は unless she is asked a question だが，speaks の後ろが 4 語という制限があるので，she is を省略する。なお，she is asked a question は，S ask her a question「S が彼女に質問をする」を受動態にした形。

(3) This hand cream, (**even**) (**though**) (**expensive**), had very good reviews, so I bought it.

≫「高くはあったが」を 3 語で表さなければならない。though it was expensive では 4 語，it was を省略すると 2 語で，いずれも語数が合わない。ここで，カッコ内の e の文字をヒントに，構文**066**で扱った〈even though ～〉「～だが／たとえ～ではあっても」を思い出す（これは though を強調した形であったことも確認したい）。even though it was expensive としたうえで，it was を省略すれば 3 語になる。

4 **和訳** 下線部参照。

≫ when asked to forecast ... の部分は，asked と to が隣接していることから，〈ask O to *do*〉「O に～するよう頼む」が受動態になった形だと見抜く。また，when の直後にいきなり -ed 形の動詞があることから，主語と be 動詞の省略を見抜く。つまり，本来は when he[she] was asked to forecast ... で，下線部が省略された形。

≫ in には「～後に［の］」という意味がある（ex. I'll be back in five minutes. 5 分後に戻るね）。また，did は forecasted の意味。

英文解釈

One important finding (from that research) is [that experts suffer more from the overconfidence effect 〈than average people do〉]. For example, 〈**when** ∧ **asked to forecast oil prices (in five years' time)**〉, an economics professor (at a prestigious university in the U.S.) did worse 〈than a zookeeper〉.

(One important finding = S，is = V，[that ...] = C，overconfidence effect = 自信過剰効果，∧ = (he[she] was)，in = …後の，an economics professor = S，did = V(=forecasted))

和訳 その調査から得られた重要な発見のひとつは，専門家は一般の人よりも自信過剰効果に陥るということだ。たとえば，5 年後の原油価格を予測するよう求められたとき，アメリカの名門大学のある経済学の教授は，動物園の飼育員よりもひどい予測をした。（国際教養大）

[第 1 文]（One important finding ...）

≫ finding from that research の直訳は「その調査からの発見」だが，不自然なので「～から得られた発見」などと補って訳す。

図解の記号：[名詞]（ 形容詞 ）〈 副詞 〉

Lesson **93**

ifの省略＋倒置

1 (1) **万が一雨が降ったら，私たちは最初の晴れた日曜日まで試合を延期するつもりだ。**

≫ Should it rain の元の形は If it should rain。この should は構文**117'** で扱ったもので，「(万が一) ～するなら，…」の意味。(東京理科大)

(2) **もし私がもっとお金を持っていたら，もっといい車を買っただろう。**

≫ 前半の元の形は If I had had more money。仮定法過去完了の条件節。(防衛大学校)

(3) **音楽がなければ人生はつまらないだろう。**

≫ were it not for music の元の形は，If it were not for music (if it were not for ...「もし (今) …が (い) なければ」は構文**119**で既習)。この例のように〈主節―if節〉の語順の文でこの〈ifの省略＋倒置〉が起こった場合は，文構造が取りにくい。

(4) **その嵐がなかったら，私たちのフライトは時間通りに着いただろう。**

≫ Had it not been for the storm の元の形は，If it had not been for the storm (if it had not been for ...「もし (あのとき) …が (い) なかったならば」は構文**120**で既習)。

2 (1) Jack (**could have avoided the crash had he not been speeding**).

≫ 過去に対する仮定なので，条件節は仮定法過去完了だが，語群にifが存在しないことから，if he had not been speeding の内容を，had he not been speeding という形で用いるのだと判断する。

(2) Were (**I you, I would choose a different path**).

≫ 文頭が were なので，「私があなたなら」の意味を，if I were you とせずに，if を省略して were を文頭に出した形で表すのだと考える。

(3) Should (**it snow tomorrow, the game will be postponed**).

≫ 文頭が should なので，「万が一雪が降ったら」の意味を，if it should snow とせずに，if を省略し，should it snow ... と表現する。

3 (1) (**Were**) (**I**) (**in**) your place, I would do it at once.

≫ まずは If I were in your place と表現することを検討し，カッコの数が合わないことから，if を省略して were を文頭に出すのだと判断する。(久留米大)

(2) He would still be alive (**had**) (**he**) (**refused**) (**to**) go to the battlefield then.

≫ 過去のことについて「彼が～することを拒絶していたら」という内容なので，仮定法過去完了を用いて if he had refused to ～とすればよいが，本問ではカッコが4つなので，if を省略して had を he の前に出す。(京都外国語大)

(3) (**Should**) an (**opportunity**) (**be**) (**given**) to her, she would make the most of it.

≫ 難問。「S が〈人〉に〈物〉を与える」という内容は，〈S give＋人＋物〉または〈S give＋物＋to＋人〉の 2 通りで表現できるが，問題文に前置詞 to があることから，本問では後者を受動態で用いるのだと判断する。後者の型を用いて，「彼女に機会が与えられる。」を表現すると，An opportunity is given to her. となる。本問では，これに対して「万が一」「～なら」の意味を出すために，if と should を置いて If an opportunity should be given to her とする。ただ，このままではカッコの数が合わないので，if を消去して，should を文頭に出す。(関西福祉大)

4 (1) **和訳** 下線部参照。 (2) (b)

» (1) Had such laws existed の元の形は，If such laws had existed。仮定法過去完了の文。

» to enjoy 以下は直前の名詞 chance を修飾する。これは構文**136**で扱う「同格の to 不定詞句」。

» nor は neither でも可。構文**128**で扱った〈neither[nor]＋疑問文の語順〉「…もまた～でない」の構文。

» (2) 過去に対する推量をしているので，構文**018**で扱った〈助動詞＋have＋過去分詞〉の形を選ぶ。これは仮定法過去完了の帰結節として機能している（条件節に当たるのは，下線部の冒頭にある Had such laws existed）。

英文解釈

〈**Had a law (on dying with dignity) existed** 〈back in 1997〉〉, Oda would have died. 〈**Had such laws existed**〉, he would never have had a chance (to enjoy a glass of red wine and prosciutto 〈after a day's hard work〉), nor would he have been able to watch some (of his favorite Hollywood movies) 〈in theaters〉. 〈Most importantly, however〉, he would not have been able to be at his mother's side 〈when she passed away a few years later〉.

a chance（☞構文**136**）
nor …もまた～でない（☞構文**128**）
Most importantly 最も重要なことには
passed away 亡くなった

和訳 もしさかのぼって1997年に，尊厳死を認める法律が存在していたら，オダは死んでしまっていただろう。もしそのような法律が存在していたら，彼はグラス一杯の赤ワインとプロシュートを一日の激務の後に楽しむ機会がなかっただろうし，また，映画館でお気に入りのハリウッド映画の何本かを見ることもできなかっただろう。しかし最も重要なことは，数年後に母親が亡くなったときに，彼は彼女のそばにいられなかっただろうということだ。

（国際教養大）

[第 1 文]（Had a law ...）

» この文も，〈if の省略＋倒置〉。この文の内容をヒントに第 2 文の解釈につなげる。

[第 3 文]（Most importantly, however, ...）

» importantly には「もったいぶって」という意味と「重要なことに」という意味があるが，ここは後者。この場合，more importantly（より重要なことに），または most importantly（最も重要なことに）という形で用いられることが多い。

図解の記号：[名詞]（ 形容詞 ）〈 副詞 〉

Lesson
94 名詞＋that 節（同格の that）

1 (1) **私は父が重病で入院しているという知らせを受けた。**

≫ the information の後ろに，その内容を表す同格の that 節が後続している。

(2) **彼は怠惰だという理由で解雇された。**

≫〈on (the) grounds that ～〉は，「～という理由で」という意味の成句，ひとまとまりの接続詞としてとらえればよい。

(3) **人々は他人を誤解する傾向がある。その結果，何気ないコミュニケーションさえ避けるようになる。**

≫〈with the result that ～〉も同じく成句。結果を述べる表現なので，「…。その結果～となる」のように訳し下すとよい。come to *do*「(自然に) ～するようになる」は構文**010**で既習。(慶應義塾大)

(4) **漂白剤を飲むことが，そのウィルスに対する治療法だという噂が流れた。**

≫ a rumor that の that は同格の that で，噂の内容を表す。There emerged a rumor の部分は，〈there＋be 動詞＋名詞〉の be 動詞の部分に，emerge「現れる」が置かれた形。このように，there の後ろに「存在」「出現」「往来」などを意味する一般動詞が置かれることがある。なお，この部分の直訳は「噂が現れた」だが，「現れた」ではなく「流れた」としたほうが自然。cure for ... は「…に対する［…の］治療法」。(國學院大)

2 (1) (**The possibility that he might fail never occurred to**) him.

≫ 語群に possibility と that，そして occurred があることから，直訳すれば「自分が失敗するかもしれないという可能性は，彼には決して思い浮かばなかった」となる英文を作るのだと判断する。「A が B に思い浮かぶ」は A occur to B と表現する。この形を知っているかどうかがカギとなる。(獨協大)

(2) (**The news that the famous singer canceled the concert was disappointing for his**) fans.

≫ 語群に news と that があることから，news に同格の that 節を後続させるのだと考える。for は「…に対して，…にとって」の意味。したがって was disappointing for his fans の直訳は「彼のファンにとってがっかりさせるものだった」だが，問題文ではここから少し工夫されている。この日本語のズレにも対応しなければならない。(駒澤大)

(3) (**You can go to the party on condition that you come back by**) 9 o'clock.

≫ 問題文が「～なら」という内容であり，語群に condition, that などがあることから，成句表現の〈on (the) condition that ～〉「～という条件で，もし～なら」を用いるのだと判断する（語群に the は 1 つしかなく，party の冠詞として用いるので省略する）。この表現は if などと同じく，条件を表す副詞節を形成するので，未来のことでも現在形で表す（× on condition that you will come back ... としない。☞構文**062**）。(畿央大)

3 (1) **We can't[cannot] deny the fact that the world is changing.**

≫「世界が変わりつつあるという事実」は，「世界が変わりつつある」が「事実」の内容であり，〈the fact＋同格の that 節〉を用いて表現する。

(2) **I came to the conclusion that our plan needs more time and money.**

≫指定語に come があるので，「結論に達した」を came to the conclusion と表現できるかが最初の関門。次に「自分たちの計画にはもっと多くの時間とお金が必要だ」が，「結論」の内容だと考え，conclusion に同格の that 節を後続させられるかがもう 1 つの関門となる。(玉川大)

(3) **There is no evidence that she is not alive.**

≫「彼女が生存していないという証拠」を表すには，evidence に同格の that 節を後続させ，evidence that she is not alive を組み立てる。「証拠はない」なので，there is no evidence とする。なお evidence は不可算名詞であり，×an evidence や×evidences のようにはできないことに注意。

4 **和訳** 下線部参照。

≫that は同格の that。fact の内容を説明する。

≫that 節の内側は構文**052′**で扱った〈make O＋形容詞〉「O を～にする」の形。

≫この why 節は，構文**088**の解説中の表にある「why 節の訳」の「②～理由」を選ぶと最も自然な和訳となる。

≫while と doing の間には they（＝students）are が省略されている。構文**133**で既習の〈副詞節における S′＋be 動詞の省略〉。

英文解釈

The fact (S) (**that** music (S′) can make (V′) a difficult task (O′) more tolerable (C′)) (☞構文**052′**) may be (V) [why (☞構文**088**) students often choose to listen to it (C) 〈while ∧ (they are) (☞構文**133**) doing their homework or studying for exams〉]. But is (V) listening to music (S) the smart (賢明な) choice (C) (for students (who want to maximize their learning))?

和訳 音楽が困難な作業をより耐えやすくしうるという事実は，生徒が宿題や試験勉強をしているときによく音楽を聴きたがる理由なのかもしれない。しかし，音楽を聴くことは，自らの学びを最大限に高めたい生徒たちにとって，賢明な選択肢であろうか。(琉球大)

13 挿入・省略・同格

Lesson 95 名詞＋to *do*（同格の to 不定詞句）/ 名詞＋of *doing*（同格の of）

1 (1) **彼と彼の妻は，そのジャズクラブを閉めて東京郊外の静かな場所に引っ越すという大胆な決断をした。**

≫ decision to *do* は〈名詞＋to *do*〉の型（同格の to 不定詞句）であり，「～しようという決心［決定・決断］」という意味。move の「引っ越す」という意味は **Lesson 10** の **3** の(3)と **Lesson 92** の **1** の(4)で既習。outside of ... は「…の外側で［の］」という意味の群前置詞。本問では outside of Tokyo が place を修飾する。訳す際，「東京の外側の…」とするとやや不自然なので，解答例では工夫してある。（京都産業大）

(2) **私は誰も傷つける意図はなかった。**

≫ intention of *doing* は〈名詞＋of *doing*〉の型（同格の of）で，「～しようとする意図［意志］」の意味。解答例から少し工夫して，「私は誰も傷つけようなんて思ってなかったんだ」などとしてもよい。

(3) **デジタル情報は，故意の破壊だけでなく放置にも驚くほど弱いので，オンライン上に保存された知識は失われる危険にある。**

≫ be at risk of *doing* は「～する危険に瀕している」の意味。本問では *doing* の部分が受動態の〈being＋過去分詞〉となっている。つまり「～される危険に瀕している」という意味。本問の stored は「…を保存する」という意味の動詞の過去分詞。その後ろの online は「オンライン上に［で］」という意味の副詞であり，stored を修飾する。この 2 語が，前にある名詞 knowledge を修飾する。また，カンマのあとの as は接続詞。ここでは〈理由〉を表す。A as well as B は構文**108**で既習。（京都大）

(4) **1960年代半ばまでには，大企業はアフリカ系アメリカ人を雇うという決定をしていた。これらの企業は，すべての人に平等の機会を与えよという社会的要求に応えていたのである。**

≫ demand to *do* は「～せよという要求」。all は all people の意味。（南山大）

2 (1) **(I'd like to make an appointment to see the president).**

≫ 語群に appointment と to があることから，「～する約束」を appointment to *do* と表現するのだと判断する（日本語の「アポ」はこの appointment が由来となっている）。なお，「～する約束」の最も一般的な表現は promise to *do* だが，「日時や場所などをしっかりと決めた，ビジネスや医療などの約束」の場合は，appointment が用いられることが多い。たとえば「歯医者の予約をする」は make a dentist appointment。（青山学院大）

(2) **(The acts of eating and drinking are central to human behavior).**

≫ 語群に acts と of があるので，「～するという行為」は acts of *doing* と表現するのだと考える。A is central to B は「A は B の中心にある」という意味。（南山大）

(3) **(Alice always had the ambition to become a pilot).**

≫ 本冊 p. 204 で述べたように，「野望」を意味する ambition は，ambition to *do*, ambition of *doing* いずれも可能だが，語群に to があることから，ambition to *do* で「～したいという野望」を表すのだと考える。

3 (1) **He broke his promise to give me his guitar.**

≫ **2** の(1)とは異なり，この「約束」は面会，受診などに関するものではないので，appointment ではなく promise を用いる。promise を用いて「～する約束」を表現する場合は，to 不定詞句を後続させる（英和辞典で確認したい）。「約束を破る」は break *one's* promise。語数指定が「9 語」なので，give his guitar to me ではなく，give は第 4 文型で用いる。

(2) **This is how I got the chance[opportunity] to meet[see] Mr. Oh.**

»「こんなふうにして〜」は This is how 〜。この how は関係副詞（構文**088′**で既習）。

(3) **He had a dream to become[of becoming] a politician.**

»「〜する夢」は〈名詞＋to *do*〉，〈名詞＋of *doing*〉のいずれの型を用いても表現できる。これも英和辞典で確認したい。

4 (1) **和訳** 下線部参照。 (2) **in order[so as]**

» (1) hope of の of は同格の of で，making 以下は hope の具体的内容を表す。in the hope of *doing* の直訳は「〜したいという願いの中で」だが，「〜することを望んで［期待して・願って］」という意味の 1 つの成句としてとらえてよい。

» (2) この to escape は，「逃れるために」という〈目的〉を表す不定詞の副詞的用法なので，in order to escape あるいは so as to escape とも表現できる（☞構文**021**）。

英文解釈

England wanted to colonize（…を植民地化する） America 〈for several reasons〉. First, they(S) learned(V) [how（☞構文**088′**） the Spanish had become rich 〈by trading（☞構文**035**） with the New World〉](O). They went to the New World 〈in **the hope of making** a fortune〉. Second, many(S) (of them) went to(V) North America(O) 〈to（〜するために） escape religious persecution（迫害）〉.

和訳 イギリスはいくつかの理由でアメリカを植民地化することを望んでいた。まず，イギリス人はスペイン人が新大陸と交易をすることによって豊かになったその様子を知った。(1)彼ら［イギリス人］は財を成すことを望んで新大陸に向かったのである。2 番目に，彼らの多くは，宗教上の迫害から逃れるために北アメリカに向かった。（国士舘大）

[第 2 文]（First, they learned ...）

» how 節については，p. 134の表にある「how 節の訳」を参照。**和訳** では②の「〜方法」を選び，「豊かになった方法（を知った）」という直訳から，「方法→やり方→その様子」と工夫した（このように how 節は「様子」「さま」とも訳せる）。①を選び，「どのようにして豊かになったか（を知った）」と訳してもよい。

Lesson
96 対比・逆接の while / one ～ the other ...

1 (1) **人間の行動は大半は学習の産物だが，一方で動物の行動は主に本能に基づいている。**

≫ whereas を用いて，2 つの文を対比させている。whereas 以下は訳し下す。mainly は後ろの前置詞句 on instinct 全体を修飾する。これについては構文**149**で扱う（清泉女子大）

(2) **彼女のことは好きではないが，彼女の作品は本当に素晴らしい。**

≫ while を用いて 2 つの文を対比させる場合，While S′ V′, S V. という型と，S V while S′ V′. という型の 2 つがあるが，本問は前者。work には「仕事」のみならず「作品」という意味があるが，「仕事」の意味の場合は不可算名詞で，「作品」は可算名詞なので，本問のように複数形になっている場合は「作品」の意味で解釈する（「作品」の意味の works は，**Lesson 19** の**4**，**Lesson 91** の**1**の(1)で既出）。

(3) **この部屋には 2 つのドアがある。1 つは食堂に通じ，もう 1 つは庭に通じている。**

≫ 総数が 2 である場合，「片方」を表すには one，「もう一方」は the other となる。A lead to B は，「A は B に至る」「A は B を引き起こす［もたらす］」という 2 つの意味があるが，ここは前者。（甲南大）

(4) **私が 3 枚食べ，彼が他の全部を食べて，6 枚のクッキーはすべてなくなった。**

≫〈one ～ the others ...〉「1 つは～，残るすべては…」のいわば変形版であり，one が three になっているが考え方は同じ。「3 つは～，残るすべては…」ととらえればよい。be gone の gone は形容詞。「去った」「使い切った」「なくなった」などの意味。as 節は〈理由〉を表す。「～ので」としてもよいが，単に「～して」で十分理由として通じる。

（立命館大）

2 (1) Sound (**travels at 330 meters per second, whereas light travels at 300,000 kilometers per second**).

≫ whereas を間に置き，2 つの文の内容を対比させる。速度を表す数値の前には at を置く。

（愛知工業大）

(2) There are four vegetables on the kitchen counter. (**One is a carrot, and the others are green peppers**).

≫〈one ～ the others ...〉「1 つは～，残るすべては…」の型を用いる。「ニンジン」も「ピーマン」も可算名詞なので，a や -s が必要になる。（名古屋市立大）

(3) Usually, (**people in Osaka stand on the right side of an escalator, while people in Tokyo stand on the left side**).

≫ while を間に置き，2 つの文内容を対比させる。「大阪の人」「東京の人」は，「大阪［東京］というエリアの中で生活する人」という意味なので，この場合「の」に相当する語は in。「右側」「左側」という場合の right[left] side の前には the を置く。また，「…側に」の「に」は，on を用いることも押さえたい。（敦賀市立看護大）

3 (1) **I don't want this one. Show me another.**

≫ 指定語に this one があることから，1 文目の「これ」を this one とし，2 文目の「別のもの（＝不特定のもう 1 つ）」を another によって表す。

(2) **Of my two friends, one is in Tokyo, and the other is in Kyoto.**

≫総数が2の場合の「もう1人」は，残った1人に特定されるのでthe otherとする。「…のうち」はofを用いて表す。なおこのofは，たとえばTom is the tallest of all.「全員のうちでトムが一番背が高い。」のように，最上級とともに用いられることが多いが，本問のように文頭で用いるのは苦手とする人が多い。

(3) **My mother often overlooks my mistakes, whereas my father is very strict.**

≫whereasを用いて2つの文を対比させる。「厳格な」はstrict。

4 **和訳** 下線部参照。

≫that節内はwhileで前後の文が対比されている。whileの後ろの文のmilkまでは，構文**027**で扱った〈help O (to) *do*〉「Oが～するのを助ける・手伝う」の形。

≫studies showed that ～は構文**147**で扱う「無生物主語」の構造。直訳は「研究は～を示した」だが，工夫して「研究によって～だと判明した」などとする。

英文解釈

The effects of music have been well (十分に) reported 〈in humans〉, and studies (S) (with domestic and other animals) have revealed (V) [that music also has a powerful effect on them (= domestic and other animals)] (O). For example, studies (S) showed (V) [that (O) country music (S′) can calm (V′) horses (O′) **while** classical music (S″) helped (V″①) cows (O″①) produce more milk (C″①) (☞構文**027**) and improved (V″②) the growth rate (成長率) of chickens (O″②)].

和訳 人間に関しては，音楽の効果はこれまでに十分報告されてきたのだが，家畜などの動物に関する研究によって，音楽は動物にも強力な効果があるということが明らかになっている。<u>たとえば，カントリーミュージックは馬を落ち着かせることができるし，一方でクラシック音楽は雌牛の乳の出を良くし，鶏の成長率を高めるということが研究によって判明した。</u>

（学習院大）

[第1文] (The effects of ...)

≫domestic and other animalsの直訳は「家畜と他の動物」だが，「家畜などの動物」とした。

図解の記号：[名詞]（ 形容詞 ）〈 副詞 〉

Lesson
97 some ～ others ... / either A or B

1 (1) **役員の中には，社長の提案に賛成した人もいたが，賛成しなかった人もいた。**

≫〈some ～ others ...〉は「～なもの［人］もあれば［いれば］，…なもの［人］もある［いる］」という意味だが，some は単独で代名詞として用いることもあれば，たとえば some boys「一部の少年は」のように，直後の名詞に対する修飾語として用いられることもある。本問では後者で，some は board members を修飾する。board は「委員会，役員会」の意味であり，board member は「委員，役員」などと訳す。(愛知学院大)

(2) **何名かはその計画に前向きだったが，残りの全員は否定的だった。**

≫(1)とは違い，こちらは some を単独で用いているケース。構文**138**で扱った while を用いて some で始まる文と the others で始まる文を対比させている。positive と negative は，それぞれ「積極的［肯定的］」，「消極的」とも訳せる。

(3) **デイビッドかメアリーかのどちらかが次の会議に出席しなくてはならない。**

≫〈either A or B〉「A か B か（どちらか）」という表現が，主語で用いられた文。

(芝浦工業大)

(4) **鶏肉か魚のどちらかを召し上がれますが，私は鶏肉をお勧めしたいです。**

≫〈either A or B〉が have の目的語で用いられた文。文末の chicken に the が加わっているのは，文の前半にある chicken を指すため。(学習院大)

2 (1) (**Some people like to go to the movie theater, but others like to watch movies at home**).

≫**1**の(1)で述べたように，some だけで「～な人」の意味になりうるが，本問では語群に people があるので，some people とし，some people ～ , but others ... を骨組みとする。語群に movie と movies があるが，「映画館」が movie theater なので，movie を前半で使い，movies は watch の目的語として後半で用いる。(南山大)

(2) (**If you're not on a diet, you can drink either red or white**) wine.

≫「ダイエット中だ」は be on a diet。問題文は「赤ワインか白ワイン」となっているが，語群には wine がないので，red or while のまとまりを作り，このまとまりを，文末にある wine に対する修飾語とする。

(3) (**The majority of people tend to choose either a dog or a cat as their**) pet.

≫〈either A or B〉「A か B か（どちらか）」を choose の目的語として用いる。〈tend to *do*〉は構文**011**で既習。前置詞の as「…として」は何度も既出。

3 (1) **Either she or I am responsible.**

≫「6 語」という指定なので，She or I am responsible. では語数が足りない。問題文の「どちらか」という言葉もヒントに，〈either A or B〉を用いる。be 動詞は〈either A or B〉の B に合わせて am とすることに注意。(松山大)

(2) **Some people like beef, and others like chicken.**

≫**1**の(1)，**2**の(1)で述べた通り，some だけで「～な人」の意味にもなるが，語数指定は「8 語」で，Some like beef, and others like chicken. としたのでは語数が足りないので，some people とする。「牛肉」も「鶏肉」も物質であり，不可算名詞。a や -s は加えずに用いる。

(3) **Some enjoyed shopping, and others sightseeing.**

≫ (2)と同じく〈some ～ others ...〉の構文を用いればよいが，こちらはやや難しい。「6語」という指定なので，Some people enjoyed shopping, and others enjoyed sightseeing. とすると2語余る。someだけでsome peopleの意味になるので，peopleはカットする。また，等位接続詞（and, but, or）の後ろに前半と同じ語がある場合は，省略が可能であることが多い。ここでも後半のenjoyedは省略することができる。

4 (1) **has led many people to**　(2) **和訳** 下線部参照。

≫ (1) leadは構文**023**で扱った「行動を促す動詞」の一例。〈lead O to *do*〉で「Oが～するよう導く・仕向ける，Oが～する気にさせる」という意味（**Lesson 21** の**4**で既習）。この文の直訳は「このことが，多くの人が機械翻訳を使い始めるよう仕向けている」だが，やや不自然なので **和訳** では工夫してある（このような工夫については構文**147**の「無生物主語」で詳しく扱う）。

≫ (2) **1**の(2)と同様に，while（☞構文**138**）を用いてsome ～で始まる文とothers ... で始まる文を対比させている。

英文解釈

The quality (of translation software) has greatly improved 〈in recent years〉, 〈thanks to new, fast-developing technologies〉. This has led many people to start using machine translators. **Some** depend on the technology 〈for day-to-day activities〉, while **others** use it 〈in their job〉.

S: The quality　翻訳ソフト: translation software　V: has greatly improved
…のおかげで: thanks to　急速に発展しつつある: fast-developing　＝前文の内容: This　(☞構文**023**): led many people to
毎日の: day-to-day　(☞構文**138**): while

和訳 翻訳ソフトの質は，急速に発達しつつある新しい技術のおかげで，近年大いに向上した。このため多くの人が機械翻訳を使い始めている。(2)日常的な活動を行うのにこの技術に頼る人もいれば，仕事で使う人もいる。（関西大）

図解の記号：[名詞]（ 形容詞 ）〈 副詞 〉

Lesson 98 neither A nor B / both A and B

1 (1) **私はリサも彼女のお母さんも見つけられなかった。**

≫〈neither A nor B〉「A も B も（どちらも）～ない」が，locate の目的語として用いられている。他動詞の locate には「…を置く，…を設置する」という意味と，「…を見つける，…の居場所を突き止める」という意味の 2 つの重要な意味があるが，本問では後者の意味。（京都先端科学大）

(2) **タコは極めて知力が高く，またおいしくもある海の生き物だ。**

≫ SVC の C である sea creatures を修飾する形容詞が〈both A and B〉「A も B も（どちらも）」によって連結された形。A に当たるものも B に当たるものも形容詞だが，A は副詞 highly によって修飾されている。（京都産業大）

(3) **トムもディックも怠惰だというよりもむしろ楽観的なのだ。**

≫〈both A and B〉が主語として用いられている。この構文は「両者」の意味なので，主語は複数扱い。なお〈A rather than B〉「B というよりもむしろ A」は，構文**099**で既習。（法政大）

(4) **優れた社会的技術も，英語を上手に操る能力も，このタイプの仕事においては成功を保証するものとはならないだろう。**

≫〈neither A nor B〉が主語。名詞 command には「（言語を）駆使する力」という意味がある。重要な意味なので必ず押さえたい。（四天王寺大）

2 (1) **(Neither the fish nor the meat dishes appeal to me).**

≫問題文は「魚料理も肉料理も～ない」であり，「料理」という語が 2 度出てくる。英文でも，Neither the fish dish nor the meat dish としたいところだが，語群には複数形の dishes が 1 つあるのみである。〈Neither the fish nor the meat + dishes〉という形にすることにより，fish と meat の 2 つが dishes に対する修飾語としてはたらく構造を組み立てるのだと考える。（南山大）

(2) **(I went to university both to study physics and to make friends).**

≫問題文の「両方を目的として」という言葉から，目的の意味（～するために）をもつ副詞的用法の to 不定詞句を，〈both A and B〉でつないだ形を作るのだと考える。

(3) **(Do you own both a car and a motorcycle)?**

≫〈both A and B〉を目的語に使う。なお英語の bike は通常「自転車」の意味であり，「バイク，オートバイ」を表す英単語は，motorcycle あるいは motorbike である。

3 (1) **She eats neither meat nor fish.**

≫「…も～もない」という内容から〈neither A nor B〉を用いると判断する。ここでは目的語で用いる。

(2) **Both you and I are right.**

≫「…も～もどちらも」という内容から〈both A and B〉を用いると判断する。主語で用いるが，〈both A and B〉が主語である場合は複数扱いとなることに注意（本問では用いる be 動詞は are となる）。なお，字数制限には合わないが，同じ意味を〈not only A(,) but (also) B〉（☞構文**108**）を用いて Not only you(,) but (also) I am right. と表すこともできる。この場合，動詞は B に一致させる（am を用いる）ことに注意。

(3) **Neither he nor I live in this town.**

≫(1)と同じく，「…も～もない」という内容から，〈neither A nor B〉を用いればよいが，こちらは主語で用いる。動詞はBであるIに合わせて，livesとせずにliveとすることに注意。

4 和訳 下線部参照。

≫whichからyoungまでが，〈neither A nor B〉の構文を用いた表現。ただしfemaleの後ろに重複部分が省略されている。省略を受けない元の形は，which is neither male nor female, (which is neither) old nor young。よってこの部分は「男性でも女性でもなく，年寄りでも若くもない（僧侶）」という内容になる。

≫whichは主格の関係代名詞だが，これに対する述語動詞はis, preaches, does not get paid, costの4つ。costはcost-cost-costと活用する。このcostは過去形である（仮に現在形であればcostsでなくてはならない）。

英文解釈

〈At Kodaiji (高台寺) in Kyoto〉, there is a very strange priest (which is (V'①) **neither** male **nor** female, old **nor** young, preaches (V'② 説教する) very well, does not get paid (V'③ 支払いを受ける) anything, but cost (V'④) a lot of money). It is (V①) a robot, (called Mindar), and cost (V②) more than 100 million yen 〈to develop 〈in a joint project (between the temple and Osaka University)〉〉.

和訳 京都の高台寺には，男性でも女性でもなく，老齢でも若齢でもなく，説法がとてもうまく，いっさい報酬を受けず，しかし多額の費用がかかったとても奇妙な僧侶がいる。それは「マインダー」と呼ばれているロボットであり，高台寺と大阪大学の共同プロジェクトで開発するのに1億円以上かかった。（中央大）

Lesson **99**

the same A as B / such A as B

1 (1) **彼女は私と同じ会社に勤めている。**

≫〈the same A as B〉「B と同じ A」が用いられた文。B の部分には〈S V〉(I do) が置かれている。do は works for を受け，この I do は I work for の意味になる (work for ...「…に勤め［てい］る」は，**Lesson 78** の**2**の(3)で既習)。(北里大)

(2) **ティーン向けの雑誌を購読している多くの若い学生は，写真の中でモデルが持っているのと同じ物を買う傾向がある。**

≫(1)では，as の後ろが〈S V〉だったが，本問では代名詞 those が置かれている。この those は items の繰り返しを避けるためのもの。those と the models の間には目的格の関係代名詞 that[which] が省略されている (この関係代名詞は have の目的語)。〈tend to *do*〉「～する傾向がある」は構文**011**で学び，その後も何度か扱った表現。(福岡大)

(3) **私はこのバッグのような素敵なバッグが欲しい。**

≫〈such A as B〉「B のような A」が用いられた文。

(4) **私にはあなたの車のような高価な車は買えない。**

≫〈such A as B〉の型において，B が名詞［代名詞］である場合は，〈A (,) such as B〉の形になりうる。本問はこちらの形。〈such A as B〉を用いて書くと，I can't buy such an expensive car as yours. となる。

2 (1) **(They are engaged in essentially the same tasks as before).**

≫〈the same A as B〉の型を用いるが，本問では B の位置に before という副詞を置くことに注意。be engaged in ... は「…に従事している」。essentially は the と same の間ではなく，the same の前に置く。(静岡県立大)

(2) **(He is slim and about the same height as that guy).**

≫(1)と同じ〈the same A as B〉だが，B が that guy という名詞の文を組み立てる。about もやはり，the same の前に置く。(日本大)

(3) **(We are really glad we got to know such a person)** as you!

［別解］ **(We are really glad we got to know a person such)** as you!

≫「あなたのような人」に〈such A as B〉を用いればよいが，ここでは A も B も名詞［代名詞］が入るので，〈A (,) such as B〉の形としてもよい。また，この英文の構造は，〈S V C〉の C に当たる形容詞 glad に that 節が後続するというもの。構文**072**の類例で I was glad (that) my mother was able to walk again. という文を扱った。このような組み立ての文があるということを記憶しており，さらに，形容詞に後続する that 節の that は「極めて頻繁に省略される」(p. 108下の記述) ということも覚えていれば，形容詞 glad の後ろに，じかに文内容を置いてよいとわかる。なお〈get to *do*〉は構文**010**で既習。「(自然に) ～するようになる」という意味。know は「知っている」なので，これらの知識を合わせて，got to know ...「(…を知っているようになった→) …と知り合いになった」を組み立てる。

3 (1) **I have the same watch as you have[do].**

≫〈the same A as B〉「B と同じ A」を使う。「あなたが持っている (のと同じ)」なので，B の位置には you have という〈S V〉を置く。

(2) **That car is not the same car as this.**
[別解] That car isn't the same car as this one.

≫ (1)と同じく〈the same A as B〉だが，B に位置するのは「これ」に当たる this。[別解] のように this one としてもよいが，その場合は is not を isn't として語数を調節する。

(3) **My dog prefers such food as we eat.**

≫「私たちが食べる（ような）」なので，〈such A as B〉の B の位置に〈S V〉(we eat) を置く。〈A (,) such as B〉の型は，A, B ともに名詞［代名詞］でなければならないので，ここでは用いることができない。

4 (1) **to**　(2) **和訳** 下線部参照。

≫ (1) ahead は「先に，前に」の意味なので，plan ahead は「前もって計画する，先のことを考える」といった意味。これが前の the ability の内容を説明すると考えられるので，「同格の to 不定詞句」(☞構文136) を用いて〈名詞＋to *do*〉の形とする。

≫ (2) out of の後ろが〈A (,) such as B〉の形。such as の後ろにある a banana plantation が，an area where they want to go の具体例として示されている。

≫ according to ...「…によると」は，**Lesson 15** の **1** の(4)と **Lesson 71** の **1** の(1)で既習。

≫ keep A out of B は「A を B の外側に保っておく」ということで，ここから「A を B に近づけないでおく」という意味になる。

英文解釈

One mark (of intelligence in elephants) is the ability (to plan ahead).
(S: One mark / V: is / C: the ability / ☞構文136)

〈According to Indian farmers (who keep elephants as work animals)〉, they tie bells around their necks 〈to keep them out of an area (where they want to go, **such as** a banana plantation)〉. However, some ∧(elephants) have figured out a way (to silence the bells).
(According to：…によると / keep them out of：A を B に近づけないでおく / banana plantation：バナナ農園 / figured out：…を考え出した)

和訳 ゾウの知性の一つの特徴に，先を見通す能力がある。ゾウを労働用の動物として飼育しているインドの農民によると，たとえばバナナ農園などゾウが行きたがる場所にゾウを近づけないようにするために，ゾウの首のまわりに鈴を結びつけるとのことだ。しかし，中にはその鈴の音が鳴らないようにする方法を考え出したゾウがいる。(会津大)

[第3文] (However, some have ...)

≫ some は some elephants の意味。文脈から明らかな場合，数量を表す形容詞の後ろの名詞はしばしば省略される。

≫ figure out ... は，**Lesson 58** の **4** では「…を理解する」という意味だったが，本問では「(答えなど) を考え出す」。他にも「…を解決する」「…を計算する」などの意味もある。

図解の記号：[名詞]（ 形容詞 ）〈 副詞 〉

Lesson
100 主格のofと目的格のof（名詞構文）

1 (1) **その歌手がステージの上に最後に現れた時は，1999年の10月だった。**

≫appearance of the singerは，the singer appeared「歌手が現れた」という動詞による表現に戻すことができる。よってこのofは主格のof。冒頭からstageまでを品詞に忠実に訳せば，「その歌手のステージ上への最後の登場の時は」となるが，ぎこちないので動詞に戻した表現の訳を解答例に用いた。

(2) **毎年6000もの種が，森林破壊のために消滅している。**

≫the destruction of the forestsはdestroy the forests「森林を破壊する」に戻すことができる。よってofは目的格だが，ここは戻した表現の訳ではなく，そのまま名詞として「森林の破壊」あるいは「森林破壊」としたほうが自然な訳となる。（東海大）

(3) **多くの現代社会においては，人はいつ成人するかについての法的な定義がある。**

≫definition of when someone is an adultは，define when someone is an adult「人がいつ成人するかを定義する」に戻せる。このwhen節はdefineの目的語なので，ofは目的格。また，このisは「なる」と訳す。be動詞を「なる」と訳すことがあるということはしっかりとものにしたい。他にも一例挙げる。

ex. I want to be a singer.　私は歌手になりたい。

本問では，definitionはそのまま名詞として「定義」と訳せばよい。名詞構文をそのままの品詞で訳すか，それとも動詞に戻した表現の訳を利用するかはそのつど，臨機応変に考える必要がある。なお，本問のofは「…の」とも訳せるが，「…についての」とも訳せる。解答例では後者を採用した。（京都女子大）

(4) **地図は，私たちが世界を視覚的に表現するものであり，多くの方法で私たちの世界に対する理解を形成する。**

≫p. 214では，the king diedがthe death of the kingになる例や，discover electricityがthe discovery of electricityになる例のように，〈S V〉と〈V O〉が名詞構文になるという例のみを扱ったが，次のように〈S V O〉の構造も名詞構文になりうる。

> We consume resources.　私たちが資源を消費する。
> ↓
> our consumption of resources　私たちの資源の消費

主語のweが所有格に変化していることが確認できる。また，形容詞が存在する表現や文も名詞構文になることができる。例を挙げる。

> The king died suddenly.　王が突然死んだ。
> ↓
> the sudden death of the king［the king's sudden death］　王の突然の死

名詞構文になることにより，副詞のsuddenlyが形容詞のsuddenに変化している。以上をふまえて本問の前半を眺めると，our visual representations of the worldは，We visually represent the world.「私たちは世界を視覚的に表現する。」という文に戻せるとわかる。the worldはrepresentの目的語なので，ofは目的格である。解答例の「地図は，～」の後ろは，この文の和訳をほぼそのまま利用して，そのうえで「もの」という言葉を加えたものである。後半のour understanding of the worldの部分も名詞構文であり，ここはWe understand the world. という文に戻るが（ofは目的格である），こちらはunderstandingをそのまま名詞として「理解」と訳せばよい。なお，本問の解答例のように，名詞構文において目的格のofは「…に対する」と訳すとうまくいくことが多いということも押さえたい。（自治医科大）

2 (1) (**The avoidance of mistakes is our primary concern**).

≫問題文は「ミスを回避する」という，動詞を中心とする表現だが，語群にあるのは名詞avoidanceであり，またofも存在することから，名詞構文だと見抜いてthe avoidance of mistakesを組み立てる。

(2) (**The construction of this stadium cost about $1.8 billion**).

≫問題文は「この球場を建設する」という，動詞を中心とする表現だが，語群に名詞constructionとofがあることをヒントに，名詞構文the construction of this stadiumを組み立てる。cost「(金額・費用）がかかる」の活用は，cost-cost-cost。

(3) (**The rise of religious fundamentalism led to further tensions both within and between countries**).

≫「宗教的原理主義が台頭した」をどう表現するか問題となる。語群にof, the, riseなどがあることから，動詞表現ではなく，名詞構文を用いてthe rise of religious fundamentalism「宗教的原理主義の台頭」とすればよいと判断する（このofは主格）。動詞を中心とする表現に戻すと，Religious fundamentalism rose.「宗教的原理主義が台頭した。」となる。A lead to Bが「AはBに至る」「AはBを引き起こす［もたらす］」という意味だということについては，**Lesson 96** の**1**の(3)で述べた。ここでは後者の意味で用いる。また，「国内および国家間の双方に」は，構文**143**で学んだboth A and B「AもBも（どちらも）」を用いればよい。なお，解答の文の直訳は「宗教的原理主義の台頭は，国内および国家間の双方にさらなる緊張をもたらした」となるが，問題文ではここから工夫された訳が提示されている。このズレを見抜いたうえで，名詞構文を用いて文を組み立てられるかが問われている。（青山学院大）

3 (1) Despite the (**objection(s)[opposition]**) (**of**) (**my**) (**family**) and relatives, I decided to leave my hometown.

≫問題文の「私の家族と親戚が反対した」を英訳するとmy family and relatives objected[opposed] だが，冒頭のdespiteは前置詞なので，後ろは名詞または動名詞でなくてはならない。前にtheを用いるという条件があるので動名詞は排除され，上の文を名詞構文にしたthe objection(s)[opposition] of my family and relativesが正解となる（このofは主格のof)。そしてこの表現をdespiteの後ろに置く。

(2) (**His**) (**description**) (**of**) scenery is always vivid.

≫「彼の風景描写」は「彼が風景を描写する。」という文を名詞構文にした表現。He describes scenery. という動詞を中心とした表現から，his description of sceneryという名詞構文を導き出す。

(3) What measures should be taken for the (**creation**) (**of**) (**a**) (**new**) (**society**)?

≫問題文の「新しい社会を創出する」の英訳はcreate a new societyだが，前置詞forの後ろにこれを置かねばならず，また the を用いるという条件があるので，名詞構文にして the creation of a new society とする。

4 和訳 下線部参照。

≫ the use of thousands of distinct languages「何千ものまったく異なる言語の使用」は名詞構文。through 以下をこのまま「何千ものまったく異なる言語の使用を通じて」と訳すこともできるが，この名詞構文の部分を use thousands of distinct languages「何千ものまったく異なる言語を使う」という動詞表現に戻したうえで，これを和訳に用いるとより自然になる。その際，through は「～することにより」「～することによって」などと訳す。

≫ across the world「世界中で［の］」は **Lesson 28** の**4**で既習。

英文解釈

People (across the world) describe their thoughts and emotions, share experiences, and spread ideas 〈through **the use of thousands of distinct languages**〉. These languages form a fundamental part (of our humanity). They determine [who we communicate with] and [how we express ourselves].

People: S／(across the world): 世界中の／describe: V①／their thoughts and emotions: 自分の思いや感情／share: V②／spread: V③／distinct: 異なった／These languages: S／form: V／a fundamental part: O／They: S（= These languages）／determine: V／[who we communicate with]: O①／[how we express ourselves]: O②

和訳 世界中の人々が，何千もの異なる言語を使うことにより，自分の思いや感情を言い表し，経験を分かち合い，アイデアを普及させる。これらの言語は私たちの人間性の根幹の一部分を形成している。それらは私たちが誰と意思疎通をするのかということと，どのように自分自身を表現するのかを決めるのである。(名城大)

図解の記号：[名詞] (形容詞) 〈 副詞 〉

無生物主語構文

1 (1) **その雑誌には受動喫煙の危険に関する記事が掲載されていた。**

≫ 直訳すると「その雑誌は受動喫煙の危険に関する記事を伝えていた」だが，無生物主語の文であること考慮に入れて，解答例のようにする。(桜美林大)

(2) **外国語を学ぶことによって［学べば／学ぶと］視野を広げることが可能になる。**

≫ この allow は本冊 p. 44のリストにあるが，意味は「許す」ではなく「可能にする」。したがって文の直訳は「外国語を学ぶことはあなたが視野を広げることを可能にする」だが，このままではややぎこちなく，またこの you は一般の人を表すものなので訳出しないほうが自然。以上を考慮に入れて解答例のようにする。(杏林大)

(3) **数分歩いて［歩くと／歩いたら］私はその公園に着いた。**

≫ 直訳は「数分の歩きが，私をその公園に連れてきた」だが，不自然なので工夫する。(実践女子大)

(4) **新聞はその事故で15人が死亡したと報じている。**

≫ この文は英文の型通りに直訳的に訳して問題ない。但し say を「言う」とするのは不適切なので「報じる」とする。なおこの文は「新聞によるとその事故で15人が死亡したとのことだ」などとも訳せる。この場合は say の訳はカットされている。動詞の訳を削除することもありうることについては，本冊の青ワク内の③で「あるいは動詞は訳さない」と述べた通り。

2 (1) (**The forest fire made it impossible to go on a picnic in the woods**).

≫ 語群に made と impossible があることをヒントに，the forest fire を主語にしたうえで，構文**052′** の型，つまり〈make O＋形容詞〉「O を～にする」で文を組み立てる。つまり「森林火災が～を不可能にした」という骨組みの文を作る。さらに，語群に it があり，to もあるので構文**082** で扱った形式目的語を用いる。解答の文の直訳は「その森林火災がその森の中にピクニックに行くことを不可能にした」。問題文はここから工夫してある。このズレを見抜く。(拓殖大)

(2) (**This picture reminds me of a song my grandmother used to sing to me**).

≫ 語群に reminds と of があることから，**Lesson 59** の**1**の(3)と **Lesson 73** の**1**の(4)で扱った〈remind A of B〉「A に B を思い出させる」を用いて文を組み立てるのだと判断する。「祖母が私によく歌ってくれた歌」の部分は，下線部が「歌」を修飾する内容だが，語群に関係代名詞 that[which] がないので，関係代名詞は省略して文を組み立てる。〈used to *do*〉「昔は～したものだ」は構文**013** で既習。

(3) (**This book will teach you the basics of data analysis**).

≫ 問題文は「この本を読めば～が学べる」だが，語群に if がなく，動詞が teach であることから，「この本が～を教えてくれる」という内容の文を作るのだと考える。teach は第4文型で用いることができる動詞なので，teach (V) you (O_1) the basics (O_2) を組み立てる。この you は**1**の(2)と同じく一般の人を指すもの。

3 (1) The bus strike (**forced**) (**us**) (**to**) (**walk**) to school.

≫ 日本語では「バスのストライキのために」だが，英文では the bus strike が主語なので，「バスのストライキが，私たちに学校まで歩くことを強いた」という内容の文を作るのだと考える。カッコ内の f をヒントに，p. 44のリストにある〈force O to *do*〉の型を用いた文を作る。(広島女学院大)

(2) What (**caused**) (**you**) (**to**) (**change**) your mind?

≫ 日本語では「なぜ」だが，文頭が why ではなく what なので「何が，あなたが考えを変えるということを引き起こしたのか」という内容の文を作る。カッコ内の c をヒントに，p. 44のリストにある〈cause O to *do*〉の型を用いた文を作る。(南山大)

(3) Last year (**saw**) an increase (**in**) the popularity of tennis in this country.

≫ 英語では，時を表す言葉を主語に置き，動詞に see を用いると，「その時にこのようなことが見受けられた［起こった］」ということを述べることができる。

ex. Every year sees several deaths due to solo hiking.

毎年，単独でのハイキングによる数件の死亡事故が見られる。

sees を「見られる」と訳すのではなく，「～死亡事故がある」などとしてもよい。同じように(3)の問題文も「～人気が高まった」と訳せる。また，「…の増加」「…の減少」というような，増減を表す場合の「…の」は in を用いるのが一般的だということも押さえたい。

4 **和訳** 下線部参照。

≫ 直訳は「別の研究が75パーセント以上の規則性という類似の結果を報告している」だが(of には「…という」という訳語がある)，無生物主語の文なので，主語を「別の研究が」とせずに，修飾語として「別の研究では」「別の研究によると」などと訳す。また，動詞の reported は受動態にして「報告されている」とする。目的語の部分は「75パーセント以上の規則性という類似の結果が」のように主語として訳すが，「規則性という」を「規則性があるという」とすると，よりわかりやすい。

英文解釈

English spelling (つづり方) is more regular 〈than most people think〉. Researchers (S) (who analyzed 17,000 words) found (V) [that (O①) no less than (…も多くの (☞構文**097'**)) 84 percent of them were spelled 〈according to (…に従って) a regular pattern〉] and [that (O②) only 3 percent were so unpredictable that (☞構文**073**) they needed to be memorized]. **Other studies** have reported similar results (of 75 percent regularity or more).

和訳 英語のつづり方は，ほとんどの人が思っている以上に規則的である。17,000の単語を分析した研究者たちは，84パーセントもの単語が規則的なパターンに従ってつづられているということと，暗記する必要があるほど予測不能なものはたったの3パーセントだけということを突き止めた。別の研究では，75パーセント以上は規則性があるという類似の結果が報告されている。(東北学院大)

[第2文] (Researchers who analyzed ...)

≫ only 3 percent were so unpredictable that they ... の部分は構文**073**で扱った〈so＋形容詞［副詞］＋(that) ～〉「とても…なので～／～するほどに…」の構文。

図解の記号：［名詞］(形容詞)〈副詞〉

Lesson
102 形容詞から始まる名詞修飾語句

1 (1) **デイビッドは私の申し出を受け入れることに乗り気でなかった唯一の人だ。**

≫ one（この文では「人」という意味）の直後に形容詞から始まるまとまり（reluctant to accept my offer）がある。これは，one に対する修飾語である。理解しやすくするためには，one と reluctant の間に who was を補うとよい。補うとこの文は次のようになる。
=David was the only one (who was reluctant to accept my offer).
カッコ内が関係代名詞節である。be reluctant to *do* は「～することに気が進まない，～したがらない」という意味。

(2) **これまでに一度も会ったことがない人たちでいっぱいの部屋に自分が立っていると想像してみてください。**

≫ a room の後ろに形容詞から始まるまとまり（full of people whom you have never seen before）があり，これが a room を修飾しているという構造。a room の後ろに〈関係代名詞＋be 動詞〉を補うと，a room 以下は次のようになる。

a room (that[which] is full of people who you have never seen before)

カッコ内が関係代名詞節。形容詞から始まるまとまりが，後ろから名詞を修飾する構造では，このように〈関係代名詞＋be 動詞〉を補って考えると理解しやすい。be full of ... は「…でいっぱいである」という意味。（東京工業大）

(3) **彼は皆が理解可能な方法でその質問に答えた。**

≫ a way の後ろに形容詞から始まるまとまり（understandable to all）がある。understandable 以下を a way に対する修飾語として解釈する。つまり，a way（that[which] is understandable to all）の意味で取ればよい（カッコ内が関係代名詞節として a way を修飾する構造）。

(4) **疲れて病気になりながら，彼はついにその村にたどり着いた。**

≫ Tired and sick という形容詞から始まるまとまりが文頭にあるが，これは名詞修飾語ではなく，後ろの（または文の中の）動詞を修飾する分詞構文（☞構文054'）。分詞構文なので，p. 82の訳の候補の中から適切なものを選ぶ。ここでは「②付帯状況［同時動作］」ととらえ，「疲れて病気になりながら」「疲れて病気になって」などとする。

2 (1) (**Kakunodate is a town famous for old samurai houses**).

≫ 問題文の「古い武家屋敷で有名な町」の部分は，下線部が「町」を修飾するが，語群に関係代名詞が存在しない。〈関係代名詞＋be 動詞〉を省略してこの内容を表すのだと判断して，a town famous for old samurai houses とする。仮に語群に that[which] と is があれば，a town that[which] is famous for old samurai houses となる。

（秋田県立大）

(2) (**We are always looking for people eager to create new products and services**).

≫ 問題文の「新しい商品とサービスを創り出すことに熱心な人たち」の部分は，下線部が「人たち」を修飾するが，これもやはり語群に関係代名詞がない。したがって，〈関係代名詞＋be 動詞〉なしで被修飾語の名詞と形容詞から始まるまとまりをつないで，people eager to create new products and services とする。語群に who と are があれば，

people who are eager to create new products and services となる。be eager to *do* は「〜することを熱望する」「〜したくてたまらない」という意味。

(3) **(Unable to raise sufficient funds, we abandoned the project).**

≫問題文に「十分な資金を集めることができなかったので」とあるが，「ので」に当たる because や as が存在しないので，分詞構文で表現するのだと判断する。形容詞の unable から始まるまとまりの分詞構文 Unable to raise sufficient funds, を組み立てる。unable to は，be unable to *do*「〜できない」の一部分。仮に語群に being があれば，Being unable to raise sufficient funds, となる。このように，形容詞から始まる分詞構文は，being から始まる分詞構文の being が省略された形だと考えることができる（☞構文**054′**）。

3 (1) My father has a watch **(more) (expensive) (than) (most) (used [secondhand]) (cars).**

≫「ほとんどの中古車よりも高価な腕時計」は，下線部が「腕時計」を修飾するが，that [which] is more expensive than most used cars とすると，カッコが２つ足りない。そこで関係代名詞と is をカットして，watch の直後に形容詞 more expensive 以下を置き，形容詞から始まる名詞修飾語句とする。「ほとんどの」「たいていの」は most。またここでの「中古車」は，１台だけではないので複数形にする。

(2) This is a book **(appropriate) (for) (young) (women).**

≫「若い女性にぴったりの本」は，下線部が「本」を修飾するが，a book that[which] is appropriate for young women とすると２語余るので，関係代名詞と is をカットする。「…にぴったりの」を表す語として，カッコ内の a というヒントから appropriate を出せるかということ，また appropriate に for ... を後続させられるかもポイントとなる。

(3) **(Surprised) (at) (the) (news),** she couldn't talk for a while.

≫「そのニュースに驚いて」の部分は「〜て」という内容であり，分詞構文で表すことができる。カッコが４つなので，文頭の being は省略し，形容詞から始まる分詞構文を用いる。

4 **和訳** 下線部(1)，(2)参照。

≫(1) 文の骨格は構文**130**で扱った〈受動態の倒置〉。この倒置の語順のまま訳せばよい。第２文全体を倒置を用いずに書くと，Kangaroo Island, off the coast of South Australia, was particularly hard hit. となる。off の原義は「…から離れて」。off the coast of ... は「…の沖に」という意味。

≫(2) unique から Island までのまとまりが，名詞修飾語句として前にある species を修飾する。

≫including「…を含めて，…を含む」は，動詞 include から派生した語だが，事実上の前置詞であり，英和辞典にも前置詞として記載されている。

≫may は「〜するかもしれない」と訳すことが多いが，この文では「〜する可能性がある」としたほうがよりしっくりくる。

≫due to ...「…のために，…のせいで」は群前置詞（☞構文**039**）。**Lesson 19** の**1**の(2)と **Lesson 43** の**4**で既習。

英文解釈

Fires (in many parts of Australia) started 〈from September 2019〉.
S V

〈Particularly hard〉 hit was Kangaroo Island, (off the coast of South Australia).
V (受) S (☞構文130)

Kangaroo Island is one of Australia's most important wildlife reserves, well-known 〈for its variety of plants and animals〉.
野生生物保護区 多様性

Nearly half of the island, (including its national park), was burned and a number of wildlife species (**unique to Kangaroo Island**) may be in danger of extinction 〈due to the bushfires〉.
S …を含む V 多くの… S V …の危機にある …のために 森林火災

和訳 オーストラリアの多くの地域における火災は，2019年９月から始まった。(1)とりわけ大きな打撃を受けたのは，南オーストラリア州の沖に浮かぶカンガルー島だった。カンガルー島は，オーストラリアの最も重要な野生生物保護区の１つであり，その動植物の多様なことでよく知られている。(2)国立公園を含むこの島の半分近くが焼けてしまい，森林火災のために，カンガルー島に固有の多くの野生生物の種が絶滅の危機に瀕している可能性がある。

（法政大）

Lesson 103 副詞節・副詞句を修飾する副詞

1 (1) **見上げると，私は自分の頭の真上をハクチョウが飛んでいるのを見た。**

≫ over my head という前置詞句全体に対して「ちょうど」「真〜」を意味する right が修飾しているという構造をつかむ。また，文頭に looking up があり，その後ろが〈S V〉なので，この looking up は主語としてはたらく動名詞ではなく分詞構文。「見上げると」「見上げたら」などと訳す。saw a swan flying の部分は，構文**047**で扱った〈知覚動詞＋O *doing*〉の型で「O が〜しているのを見た」の意味。(桜美林大)

(2) **ちょうど彼が浴槽に入ろうとしていたとき，すべての灯りが消えた。**

≫ as 節に対して just「ちょうど」が修飾している。接続詞の as については，**Lesson 8** の **1** の(1)の解説で「て・と［とき］・ら・ながら・ので・まま・が・ように・つれて」などの多くの訳語があるということを述べたが，just によって修飾されている場合は，「とき」「ように」の意味であることが多い。(東海大)

(3) **彼らはとてもわずかな光の中でさえ，ものがよく見える。**

≫ even「〜さえ」が with very little light という前置詞句を修飾している。なおこの with は〈手段〉の意味に類するものだといえる。even with very little light は，直訳では「とてもわずかな光を用いてさえ」となるが，このままだと不自然なので解答例では工夫してある。(名古屋工業大)

(4) **その公園の最高地点は海抜100メートルだ。**

≫ above は前置詞で「…より上に」という意味。すると above sea level は「海面より上に」だが，この前置詞句全体を，前から 100 meters が修飾している。「100メートルぶんだけ海面より上に」ということは，要するに「海抜100メートルに」ということ。

2 (1) I'll (**call you only if I need your help**).

≫「君の助けが必要な場合に」を if 節で表し，この if 節全体に対して only「…だけ」で修飾するという構造を作れるかがポイントとなる。only if ... で「…の場合にのみ」という成句的表現として覚えてしまうとよい。なお，only if ... に似た if only ... は「〜であればよいのに」の意味で，〈S wish 〜〉の同意表現であることに注意（☞構文**121**）。

(2) Mary (**loves him mainly because of his beauty**).

≫「主に彼の美しさによる」をどう表現するかがポイントとなる。語群に because と of があるので，群前置詞 because of ...「…のために，…の理由で」(**Lesson 22** の **2** の(1)などで既習）を用いて，because of his beauty という群前置詞句を組み立てる。そのうえで，この前置詞句の前に mainly「主に」を置くことにより，because of 以下が主な理由であることを示す。

(3) I (**like him partly because his voice is very good**).

≫「声がとてもいいということもあって」の表現法が難しい。語群よりこの内容を，「声がとてもいい，ということも理由の一部」と考えられるかがカギとなる。つまり「一部には」＋「彼の声がとてもいいので」という順での組み立てが求められているのだと見抜けるかがポイントとなる。「一部には」が partly で，「彼の声がとてもいいので」は because his voice is very good。この because 節を partly に後続させる。

3 (1) **It began to rain five minutes after I left home.**

≫「家を出て 5 分後に」を表現できるかがカギとなる。まず after I left home「家を出たあとに」という after 節を作り，この節に対して，どれくらいあとなのかという情報（修飾語）を加える。節全体に対する修飾語は節の前に位置するので，five minutes を after 節の前に置く。なお，「雨が降り出した」は It began raining とすることも可能だが，語数との兼ね合いから to 不定詞を用いて It began to rain とする。

(2) **He wrote a lovely story only[just] for his children.**

≫「自分の子どもたちのために」は for his children という前置詞句となる。この内容に対して「…だけ」の意味を加えるために，前に only を置く。

(3) **She went to London only[just / merely] to do some shopping.**

≫「～するためだけに」は to 不定詞の前に修飾語の only を置き，〈only to *do*〉と表現する（only は just, merely などでもよい）。(2)の〈only＋前置詞句〉の形だけでなく，この〈only＋副詞的用法の to 不定詞句〉の形も使いこなせるようにしたい。

4 **和訳** 下線部(1)，(2)参照。

≫(1) just は前置詞句の through making pennies を修飾している。just through ... は，「単に…を通じて」なので，この部分は「単にペニーを作ることを通じて」が直訳だが，ここから工夫して「ペニーを作るだけで」とする。

≫It is said that ～「～と言われている」は〈It is ～ that ...〉「…は～だ」の形式主語構文（☞構文**001**）。

≫(2) It is reported that ～「～と報じられている」も〈It is ～ that ...〉「…は～だ」の形式主語構文。

≫that 節内は〈It costs（＋人）＋金額＋to *do*〉「（人が）～するのに…の金額がかかる」の型であり，これもまた形式主語構文（☞構文**004**）。it は to 不定詞句を指す。

英文解釈

It is said [that 〈in 2018〉, the U.S. Mint, the place (where money is produced in the United States), lost around $69 million 〈**just through** making pennies〉].

（It ＝that 以下（☞構文**001**）；the U.S. Mint ＝ the place：S′；lost：V′；around $69 million：O′）

It is reported [that it costs the Mint two cents to produce each one-cent coin].

（It：形式S（☞構文**001**）；it：真S　形式S′（☞構文**004**）；to produce each one-cent coin：真S′）

This is [due to the high costs of copper and zinc: the materials (required to make pennies)].

（due to：…のために；copper and zinc ＝ the materials）

和訳 (1)2018年，米国の貨幣が製造される場所である米国造幣局は，1セント硬貨を作るだけで約6900万ドルの損失を出したと言われている。(2)造幣局が1セント硬貨を1枚製造するごとに2セントかかると報じられている。これは，ペニーを作るのに必要な材料である銅と亜鉛のコストが高いためである。（宮城教育大）

図解の記号：[名詞]（ 形容詞 ）〈 副詞 〉

Lesson

104 文末に存在する，主語に対する修飾語

1 (1) **居間と上の階の寝室からの眺めは素晴らしかった。**

≫ from ... は，動詞を修飾する場合は「…から」と訳し，名詞を修飾する場合は「…からの」と訳す。本問では前者の訳では文意が通らないので，主語の view を修飾するのだと判断する。from 以下の前置詞句が長くなっているので，主語と切り離されて文末に置かれている。view と from 以下が離れているので，この 2 つを結びつけて考えるのが少し難しい。

(2) **個人的な知り合いではない有名人が死んだときに泣いたことはありますか。**

≫ when 節内の主語は a famous person だが，これを修飾する関係代名詞節が切り離されて文末に置かれている。仮に主語から切り離さなかった場合は，when 節内は次のようになる。

a famous person (S′) whom you did not know personally died (V′)

これでは，S′ と V′ があまりに離れてしまい，読みづらい文になってしまうため，関係代名詞節を切り離して文末に置くという操作が行われている。また，a famous person + whom 節の直訳は「あなたが個人的には知らない有名人」で，このままでも特に問題はないが，ここから少し工夫したのが解答例の訳。なお〈Have you ever + 過去分詞？〉「～したことがありますか？」は，**Lesson 18** の**2**の(2)で既習。

(3) **その行事を延期するという決定がなされた。**

[別解] その行事を延期することが決定された。

≫ 文末にある to 不定詞句は，「～するために」という意味の副詞的用法であることが多いが，本問に関しては，その解釈では「その行事を延期するために，ある決定がなされた」となり，意味が通らない。構文**136**で見たように，decision は「同格の to 不定詞句」によって修飾される名詞なので，decision と，その内容を説明する to 不定詞句を結び付けてとらえる。本来の文の形は A decision to postpone the event was made. だが，このままでは S と V が離れてしまうので，下線部を文末に移動させている。なお，[別解] は直訳から少し工夫したもの。

(4) **日曜日の夜に，生涯を通して勇気と献身の模範［手本］だった男が死んだ。**

≫ 主格の who 節全体が長くなっているため，主語 man の直後ではなく，切り離して文末に置いている。throughout は前置詞。「…を通してずっと」「…の初めから終わりまで」の意味。

2 (1) (**The time will surely come when we will have**) peace.

≫ 構文**087**で学んだ通り，関係副詞 when が形成する形容詞節は time を修飾することができる。よって，まずは次のように文を組み立てたい。

The time when we will have peace will surely come.

ところがこの文では，最後の語が peace であるという問題文の条件と合わない。したがって，when 節（下線部）を文末に移動させる。（流通科学大）

(2) (**The reason is not clear why she did such a**) thing.

≫ ここでも(1)同様に，関係副詞 why が形成する形容詞節は，reason を修飾できる（☞構文**087**）。したがって，まずは次のように文を組み立てることを考える。

The reason why she did such a thing is not clear.

ところがこれでは，最後の語がthingであるという問題文の条件と合わないので，why節（下線部）を文末に移動させる。

(3) (**The news spread quickly that the mayor was shot in his**) home.

≫構文**135**で学んだ通り，newsは「同格のthat節」が後続しうる語なので，まずは次のように文を組み立てたい。

The news that the mayor was shot in his home spread quickly.

ところがこの文では，最後の語がhomeであるという問題文の条件と合わないので，下線部のthat節を文末に移動させる。

3 (1) The time will soon come (**when**) (**we**) (**can**) (**enjoy**) (**space**) (**travel**).

≫問題文の「私たちが宇宙旅行を楽しむことができる時がじきにやってくるだろう。」は，下線部が「時」を修飾している。構文**087**で学び，**2**の(1)で確認した通り，timeは関係副詞のwhenが形成する形容詞節によって修飾されうるが，与えられた英文では，timeの直後がwill soon comeなので，文末にこのwhen節を置くのだと判断する。

（京都先端科学大）

(2) The time has come (**to**) determine (**our**) (**fate**).

≫問題文の「私たちの運命を決する時が来た。」は，やはり下線部が「時」を修飾する。ただし，上の(1)とは異なり，本問の下線部は「誰がどうする」という情報ではなく，「誰が」の部分がない，単に「どうする」という情報である。このような場合は，内容をto不定詞句にしたうえで名詞の後ろに置く（このto不定詞句は，「どうする時？」という疑問を埋めるという点で，構文**136**で扱った「同格のto不定詞句」に近いものだといえる。関係副詞whenが形成する節から主語の情報が落ちたものだとも考えられるので，「関係副詞節に相当するto不定詞句」などととらえることもできる)。なお，問題文の本来の形は以下となる。

The time to determine our fate has come.

与えられた文では，timeの後ろがhas comeなので，下線部を文末に移動させた形にする必要がある。

(3) The thought flashed through her mind (**that**) (**she**) (**was**) (**going**) (**to**) (**die**).

≫「自分は死ぬのではないかという考えが彼女の頭をよぎった。」は，下線部が「考え」を修飾する。下線部が「考え」の具体的内容であることから，構文**135**で扱った「同格のthat節」で表現するのだと判断する。ただし，与えられた英文では主語のthe thoughtの後ろがflashed through her mindなので，that節はthoughtの直後には置けない。よって文末に置く。（福岡大）

4 (1) **there were so few of us that we weren't able to[couldn't] collect much money**　(2) **和訳** 下線部参照。

≫(1) 下線部は構文**019**で扱った〈too＋形容詞／副詞＋to *do*〉「あまりに…なので～できない」の型を用いて書かれている。この構文は〈so＋形容詞［副詞］＋(that) ～〉(☞**073**)によって書き換えることができる。

≫(2) 主語であるthe ideaの内容を説明する「同格のthat」節が文末に存在することを見抜く。the idea以下の本来の形は次の通り。

the idea that other students might be willing to help came to me
下線部が me の後ろに移動している。

≫ be willing to *do* は必要な状況なら「～をしてもかまわない」「～をする意志がある」という意味。ただしここでは，「他の生徒たちが手伝う意志があるかもしれない」などと訳すとかえって不自然なので，解答例では単に「生徒たちが手伝ってくれるかもしれない」とした。

英文解釈

We tried hard, but there were too few of us 〈to collect much money〉. 〈With a tearful face〉, Katy told me [that they wouldn't be able to use the building much longer]. I felt the need (to do something more). Then, the idea came to me (**that other students might be willing to help**). Katy was delighted 〈to hear this〉.

(☞構文**019**)
Katy (S) told (V) me (O_1) [that …] (O_2)
同格の to 不定詞句（☞構文**136**）
同格の that（☞構文**135**）

和訳 私たちは一生懸命頑張ったけど，人数が少なすぎてあまり多くのお金を集めることができなかった。泣き出しそうな顔で，ケイティはその建物をもう長くは使えないだろうと私に言った。私はもっと何かをする必要があると感じた。そのとき，他の生徒たちが手伝ってくれるかもしれないという考えが私に浮かんだ。ケイティはこれを聞いて喜んだ。

（大学入学共通テスト）

[第 3 文]（I felt the ...）

≫ the need to do something more の部分は，構文**136**で扱った〈名詞＋to *do*〉「～するという…」の型（同格の to 不定詞句）。

新・英語の構文150 解答・解説

京都市北区小山西元町 37 番地
発行／美誠社